Wissenschaftliche Untersuchungen
zum Neuen Testament

Herausgegeben von
Martin Hengel und Otfried Hofius

116

Wolfgang Speyer

Frühes Christentum im antiken Strahlungsfeld

Kleine Schriften II

Mohr Siebeck

WOLFGANG SPEYER, geb. 1933; Studium der Klass. Philologie, Alten Geschichte und Philosophie sowie Katholischen Theologie in Köln und Bonn; Promotion Köln 1959; Habilitation Salzburg 1972; wissenschaftlicher Mitarbeiter am F.J. Dölger-Institut zur Erforschung der Spätantike, Universität Bonn 1963–1975; ao. Univ. Prof. 1976; o. Univ. Prof. 1987.

Die Deutsche Bibliothek - CIP-Einheitsaufnahme

Speyer, Wolfgang:
Frühes Christentum im antiken Strahlungsfeld : Kleine Schriften / von Wolfgang Speyer. - Tübingen : Mohr Siebeck
  Bd. 2 (1999)
  (Wissenschaftliche Untersuchungen zum Neuen Testament ; 116
  ISBN 3-16-147051-6

© 1999   J.C.B. Mohr (Paul Siebeck) Tübingen.

Das Buch wurde von Martin Fischer in Reutlingen aus der Times-Antiqua belichtet, von Gulde-Druck in Tübingen auf alterungsbeständiges Werkdruckpapier der Papierfabrik Niefern gedruckt und von der Großbuchbinderei Heinr. Koch in Tübingen gebunden.

ISSN 0512-1604

Für meinen Schulfreund
Dr. jur. Hubert Knott
Notar in Köln

Vorwort

Nach den beiden Aufsatzsammlungen ‚Frühes Christentum im antiken Strahlungsfeld, Tübingen 1989' und ‚Religionsgeschichtliche Studien, Hildesheim 1995' kann nunmehr infolge des Entgegenkommens von Herrn Verleger Georg Siebeck und den Herausgebern der Reihe ‚Wissenschaftliche Untersuchungen zum Neuen Testament', den Herren Professoren Dr. Dr. h. c. mult. Martin Hengel und Dr. Otfried Hofius, ein weiterer Band mit Aufsätzen aus den letzten Jahren folgen, von denen nicht wenige an entlegenem Ort erschienen sind. Die – außer dem ersten – bereits veröffentlichten Aufsätze wurden für den Neudruck stilistisch durchgesehen. Dabei fand ich wertvolle Unterstützung bei Frau cand. phil. Veronika Oberparleiter.

Der Schritt von der Geistes- und Kulturgeschichte der Antike und des Christentums hin zu religionsphilosophischen und damit zugleich zu anthropologischen Fragen war bereits im letzten Band vollzogen und wird hier weitergeführt. Alles Geschichtliche bleibt in einer anderen, höheren Dimension eingebettet und kann von ihr nicht losgelöst werden, ohne Schaden zu nehmen. Eine Wissenschaft, die auf Theologie und Philosophie verzichtet, verengt den Blick auf Vordergründiges und Ephemeres. So wichtig auch die Detailforschung der historischen Disziplinen ist, so sehr verlangt sie doch nach Vertiefung – wir könnten auch sagen: nach Überhöhung. Das eine nicht zu lassen, das andere aber gleichsam als Stern über der Lichtung im Blick zu behalten war das Ziel, das mir bei der Abfassung dieser Beiträge vor Augen stand.

Meinen Dank aussprechen möchte ich Herrn Georg Siebeck, Tübingen, der diesen Band wie den ersten in sein Verlagsprogramm aufgenommen hat, sowie Herrn Professor Martin Hengel, nicht zuletzt auch für manchen wertvollen Hinweis zur Gestaltung dieses Bandes. Ferner danke ich Frau Beatrix Kendler und Frau Brigitta Bichler für die Mühen bei der technischen Erstellung der Druckvorlagen.

Salzburg, am Fest Christi Auferstehung 1998   Wolfgang Speyer

Inhaltsverzeichnis

Einleitung: Die Grundlagen des geistigen Europa in den Religionen und Kulturen der alten Mittelmeervölker und im jüdisch-christlichen Offenbarungsglauben

Ein Rückblick auf das gewählte Forschungsthema ‚Antike und Christentum'

Mehr als vierzig Jahre liegen zurück, seitdem ich mich, angeregt durch meine Kölner Universitätslehrer Hellfried Dahlmann, Albrecht Dihle, Josef Kroll, Bernhard Lakebrink, Reinhold Merkelbach, Hans Volkmann und Paul Wilpert, mit der Antike und vor allem der heidnisch-christlichen Spätantike beschäftige. So erscheint es angebracht, Rückschau zu halten, über die Bedingungen nachzudenken, unter denen diese Forschungen standen, die Methoden zu beschreiben, nach denen sie entfaltet wurden und, soweit dies in gebotener Kürze möglich ist, den Versuch zu wagen, eine Summe des Ganzen zu skizzieren.

Seit dem 4. Jahrhundert v. Chr. zeigt sich bei den Griechen in der Folge des Peloponnesischen Krieges, des Niedergangs der griechischen Poleis und des Aufstiegs Makedoniens ein gewisses Erschlaffen der schöpferischen Kräfte. Mehr und mehr siegt die Reflexion über die Spontaneität des Geistes. Das Gefühl, ein Enkel zu sein, und das damit verknüpfte, verfeinerte Epochenbewußtsein drängen dazu, das reiche geistige Erbe zu sammeln, zu bewerten und zu ordnen sowie zu hüten. Damit tritt erstmals in der Geschichte das Museale als bestimmendes Kulturphänomen auf[1]. Was so vor allem im Alexandrien der Ptolemäer begonnen hat[2], findet seine Fortsetzung in der vom hellenistischen Geist geprägten römischen Kaiserzeit. Die Leistungen der römischen Republik in Literatur und Bildender Kunst waren kein kulturelles Ursprungsphänomen, sondern sind nach Inhalt und Formgebung weitgehend nur auf dem Hintergrund der griechischen Vorbilder und der Befruchtung durch die hellenisch/hellenistische Kultur zu verstehen. Während der Kaiserzeit traten neue schöpferische Impulse immer seltener auf. Eine Ausnahme bildet der Neuplatonismus, der aber ohne die christliche Rezeption nicht zu einer derartigen Bedeutung und Wirkung hätte gelangen können. Die meisten gebildeten Heiden begnügten sich seit späthellenistischer und

---

[1] Zur Gegenwart: W. ZACHARIAS (Hrsg.), Zeitphänomen Musealisierung. Das Verschwinden der Gegenwart und die Konstruktion der Erinnerung = Edition Hermes 1 (Essen 1990).

[2] S. unten S. 77 Anm. 31 mit Literatur.

frühkaiserzeitlicher Epoche damit, in Enzyklopädie, Epitome und ‚Buntschrift-
stellerei' neben Formen gelehrter Dichtung, vor allem dem Lehrgedicht und dem
Epigramm, den Gehalt ihrer aus Mythos, Theologie, Philosophie, Geschichtsschreibung und Rhetorik auferbauten geistigen Welt zusammenzufassen und
schulmäßig zu überliefern. Diesem Ziel dienten im lateinischen Westen auch die
Übersetzungen aus dem Griechischen und die philologische und antiquarische
Kommentierung von als klassisch bewerteten Dichtern und Schriftstellern, wie
Terenz, Vergil und Cicero. Die Formalisierung der Bildung zeigte sich während
des 4. und 5. Jahrhunderts in einer neuen Blüte der Grammatik. Auch an manie-
ristischen Künsteleien fehlte es nicht, wie die Figurengedichte der Spätantike
beweisen[3]. Die Christen aber, die sich als neue, aufstrebende Kraft inmitten einer
Spätkultur fühlten, sahen sich infolge der Verzögerung der Wiederkunft Christi
dazu genötigt, sich selbst in der paganen Welt zu behaupten, also auf die geistigen Herausforderungen von innen und von außen zu antworten.

Unter dem Begriff des Christentums sind hier die vor allem von der Römisch-
Katholischen Kirche und den ihr nahestehenden Kirchen, insbesondere der ‚Orthodoxie', bewahrte Glaubenstradition über Jesus Christus verstanden sowie ein
diesem Glauben und dieser Lehre entsprechender Lebensvollzug[4]. Der seit Franz
Overbeck behauptete Bruch oder – gemildert ausgedrückt – die Distanz zwischen
dem ‚Glauben' der christlichen Urzeit und dem ‚Christentum' seit dem 2. Jahrhundert hat es wohl nie gegeben[5]. Eine gewisse Hellenisierung besteht im Christentum bereits von Beginn an, wurde doch die ursprüngliche aramäische Jesus-
Überlieferung weitgehend in griechischer Sprache verkündet und ausschließlich
in dieser aufgezeichnet, die zu jener Zeit und in jenen Ländern nur die Sprache
des hellenistisch gebildeten Frühjudentums sein konnte. Die in den durchkompo-
nierten Schriften des Neuen Testaments, also vornehmlich in den Evangelien und
der Apostelgeschichte, aber auch in der Apokalypse erkennbare geistige Durch-

---

[3] U. ERNST, Carmen figuratum. Geschichte des Figurengedichts von den antiken Ursprüngen bis zum Ausgang des Mittelalters = Pictura et Poesis 1 (Köln 1991).
[4] Das Christentum ist seiner Herkunft nach nicht von der apostolischen Gemeinde der Christusgläubigen, der Kirche, zu trennen. Mit Recht beendet H. CONZELMANN sein Buch: Heiden
– Juden – Christen = Beiträge zur historischen Theologie 62 (Tübingen 1981) 322 unter anderem mit folgender Feststellung: „Vielmehr ist von christlicher Seite die Einsicht zur Geltung zu
bringen, daß der christliche Glaube kein weltanschaulicher Standpunkt ist, entsprechend die
Kirche nicht ein ‚Volk' im Sinn einer weltanschaulichen Gruppe unter anderen, sondern daß für
die Bestimmung des Wesens der Kirche ausschließlich gilt: est autem ecclesia congregatio
sanctorum in qua evangelium pure docetur et recte adminstrantur sacramenta".
[5] F. OVERBECK, Über die Anfänge der patristischen Literatur: Historische Zeitschrift 48
(1882) 417–472, Sonderausgabe Darmstadt 1966 (= Libelli 15); vgl. auch K. THRAEDE, Art.
Antike und Christentum: LThK 1 (1993) 755–759. – Zum Forschungsthema ‚Antike und Christentum' vgl. außer der bei THRAEDE a.O. genannten Literatur noch W. SCHNEEMELCHER, Antike
und Christentum. Bemerkungen zum ‚Reallexikon für Antike und Christentum': Zeitschrift für
Kirchengeschichte (1981) 290–310 sowie die Forschungsberichte ‚Christliche Antike' von
J.B. BAUER im Anzeiger für die Altertumswissenschaft 13 (1960) 193–214; 18 (1965) 129–154;
23 (1970) 1–20; 28 (1975) 129–154; 44 (1991) 1–72.

dringung und Interpretation dieser Jesustradition, also ihre Theologie, ist gleichfalls nicht frei von jenem hellenistisch-frühjüdischen Geist. Hier waren es die Propheten, die Weisheitsbücher sowie die Apokalyptik des Alten Testaments in der sprachlichen Form der Septuaginta, die ihre Spuren in der christlichen Urliteratur hinterlassen haben. So führt ein gerader Weg von den Weisheitsbüchern zu Philon von Alexandrien und von diesem zum vierten Evangelisten Johannes.

Überhaupt bildet das Verhältnis ‚Antike und Christentum' gewissermaßen eine Variation oder besser eine Metamorphose der älteren Auseinandersetzung von ‚Israel und den Völkern'. In dieser älteren Auseinandersetzung zwischen dem Glauben an den einen Schöpfergott des Himmels und der Erde und den Göttern der Völker sind verschiedene geschichtliche Stufen zu erkennen und zu unterscheiden: die Zeit der ‚Väter' oder Patriarchen, die Zeit des Mose, die Zeit der Richter und Könige, die Epoche der Babylonischen Gefangenschaft und die Herrschaft der Ptolemäer, Seleukiden und Römer, also Hellenismus und Kaiserzeit[6].

Je mehr das Judentum und das mit ihm eng zusammenhängende Christentum als eine eigenständige Wirklichkeits- und Weltdeutung innerhalb der griechisch-römischen Kultur in Erscheinung traten, umso dringlicher erschien einzelnen gebildeten Menschen eine bewußt geführte Auseinandersetzung geboten[7]. Jede Auseinandersetzung wirkt aber doppelseitig, also auf beide Parteien oder Kontrahenten. Wir können seit späthellenistischer Zeit beobachten, wie sich zuerst das Judentum, dann das Christentum an seiner paganen Umwelt reibt und mit ihr streitet. Dieser Prozeß hat auch nicht mit dem Untergang des römischen Reiches

---

[6] Zur literarischen Auseinandersetzung zwischen Juden und griechischer sowie römischer Antike vgl. CONZELMANN a.O. 7–218; E. SCHÜRER, The History of the Jewish People in the Age of Jesus Christ (175 B.C. – A.D. 135), englische Ausgabe von G. VERMES / F. MILLAR / M. GOODMAN / M. BLACK, 1–3,1 / 2 (Edinburgh 1973 / 79 / 86 / 87); M. HENGEL, Judentum und Hellenismus = Wiss. Untersuchungen zum NT 10 ³(Tübingen 1988); P. PILHOFER, Presbyteron kreitton = Wiss. Untersuchungen zum NT, 2. R. 39 (Tübingen 1990) 143–222: ‚Der Altersbeweis in der jüdisch-hellenistischen Literatur'.

[7] Diese Versuche reichen auf heidnischer Seite von M. Cornelius Fronto bis zu Kaiser Julian. Vgl. W. DEN BOER, A Pagan Historian and his Enemies. Porphyry against the Christians: Class. Philol. 69 (1974) 198–208; R.L. WILKEN, Pagan Criticism of Christianity, Greek Religion and Christian Faith: W.R. SCHOEDEL / R.L. WILKEN, Early Christian Literature and the Classical Intellectual Tradition. Festschr. R.M. Grant = Théologie Historique 54 (Paris 1979) 117–134; S. BENKO, Pagan Criticism of Christianity During the First Two Centuries A.D.: ANRW 2,23,2 (1980) 1055–1118; A. MEREDITH, Porphyry and Julian Against the Christians: ebd. 1119–1149. – Auf christlicher Seite zeigt die Areopagrede des Paulus (Act. 17, 22–31; dazu E. NORDEN, Agnostos Theos. Untersuchungen zur Formengeschichte religiöser Rede ²[Leipzig 1923, Ndr. Darmstadt 1974] 1–140) eine versöhnliche Möglichkeit, mit der heidnischen Kultur umzugehen. Das Spektrum der Folgezeit zeigt alle Grade und Nuancen von der Annäherung bis zum Abstoßen (zum Letzteren vgl. z.B. Tert. praescr. haer. 7,9 [CCL 1, 193]: quid ergo Athenis et Hierosolymis? quid academiae et ecclesiae? oder Hier. epist. 22, 29, 7 [CSEL 54, 189]: quid facit cum Psalterio Horatius? cum evangeliis Maro? cum apostolo Cicero?; adv. Pel. 1, 14* [PL 23, 529 A]: quid Aristoteli et Paulo? quid Platoni et Petro? Ferner vgl. W. SPEYER, Büchervernichtung und Zensur des Geistes bei Heiden, Juden und Christen = Bibliothek des Buchwesens 7 [Stuttgart 1981] 120–126).

im Westen geendet, sondern zieht sich durch die gesamte folgende Kulturgeschichte Europas bis heute hin. Wie der Kampf zwischen Glaube und Unglaube
die Kultur- und Geistesgeschichte Europas geprägt hat (Goethe) und weiter prägen
wird, so auch der Kampf von Judentum und Christentum mit der paganen Kultur
des Altertums sowie mit deren Metamorphose in Renaissance[8] und neuzeitlicher
Aufklärung bis zum heutigen Tag. Zu denken ist hier an die Anhänger und Vertreter
von Subjektivismus, Rationalismus, Skeptizismus bis hin zu Agnostizismus, von
geistigen Einstellungen, die in der Gegenwart noch an Boden gewonnen haben.

Das Verhältnis von Antike und Christentum, auf das sich meine Forschungen
beziehen, ist jedenfalls nicht nur ein Thema der wissenschaftlichen Vernunft[9],
sondern zugleich eine nicht zu übersehende Anfrage, die sich an den ganzen
Menschen, an sein personales, also sein seelisch-geistiges Leben und Streben
richtet. So müssen sich bereits am Anfang einer vertieften und nicht nur buchen-
den und ordnenden Betrachtung dieser Grundlagen unserer europäischen Kultur
die Wege der Forscher trennen. Für die einen ist das Christentum eine Kultur-
erscheinung neben anderen und genauso dem Werden und Vergehen ausgesetzt
wie alles Übrige, was der Menschengeist erdacht hat[10]. Für die anderen klafft
zwischen den Religionen und Kulturen der alten Mittelmeervölker und dem In-
halt/der Botschaft des jüdischen und christlichen Glaubens ein nicht zu über-
brückender Abgrund, der bereits durch den Besitz der Offenbarungsschriften des
Alten und Neuen Testaments bzw. durch das Fehlen einer derartigen, auf göttlicher Autorität beruhenden Glaubensüberlieferung bei den Heiden angedeutet
wird[11]. Trotz dieser Kluft dürfte aber die Annahme zu Recht bestehen, daß auch
die antiken Kulturen, vor allem die griechisch-römische, Elemente enthalten, die
für die Aufnahme des jüdischen Gottesglaubens und der christlichen Jesusbot-
schaft Voraussetzungen boten und so den Aufstieg und die Verbreitung des Christentums mitermöglicht haben[12].

Versucht man Antike und Christentum einander gegenüberzustellen, wobei
das Judentum als unabdingbare Voraussetzung für das Christentum zu gelten hat –

---

[8] L. von Pastor, Geschichte der Päpste im Zeitalter der Renaissance bis zur Wahl Pius' II
= Ders., Geschichte der Päpste 1 [10/11](Freiburg 1931) 1–63, wegen der ausgewerteten Quellen
noch immer wertvoll, weniger wegen der Beurteilung der heidnischen und der christlichen
Richtung der Renaissance.

[9] Vgl. auch K. Hübner, Kritik der wissenschaftlichen Vernunft (München 1978).

[10] So urteilt als einer von nicht wenigen der Nietzsche-Freund Franz Overbeck, Christentum und Kultur, hrsg. von C.A. Bernoulli (Basel 1919, Ndr. Darmstadt 1963) 1–10. 265f.;
vgl. P. Vielhauer, Art. Overbeck Nr. 1: RGG 4 [3](1960) 1750–1752.

[11] C. Colpe, Art. Heilige Schriften: RAC 14 (1988) 184–223; ferner vgl. K. Prümm, Der
christliche Glaube und die altheidnische Welt 1/2 (Leipzig 1935).

[12] W.F. Albright, From the Stone Age to Christianity. Monotheism and the Historical
Process [2](Baltimore 1946, deutsche Ausgabe München 1949); U. Mann, Vorspiel des Heils.
Die Uroffenbarung in Hellas (Stuttgart 1962). – Ferner vgl. A. von Harnack, Die Mission und
Ausbreitung des Christentums in den ersten drei Jahrhunderten [4](Leipzig 1924, Ndr. Wiesba-
den o.J. um 1965).

die Kirche verstand sich von Anbeginn an als ‚Verus Israel' –, so wird man hier wesentliche und unterscheidende Eigentümlichkeiten erkennen und anzuerkennen haben, sodaß diese Gegenüberstellung der beiden kulturellen Größen gerechtfertigt, ja geradezu gefordert wird. Über sie zu einer begründeten und allgemein anerkannten Übereinstimmung zu gelangen, wird bereits dadurch schwierig, daß wir selbst, die Betrachter und Urteilenden, in dem geistigen Strom stehen, über den wir befinden wollen. Immer ist der Betrachter mitsamt seinem geschichtlich, kultur- und geistesgeschichtlich bedingten Horizont und Standpunkt bereits von dem geschichtlichen Strom eingeholt, der in seiner Tiefe von den beiden geistigen Größen Antike und Christentum bestimmt ist. Insofern bedingen den Betrachter beispielsweise die seit dem Altertum bewußt geführten Auseinandersetzungen zwischen beiden geistigen Bewegungen in ihren zahlreichen geschichtlichen Variationen und Brechungen[13].

Beim Studium des Problemfeldes Antike und Christentum muß auf grundsätzliche Unterschiede geachtet werden, da nur sie es gestatten, in der Vielfalt der vorfindbaren Verwirklichungen das Antike vom Christlichen zu scheiden. Das Judentum und verschärft das Christentum haben eine neue Qualität in die Menschheitskultur gebracht, nämlich die Notwendigkeit einer von jedem Einzelnen vorzunehmenden, also personal zu verantwortenden Entscheidung im Angesicht des Anspruchs Gottes und seines ‚Sohnes' Jesus Christus[14]. Der Inhalt dieser neuen Qualität ist kurz zu umreißen, da er die Differentia specifica zwischen den Religionen der ‚Völker' und dem auf Offenbarung beruhenden Glauben der Juden und Christen anzugeben vermag.

In folgenden Eigentümlichkeiten dürfte diese grundsätzliche Verschiedenheit hervortreten: zum einen in dem fundamentalen Unterschied zwischen der paganen und der jüdischen sowie christlichen Gottesvorstellung[15]. Besteht diese Ungleichheit tatsächlich, so hat sie zugleich tiefgreifende Folgen für das jeweilig geltende Menschenbild. Zum anderen dürfte ein vergleichbar großer Unterschied in der Zeit- und Geschichtsauffassung bestehen. Auch diese Differenz muß ihre Auswirkungen auf das Menschenbild bei Heiden und Christen hinterlassen haben.

Während im Christentum eine annähernde, wenn auch nicht vollständige Deckungsgleichheit von Glauben und Glaubenswissenschaft besteht – Glaube, christliche Theologie und christliche Philosophie bedingen einander –, gab es

---

[13] Eine Entsprechung hierzu bildet das Verhältnis des im Strom der Kunstgeschichte stehenden und durch ihn bedingten bildenden Künstlers zur Wirklichkeit, zur Natur. Treffend bemerkt in diesem Zusammenhang H. LADENDORF, Antikenstudium und Antikenkopie = Abh. d. Sächs. Akad. d.Wiss. Leipzig, Phil.-hist. Kl. 46,2 ²(Berlin 1958) 75–80: „Entgegen der Meinung, daß die Kunst zu Zeiten, im Quattrocento oder im Realismus, sich mit der Wirklichkeit auseinandergesetzt habe, muß die Aussage gewagt werden, daß es eine solche unmittelbare Auseinandersetzung mit der Natur nicht gibt, da es keine voraussetzungslose Wirklichkeit im Bereiche der Kultur gibt".

[14] S. unten S. 276–279.

[15] Vgl. H. DÖRRIE, Art. Gottesvorstellung: RAC 12 (1983) 81–154, bes. 150–154.

im ,Heidentum' neben der oder den gewachsenen Religionen eine relativ selb-
ständige Philosophie, die auch zu gänzlich anderen Vorstellungen gelangen
konnte, als sie die jeweils geltende offizielle Religion der Polis oder des Staates
guthieß. Wir haben also bei den Heiden, im vorliegenden Fall bei Griechen und
Römern, mit zwei verschiedenen geistigen Strömen zu rechnen und diese mit
dem Offenbarungsglauben der Juden und Christen zu vergleichen.

Während die ,Völker' Gottheiten als Beherrscher bestimmter Teile oder Bereiche und Ordnungen der empirischen Realität, also der Welt, verehrten[16], glauben Juden und Christen aufgrund der an sie ergangenen Offenbarung an einen
einzigen Gott, der außerhalb der Welt, des Kosmos, der Natur steht und, weil er
von der Weltwirklichkeit unabhängig ist, auch deren Schöpfer sein kann und ist.
Diese reale Unterschiedenheit von Gott als Schöpfer und seiner Schöpfung, in
der seine Transzendenz erkennbar wird, gab es weder in einer antiken Religion
noch in einer Philosophenschule der Griechen und Römer; denn die paganen
Weltdeutungen in Mythos und Philosophie kannten keinen personalen transzendenten Schöpfergott, wobei personal nicht bedeutet, daß sich Gott in gleicher
Weise wie der Mensch seiner selbst bewußt und mächtig, also frei, ist, sondern
daß er dies alles in einem ähnlich/unähnlichen Sinn ist. In dieser Hinsicht kann
es deshalb zwischen Gott und Mensch nicht das Verhältnis von Urbild und Abbild geben, sondern nur das der Analogie, einer ähnlichen Unähnlichkeit und
unähnlichen Ähnlichkeit. Der Mensch ist deshalb nach jüdisch-christlichem
Glauben nicht in einem – wie vor allem vom Platonismus vertretenen – realen
Sinn Bild Gottes, sondern in einem uneigentlichen oder, wie Thomas von Aquin
sagt, analogen Sinn.

Dieser ,personale' Schöpfer- und Erhaltergott hat sich durch seine Schöpfung
und in der Geschichte des Menschen gezeigt, und zwar durch jene Offenbarung,
die ihren gewiß zugleich auch menschlich und geschichtlich geprägten Niederschlag in den Heiligen Schriften des Alten und Neuen Testaments gefunden hat.
Die entscheidenden Träger dieser Offenbarung waren nach der Zeit der Patriarchen und des Mose prophetische Menschen des ,auserwählten Volkes', die sich
von Gott in seinen Dienst gerufen fühlten und oft im Widerspruch zu Königen
und vielen im Volke den auf die Erlösung von Mensch und Welt zielenden Heilswillen des einen Schöpfergottes verkündet haben[17]. Durch die Patriarchen, Gerechten, Propheten bis hin zu Johannes dem Täufer und schließlich durch das
Leben, Sterben und die Auferstehung Jesu Christi bekundet der eine Schöpfer-

---

[16] Vgl. W. Pötscher, Hellas und Rom = Collectanea 21 (Hildesheim, Zürich, New York 1988) 49–89.
[17] E. Fascher, ΠΡΟΦΗΤΣ. Eine sprach- und religionsgeschichtliche Untersuchung (Gießen 1927); P.H.A. Neumann (Hrsg.), Das Prophetenverständnis in der deutschsprachigen Forschung seit Heinrich Ewald = Wege der Forschung 307 (Darmstadt 1979) 1–51; ferner vgl. J. Hessen, Platonismus und Prophetismus. Die antike und die biblische Geisteswelt in strukturvergleichender Betrachtung ²(München, Basel 1955).

und Erhaltergott seinen auf Universalität angelegten Heilswillen. Der Stifter des Christentums, der nach dem Zeugnis der Urgemeinde und der Alten Kirche für alle, die an ihn glauben, der im Alten Testament angekündigte Heilsbringer und damit der Angelpunkt der Menschheitsgeschichte ist, entzieht sich bis heute einem nur wissenschaftlichen Zugriff. Auf sein die Kategorien des ,göttlichen' und ,heiligen Menschen' sprengendes Wesen weisen nicht zuletzt die Hoheitstitel der Evangelien hin[18]. Mit der im Alten und Neuen Testament erkennbaren Sicht der Unheils- und Heilsgeschichte der Menschheit wird eine Erde und Mensch gleichermaßen umspannende Geschichtssinngebung deutlich, die in dieser Weise sonst im Altertum nirgendwo zu belegen ist.

Diese Besonderheit, ja Einzigartigkeit wird sogleich erkennbar, wenn wir die jüdisch-christliche, universal gerichtete Heilsgeschichte mit einer so eingeschränkten ,Heilsgeschichte' vergleichen, wie sie vor allem Vergil wohl im Anschluß an Gedanken M. Terentius Varros für seine Zeit, und zwar für das Imperium Romanum und die Herrschaft des Augustus, ausgearbeitet hat: Im ersten Fall erscheint das Eschaton in Gestalt einer ,Restitutio in integrum' von Welt und Mensch am Ende der Zeiten, und zwar ausschließlich als das Werk des Schöpfergottes. Im anderen Fall ist es eine innerweltliche, geschichtliche Tat, die Renovatio Roms durch den als göttlich angesehenen Menschen Augustus, dessen Herkunft Vergil wie auch andere Schriftsteller über den Adoptivvater Julius Caesar auf die Göttin Aphrodite/Venus und den Trojaner Anchises zurückführt[19]. Hier steht die anthropomorphe, innerweltliche Gottheit der antiken Religionen dem theomorphen Gott des Judentums und – aufgrund der Lehre vom trinitarischen Gott noch gesteigert – des Christentums gegenüber[20].

Von diesem Fundament eines im Grundsätzlichen andersartigen Verhältnisses zwischen dem einen transzendenten Schöpfergott, der sich aus freiem, liebenden Entschluß dem Menschen zuwendet und sich schließlich in der Menschwerdung in Jesus Christus als Erlöser zeigt und erweist, und den Gottheiten der ,Völker', jenen oftmals nur ins Übermenschliche gesteigerten machtvollen Männern und Frauen[21], ausgehend sind noch weitere wichtige Unterschiede erkennbar. So weist der aus der kosmischen Erfahrung erwachsene und das antike Erleben und Gestalten machtvoll prägende Gedanke von der ,Wiederkehr des Gleichen', die als

---

[18] Vgl. C. COLPE, Art. Gottessohn: RAC 12 (1983) 19–58 und die Verweise: ebd. 17 (1996) 821. – Anders H.D. BETZ, Art. Gottesmensch II: ebd. 12 (1983) 234–312, bes. 288–307.

[19] Vgl. vor allem die Verse Aen. 6,788–807; dazu V. STEGEMANN, Astrologie und Universalgeschichte. Studien und Interpretationen zu den Dionysiaka des Nonnos von Panopolis = Stoicheia 9 (Leipzig, Berlin 1930) 105–107. – Zum Verhältnis des Augustus zur Religion W. SPEYER, Frühes Christentum im antiken Strahlungsfeld = Wiss. Unters. zum NT 50 (Tübingen 1989) 402–430, bes. 407–410.

[20] Die Vorstellung der Trinität ist von jener der Dreiheit zu trennen; vgl. R. MEHRLEIN, Art. Drei: RAC 4 (1959) 269–310, bes. 280f.

[21] Vgl. auch die antike Theorie, nach der die Götter ursprünglich Könige und Wohltäter der Menschheit waren; dazu K. THRAEDE, Art. Euhemerismos: RAC 6 (1966) 877–890, bes. 881f.

eine in sich bewegte Struktur die Tiefe der Wirklichkeit von Welt, Mensch und Göttern bestimmt und sie letztlich unerlöst sein läßt, auf eine dunkle Sicht und Einschätzung, wie sie seit Homer viele Griechen und Römer äußern[22]. Hingegen eröffnet die christliche Hoffnung auf ein zukünftiges Heil von Welt und Mensch aufgrund des Heilswillens Gottes und der Erlösungstat Jesu eine neue Dimension und gewinnt damit eine den Schmerz, das Leid und den Tod überwindende Kraft[23]. Hier ereignet sich die Entfaltung von Welt und Mensch innerhalb eines einzigen Kreises, oder – besser gesagt – innerhalb einer einzigen Spiraldrehung der Zeit, an deren Anfang und Ende der transzendente Gott steht. Hier führt der Weg von Gott durch seine Schöpfung in der Zeit wieder zu ihm zurück, wobei diese Bewegung auf der Erde jedenfalls nicht ohne die Mitwirkung und damit die Verantwortung des frei entscheidenden Menschen abläuft: Nur wenn die göttliche Gnade und ein ihr entsprechendes menschliches Verhalten zusammenwirken, kann sich Erlösung vollziehen[24]. Die Heilsgeschichte gibt den Weg zu diesem Ziel an. In ihrer Mitte und auf ihrem Höhepunkt steht nach christlichem Glauben der Gottessohn Jesus Christus, der bereits in seiner irdischen Erscheinung auf sich als den in Herrlichkeit wiederkehrenden Erlöser vorausweist[25].

Geht man von diesen angedeuteten Unterschieden aus, zu denen noch weitere auf dem Gebiet der Sittlichkeit, nämlich der Mitmenschlichkeit und Nächstenliebe, kommen[26], so ist es möglich, Unähnliches und Ähnliches in Antike und Christentum wahrzunehmen. So ist beispielsweise Gott für den Christen in allem Segensvollen und Heilbringenden der eigentlich Handelnde. In dieser Vermittlung eines ausschließlich von Gott gewirkten Heils wissen sich die christlichen Heiligen einig: Nicht sie wirken Wunder und Vergebung, sondern Gott, der sie dazu ermächtigt. Gerade in dieser Hinsicht unterscheiden sie sich grundsätzlich von ihren heidnischen Konkurrenten, den ‚göttlichen Menschen‘, die aus eigener Machtvollkommenheit handeln[27].

---

[22] Der antikes Erleben und Denken so bestimmende Gedanke von der Wiederkehr des Gleichen wird heute nicht selten unterbewertet (vgl. z.B. U. MANN, Verfallende Zeit und zersprühender Raum: R. RITSEMA [Hrsg.], Der geheime Strom des Geschehens = Eranos Jahrbuch 54 [1985] 1–46, bes. 17–21). Zu den antiken reflektierenden Zeugnissen für diese Auffassung der Welt E. VON LASAULX, Die Geologie der Griechen und Römer: DERS., Studien des classischen Alterthums (Regensburg 1854) 1–44, bes. 17–44 und Anm. 96b mit Hinweis unter anderem auf Aristot. probl. 17,3,916a; ferner vgl. A.O. LOVEJOY / G. BOAS, Primitivism and Related Ideas in Antiquity (Baltimore 1935, Ndr. New York 1973) Reg.: ‚Cycles‘; W. SPEYER, Religionsgeschichtliche Studien = Collectanea 15 (Hildesheim 1995) Reg. s.v. und Kreis. – Zum griechischen Pessimismus s.u. S. 276 Anm. 23.

[23] A. DIHLE / B. STUDER / F. RICKERT, Art. Hoffnung: RAC 15 (1991) 1159–1250.

[24] C. ANDRESEN, Art. Erlösung: RAC 6 (1966) 54–219;

[25] O. CULLMANN, Christus und die Zeit. Die urchristliche Zeit- und Geschichtsauffassung ³(Zürich 1962). Ferner vgl. COLPE, Gottessohn (o. Anm. 18).

[26] Vgl. W. SCHWER, Art. Armenpflege: RAC 1 (1950) 689–698; W. SPEYER, Art. Gründer B: RAC 12 (1983) 1145–1171, bes. 1146f.; O. HILTBRUNNER, Art. Krankenhaus: ebd. 18 (1999).

[27] S. unten S. 153.

Gegenüber dem Eigenen im Christentum ist in gleicher Weise auch auf die Verknüpfung mit seiner kulturellen Umwelt zu achten; denn der in die Geschichte und damit in die bestehende hellenistisch-römische Kultur eingetretene Glaube an Jesus, den Christus, wurde von diesen konkreten geschichtlichen Bedingungen nicht nur beeinflußt, sondern bisweilen geradezu überwuchert[28].

Insofern erscheint die Frage nicht nur berechtigt, sondern notwendig, inwieweit das Christentum als eine in sich gleichartig gebliebene Größe und Gestalt anzusehen ist. Es ist also die Frage nach seiner Identität zu stellen. Dabei ist die Entsprechung einer kulturellen Erscheinung, wie sie das Christentum ist, zu einer Gestalt oder einem Wesen, wie sie im eigentlichen Sinn nur im Reich des Lebendigen begegnet, zu bedenken. Wenn wir vom Wesen des Christentums sprechen, so bedienen wir uns einer Metapher[29]; denn eine jede Gestalt der Kultur ist – wie diese auch selbst – nur analog als ein lebendiges Wesen anzusehen. Der inhaltlich weite Begriff ,Christentum' umfaßt eine große Anzahl von Vorstellungen gleichfalls abstrakter Inhalte. Diese setzen als Träger aber stets den konkreten Menschen voraus, den in der jeweiligen Geschichtsepoche annähernd noch faßbaren Christen. Aufgrund der Mentalitäts- und Geistesgeschichte können wir die mannigfachen geschichtlichen Bedingungen und Voraussetzungen erkennen, unter denen die Christen der verschiedenen Jahrhunderte, Epochen und Zeiten gestanden sind und bis heute stehen. Insofern sind die erhaltenen Zeugnisse bei einem Vergleich mit der heidnischen Antike gemäß der erforderlichen geschichtlichen Sichtweise chronologisch und nach geographischem Gesichtspunkt zu ordnen und auszuwerten. So unterscheidet sich das westliche römische Christentum in manchem vom griechischen, wie die Entwicklung der römisch-katholischen Kirche im Vergleich zu den griechischen Patriarchatskirchen des Ostens zeigt. Bis in die Dogmatik, die Liturgie und die Kirchendisziplin reichen die Unterschiede zwischen den griechisch sprechenden Christen und den syrischen oder koptischen Christen.

Bei der Frage der Auseinandersetzung ist ferner auf die verschiedene Bildungshöhe der Christen zu achten. Der Grad des jeweiligen Bewußtseins ist zu beachten, unter dem die Auseinandersetzung abgelaufen ist. Hier gibt es die Skala von unbewußt verlaufener Übernahme bis hin zu philosophisch-theologisch geführter Apologetik und Invektive.

Bei meinen Beiträgen zum Thema Antike und Christentum ging es deshalb einmal um ein rein geschichtliches Erkennen, also um das Erkennen von Abhängigkeiten und Beeinflussungen, von Umbiegungen und auch nichtgelungenen

---

[28] Vgl. auch M. DIBELIUS, Geschichtliche und übergeschichtliche Religion im Christentum (Göttingen 1925).

[29] Vgl. H. WAGENHAMMER, Das Wesen des Christentums. Eine begriffsgeschichtliche Untersuchung = Tübinger Theologische Studien 2 (Mainz 1973); ferner A. DEMANDT, Metaphern für Geschichte. Sprachbilder und Gleichnisse im historisch-politischen Denken (München 1978).

Übernahmen und Einschmelzungen fremden Gutes in den eigenen Geist, und dies auf Seiten der Christen wie der Heiden. Zum anderen sollte darüberhinaus die gemeinsame religiöse Sprache in ihren Symbolen und archetypischen Bildern und Vorstellungen, denen entsprechende Erfahrungen vorausgegangen sind, anschaulich und vernehmbar werden. Dieser Sprache religiöser Vorstellungen bedienten sich Heiden, Juden und Christen gleichermaßen, kamen sie doch aus einem gemeinsamen Kulturraum, aus der von weit älteren Hochkulturen geprägten Mittelmeerwelt[30]. So enthält der christliche Volksglaube der Spätantike oftmals Vorstellungen, die sich bis in die alten mediterranen Kulturen und über sie hinaus zurückverfolgen lassen[31]. Ob dieser Umstand aber darauf hinweist, daß wir es in derartigen Fällen mit Vorstellungen eines allgemeinmenschlichen religiösen Bewußtseins zu tun haben, bleibt eine offene Frage, zu deren Beantwortung vielleicht die Religionspsychologie beitragen kann.

Gerade in unserer Gegenwart, die sich auf fast allen Gebieten der Kultur und der Zivilisation in einem atemberaubenden Umbruch befindet, dürfte es darauf ankommen, gegenüber aller aufzuweisenden geschichtlichen Bedingtheit und Veränderung, gegenüber allem Werden und Vergehen auf das Übergeschichtliche, das Ewige zu achten, ohne das der Mensch sein Menschsein verlieren würde. Ließen meine Arbeiten, vor allem jene aus früheren Jahren, die philologisch-historische, die religionsgeschichtliche und die religions-phänomenologische Betrachtungsweise erkennen, so sollten sie in jüngster Zeit durch Aufsätze mehr religionsphilosophischen Gehaltes ergänzt und in einen umfassenderen Bezugsrahmen gestellt werden. Insofern wird auch in der vorliegenden Sammlung eine Synthese von geschichtlicher und systematischer Betrachtungsweise angestrebt.

Der Widerhall auf die bereits in den ‚Religionsgeschichtlichen Studien' begonnene Synthese, die notwendigerweise der Wahrheitsfrage nicht ausweichen durfte, sondern sie bewußt stellt und damit auch auf die Gegenwart unseres seelisch-geistigen Lebens einzuwirken versucht, war erwartungsgemäß nicht nur positiv[32]. Nicht das Geschichtliche, nur als Geschichtliches verstanden, wird uns tragen und weiterbringen. Die Absolutsetzung des Geschichtlichen und damit die Überschätzung von Werden und Vergehen ist eine aus dem 19. Jahrhundert vererbte und übernommene Verkürzung der weit komplexeren Wirklichkeit von Gott, Schöpfung/Natur und menschlichem Geist. Schöpfung und menschlicher Geist entfalten sich für uns zwar in der Zeit, beide haben ihre Geschichte, gehen aber in diesem Werdeprozeß nicht gänzlich auf. So ist die Besinnung auf das Beharrende in allem Wechsel notwendig, das als das Mythische, Symbolische, Archetypische und Idealtypische aufleuchtet und Zeichencharakter für die Gegenwart

---

[30] S. unten S. 252–255.

[31] Vgl. SPEYER, Frühes Christentum a.O. (o. Anm. 19) 3 f.6 und passim.

[32] Vgl. die Besprechung der Religionsgeschichtlichen Studien = Collectanea 15 (Hildesheim 1995) von CH. AUFFARTH: Theologische Literaturzeitung 121 (1996) 1041–1043; anders der Philosoph A. MAGRIS: Grazer Beiträge 21 – 1995 (1997) 263–265.

Gottes besitzt. Insofern fühle ich mich allen jenen Denkern verpflichtet, die über aller Bedingtheit von Werden und Vergehen und über jeder Geschichtlichkeit nicht aufgehört haben, das Bleibende in der Erscheinungen Flucht zu suchen und dieses auf eine andere Weise als die Dichter auszusprechen wagen. Gerade die Religionen und die in ihnen gründenden Künste sind von diesem Übergeschichtlichen erfüllt. Wenn sich in der Gegenwart Religion und Kunst immer deutlicher aufzulösen scheinen, so ist dies ein Hinweis darauf, daß sich das moderne Bewußtsein mit seinem Erleben und Denken weit von seinem tragenden Grund entfernt hat, indem es in einer übersteigert aufgefaßten Autonomie und in gleichsam angemaßter Göttlichkeit glaubt, Schöpfer seiner selbst sein zu können und es aufgrund der scheinbaren Möglichkeiten der Technik bald auch zu werden. Andererseits wächst bei vielen im gleichen Maße das Gefühl der Verzweiflung am Sinn der Kultur und damit des menschlichen Mühens und Strebens. Das Gespenst des Absurden und des Nihilismus geht um. Was als Scheitern der Denkenden begonnen hat, endet in der Verzweiflung breiter Volksschichten[33]. Der Verlust der Schöpfungsgebundenheit und die damit verknüpfte Absage an die Transzendenz sind in ihren Folgen im Denken und Leben vieler Menschen und in den die gesamte Menschheit bedrohenden Gefahren der Gegenwart, die vor allem der aus der europäischen Kultur kommende Mensch heraufgeführt und zu verantworten hat, mit Händen zu greifen. Insofern ist eine Rückbesinnung auf die den Menschen und die Welt tragende Macht notwendig.

Das Thema Antike und Christentum hat schließlich einen unmittelbaren Bezug zum gegenwärtigen Versuch der Demokratien Europas, die Völker Europas in einem wirtschaftlichen, politischen, gesellschaftlichen und kulturellen Verband zu einen. Zur geistigen Durchdringung der Frage nach dem Selbstverständnis der Europäer kann die Bearbeitung unseres Themas Grundlegendes beitragen[34].

Wie unterrichtete Geister im Altertum, im Mittelalter und in der Neuzeit erkannt haben und wie es bildende Künstler in weltgeschichtlich orientierten Ent-

---

[33] Peter WUST bemerkt in ,Ein Abschiedswort' vom 18. Dezember 1939 an seine Schüler (Münster, W. o.J. [um 1940]) 3 f.: „Eine ganze Schar von Scheiternden wird seit der Romantik in Europa sichtbar, und die Zahl dieser scheiternden Intelligenzen mehrt sich, je näher wir herankommen an die Schwelle unserer Zeit. Diese Scheiternden aber scheitern alle an dem Problem ,Gott und Geist', sei es nun, daß sie am Geiste und an Gott zugleich verzweifeln und so schließlich an Gott selbst scheitern, oder sei es, daß sie schließlich, die Ohnmacht des irdischen Geistes erkennend, sich so oder so in die Arme Gottes werfen. Nietzsche kann als Repräsentant der ersten Gruppe dienen, soweit wir seine Laufbahn verfolgen können. Kierkegaard gehört zu den Repräsentanten der zweiten Gruppe. Es kommt deshalb auch nicht von ungefähr, daß gerade der Begriff des Scheiterns in der Philosophie der Gegenwart eine so große Rolle spielt, und zwar in der schwer durchschaubaren Doppelsinnigkeit, in der er zwischen den beiden Gruppen der an Gott oder in Gott hinein Scheiternden hin- und herspielt." Die Aktualität dieser bedenkenswerten Worte ist nicht zu bestreiten.

[34] Vgl. E. TROELTSCH, Der Historismus und seine Probleme = Gesammelte Schriften 3, 1 (Tübingen 1922, Ndr. Aalen 1961) 694–772: ,Über den Aufbau der europäischen Kulturgeschichte', bes. 718. 726–728.

würfen dargestellt haben, ist Europa nicht allein aufgrund des bodenständigen Erbes seiner Volkskulturen innerhalb seines engeren geographischen Raumes zu dem geworden, was es in seinen hohen Zeiten war. Vielmehr gehören zu den Quellgründen, aus denen sich unser europäisches Erbe speist, ebenso Babylon, Persien, Indien, Ägypten und nicht zuletzt Israel. Den Blick auf Babylon, Persien und Ägypten mit Einschluß Syriens eröffnen bereits viele Schriften des hebräisch überlieferten Alten Testaments, zu denen weitere der hellenistischen Bearbeitung der ‚Septuaginta' kommen; auch im Neuen Testament fehlen derartige Hinweise nicht. Die Griechen haben seit Homer einen relativ freien Blick für fremde Kulturen besessen[35]. Die seit der Renaissance aufblühende Altertumswissenschaft hat diese Quellen erschlossen und bei ihren Forschungen über Jerusalem, Athen und Rom berücksichtigt. Einen Höhepunkt derartiger Forschungen bildet das 19. Jahrhundert, das dann auch die geistigen Bedingungen für das von Franz Joseph Dölger formulierte Forschungsprogramm Antike und Christentum geschaffen hat[36]. Schnell setzte sich die Erkenntnis durch, daß man weder die griechische, noch die römische, noch die jüdisch-christliche Überlieferung hinreichend verstehen kann, wenn man sie nicht vor dem Hintergrund der oben genannten Hochkulturen des Alten Orients sieht. Entsprechendes gilt auch für die verhältnismäßig schlecht überlieferten Ursprungskulturen der Kelten und Germanen. Eine kulturelle Ost-West-Drift hat in oftmals erneuerten Wellen Europa bald zerstörend, bald befruchtend getroffen. Insofern war der Blick immer wieder über die zeitlichen und räumlichen Grenzen der hellenischen, hellenistischen und kaiserzeitlichen Kultur hinaus auf entferntere Räume und Zeiten zu lenken.

Als Wilhelm von Kaulbach seinen weltgeschichtlichen Gemäldezyklus im Treppenhaus des Neuen Museums in Berlin schuf (1842–1865), setzte er, als kulturgeschichtlich gebildeter Künstler seiner Zeit, die kulturellen Grundlagen Europas ins Bild, indem er auch den Alten Orient mit Einschluß Ägyptens in seinen Bildentwürfen berücksichtigte[37]. Bereits zuvor zeigte Goethe in seinem weitgespannten literarischen Werk, daß Europa für ihn zum Orient hin keine festen Grenzen besitzt, so daß er sich in den ‚reinen Osten' flüchten kann, ‚um Patriarchenluft zu kosten'[38]. Sein fruchtbarer Gedanke einer Weltliteratur beweist diese universale Blickrichtung. Allein dieser Gedanke ist nicht ohne vergleichbare Vorstellungen in Antike und Christentum möglich geworden. Das Bewußtsein von der Verwandtschaft und damit von der Einheit der Menschheit sowie vom gemeinsamen Schicksal aller Menschen ist ein antiker und zugleich

---

[35] S.u. S. 231–243.

[36] Vgl. THRAEDE, Antike (o. Anm. 5); ferner vgl. G. SCHÖLLGEN, Franz Joseph Dölger und die Entstehung seines Forschungsprogramms ‚Antike und Christentum': JbAC 36 (1993) 7–23.

[37] A. MENKE-SCHWINGHAMMER, Weltgeschichte als ‚Nationalepos'. Wilhelm von Kaulbachs kulturhistorischer Zyklus im Treppenhaus des Neuen Museums in Berlin (Berlin 1994) 13–141; zur geistigen Konzeption des Zyklus ebd. 143–170.

[38] West-östlicher Divan, Buch des Sängers, Hegire Vers 3 f.: Werke Hamburger Ausgabe 2, hrsg. von E. TRUNZ (München 1988) 7; vgl. auch das Werk Friedrich Rückerts (1788–1866).

ein jüdisch-christlicher Gedanke. Die Stoa, das Alte Testament, vor allem das Buch Genesis, und der christliche Missionsgedanke bezeugen ein auf das Ganze der Menschheit gerichtetes Denken und Handeln. Insofern sind der Themenbereich und das Problemfeld von Antike und Christentum ein zunächst europäisches, sodann – nicht zuletzt aufgrund der Ausbreitung des europäischen Denkens während der Neuzeit auf die ganze bewohnte Erde – ein menschheitsgeschichtliches und insofern ein universalgeschichtliches Thema.

Wie die bisherige Erforschung dieser Thematik in der Bonner Dölger-Schule und in den durch sie auch andernorts angeregten Untersuchungen gleicher oder verwandter Zielrichtung beweist, ist ein Ende dieser Studien in der Erschließung des Materials in Umrissen jedenfalls möglich. Diesem Ziel dient vor allem das ‚Reallexikon für Antike und Christentum‘ mit seinen mehr als 3000 Stichwörtern. Nach dem Willen der Herausgeber soll in ihm bewußt auf eine Bewertung und persönliche Stellungnahme zu den vorgestellten Phänomenen verzichtet werden[39]. Diese Regel einzuhalten, ist gewiß bei den sogenannten Realien leichter möglich. Je höher wir aber auf der Skala der geistigen Vorstellungen gelangen, umso schwieriger wird es, diese Enthaltsamkeit durchzuhalten, ja sie wird bei der Gottesfrage und dem Anspruch der jüdisch-christlichen Offenbarung geradezu unmöglich. Hier muß ferner daran erinnert werden, daß der Inhalt des Betrachteten nach Zeit und Ort des Betrachters variiert, ja daß die Objekt-Subjekt-Relation im absoluten Sinn gar nicht besteht, sondern nur a fortiori gilt. Auch der Betrachter steht im Strom der Geschichte, der Geschichte des Bewußtseins, der Seele und des Denkens[40]. Was er sieht, was er heraushebt, was er als unwichtig beiseite läßt, alles dies ist abhängig von seinem bedingten persönlichen und wissenschaftlichen Standpunkt. Diese Bedingtheit beginnt bereits bei den erhaltenen Quellen und zieht sich bis in deren Auswertung hinein. Insofern bleibt auch die philologisch-historische Methode ergänzungsbedürftig, ganz abgesehen davon, daß sie vieles nur unvollkommen in den Blick bringen kann, was erst einer soziologischen, psychologischen oder theologisch-philosophischen Betrachtung zugänglich ist.

Wechselnde Bilder der ererbten Literatur und Kunst, der Religion und Philosophie enthüllen sich, wenn die Geschichte der Erforschung und der Bewertung des jeweiligen Themas aufgerollt wird. Gerade die Tatsache, daß die Forschung selbst eine Geschichte besitzt, beweist ihre wesensmäßige Unabgeschlossenheit, Offenheit, aber auch Relativität sowie die Unendlichkeitsdimension, die in allem vom Geist Geschaffenen erkennbar ist.

---

[39] TH. KLAUSER, Das Reallexikon für Antike und Christentum und das F.J. Dölger-Institut in Bonn ²(Stuttgart 1970) 18; E. DASSMANN (Hrsg.), Das Reallexikon für Antike und Christentum und das F.J. Dölger-Institut in Bonn (Stuttgart 1994) 11.
[40] Vgl. E. NEUMANN, Ursprungsgeschichte des Bewußtseins ⁴(Frankfurt M. 1984) und o. Anm. 13; ferner R. KONERSMANN, Spiegel und Bild. Zur Metaphorik neuzeitlicher Subjektivität = Epistemata, Reihe Philosophie 44 (Würzburg 1988) 9–19: ‚Subjektivität als Problem‘.

1. Töten als Ritus des Lebens

Zum Sinn des Opfers

Einleitung

Vor mehr als einem Jahrhundert schrieb der Archäologe, Philologe und Musikwissenschaftler Otto Jahn (1813–1869)[1]:

„Je tiefer die Forschung in dunkle Zeiten hinabsteigt, je näher sie den ersten Schöpfungen des menschlichen Geistes tritt, um die Ausbildung des Menschengeschlechts aus ihren Gründen geschichtlich zu verstehen, um so stärker fühlt sie das Bedürfnis, durch Vergleichung analoger Verhältnisse Licht zu gewinnen. Daher hat die über die meisten Völker des Abend- und Morgenlandes ausgebreitete historische Forschung von allen Seiten her besonders die Anfänge der Kultur der verschiedenen Völker zu beleuchten gesucht, sei es daß man eine ursprüngliche Verwandtschaft derselben oder eine Übertragung fremder Elemente annahm. Wie sich eine vergleichende Sprachforschung entwickelt hat, so strebt man einer vergleichenden Mythologie, einer vergleichenden Kunstgeschichte, einer vergleichenden Kulturgeschichte entgegen".

Im Lichte dieser vergleichenden Kultur- und Geistesgeschichte soll das Opfer, und zwar in erster Linie das blutige Opfer, betrachtet werden. Das Opfer gehört zu den großen, bis heute nicht hinreichend verstandenen Gedanken der Menschheitsgeschichte. Es steht im Zentrum der gewachsenen Religionen und zwar auf allen Stufen der Entfaltung religiösen Erlebens und Vorstellens. Die Religion aber bildet den Wurzelgrund aller und jeder Kultur[2]. Insofern wirken die mit dem

---

[1] Aus der Alterthumswissenschaft. Populäre Aufsätze (Bonn 1868) 49; vgl. W.M. CALDER III/H. CANCIK/B. KYTZLER (Hrsg.), Otto Jahn (1813–1868[!]). Ein Geisteswissenschaftler zwischen Klassizismus und Historismus (Stuttgart 1991) 96–105.

[2] Vgl. J.J. BACHOFEN, Das Mutterrecht, hrsg. v. K. MEULI = Gesammelte Werke 2 (Basel 1948) 26: „Hier noch mehr als bisher fühle ich den gewaltigen Gegensatz, der meine Betrachtungsweise des Altertums von den Ideen der heutigen Zeit und der durch sie geleiteten modernen Geschichtsforschung scheidet. Der Religion einen tiefgehenden Einfluß auf das Völkerleben einräumen, ihr unter den schöpferischen, das ganze Dasein gestaltenden Kräften den ersten Platz zuerkennen, in ihren Ideen Aufschluß über die dunkelsten Seiten der alten Gedankenwelt suchen, erscheint als unheimliche Vorliebe für theokratische Anschauungen, als Merkmal eines unfähigen, befangenen, vorurteilsvollen Geistes, als beklagenswerter Rückfall in die tiefe Nacht einer düstern Zeit. Alle diese Anklagen habe ich schon erfahren, und noch immer beherrscht mich derselbe Geist der Reaktion, noch immer ziehe ich es vor, auf dem Gebiete des Altertums antik als modern, in seiner Erforschung wahr als den Tagesmeinungen gefällig zu sein, und um das Almosen ihres Beifalls zu betteln. Es gibt nur einen einzigen mächtigen Hebel aller Zivili-

Opfer verbundenen Vorstellungen und Gedanken trotz aller geistes- und kulturgeschichtlichen Wandlungen bis in unsere Gegenwart.

Im Mittelpunkt der folgenden Darstellung sollen die verbreitetsten Formen
des Opfers stehen, das Opfer von Tier und Mensch. Aber auch das Opfer von
Pflanzen muß miteinbezogen werden. Für das ganzheitliche Erleben der sinnenhaft vermittelten Wirklichkeit, wie es die Menschen der vor- und frühgeschichtlichen Kulturen zeigen, gibt es nicht die starren Grenzen zwischen Belebtem und
Unbelebtem, die das Wirklichkeitsganze der Natur bilden, wie für die Menschen
einer späten, technisch bestimmten rationalistischen Hochkultur. Den Menschen
der Frühzeit erschien die gesamte Natur als beseelt, belebt und mit einer geheimnisvollen Macht erfüllt, die Elemente Erde, Wasser, Feuer, Luft, ebenso wie der
Stein, die Pflanze, das Tier und der Mensch[3].

Die Hauptnahrung der Menschen war in der Jahrhunderttausende währenden
ältesten Kulturepoche der Jäger und Sammler neben den Früchten der Bäume das
Fleisch erlegter Tiere. Aber auch in den um so vieles jüngeren Ackerbaukulturen,
aus denen die Hochkulturen des Alten Orients und ihre Nachfolgerinnen, die
antike und die christliche Kultur, hervorgegangen sind, blieb das Fleisch – nunmehr meist der Haustiere, wie Rind, Schaf, Schwein und Ziege – neben dem
Getreide und den veredelten Baumfrüchten das Grundnahrungsmittel. Der Mensch
erscheint so auf diesen Stufen seiner Kultur als Töter[4]. Die frühen Ackerbauern
erlebten auch das Roden der Bäume und den Schnitt des Getreides als ein Töten[5].
Die blutigen Opfer bestimmen die Anfänge einer jeden uns bekannten Kultur und
bezeugen zugleich das noch erschließbare älteste und damit auch grundlegende
Weltverständnis, dessen Spuren in den uns bekannten späteren Hochkulturen

---

sation, die Religion. Jede Hebung, jede Senkung des menschlichen Daseins entspringt aus
einer Bewegung, die auf diesem höchsten Gebiete ihren Ursprung nimmt. Ohne sie ist keine
Seite des alten Lebens verständlich, die früheste Zeit zumal ein undurchdringliches Rätsel.
Durch und durch vom Glauben beherrscht, knüpft dieses Geschlecht jede Form des Daseins,
jede geschichtliche Tradition an den kultlichen Grundgedanken an, sieht jedes Ereignis nur in
religiösem Lichte und identifiziert sich auf das vollkommenste seiner Götterwelt."

[3] „Thales glaubte, daß alles voll von Göttern sei" (Aristot. anim. A 5, 411 a 7; vgl. Diog.
Laert. 1, 27); vgl. G.S. KIRK /J.E. RAVEN /M. SCHOFIELD, Die Vorsokratischen Philosophen,
deutsche Ausgabe (Stuttgart/Weimar 1994) 104–107. Der Pantheismus der Stoa ist eine philosophische Lehre, die den ursprünglichen Glauben an die von heiliger Macht erfüllte Wirklichkeit weitergedacht hat; vgl. auch Arat. phaen. 1–5 (3–7 MARTIN). – Treffend hat F. Schiller in
‚Die Götter Griechenlands' diesen alten Glauben nachgezeichnet; vgl. W.H. FRIEDRICH, Der
Kosmos Ovids: H. KUSCH, (Hrsg.), Festschrift F. Dornseiff (Leipzig 1953) 94–110, bes. 103–
107; ferner E. FASCHER, Art. Dynamis: RAC 4 (1959) 415–458.

[4] W. BURKERT, Homo Necans. Interpretationen altgriechischer Opferriten und Mythen =
RGVV 32 (Berlin 1972, engl. Übers. Berkeley /Los Angeles 1983); vgl. Le sacrifice dans l'antiquité = Entretiens Fond. Hardt 27 (Vandoeuvres-Genève 1981); R. ETIENNE, Autels et sacrifices: Le sanctuaire grec = Entret. Fond. Hardt 37 (Vandoeuvres-Genève 1992) 291–319. –
J. BREMMER, Scapegoat Rituals in Ancient Greece: Harv. Stud. in Class. Philol. 87 (1983) 299–
320; F.E. BRENK: Gnomon 56 (1984) 675f.

[5] S. u. S. 39f.

noch deutlich zu erkennen sind. Daß der fundamentale Gedanke des Opfers innerhalb der differenzierten Hochkulturen für mannigfache Spiritualisierungen offen stand – bereits das Haaropfer gehört ebenso zu diesen Vergeistigungen wie die Vorstellung der Stellvertretung und des stellvertretenden Opfers –, sei am Rande vermerkt[6].

Als einziges leibliches Wesen vermag der Mensch den Tod bewußt zu erkennen und damit gleichsam vorausschauend auch zu erleben. Insofern mußte ihm von Anbeginn an der unausweichliche Zusammenhang von irdischem Leben und irdischem Tod deutlich werden. Leben und Tod scheinen nicht voneinander lassen zu können und sich gegenseitig zu bedingen[7]. Sobald der Mensch zum Bewußtsein seiner selbst gelangte, erkannte er, daß sein Leben vom Tod anderer Wesen, von Tieren, Pflanzen und Baumfrüchten, abhing. So wurde er als Lebender zwangsläufig zum Töter; denn nur durch Getötetes vermochte er sich zu erhalten. Als unschuldige Nahrung konnten deshalb nur Milch und Honig gelten, die Nahrung des Goldenen Zeitalters[8]. Jedes blutige Opfer aber war ursprünglich ein Akt des Tötens mit anschließendem Mahl. Dabei waren Töten und Mahlhalten in der vorgeschichtlichen Epoche bis weit in die Zeit der antiken Hochkulturen gemäß dem alle menschlichen Handlungen bestimmenden magisch-religiösen Erleben und Denken keine profanen, sondern sakrale oder rituelle Handlungen. Sie waren der sichtbare Ausdruck eines inneren Betroffen- und Ergriffenseins von der heiligen Macht, die über Leben und Tod gebietet[9]. Insofern ist das blutige Opfer, verstanden als rituelles Töten ein magisch-religiöses Urphänomen der Menschheit[10]. In ihm leuchtet die das Wirklichkeitsganze be-

---

[6] Das Haar vertritt die Person; W. Robertson Smith, Die Religion der Semiten, deutsche Ausgabe von R. Stübe (Tübingen 1899, Ndr. Darmstadt 1967) 248–255; vgl. J.B. Bauer, Art. Fluß I (Naturelement): RAC 8 (1972) 68–73, bes. 68. Das Haar galt wie das Blut (s.u. Anm. 20) als Lebensträger; vgl. B. Kötting, Art. Haar: RAC 13 (1986) 177–203, bes. 178f. 181f. – Zur Stellvertretung: I. Scheftelowitz: Das stellvertretende Huhnopfer = RGVV 14,3 (Gießen 1914); H.S. Versnel, Selfsacrifice, Compensation and the Anonymous Gods: Le sacrifice dans l'antiquité = Entretiens de la Fondation Hardt 27 (Vandoeuvres-Genève 1981) 135–194.
Neben dem blutigen Opfer gab es u.a. das Rauchopfer (W.W. Müller, Art. Weihrauch: RE Suppl. 15 (1978) 700–777, bes. 752–755: Griechen; 757–760: Römer) und die Libationen. Wir werden nicht fehlgehen, auch in ihnen vergeistigte Formen des Opfers zu sehen (zu Pythagoras vgl. Diog. Laert. 8,20; Müller a.O. 753f.). Ferner vgl. E. Ferguson, Spiritual Sacrifice in Early Christianity and its Environment: ANRW 2, 23, 2 (1980) 1151–1189.
[7] F. Ulrich, Leben in der Einheit von Leben und Tod (Frankfurt 1973).
[8] A. Sallinger, Art. Honig: RAC 16 (1994) 433–457, bes. 446f.
[9] Zum Begriff des Heiligen R. Otto, Das Heilige (München 1917, Ndr. 1963); C. Colpe (Hrsg.), Die Diskussion um das Heilige = WdF 305 (Darmstadt 1977); ders., Art. Sacred and the Profane: The Encyclopedia of Religion 12 (1987) 511–526; ders. Art. heilig (sprachlich): Handbuch religionswissenschaftlicher Grundbegriffe 3 (1993) 74–80; Art. Das Heilige: ebd. 80–99; ferner A. Dihle, Art. Heilig: RAC 14 (1988) 1–63. – Zur Ergriffenheit K. Meuli, Gesammelte Schriften 2 (Basel 1975) 1214 Reg. s.v.
[10] F. Dornseiff, Der Märtyrer. Name und Bewertung: Archiv f. Religionswiss. 22 (1923/24) 133–153, bes. 141.

stimmende Ambivalenz von Leben und Tod und damit von Heil und Unheil oder –
magisch-religiös gesprochen – von Segen und Fluch auf[11].

Die noch in reicher Fülle erhaltenen Zeugnisse zum Opfer spiegeln die kaum
zu überschätzende Bedeutung dieser Handlung für die Kulturgeschichte der
Menschheit wider, und zwar für die Gemeinschaft der Familie, des Stammes, des
Volkes, also für die res privata, wie für die res publica in Rom oder die Polis in
Griechenland. Für keine religiöse Handlung gibt es so alte und so zahlreiche
Belege wie für das Opfer, angefangen von den Funden vorgeschichtlicher Opferplätze oder bestimmter Gräber, die auf Menschenopfer hinweisen[12], bis hin zu
den Mitteilungen in der antiken Literatur. Die Mythen und die aus dem Mythos
hervorgegangene Dichtung, vor allem Epos, Tragödie und Elegie, bieten nicht
weniger Zeugnisse als die Geschichtsschreibung, der Roman und die Inschriften
sowie die Zauberliteratur. Dazu treten die Denkmäler: Tempel, Altäre, die Reste
der eingemauerten Bauopfer und die zahlreichen Darstellungen von Opferhand-
lungen in Malerei (Vasen, Fresken) und im Relief.

Je mehr seit homerischer Zeit einzelne griechische Denker ihre religiösen Überlieferungen in Mythos und Kultur einer rationalen Kritik unterzogen, umso mehr
erkannten sie die sittlichen Forderungen als einen eigenen Wert und maßen an
ihm die ererbten religiösen Überlieferungen. Nach dem anfänglichen Welterleben waren Magie, Religion und Sittlichkeit jedoch nicht voneinander getrennt.
Eine Differenzierung und eine Gegeneinanderstellung magischer, religiöser und
sittlicher Anschauungen erfolgten erst im Laufe einer Rationalisierung der mythischen Kultur der Frühepoche. In Griechenland ist dieser Prozeß erstmals seit
den Sängern der Ilias und der Orphik erkennbar. Die Orphiker und die mit ihnen
wie auch immer verbundenen Pythagoreer haben auf die große Zeit der griechischen Philosophie und damit zugleich der Kritik der ererbten Religion ihren Einfluß geltend gemacht. In ihrer Tradition stehen Empedokles und Platon[13]. In den
Gesetzen schreibt Platon[14]: „Es gab eine Zeit, als die Menschen nicht einmal
vom Rind zu essen wagten und Opfer für die Götter waren nicht Tiere, sondern
Kuchen und Feldfrüchte, mit Honig genetzt, und andere derartige unbefleckte
Opfer. Sie enthielten sich aber des Fleisches, als ob es nicht fromm sei, es zu
essen und auch nicht die Altäre der Götter mit Blut zu beflecken; sondern sie
führten damals sogenannte orphische Leben, an allem Unbeseelten sich haltend,

---

[11] W. Speyer, Art. Fluch: RAC 7 (1969) 1160–1288; Ders., Frühes Christentum im antiken
Strahlungsfeld = Wiss. Untersuchungen zum Neuen Testament 50 (Tübingen 1989) Reg.: Ambi-
valenz, Fluch, Segen; Ders., Religionsgeschichtliche Studien = Collectanea 15 (Hildesheim/
Zürich/New York 1995) Reg.: Ambivalenz, Fluch, Segen.

[12] H. Jankuhn (Hrsg.), Vorgeschichtliche Heiligtümer und Opferplätze in Mittel- und Nord-
europa = Abh. d. Akademie d. Wiss. Göttingen 1968; R. Etienne/M.-Th. Le Dinahet (Hrsg.),
L'espace sacrificiel dans les civilisations méditerranéennes de l'antiquité. Actes du Colloque
Maison de l'Orient, Lyon, 4–7 juin 1988 = Publ. Bibl. Salomon-Reinach 5 (Paris 1991).

[13] Speyer, Studien 125–140, bes. 136–139.

[14] Leg. 6,782c.

von allem Beseelten aber im Gegenteil sich enthaltend". Der Philosoph spielt anscheinend auf die frühe Phase der Ackerbaukultur an, die er aber idealisierend ausmalt. Wichtig ist sein Hinweis auf die orphische Lebensweise. Mehr und mehr setzte sich in diesen philosophischen Kreisen, die religiös-asketisch geprägt waren, ein Denken und Werten durch, das man als eine Form der Vergeistigung und damit der Versittlichung bezeichnen kann. Obwohl die blutigen Opfer im Staats- und im Privatkult das ganze heidnische Altertum hindurch bestanden haben, gab es immer wieder Philosophen, die gegen das Töten geschrieben haben, so der Aristotelesschüler Theophrast in seiner Abhandlung über die Frömmigkeit[15], der Neupythagoreer Apollonios von Tyana im 1. Jh.n. Chr. oder der Neuplatoniker Porphyrios[16]. Teils hielten sie die blutigen Opfer für unvereinbar mit ihrer Lehre von der Wanderung der Seelen durch Tierkörper, teils mit den neu entdeckten Forderungen einer geläuterten und philosophisch vertieften Sittlichkeit[17]. Menschenopfer, die in Rom in hoher geschichtlicher Zeit – nämlich während der Punischen Kriege – vorgekommen sind, dürfte der römische Senat letztlich infolge des Einflusses der griechischen Philosophie abgeschafft haben[18]. In den urtümlicheren Kulturen der Kelten, Germanen, Phönizier und anderer alter Mittelmeervölker waren Menschenopfer verbreitet[19].

Jedes Opfer der Frühzeit ließ Blut fließen. Im Blut erlebten die Menschen die geheimnisvolle Lebenskraft und damit Macht; denn das Blut erschien als die

---

[15] Hrsg. von W. Pötscher (Leiden 1964).

[16] Zu Apollonios v. Tyana, De sacrificiis E. Norden, Agnostos Theos ²(Leipzig 1923, Ndr. Darmstadt 1974) 39–41. 343–346; zu Porphyrios, De abstinentia, die Ausgabe von J. Bouffartigue / M. Patillon (Paris 1977/79). – Ablehnung der Menschenopfer: Lucr. rer. nat. 1,80–101; vgl. F. Schwenn, Die Menschenopfer bei den Griechen und Römern = RGVV 15,3 (Gießen 1915, Ndr. Berlin 1966) 185–187: ‚Opposition gegen das Menschenopfer' (in Rom).

[17] Vgl. H. Chadwick, Art. Humanität: RAC 16 (1994) 663–711, bes. 667–669.

[18] Vgl. Plin. nat. 30,12: Zum Jahr 94 v. Chr.: DCLVII demum anno urbis Cn. Cornelio Lentulo P. Licinio Crasso cos. senatusconsultum factum est, ne homo immolaretur, palamque fit, in tempus illud sacra prodigiosa celebrata; Augustus und Claudius verboten Menschenopfer in Gallien (Suet. Claud. 25); ferner Schwenn 140–196; P. Fabre, Minime Romano sacro. Note sur un passage de Tite-Live et les sacrifices humaines dans la religion romaine = Rev. Et. Anc. 42 (1940) 419–424. Zu den Etruskern A.J. Pfiffig, Religio Etrusca (Graz 1975) 110–112: ‚Menschenopfer?'.

[19] E. Mader, Die Menschenopfer der alten Hebräer und der benachbarten Völker = Biblische Studien 14,5/6 (Freiburg 1909); F.M. De Liagre-Böhl, Das Menschenopfer bei den alten Sumerern: ders., Opera minora (Groningen 1953) 163–173; zu den Ägyptern der Frühzeit Mader, 14–34; J. G. Griffith, Art. Menschenopfer: Lexikon der Ägyptologie 4 (1982) 64 f: zu den Phöniziern und Afrikanern in der Zeit von 700 v. Chr. bis ins 3. Jh. n. Chr. M. Leglay, Saturne Africain = Bibl. Ec. Franç. 250 (Paris 1966) 313–332; vor allem zu den Opfern von Kleinkindern; diese sind durch literarische und vor allem archäologische Zeugnisse, wie Aschenurnen und Stelen, zweifelsfrei bezeugt. – Zu den Kelten J. Zwicker, Fontes historiae religionis Celticae (Berlin 1935); zu den Germanen C. Clemen, Fontes historiae religionis Germanicae (Berlin 1928) 111 Reg.: hostiae humanae; zu den Slawen C.H. Meyer, Fontes historiae religionis slavicae (Berlin 1931) 108 Reg.: hostiae humanae; zum Thema vgl. J. Haekel, Art. Menschenopfer: LThK 7 ²(1962) 294–296; A. Henrichs, Human Sacrifice in Greek Religion. Three Case Studies: Le sacrifice 195–235, bes. 195–197. 233 f.

Bedingung der Lebensfähigkeit von Tier und Mensch und so als Sitz der eigentlichen Lebenskraft. Deshalb gehört die Vorstellung der Blutseele neben der der Hauchseele zum ältesten Bestand des Seelenglaubens[20]. Diese im Blut wirksame Macht erschien aber nicht nur als geheimnisvoll, sondern als heilig und damit als eine Verdichtung und Vergegenwärtigung jener heiligen Kraft, die in allem wirksam über die Ambivalenz von Leben und Tod verfügt[21].

Blutige Opfer sind bei allen Völkern der alten Mittelmeerwelt bezeugt, selbst bei den Ägyptern, die zumindest in späterer Zeit infolge ihrer Tierverehrung an einem Schlachten im Stil der Hekatomben der Griechen oder der Suovetaurilien der Römer gehindert waren[22].

Die Profanzivilisation der Neuzeit hat den Gedanken des Opfers aus der älteren und viel länger währenden Sakralkultur in gewandelter Form übernommen. Als Zwischenglied kommt hier dem Christentum erhöhte Bedeutung zu, da das eine Opfer des Gottessohnes Jesus Christus am Kreuz von Golgotha in Jerusalem die vielen blutigen Opfer der Antike noch im Laufe der Spätantike allmählich verdrängt und schließlich zum Versiegen gebracht hat[23].

Wenn in der Gegenwart das archaische blutige Opfer in geheimen Zirkeln oder auch in der Kunst wiederauflebt[24], so zeugt dies einmal für die nachlassende Kraft des christlichen Opfergedankens und zum anderen für die bereits herausgestellte Tatsache, daß Religion, rituelles Töten und Opfer nicht voneinander zu trennen sind, da sie in das Zentrum der Wirklichkeit führen, in die Ambivalenz, aber auch die Komplementarität von Leben und Tod, und damit zugleich auch zum Wesen des Menschen gehören. Selbst im Zerrspiegel des Teuflischen und des Opfers im Dienste Satans oder in der Ästhetisierung durch die Kunst schimmert noch die geheimnisvolle Tiefe der horrenda primordia auf.

Opfer und Opfern bedeuten zunächst und ursprünglich einen wie auch immer formalisierten magisch-religiösen Ritus des Tötens, des Schlachtens, wie er in allen gewachsenen Religionen der Erde, in Ursprungs- wie in Hochkulturen, in Natur- und Volksreligionen, aber auch noch in der Offenbarungsreligion des Judentums und Christentums begegnet. Zwischen Opferer und Opfer liegt formal betrachtet das Verhältnis von zielgerichtetem Handeln und Erleiden vor. Da die Opferhandlung willentlich-bewußt ausgeführt wird, ist sie in ihrem Ablauf geordnet und gemäß dem magisch-religiösen Welterleben ritualisiert. Reste des archaischen Ritus haben sich bis heute im Brauchtum der Jäger erhalten.

---

[20] Goethe, Faust V. 1740; Mephisto: ‚Blut ist ein ganz besonderer Saft‘; vgl. F. RÜSCHE, Blut, Leben und Seele = Studien z. Geschichte u. Kultur d. Altertums, Erg. Bd. 5 (Paderborn 1930); J.H. WASZINK, Art. Blut: RAC 2 (1954) 459–473.

[21] S.o. S. 17f.

[22] Über die Opferung nur männlicher Rinder berichtet Herodot 2,38–41; die weiblichen Rinder waren der Isis heilig.

[23] S.u. S. 46f.

[24] B. WENISCH, Satanismus. Schwarze Messen, Dämonenglaube, Hexenkulte (Mainz / Stuttgart 1988); H. NITSCH, Die Architektur des Orgien Mysterien Theaters 1/2 (München 1987/93).

Um das Opfer in seinem ursprünglichen Sinn erkennen zu können, ist es notwendig, eine religionsphilosophische Fragestellung mit einer geschichtlichen Betrachtung der erhaltenen literarischen und monumentalen Zeugnisse zu verbinden.

1. Zur Forschungslage

Die ältere Forschung des 18. und des 19. Jahrhunderts hat vor allem die literarischen und monumentalen Zeugnisse rein additiv gesammelt[25]. Ihr ging es um die Tatsachen, die mit dem Opfer in den antiken Kulturen verbunden waren. Dazu zählten auch Untersuchungen zu den sprachlichen Ausdrücken des Opfers wie zur Kleidung des Opfernden. Die hohe Bedeutung, die die Menschen des Altertums dieser Handlung zugewiesen haben, ergibt sich gerade aus bestimmten Worten und Handlungen, die als Vorsichtsmaßregeln im Umgang mit der heiligen Macht über Leben und Tod zu deuten sind[26]. Die Begegnung mit den geheimnisvollen Wurzeln und den tragenden Kräften des Daseins, ihres Daseins, erfüllte die Menschen mit Schauder[27].

Der Literaturwissenschaft und ihrer Einteilung der Literatur nach Gattungen entsprechend versuchten Gelehrte der phänomenologischen Forschungsrichtung die Opfer nach ihren Formen oder Absichten zu klassifizieren. So unterscheidet G. Widengren zwischen Gaben-, Sühne- und Kommunionsopfer[28]. M.P. Nilsson bespricht in systematischer Sicht die Opfer neben dem Totemismus, obwohl der Totemismus für die Indogermanen ungesichert ist und eine spezifische Form der Religion bildet, das Opfer aber universale Bedeutung besitzt[29]. Mit Recht hebt Nilsson hervor, daß die frühere Auffassung, nach der das Opfer eine Gabe sei (das ‚do ut des‘-Prinzip), ungenügend ist. Vom Gaben-Opfer unterscheidet er das kommunikative Opfer, wobei er das Haaropfer nennt, das aber auch als stellver-

[25] BERNARD DE MONTFAUCON (1677–1741), L'antiquité expliquée et représentée en figures 1–10; dazu Erg. Bd. 1–5 (Paris 1719–1724). Übersetzung ins Englische von D. HUMPHREYS 1–5 (London 1721–1725); A.C. PHILIPPE DE CAYLUS (1692–1765), Recueil d'antiquités égyptiennes, etrusques, grecques, romaines et gauloises 1–7 (Paris 1752–1767); P. STENGEL, Opferbräuche der Griechen (Leipzig / Berlin 1910, Ndr. Darmstadt 1972); S. EITREM, Opferritus und Voropfer der Griechen und Römer (Kristiania 1915, Ndr. Hildesheim 1977); L. ZIEHEN, Art. Opfer: RE 18,1 (1939) 579–627; ferner vgl. MEULI 2, 1232–1234 Reg.: Opfer.
[26] Die Römer verwendeten besondere Opfergesten, eine bestimmte Kleidung und Sprache. Aus ihnen ist ihre magisch-religiös bestimmte Angst im Umgang mit dem Töten noch zu erkennen; vgl. zum einzelnen K. LATTE, Art. Immolatio: RE 9,1 (1914) 1112–1133; DERS., Römische Religionsgeschichte = Handb. d. Altertumswiss. 5,4 (München 1960) 375–392 passim.
[27] SPEYER, Studien XIII.
[28] Religionsphänomenologie (Berlin 1969) 280–327: ‚Das Opfer‘.
[29] Geschichte der griechischen Religion 1 = Handb. d. Altertumswiss. 5, 2, 1³ (München 1967, Ndr. ebd. 1976) 44–47. ROBERTSON SMITH, a.O. (o. Anm. 6) 206–238: ‚Die ursprüngliche Bedeutung des Tieropfers‘ und Reg.: ‚Totemismus und Verwandtes‘ sprach im Zusammenhang seiner Theorie des Totemismus von sakramentalen Opfern.

tretendes Opfer belegt ist: das Haar vertritt den Menschen, der sich sonst selbst opfern müßte[30]. Das Haaropfer gehört damit zu den echten Opfern. Alle echten Opfer haben von ihrem Ursprung her, wie sich zeigen wird, unmittelbar etwas mit dem inneren Zusammenhang von Leben und Tod zu tun.

Hier wie in anderen Fällen der magisch-religiösen Themen ist eine letzte begriffliche Klärung nicht möglich. Die Äußerungen der Religion entstammen einem älteren, ganzheitlichen Erleben und Denken. Dieses magisch-religiöse Denken unterscheidet sich vom rational-wissenschaftlichen und kann von ihm nicht voll eingeholt und übersetzt werden. Während das rational-wissenschaftliche Denken analysierend und klassifizierend vorgeht, steht das religiös-mythische Denken einem ursprünglichen, ganzheitlichen Erfassen der Natur nahe, in dem Erleben und Denken, Bild und Begriff, sowie Wort und Handlung nicht so getrennt waren, wie dies dann infolge der Entdeckung des Geistes bei den Griechen eingetreten ist.

Votivgaben als Votivopfer sind nur in einem abgeleiteten Sinn Opfer und können nicht zum Ausgangspunkt der Überlegungen über das Opfer gewählt werden[31]. Gänzlich auszuscheiden hat das nur mißbräuchlich ‚Opfer‘ genannte Eidopfer; denn es ist ein magischer Fluchritus[32].

Als die gewöhnliche Form des Opfers bezeichnet Nilsson das Speiseopfer. Bei diesem ist aber nicht in erster Linie das gemeinschaftliche Mahl das Entscheidende, sondern etwas anderes, das im Folgenden in größerem Zusammenhang bestimmt werden soll. Der griechische Kult unterschied bei den Speiseopfern holokaustische Opfer, also Opfer, die ganz verbrannt wurden, vor allem für die Toten, sowie die Opfer, von denen niemand essen durfte, wie für die Wassergottheiten, also chthonische Gottheiten. Zu ihnen gehören auch die Sühnopfer[33]. In beiden Fällen überwog der Fluchaspekt der heiligen Macht oder der Gottheit, der die Opfer dargebracht wurden; denn die Toten gehören, wenn auch nicht ausschließlich, so doch a fortiori, wie die Wassergottheiten zu den unterirdischen oder chthonischen Gottheiten[34]. Diese erlebten die Griechen mehr in ihrem Unheils- und Fluchaspekt als in ihrem Heils- und Segensaspekt. Durch das Essen

---

[30] S.o. Anm. 6.

[31] B. KÖTTING, Art. Gelübde: RAC 9 (1976) 1055–1099.

[32] SPEYER, Fluch 1202f.; DERS., Frühes Christentum, Reg.: Eidopfer.

[33] E. VON LASAULX, Die Sühneopfer der Griechen und Römer und ihr Verhältnis zu dem einen auf Golgotha: DERS., Studien des classischen Altertums (Regensburg 1854) 233–282; S.P.C. TROMP, De Romanorum piaculis, Diss. Amsterdam (1921). Vgl. auch den Pharmakos/Sündenbock-Ritus; dazu J. BREMMER, Scapegoat Rituals in Ancient Greece: Harv. Stud. in Class. Philol. 87 (1983) 299–320; F.E. BRENK, Rezension von R. PARKER, Miasma. Pollution and Purification in Early Greek Religion (Oxford 1983): Gnomon 56 (1984) 673–678, bes. 675f.

[34] E. ROHDE, Psyche. Seelencult und Unsterblichkeitsglaube der Griechen 1 ³(Tübingen 1903, Ndr. Darmstadt 1974) 204–215: ‚Cultus der chthonischen Götter‘; STENGEL 126–145; M. NINCK, Die Bedeutung des Wassers im Kult und Leben der Alten. Eine symbolgeschichtliche Untersuchung = Philol. Suppl. Bd. 14,2 (Leipzig 1921, Ndr. Darmstadt 1967) 1–46; MEULI 2,1232 Reg.: ‚Chthonisches Vernichtungsopfer‘.

dieser Opfer wäre deshalb der Opfernde mit der heiligen Fluchmacht in eine zu enge Verbindung getreten und hätte sie auf sich gezogen[35].

In Griechenland und Rom sind Opfer für die himmlischen Gottheiten von Opfern für die Unterirdischen zu unterscheiden. Die Griechen kannten Abwendungsopfer, Opfer für Dämonen, und Versöhnungsopfer sowie die sogenannten Olympischen Opfer, für die Götter des Himmels, wie sie Homer in der Ilias schildert[36]. Bei dieser Einteilung liegt das Augenmerk auf dem Widmungsempfänger der Opfer – den Himmlischen, den Unterirdischen, den Toten – und/oder auf der Absicht und dem Zweck: Opfer sollen Unheil bannen und Heil sichern oder erneut schaffen. Damit stehen sie im Dienste der Sicherung der Lebensgrundlagen, aber auf einer bereits sehr entfalteten und differenzierten Stufe der Religion. In allen Hochkulturen des antiken Mittelmeerraumes ist die ursprünglich erlebte Einheit von Segens- und Fluchaspekt, von Heils- und Unheilsaspekt, von Lebens- und Todesaspekt der heiligen Macht bereits weithin einer Zweiheit von Gottheiten gewichen, die a fortiori teils dem einen, teils dem anderen Aspekt zugeordnet sind und ihn repräsentieren. So stehen die Himmlischen, die Lichtgottheiten, den Unterirdischen, den Nacht- und Todesgottheiten sowie den Dämonen gegenüber. Aus der erlebten Einheit der Wirklichkeit in ihrer widersprüchlichen, rational-irrationalen Struktur versuchte der Mensch durch Differenzieren und Analysieren eine Vielheit von Mächten und Kräften zu finden, um mit ihnen einzeln im eigenen Interesse wirksamer umzugehen und sie sich wenigstens als einzelne günstig zu stimmen. Damit glaubte er, sich den Umgang mit der doppelpoligen, ambivalenten Wirklichkeit zu erleichtern, ohne freilich jemals durch Nachdenken oder Beeinflussung hinter oder über diese Ambivalenz von Segen und Fluch, Leben und Tod zu gelangen, in der sich seit jeher das Geheimnis des Wirklichkeitsganzen ausspricht.

Wenn das Opfer zu den frühesten Handlungen des Homo sapiens gehört, kann sein Wesen nicht aus späteren Stufen seines Eingebettetseins in eine differenzierte Religion, wie es beispielsweise die griechische ist, erhoben werden. Wir müssen also tiefer graben und uns mit Hilfe des Erschließens einer älteren oder gar einer annähernd ursprünglichen Religionsstufe an seinen originären Sinn herantasten.

In der zweiten Hälfte des 20. Jahrhunderts haben Anthropologen und Evolutionisten das Opfer in ihre Hypothesen über die Geschichte des Menschen miteinbezogen. Viel diskutiert ist die These von René Girard, das Opfer sei psychologisch als Ausdruck von Angst, Aggression und Gewalt zu deuten. In dieser Theorie spielt das Motiv des Sündenbocks eine zentrale Rolle[37].

---

[35] Blutige Opfer, von denen nichts gegessen werden durfte, nannten die Griechen σφάγια; vgl. STENGEL 92–102; ferner L. ZIEHEN, Art. σφάγια: RE 3A, 2 (1929) 1669–1679.

[36] Vgl. MEULI, Reg. 1232; W. PÖTSCHER, ΟΣΤΕΑ ΛΕΥΚΑ. Zur Formation und Struktur des Olympischen Opfers: Grazer Beiträge 21 (1995) 29–46.

[37] La violence et le sacré (Paris 1972, engl. Übers. Violence and the Sacred (Baltimore 1977). Zur Kritik vgl. die Zusammenfassung von M. HERZOG, Religionstheorie und Theologie

Ein anderer Versuch ist evolutionistisch und ethologisch ausgerichtet, beruht also auf biologischen Überlegungen und Hypothesen zur Hominisation und der Verhaltensforschung. Diesen Weg hat Walter Burkert beschritten[38]. Er spricht über die Voraussetzungen seiner Deutung, die der Theorie des Evolutionismus in der Religionsgeschichte und Religionswissenschaft nachdrücklich Eingang verschaffen will[39].

Der von Burkert gegebene Ausblick umfaßt die gesamte Evolution des Menschen und der Primaten. Im Zusammenhang mit dem Jagdverhalten der Schimpansen, der Baumbewohner, bemerkt er: „Auch die Tatsache, daß jede rechte Opferstätte, jedes alte Heiligtum einen Baum haben muß, kann man vor diesem Hintergrund sehen"[40]. Eine derartige Sichtweise, die auf nicht nachprüfbaren Voraussetzungen und willkürlichen Kombinationen beruht und mit der keineswegs eindeutigen Theorie der Evolution verknüpft ist, darf m.E. nicht zur Grundlage einer Theorie des Opfers gemacht werden. Sie dürfte auch das Menschliche am Menschen verkennen und ihn zu sehr ins Tierische eingebunden sehen.

Weder der psychologisch-soziologische Ansatz von R. Girard noch der evolutionistisch-ethologische Ausgangspunkt von W. Burkert kann den ursprünglichen Sinn des Opfers ergründen helfen. Vielmehr ist dieser Sinn, wenn man von den Selbstzeugnissen der alten Völker über ihr zentrales Welterleben und Weltverstehen ausgeht, für die scheinbar im völligen Dunkel liegenden vorgeschichtlichen Zeiträume noch zu erschließen.

2. *Die ursprüngliche Bedeutung des Opfers*

a) Bezeichnungen und religiöser Zusammenhang

Das deutsche Wort ‚Opfer' kommt von lateinisch ‚operari'[41]. Dieses ist ein Fachterminus der römischen Kultpraxis und bezeichnet ein Tätigsein, eine Handlung

---

René Girards: Kerygma und Dogma 38 (1992) 105–137; J. GREISCH, Homo Mimeticus. Kritische Überlegungen zu den anthropologischen Voraussetzungen von R. Girards Opferbegriff: R. SCHENK (Hrsg.), Zur Theorie des Opfers. Ein interdisziplinäres Gespräch = Collegium Philosophicum 1 (Stuttgart 1995) 27–63.

[38] Aufbauend auf seinem Buch Homo necans (1972): Anthropologie des religiösen Opfers. Die Sakralisierung der Gewalt = C.F. von Siemens Stiftung, Themen 40 (München 1984); vgl. DERS., Opfer als Tötungsritual. Eine Konstante der menschlichen Kulturgeschichte : F. GRAF (Hrsg.), Klassische Antike und neue Wege der Kulturwissenschaften, Symposium K. Meuli (Basel, 11.–13. September 1991) = Beiträge zur Volkskunde 11 (Basel 1992) 169–189.

[39] Daß BURKERT sich als „evolutionistisch Denkenden" versteht, sagt er: Anthropologie 31. Zur Kritik der Evolutionslehre vgl. A. LOCKER (Hrsg.), Evolution – kritisch gesehen (Salzburg/München 1983).

[40] Anthropologie 28. – Zur Kritik an Burkert G. HEINSOHN, Die Erschaffung der Götter. Das Opfer als Ursprung der Religion (Reinbek bei Hamburg 1997) 30–33.

[41] F. KLUGE/E. SEEBOLD, Etymologisches Wörterbuch der deutschen Sprache [22](Berlin 1989) 517.

innerhalb des Kultes, wie ‚sacris operari', ‚einer gottesdienstlichen Handlung obliegen/sie verrichten'; mit Dativ der Person: ‚einer Gottheit opfern', ‚deo/Iovi operari'; oder auch absolut verwendet: ‚opfern'[42].

Deutlicher kommt die Dimension des Heiligen in einem anderen lateinischen Wort für ‚opfern' zum Ausdruck: ‚sacrificare', altlateinisch: ‚sacruficare'. In diesem Wort ist wie in dem entsprechenden griechischen ‚ἱερεύειν', ‚zum Opfer schlachten', jeweils das Heilige, die heilige Macht, thematisiert[43]. Die enge Verbindung zum Heiligen ergibt sich auch daraus, daß im Griechischen ‚ἱερεύς' denjenigen bezeichnet, der das Opfer vollzieht, den Priester; ‚τὸ ἱερεῖον' aber meint zugleich das Opfer- und das Schlachttier. Demnach muß ein enger Zusammenhang zwischen dem Opfer und dem Zentrum der Religion, dem Heiligen, der heiligen Macht, bestehen[44].

Die Menschen des magisch-religiösen Zeitalters haben ihr Leben und das Leben überhaupt als tägliches Geschenk der heiligen Macht, der heiligen Mächte oder der Gottheiten empfunden. Alles, was dem Leben diente, nicht zuletzt das Töten von Lebendigem, um durch dessen Hilfe in Form des Essens und des Mahles weiterzuleben, war deshalb mit religiöser Weihe, mit Heiligkeit umgeben[45]. In den frühen Kulturen gab es zunächst überhaupt keine profane Handlung. Deshalb mußte auch jedes Töten mit dem Zweck, dadurch sein Leben zu erhalten, also sich die lebensnotwendige Nahrung zu verschaffen, eine sakrale Handlung sein. Töten zur Nahrungsgewinnung konnte deshalb zunächst nur im Zusammenhang religiöser Begehungen, so vor allem des Festes, stattfinden.

Dieses Empfinden für den Zusammenhang von Töten, Kult und Essen war noch in hoher geschichtlicher Zeit der Antike lebendig. Auf diesem Hintergrund ist 1 Cor. 8 des Paulus über den Genuß des Götzenopferfleisches zu verstehen.

---

[42] Vgl. P. FLURY, Art. operor, opero: Thes. Ling. Lat. 9,2 (1968/81) 689–698, bes. 690. Zu (rem divinam) facere im Sinne von opfern G. WISSOWA, Religion und Kultus der Römer = Handb. d. Altertumswiss. 5,4² (München 1912) 409 Anm. 3.

[43] A. WALDE/J.B. HOFMANN, Lateinisches etymologisches Wörterbuch 2 (Heidelberg 1954) 459.

[44] S.o. Anm. 7. Wie sieht W. BURKERT diesen Zusammenhang? Er bemerkt Anthropologie 33: „Fürs antike Tieropfer scheint mir deutlich, daß es um ein Töten geht und damit um eine Bestätigung des Lebens aus dem Tod – dies auch in der schlichten Form des Essens. Den emotionellen Höhepunkt markiert der unartikulierte Schrei der Frauen, die ὀλολυγή, wenn das Beil niederfällt. Tötungsschock und nachfolgende Ordnung gerade auch in der festlichen Mahlzeit, dies ist analog zu den Begriffen von *mysterium tremendum, fascinans* und *augustum*, mit denen Rudolf Otto ‚Das Heilige' umschrieben hat." Sodann folgt eine Berufung auf Konrad Lorenz. Die besondere geistig-seelische Dimension des Heiligen, des Göttlichen scheint mir hier verkannt und heruntergespielt auf rein profan-psychische Gegebenheiten. Der ‚heilige Schauder' wird auf dem Hintergrund „jenes Nervensystems" gedeutet, „das beim Primaten die Rückenmähne sich sträuben läßt zum Imponiergehabe: Umrißvergrößerung als Drohgebärde. Auch das Erleben des Heiligen entfaltet sich auf der von der biologischen Evolution gelegten Grundlage im Sinnfeld von Aggression und Angst".

[45] Vgl. ZIEHEN 621–623; unzureichend A. LUMPE, Art. Essen: RAC 6 (1966) 612–635, bes. 620f.

Fleischessen ist in diesem Zusammenhang keine neutrale, keine profane Handlung, sondern magisch-religiös aufgeladen; denn die Tiertötung zur Fleischgewinnung erfolgte auch noch zur Zeit des Paulus weitgehend im heiligen Raum des Opfers vor den Heiligtümern der Götter. Wer derartiges Fleisch ißt, tritt nach Paulus in einen Beziehungszusammenhang mit dem Polytheismus und seinem rituellen Töten im Opfer. Deswegen nennt Paulus das Fleisch auch Götzenopferfleisch, ‚εἰδωλόθυτα'[46].

Tiere tötete man in erster Linie als Opfer, und zwar in geschichtlicher Zeit für Götter, Dämonen und Tote[47]. Der Götterglaube aber folgt zeitlich, was hier nicht näher begründet und ausgeführt werden kann, dem Glauben an die noch weitgehend undifferenziert aufgefaßte magisch-religiöse oder heilige Macht, die in allem zu wirken schien, in Natur und Mensch, vornehmlich aber in Leben und Tod. Erst das Christentum hat hier einen einschneidenden, folgenreichen Wandel geschaffen. Paulus und die ihm folgenden Christen erklärten, es gebe überhaupt keine Götter, denen ein Tier geopfert werden könne. Die ‚εἴδωλα' existierten überhaupt nicht[48]. Damit entmythisierten die Christen die Vorstellung des Opferfleisches; denn sie leugneten eine objektive Realität des Opfers innerhalb des Polytheismus. Bis in die Spätantike blieb jedoch zumindest im Volk der Zusammenhang von Töten, den Göttern Opfern und Essen und damit die Verbindung von Töten und dem Heiligen lebendig[49].

b) Ontologie des Opfers

Spricht W. Burkert von einer Anthropologie des religiösen Opfers, so soll demgegenüber einer Ontologie des religiösen Opfers das Wort gesprochen werden. Um diese These näher zu begründen, ist weiter auszuholen und Folgendes über das Verhältnis von Mensch und Welt, Natur und Wirklichkeit vorauszuschicken:

Wie die Evidenz der unmittelbaren Erfahrung lehrt, gehört der Mensch zum Wirklichkeitsganzen, ist selbst ein Teil von ihm. Als ein derartiger Teil ist er von den Gesetzen bedingt, die die Weltwirklichkeit als ganze oder die Natur bestimmen. Andererseits steht der Mensch als einziges raum-zeitliches Wesen, das wir kennen, der Natur gegenüber. Als seelisch-geistiges Wesen, als Person vermag er sich als der noch so kleine und endliche Teil, der er ist, dem Gesamt der Natur gegenüber zu behaupten. Er vermag die Welt als mit sich verwandt, d.h. als zugleich identisch und unterschieden, in sich aufzunehmen und doch als selbständiges personales Wesen gegenüber Welt und Natur zu bestehen. Hierin gründet sein Erleben der personalen Freiheit; denn er fühlt sich bei aller Bedingtheit von

---

[46] 1 Cor. 8,1.4 u.ö.; vgl. LUMPE a.O. 633f.
[47] S.o. S. 22f.
[48] 1 Cor. 8,4.
[49] Schlachten bedeutet Opfern: Vit. Nicol. Sin. 54,15 (G. ANRICH, Hagios Nikolaos 1 [Leipzig 1913] 42; 2 [Leipzig 1917] 244f.).

äußeren und inneren Mächten und Kräften auch wieder als ein unbedingtes We-sen. In seine eigentliche Freiheit gelangt der Mensch, wenn er der Geistigkeit der Wirklichkeit nachsinnt und sie in seinen Kulturleistungen ausdrückt. Etwas ab-solut Neues kann er nicht hervorbringen; denn er ist kein zweiter Schöpfergott. Sein Dasein vollendet sich im Erkennen und Streben gemäß dem göttlichen Geist, dem Logos oder Pneuma, das alles durchwaltet[50]. Das Höchste erreicht der Mensch, wenn er durch die ihm verliehene Freiheit Spiegel der von Gott geschaf-fenen Wirklichkeit, der Natur, der Schöpfung wird.

Daß mit dieser Sicht des Menschen, die sich zumindest wahrscheinlich ma-chen läßt, die Frage nach der Möglichkeit, Wahres erkennen zu können, bereits bis zu einem gewissen Grade beantwortet ist, dürfte einleuchten. Denn aufgrund der Herkunft des Menschen aus der Natur/Schöpfung, die sich als ein – wenn auch nicht von Störungen freier – Kosmos erschließen läßt, muß der Mensch, wenn er sich ihr gegenüber hinhörend und staunend verhält, annähernd Wahres erkennen können[51]. Es dürfte nämlich eine Art prästabilierter Harmonie zwi-schen dem Weltganzen, dem Kosmos, der Natur, der Schöpfung einerseits, und dem Menschen andererseits bestehen. So erscheint beispielsweise der menschliche Leib als ein Mikrokosmos auf dem Hintergrund des Makrokosmos der Welt[52]. Nur eine Betrachtung, die Mensch und Natur/Schöpfung zusammen sieht, also das Ganze der uns zugänglichen Wirklichkeit bedenkt, vermag den Menschen angemessen in seinem Wesen zu deuten. Eine Konzentration allein auf den Men-schen verfehlt sein Wesen ebenso wie eine Betrachtung, die allein auf die Natur/Schöpfung gerichtet ist, ohne den Menschen miteinzubeziehen. So ist ein kom-plementäres Denken gefordert, da alles Existierende aufeinander bezogen ist, sich gegenseitig bedingt und nur im Gleichgewicht mit dem Übrigen bestehen kann[53]. Mensch und Natur/Schöpfung sowie Kultur und die Natur/Schöpfung gehören zusammen und erhellen einander. Ein derartiges, das Ganze berücksich-tigende Denken muß zu dem Ergebnis führen, daß der Mensch fähig ist, das Weltganze zu verstehen und es symbolisch-bildlich in der Religion, d.h. in My-thos und Kultur, zu spiegeln. Im mythischen Sprechen und im rituellen Handeln,

---

[50] Vgl. E. Norden, Agnostos Theos. Untersuchungen zur Formengeschichte religiöser Rede ²(Leipzig 1923, Ndr. Darmstadt 1974) 19–24 zu Act. 17,28; dazu Verg. georg. 4, 219–227; Aen. 6, 724–727.

[51] Vgl. W. Schadewaldt, Goethestudien. Natur und Altertum (Zürich/Stuttgart 1963) Reg.: Staunen; S. Matuschek, Über das Staunen. Eine ideengeschichtliche Analyse = Studien zur deutschen Literatur 116 (Tübingen 1991).

[52] C. von Korvin-Krasinski, Mikrokosmos und Makrokosmos in religionsgeschichtlicher Sicht (Düsseldorf 1960); H. Hommel, Mikrokosmos: ders., Symbola 1 (Hildesheim, New York 1976) 226–255.

[53] A. Locker, Complementary – Polarity – Dialectic – Autology. A Conceptual Analysis of Opposition and Unity: M.E. Carvallo (Hrsg.), Nature, Cognition and System 2 (Dordrecht/Boston/London 1992) 3–23; Speyer, Christentum, Reg.: Gleichgewicht.

die einander abbilden – das eine kann für das andere eintreten –, vollzieht sich dieses Bewußtwerden des geistigen Inhalts der Gesamtwirklichkeit[54].

Das Opfer macht aber vielleicht mehr als alle übrigen Ausdrucks- und Erscheinungsformen der Religion auf den Urgrund der Wirklichkeit aufmerksam. Es tritt uns nicht nur in geschichtlich vorfindbaren oder rekonstruierbaren Handlungen entgegen, die je nach der Kulturstufe das ursprünglich Gemeinte mehr oder minder gut bewahrt haben, sondern auch im echten, gewachsenen Mythos.

Suchen wir das Zentrum der Religion, also den Punkt, aus dem sie sich immer wieder erneuert, so ist es die mit Schauder, Staunen und Verehrung verknüpfte Tatsache des geheimen Zusammenhangs von Werden und Vergehen, von Leben und Tod. Suchen wir nach dem Fundamentum in re, das die Opfervorstellung ermöglicht und ausgelöst hat, so dürfte es in diesem immer erneut beobachteten und erlebten Grundrhythmus der Wirklichkeit liegen, nämlich in dem Wechselspiel von Werden und Vergehen, von Leben und Tod, von Handeln und Erleiden. Dieser Grundrhythmus mußte sich dem vor- und frühgeschichtlichen Menschen, der sich in allen seinen Lebensbedingungen, von der Beschaffung der Nahrung bis zum Schutz vor den für ihn noch gänzlich unberechenbaren Naturgewalten, als überaus bedroht erlebte, in ganz anderer Weise als den Angehörigen einer technischen Zivilisation aufdrängen – und dies in seiner erhebenden, lebensspendenden Kraft wie in seiner niederschmetternden, todbringenden Gewalt. Die Ambivalenz des Weltganzen trat so in ihrem Segens- und Fluchaspekt den Menschen der frühen Kulturen deutlich vor Augen und galt ihnen als das unüberbietbar Mächtige und alles in dieser Welt Bestimmende. Daß dieser kreisende Grundrhythmus, nämlich der wiederkehrende Wechsel von Werden und Vergehen und von Leben und Tod, aber nur der Ausdruck einer allumfassenden geheimnisvollen heiligen Macht sein könne, war die Überzeugung der Menschheitsreligionen, und dies haben in den Hochkulturen die frühen geistigen Führer gesehen, zu denen die Mytho-Logen, die Dichter-Sänger-Propheten, die Gesetzgeber und die inspirierten bildenden Künstler gehörten[55].

In diesem Zusammenhang sei an den italienisch-schweizerischen Maler Giovanni Segantini (1858–1899) erinnert. Er hat die Summe seiner Deutung des Wirklichkeitsganzen in einem Triptychon, also einer sakral bestimmten Bildgestaltung[56], malerisch ausgedrückt. Die Aufschriften der drei Bilder lauten: ‚Armonie della vita‘, ‚La natura‘, ‚Armonie della morte‘[57]. Mensch und Welt sind hier eng aufeinander bezogen und deuten sich gegenseitig. Der Kreis des mensch-

---

[54] J. FONTENROSE, The Ritual Theory of Myth = Folklore Studies 18 (Berkeley / Los Angeles 1966); BURKERT, Homo 39–45; SPEYER, Christentum 308. Anm. 14.

[55] Vgl. SPEYER, Studien 96–105: ‚Der numinose Mensch als Mittler und Bürge der Lebensordnungen‘.

[56] K. LANKHEIT, Das Triptychon als Pathosformel = Sitz. Ber. Akad. d. Wiss. Heidelberg (1959).

[57] H. ZBINDEN, Giovanni Segantini (Bern 1964) 47–56 Abb. 32. 34 Taf. IX.X. XI.

lichen Lebens erfüllt sich vor dem kreisenden Rhythmus von Tag und Nacht und der Jahreszeiten. Wenn Segantini zwischen die beiden Pole von Werden (dem Morgen und dem Frühling) und Vergehen (dem Abend und dem Winter) das Sein, ‚La natura' (den Mittag[58]) gestellt hat, so will er damit gleichsam einen höheren Seinszustand thematisieren, in dem Werden und Vergehen miteinander verknüpft sind und aus dem sie hervorzugehen scheinen. Mit ‚La natura' ist zugleich die höhere, überirdische und heilige Macht gemeint, in der die Pole des Werdens und Vergehens, des Geborenwerdens und des Sterbens gebunden, ja im hegelschen Sinne aufgehoben sind. Deshalb hat der Künstler dieses Bild auch größer als die beiden anderen geformt: Natura ist für ihn die Gott-Natur, wie sie die Stoa und später Spinoza und Goethe denken und verehren. Die dem Menschen unmittelbar zugängliche Realität zeigt freilich alles Seiende nur im Übergang vom Werden zum Vergehen sowie vom Vergehen zum Werden und niemals im vollen Sinn der Eigentlichkeit.

Der Mensch als leibliches und sinnenhaftes Wesen steht zeit seines Lebens vor dem Sein und Nichtsein, dem eigentlichen Leben und dem eigentlichen Tod. Allzu gut wissen wir, was der Hunger heute in der Welt bedeutet und wie Millionen Menschen von ihm in ihrem Dasein bedroht sind. Ohne genügende Nahrung verfällt der Leib und nähert sich dem Tod. Auf die Sicherung der Bedingungen, die das Weiterleben von Tag zu Tag, von Generation zu Generation ermöglichen, ist das Bestreben der Menschen seit jeher gerichtet. Wer aber war ihr Lehrmeister? Wie wir noch erkennen können, hat der Mensch sich zunächst weithin unbewußt und dann allmählich bewußt als Spiegel der Wirklichkeit erlebt. Er hat nichts absolut Neues geschaffen, sondern die ihm zugängliche Wirklichkeit in Wort, Begriff und Sprache[59], in der Handlung, die zunächst immer sakral durchformt, also Ritus war, gespiegelt nachvollzogen. Mithin muß auch das Opfer, das so sehr im Zentrum der Frühkulturen steht, diesem Gesetz der Nachahmung von Grundgegebenheiten der Wirklichkeit gehorchen. Tatsächlich wiederholt das Opfer in seiner ureigentlichen und reinen Gestalt in verdichteter und damit geistiger Weise eine Grundstruktur oder ein Grundgesetz des Wirklichkeitsganzen gemäß der Erlebnisstufe und der geistigen Gestaltungsstufe des frühen Menschen. Damit kann das Opfer zunächst weder etwas mit Schuld und Sühne oder mit Vergehen und Strafe, also mit Sittlichkeit und Recht, noch etwas mit der Absicht zu tun haben, der Gottheit eine Gabe zu schenken, damit diese eine größere zurückgebe. Vielmehr verdichtet das Opfer das Grundphänomen der Natur selbst: in ihr scheinen Leben und Tod so miteinander verknüpft zu sein, daß nur das eine anwesend sein kann, wenn auch das andere mitanwesend ist, wenigstens in unserer erfahrbaren und zu erleidenden Wirklichkeit.

---

[58] Vgl. Speyer, Christentum 340–352. 502: ‚Mittag und Mitternacht als heilige Zeiten in Antike und Christentum'.

[59] K. Kerényi u.a., Sprache und Wahrheit = Weltgespräch 7 (Wien, Freiburg 1969).

Bemerkenswert sind in diesem Zusammenhang auch die in den Hochkulturen vorhandenen Zeugnisse über geschlechtliche Exzesse, wie Promiskuität, im Anschluß an das Töten von Tieren und Menschen[60]. Wie das Zeugen und Empfangen in den Zusammenhang des Tötens beim Opfer eingebunden sind, so auf nachsakralen Stufen des Bewußtseins die Vergewaltigung von Mädchen und Frauen durch die siegreichen Soldaten. Wo der Abgrund des Todes gähnt, da erhebt sich im Gegenzug das Leben.

Die Menschen der so überaus langen vorgeschichtlichen Epoche der Jägerkultur haben diesen Grundrhythmus ebenso erlebt wie die um viele Jahrhunderttausende jüngeren Pflanzer und Ackerbauern: Neues Leben kann nur aus Totem kommen. Der Tod des einen ist die Bedingung für das Leben des anderen[61]. So kann der Wechsel von Leben und Tod, also das Geborenwerden und das Sterben, als Ritus der Wandlung gedeutet werden. Dieser pulsierende Wechsel von Tod zu Leben, von Leben zu Tod, von Chaos zu Kosmos, von Kosmos zu Chaos mußte als ewiger Kreis im Sinne Hegels erscheinen: Es gibt nur Werden und Vergehen, und was nicht wird und nicht vergeht, ist das Werden und Vergehen selbst.

c) Opfer und Urzeitgeschehen

Zu den Urmythen, also den in der Seele gewachsenen Mythen, gehören jene Überlieferungen, die vom Werden des Weltganzen berichten. Dieses Werden geschieht vielfach in der Weise, daß ein furchtbares Wesen, ein Chaosungeheuer, ein Drachen, vom Himmelsherrn, dem Repräsentanten der Ordnung und des Kosmos, getötet und aus seinem Leib diese unsere Wirklichkeit, die Erde mit allen Wesen auf ihr, geschaffen wird. Nach diesem Denken steht am Anfang unserer Welt eine blutige Tat, die auf eine besondere Weise vollzogen wird, durch Zweiteilung oder Zerstückelung[62]. In mehreren Varianten ist dieser Mythos im Alten Orient bezeugt[63]. Zu diesem Vorstellungskreis gehören alle jene sogenannten Schöpfungsmythen, die vom Werden der Wirklichkeit als eines geordneten

---

[60] In den von Sittlichkeit und Recht überformten antiken Hochkulturen betreffen diese Nachrichten meist nur noch inkriminierte Randgruppen; vgl. SPEYER, Christentum 7–13. 493: ‚Die Vorwürfe der Heiden gegen die Christen‘.

[61] F. Schiller läßt sein berühmtes, gewiß nicht problemloses Gedicht ‚Die Götter Griechenlands‘ mit genau diesem Leitspruch, dieser These, diesem Wirklichkeitsgesetz ausklingen: „Was unsterblich im Gesang soll leben [d.s. die Götter Griechenlands], muß im Leben untergehen [Christus habe sie in ihrem Dasein vernichtet]“; vgl. W.F. OTTO, Die Gestalt und das Sein. Gesammelte Abhandlungen über den Mythos und seine Bedeutung für die Menschheit (Darmstadt 1955) 1–23; ‚Die Zeit und das Sein‘.

[62] Vgl. SPEYER, Christentum 305–321. 501: ‚Eine rituelle Hinrichtung des Gottesfeindes: Die Zweiteilung‘; s. auch u. S. 43–45.

[63] TH. JACOBSEN, The Battle between Marduk and Tiamat: Journal of the American Oriental. Society 88 (1968) 104–108; W. SPEYER, Art. Gottesfeind: RAC 11 (1981) 996–1043, bes. 1001 f.

Ganzen aus einem chaosartigen Zustand sprechen[64]. Kosmos und Chaos verhalten sich gleichsam wie Leben und Tod zueinander. Wie es aber in der uns zugänglichen Wirklichkeit keinen chaosfreien Kosmos gibt, denn jeder Kosmos hier birgt in sich den Keim zur Auflösung in ein Chaos, so kann es auch kein kosmosfreies Chaos geben. Für das mythische oder archaische oder ganzheitliche Bewußtsein sind demnach Tod und Leben viel enger miteinander verknüpft als es spätere Denker wahrhaben wollen[65].

In jeder vom Menschen durchgeführten Tötung scheint so eine Wiederholung jenes Urzeitaktes zu erfolgen, in dem der Himmelsgott den Urzeitdrachen getötet und aus ihm den Kosmos gebildet hat. Töten ist für die Menschen des magisch-religiösen Zeitalters und der Sakralkultur nichts Beliebiges oder Profanes, sondern ein ritueller Akt und hat etwas mit dem alles Spätere bestimmenden Anfang dieser Welt des Werdens und Vergehens zu tun, mit dem Urgrund, aus dem das Wirklichkeitsganze kommt. In allen Frühkulturen kann es deshalb auch nur rituelle Tötungsformen geben, d.h. Tötungsformen oder Tötungsarten, die dem mythischen oder magisch-religiösen Erleben und seinem Ausdruck im entsprechenden Weltbild angepaßt sind. Mithin ist das Opfer als Tier-, Menschen- oder Pflanzenopfer, da es mit Töten zu tun hat, eine besondere Art sakraler Tötung.

Berücksichtigen wir, daß im vorgeschichtlichen Zeitalter sittliche und rechtliche Bewertungskategorien in ihrer Eigenständigkeit noch nicht begrifflich erfaßt waren, sondern daß alles Tun als magisch-religiöses Handeln der Sicherung des Lebens als eines erstrebten Heils- und Segenszustandes diente, so standen auch alle Formen und Rituale des Tötens ganz im Dienst dieser Lebens- und Heilssicherung. Die Identifikation von dem zu opfernden Tier oder Menschen mit dem urzeitlichen Chaosungeheuer, zu dem in geschichtlicher Zeit die schreckenden Gottheiten der Erdentiefe, des Hades und der Hölle Ähnlichkeiten aufweisen, war allen Beteiligten, Opferern wie Geopferten, gegenwärtig. Wer im griechischen oder römischen Altertum getötet wurde, wurde dem Fluchpol der heiligen Macht oder der Gottheit übereignet. Dieser Fluchpol entspricht gewissermaßen dem urzeitlichen Chaosungeheuer, so wie der den Kosmos schaffende Gott, der das Chaosungeheuer tötet, als die Segensmacht erscheint.

Ebensowenig wie die Fluchmacht, der eine Aspekt der heiligen Macht oder der Gottheit, eindeutig und absolut negativ ist und wirkt, ebensowenig gilt dies für

---

[64] Die Schöpfungsmythen. Ägypter, Sumerer, Hussiter, Hethiter, Kanaaniter und Israeliten. Mit einem Vorwort von M. ELIADE (Einsiedeln, Zürich, Köln 1964, Ndr. Darmstadt 1980); S. HANSEN (Hrsg.), Mythen vom Anfang der Welt (Augsburg 1991).
[65] Vgl. E. HORNUNG, Chaotische Bereiche in der geordneten Welt: Zeitschrift f. Ägypt. Sprache 81 (1956) 28–32. – Das Wirklichkeitsganze in seiner ambivalenten Struktur widerlegt einen metaphysischen Dualismus, also die Annahme zweier sich gegenüberstehender, „selbständiger", gleich mächtiger Urprinzipien (U. BIANCHI, Il dualismo religioso. Saggio storico ed etnologico [Roma 1958]; dazu C. COLPE: Gött. Gel. Anzeigen 222 [1970] 1–22; J. DUCHESNE-GUILLEMIN/H. DÖRRIE, Art. Dualismus: RAC 4 [1959] 334–350; W. NIEKE, Art. Dualismus: Historisches Wörterbuch d. Philosophie 2 ([Darmstadt 1972] 297–299).

die Chaos- und Todesmacht. Wie im Lebensaspekt der Todesaspekt verborgen ist, so auch im Todesaspekt der Lebensaspekt. Die Chaos- und Todesmacht ist schon ihrem Wesen nach auf Kosmos und Leben hin angelegt – wie umgekehrt die Kosmosmacht auf das Chaos, das Ende oder den Tod.

d) Die Abgründigkeit und Ambivalenz der Wirklichkeit und die Uneindeutigkeit von Leben und Tod

Die Grausamkeit vieler Tötungsrituale des Altertums, an der sich der vom rational begründeten Humanismus der griechischen und römischen Philosophie und der philosophischen Aufklärung der Neuzeit gebildete Mensch stößt, ergibt sich bis zu einem gewissen Grade aus dem magisch-religiösen Weltbild[66]. Der Begriff der Grausamkeit vermag auch das Weltbild nicht zu treffen, aus dem der Kannibalismus, gleichfalls eine Form des Opfers, erwachsen ist[67]. Vielmehr erlebten die Menschen dieser Bewußtseinsstufe und dieser Kulturschicht – vor allem Pflanzervölker haben den Kannibalismus geübt – die Wirklichkeit noch viel tiefer in ihrer erschütternden Abgründigkeit. Bemerkenswert ist, was dazu J.W. von Goethe im ‚Werther‘ bemerkt:

„Es hat sich vor meiner Seele wie ein Vorhang weggezogen, und der Schauplatz des unendlichen Lebens verwandelt sich vor mir in den Abgrund des ewig offenen Grabs. Kannst du sagen: Das ist. Da alles vorübergeht? … Ich sehe nichts als ein ewig verschlingendes, ewig wiederkäuendes Ungeheuer"[68].

Und der alte Goethe spricht „von einem ernsten Drange, das ungeheure Geheimnis, das sich in stetigem Erschaffen und Zerstören an den Tag gibt, zu erkennen …"[69]. Mit diesem Gedanken berührt Goethe die archaische Vorstellung der heiligen Macht oder Gottheit, in der auf eine für den Menschen nicht durchschaubare Weise Leben und Tod, Heil und Unheil geeint sind.

Anders als der stets nach Eindeutigkeit strebende Mensch der Logoskultur innerhalb der geschichtlichen Epoche der Rationalität vermochte der mythisch oder magisch-religiös erlebende und auffassende Mensch, vor allem der der frühen Zeiten, die Ambivalenz als die tragende Kraft in sämtlichen Mächten der Natur zu erleben. Weder Tod noch Leben erschienen ihm eindeutig bestimmbar, sondern beides so aufeinander bezogen, daß jeweils das eine im anderen aufzuleuchten schien.

Spuren dieser Anschauung und Überzeugung finden sich von der griechischen Antike bis in unsere Gegenwart. Unter diesem Gesichtspunkt bietet Heraklit von

---

[66] Speyer, Christentum 305.
[67] A.J. Festugière, À propos des arétalogies d'Isis: Harvard Theological Review 42 (1949) 209–234, bes. 216–220; E. Volhard, Kannibalismus = Studien zur Kulturkunde 5 (Stuttgart 1939).
[68] 1. Buch: ‚Am 18. August‘.
[69] Schriften zur Naturwissenschaft, zur Morphologie (1830).

Ephesos (um 500 v. Chr.) ebenso sprechende Zeugnisse wie der christliche Philosoph Nikolaus von Kues (1401–1464) mit seiner Lehre der Coincidentia oppositorum[70]. Auch bei Goethe müßte den Spuren eines derartigen Ambivalenzdenkens nachgegangen werden. Ein Beispiel sei genannt: Zur Doppelpoligkeit des menschlichen Wesens bemerkt Goethe in seinem gnostisch gefärbten Abriß der Theosophie in ‚Dichtung und Wahrheit‘:

„… und so wurde der Mensch hervorgebracht, der in allem der Gottheit ähnlich, ja gleich sein sollte, sich aber freilich dadurch abermals in dem Falle Luzifers befand, zugleich unbedingt und beschränkt zu sein; und da dieser Widerspruch durch alle Kategorien des Daseins sich an ihm manifestieren und ein vollkommenes Bewußtsein sowie ein entscheidender Wille seine Zustände begleiten sollte, so war vorauszusehen, daß er zugleich das vollkommenste und unvollkommenste, das glücklichste und unglücklichste Geschöpf werden müsse"[71].

In die Richtung der Ambivalenz der Gesamtwirklichkeit weist auch das goethischem Denken nahestehende Fragment ‚Natur‘ aus dem Tiefurter Journal[72]. Gleichfalls ist R.M. Rilke auf die zentrale Bedeutung der Ambivalenz gestoßen, wenn er die Einheit von Leben und Tod besingt und bedenkt[73]. Er selbst weiß sich hier in Übereinstimmung mit den Erfahrungen der uralten Völker und Kulturen. So bemerkt er einmal:

„Zur Erfahrung dieser reichsten und heilsten Milde hat die Menschheit niemals auch nur die ersten Schritte getan, – es sei denn in ihren ältesten, arglosesten Zeiten, deren Geheimnis uns fast verloren gegangen ist. Nichts, ich bin sicher, war je der Inhalt der ‚Einweihungen‘, als eben die Mitteilung eines ‚Schlüssels‘, der erlaubte, das Wort ‚Tod‘ ohne Negation zu lesen; wie der Mond, so hat gewiß das Leben eine uns dauernd abgewendete Seite, die nicht sein Gegenteil ist, sondern seine Ergänzung zur Vollkommenheit, zur Vollzähligkeit zu der wirklichen heilen und vollen Sphäre und Kugel des Seins"[74].

Hier berührt er sich mit dem im Vorausgehenden genannten Bild Giovanni Segantinis: ‚Armonie della morte‘[75]. Im 14. Sonett des ersten Teils der ‚Sonette an Orpheus‘ besingt Rilke die Einheit von Leben und Tod, über die er immer wieder nachgedacht hat:

---

[70] Vgl. G.S. Kirk / J.E. Raven / M. Schofield, Die Vorsokratischen Philosophen, deutsche Ausgabe (Stuttgart / Weimar 1994) 198–236, bes. 206–213; Th. Haubst, Art. Nikolaus v. Kues: Lex. f. Theol. u. Kirche 7 (1962) 988–991; G. von Bredow, Art. Coincidentia oppositorum: Histor. Wörterb. d. Philosophie 1 (1971) 1022 f.

[71] Schluß des achten Buches, also an literarisch bedeutsamer Stelle.

[72] Das Journal von Tiefurt, hrsg. von E. von der Hellen = Schriften der Goethe-Gesellschaft 7 (Weimar 1892) 258–261, beispielsweise S. 259: „Sie [die Natur] baut immer und zerstört immer und ihre Werkstätte ist unzugänglich". „Jedes ihrer Werke hat ein eigenes Wesen, jede ihrer Erscheinungen den isolirtesten Begriff und doch macht alles eins aus". S. 261: „Sie hat alles isoliret um alles zusammen zu ziehen".

[73] M. Heck, Das ‚Offen-Geheime‘. Zur Todesdarstellung im lyrischen Werk R.M. Rilkes, Diss. (Bonn 1970).

[74] An Gräfin Margot Sizzo-Noris-Crozuy, Dreikönigstag 1923: Briefe 2 (Wiesbaden 1950) 380 f.

[75] S.o. S. 28 f.

„Wir gehen um mit Blume, Weinblatt, Frucht.
Sie sprechen nicht die Sprache nur des Jahres.
Aus Dunkel steigt ein buntes Offenbares
und hat vielleicht den Glanz der Eifersucht
der Toten an sich, die die Erde stärken.
Was wissen wir von ihrem Teil an dem?"[76]

Die Fülle der sinnlich wahrnehmbaren Erscheinungen der Wirklichkeit kommt
aus einem für unser Denken unzugänglichen Dunkel und versinkt wieder in dieses geheime Dunkel. Darin offenbart sich der Zusammenklang von Seiendem
und Nicht-Seiendem, von Lebendem und Totem. Bereits der Arzt Hippokrates
erkannte: „denn von den Toten kommen die Nahrung und das Wachsen und die
Samen"[77]. Diese Urerfahrung bezeugt der Demeter-Persephone-Mythos von Eleu-
sis ebenso wie der Mythos von Pluton/Plutos[78].

e) Von der Bedeutung des Tötens im magisch-religiösen Zeitalter

Töten hat in einem derartigen naturnahen Erleben und Denken, das sich als krei-
send zu erkennen gibt und auf einen immerwährenden Urzyklus zurückweist,
geradezu den Sinn von Notwendigkeit. Töten kann hier nichts Willkürliches oder
Zufälliges sein, sondern hat mit dem Grund der Welt, mit der gründenden Notwendigkeit zu tun, da es den Rhythmus von Werden und Vergehen mitaufrecht zu
erhalten versucht. Deshalb steht auch nach den kosmogonischen Mythen ein
Tötungsritual am Anfang dieser Wirklichkeit und muß so auch die Anfänge eines
jeden bedeutungsvollen Handelns der Menschen einleiten, eines Handelns, das
noch aus der Tiefe der Bewußtseinsstufe des Magisch-Religiösen kommt. Deshalb begegnen noch in den antiken Hochkulturen blutige Opfer an den wichtigen
Anfängen und Übergängen innerhalb des privaten und öffentlichen Lebens, bei
Geburt und Tod, bei Kriegsbeginn und Neujahrsbeginn oder bei der Gründung
einer Stadt.

Ursprünglich waren die rituellen Tötungen, die Opfer, auch nicht an eine oder
mehrere Gottheiten gerichtet. Diese konnte es für das früheste Bewußtsein noch
gar nicht geben. Vielmehr war das älteste Opfer ein rein magisch-religiöser Voll-
zug oder Ritus mit sympathetischer Wirkung. Zwischen der erst spät erfolgten
Entdeckung der eigenen Individualität, der Bedingung für das Entstehen von
differenzierten Kulturen, Hochkulturen, und der Vorstellung bestimmter, mit
Namen angerufener Gottheiten besteht ein innerer Zusammenhang. Hier ist mit
einem lange währenden bewußtseinsgeschichtlichen Prozeß zu rechnen, der über

---

[76] Vgl. Heck a.O. 156f. 166. 173.
[77] De victu 4,92 (4,442 Jones): ἀπὸ γὰρ ἀποθανόντων αἱ τροφαὶ καὶ αὐξήιες καὶ σπέρ-
ματα γίνεται.
[78] Speyer, Studien 56–74.
[79] E. Neumann, Ursprungsgeschichte des Bewußtseins ⁴(Frankfurt, M. 1984).

mannigfache, uns nicht mehr erkennbare Stufen zum Erfassen des Ichs als einer Individualität geführt hat und damit zugleich zum Erfassen vieler heiliger Mächte oder einer bestimmenden Lebens- und Todesmacht nach dem Bild vieler göttlicher Gestalten oder auch nur einer göttlichen Macht, die sich der Einzelmensch vorstellte[79].

Für die Menschen dieser frühen Bewußtseinsstufe bedeutete Töten soviel wie Lebenschaffen. Wie sie glaubten, waren Tod und Leben nicht Pole eines geheimnisvollen, übermenschlich-göttlichen Dualismus. Für Tod und Leben galt auch nicht das logische Gesetz vom auszuschließenden Widerspruch, sondern das Gesetz des Paradoxes und zugleich auch der Komplementarität[80].

Nicht nur aus Mythen der alten Kulturvölker, sondern auch aus zentralen Riten der Naturvölker, beispielsweise der kannibalischen Pflanzervölker der Südsee, ist die Grundüberzeugung zu entnehmen, die jedem rituellen Töten zugrundeliegt: Töten und Tod eines Wesens sind die Bedingungen für die Möglichkeit, daß neues Leben entsteht. Dabei herrscht die Auffassung, daß das Urzeitgeschehen exemplarisch, ja wirklichkeitsbestimmend und wirklichkeitsstiftend für jede Phase der Gegenwart sei. Das Urzeitgeschehen, in dem das Werden dieser Wirklichkeit und damit die Fruchtbarkeit von Erde, Tier und Mensch auf einen ersten Tod zurückgeführt ist und auf einen ersten Tötungsvorgang, muß – soll die Welt weiterbestehen – wiederholt werden, und zwar im magisch-religiösen Ritual; das Urzeitgeschehen scheint sich gemäß dieser Überzeugung auch täglich im Makrokosmos zu ereignen: Der Tag wird aus der Nacht geboren und geht am Abend in sie wieder ein; der Tag stirbt, um jeweils wieder neu geboren zu werden. Das Licht erscheint auf dem Hintergrund der Nacht; die Nacht scheint so ihrer Möglichkeit nach das Licht zu enthalten. Auch das Jahr wiederholt im Großen, was der Tag im Kleinen zeigt: Aus der Nacht des Winters, gleichsam eines Chaoszustandes, bricht der Frühling hervor. Der Tod und das neue Leben berühren sich wie Nacht und Morgen, wie Winter und Frühling, wie Ende und Anfang. Dieses in sich kreisende Wirklichkeitsganze, das durch Töten in seinem immerwährenden Schwung erhalten werden soll, beschreibt als Symbol und Chiffre wohl am besten die ägyptische Schlange Uroboros, jene Schlange, deren Schwanzende in ihrem Munde ruht[81].

---

[80] P. GEYER / R. HAGENBÜCHLE (Hrsg.), Das Paradox, eine Herausforderung des abendländischen Denkens = Stauffenburg Colloquium 21 (Tübingen 1992) gehen auf diese Grundproblematik nicht ein.
[81] Vgl. Claudian. carm. 22, 427f.(221 HALL): conplectitur antrum, / omnia qui placido consumit numine, serpens / perpetuumque viret squamis caudamque reductam / ore vorat tacito relegens exordia lapsu; Macrob. Sat. 1,9,11f.; J. ASSMANN, Zeit und Ewigkeit im alten Ägypten. Ein Beitrag zur Geschichte der Ewigkeit = Abhandlungen d. Heidelberger Akademie d. Wiss., phil.-hist. Kl. 1975, 1 S. 30–36; SPEYER, Studien 60. 192. – Abbildung aus einer alchemistischen Handschrift (Cod. Marc. Graec. 299 [= 584] fol. 188 v.) mit der Inschrift: ἓν τὸ πᾶν, ‚Alles ist eins‘, bei M.P. NILSSON, Geschichte der griechischen Religion 2³(München 1974) Taf. 6,3; A. STÜCKELBERGER, Bild und Wort. Das illustrierte Fachbuch in der antiken Natur-

So kennzeichnen zwei Grundüberzeugungen das archaische Erleben, Vorstellen und Darstellen der vor- und frühgeschichtlichen Kultur: einmal die Überzeugung vom niemals endenden Kreislauf der gegensätzlichen und miteinander verschränkten Grundmächte von Werden und Vergehen, Leben und Tod, von der Wiederkehr des Gleichen[82], und zum anderen der Glaube, daß dieser ewige Kreislauf nur erhalten bleibt, wenn der Mensch an ihm teilnimmt, indem er ihn durch Töten ebenso wie durch Zeugen und Empfangen in Schwung hält.

Der Mensch, der in dieser frühen mythischen Kultur tötet, wiederholt damit das Grundgeschehen der Wirklichkeit. Insofern folgt er, wie später die Stoiker sagen werden, der Natur oder der Gottheit und fühlt sich so in Übereinstimmung mit dem ihn umgreifenden Weltganzen.

3. Das Bauopfer als Zeugnis der ursprünglichen Opferbedeutung

Weit in die Hochkulturen hinein kann die kosmosbildende Kraft des Opfers verfolgt werden. Ein bis in die Neuzeit bezeugtes Opfer, das die Gründung und den Bau von Städten, Häusern, Palästen, Tempeln und Brücken begleitet, das sogenannte Bauopfer, bringt hierfür einen Beweis[83]. Das Bauopfer hat seinen Grund wohl darin, daß jedes Gebäude und jede Stadt ein Abbild des großen Himmelsbaues ist. Der Kosmos aber ist nach dem Mythos aus dem getöteten Chaosdrachen entstanden und hat auch deshalb in der Zeit nur einen relativen Bestand. Vergleichbares gilt für die Mikrokosmoi – Tempel, Haus, Stadt, Brücke –, die der Mensch in Entsprechung zu den Werken seiner Lehrmeisterin, der Natur, in seiner Kultur errichtet.

In Natur und Kultur erhebt sich dabei stets das Neue auf dem Grund des untergegangenen Alten. Im Bauopfer wird das Alte und zu Überwindende auf magisch-religiöse, auf rituelle Weise symbolisch-repräsentativ dargestellt. In dem als Bauopfer getöteten Tier oder Menschen erscheint der geheimnisvolle gäh-

---

wissenschaft, Medizin und Technik = Kulturgeschichte der antiken Welt 62 (Mainz 1994) 121 Anm. 70; Abb. 60.

[82] Die antiken Belege bietet E. von LASAULX, Studien des classischen Alterthums (Regensburg 1854) 17–44, bes. 26f.: ‚Die Geologie der Griechen und Römer‘; B.L. VAN DER WAERDEN, Das Große Jahr und die ewige Wiederkehr: Hermes 80 (1952) 129–155; M. ELIADE, Der Mythos der ewigen Wiederkehr (Düsseldorf 1953); H. SCHWABL, Weltalter: RE Suppl. 15 (1978) 783–850, bes. 840–845: ‚Weltperioden, Weltuntergang und Erneuerung‘.

[83] F. LIEBRECHT, Zur Volkskunde (Heilbronn 1879) 284–296. ‚Die vergrabenen Menschen‘; P. SARTORI, Über das Bauopfer: Zeitschrift f. Ethnologie 30 (1898) 1–54, bes. 8f.; G. HOCK, Griechische Weihegebräuche (Würzburg 1905) 75–80; MADER, Reg.: Bauopfer; SCHWENN, Reg.: Menschenopfer; F. PFISTER, Art. Bauopfer: Rel. in Gesch. u. Gegenw. 1 (1927) 816f.; M. ELIADE, Art. Bauopfer: Rel. in Gesch. u. Gegenw. 1[3] (1957) 935. J. TRUMPF, Stadtgründung und Drachenkampf: Hermes 86 (1958) 129–157; R. MÜLLER ZEIS, Griechische Bauopfer und Gründungsdepots, Diss. Saarbrücken (1994).

nende Abgrund, das Chaos oder das Klaffen und der urgöttliche Schoß, aus dem das Neue, die neue Stadt, das neue Gebäude, der neue Mikrokosmos, aufsteigt. Mit Recht erinnert W. Burkert bei den Opfern, die Kain und Abel darbringen, an die Tatsache, daß Kain in der Überlieferung als der erste Gründer einer Stadt bezeichnet wird[84]. Der Brudermord Kains, der im Zusammenhang einer Stadtgründung auch in Rom begegnet – Romulus tötet Remus[85] –, muß ursprünglich wohl anders als nur sittlich motiviert begriffen werden: In der magisch-religiösen Kultur kann eine Stadt, die ein Kosmos werden soll, nur entstehen und bestehen, wenn sie aus einem getöteten Wesen hervorgegangen ist. Dieses getötete Wesen muß seinerseits kraftgeladen sein. Je machtvoller der Getötete ist, umso größer erschien die Sicherheit für die Haltbarkeit der neuen Gründung. Deshalb wurden vor allem Jungfrauen als Bauopfer getötet; denn die Jungfrau galt als Trägerin von Kraft, δύναμις und mana[86].

Aus diesem Sinnzusammenhang wird es auch einsichtig, daß sich auf den Trümmern der Tempel und der vernichteten, der ‚getöteten‘ Götter der Heiden die neuen Kultbauten der Christen erhoben haben[87]. Ebenso soll den Bestand des christlichen Roms und der römischen Kirche das Blut der Märtyrer, vor allem des hl. Petrus, garantieren[88].

Nicht das Verbrechen als solches, wie R. Girard glaubt, gründet die jeweils neue Gesellschaft, sondern der Tod eines lebenden Wesens, das aufgrund der Struktur dieser Wirklichkeit fallen muß, da ohne Tod kein neues Leben, im konkreten und vergeistigten Sinn verstanden, entstehen kann.

---

[84] Anthropologie 21; N. STROSETZKI, Kain und Romulus als Stadtgründer: Forschungen u. Fortschritte 29 (1955) 184–188. – Verschleiert dürften Bauopfer auch in den Überlieferungen über den Fund eines (blutenden) Menschenhauptes, des Hauptes des Olenus, bei der Gründung des Kapitols in Rom und eines Pferdekopfes bei der Gründung von Karthago erkennbar sein (zu Olenus Q. Fabius Pictor bei Arnob. adv. nat. 6,7; Liv. 1,55,5 u.a.; zu Karthago Verg. Aen. 1,441–445 u.a.; vgl. G. TÜRK, Art. Olus nr. 1: RE 17,2 [1937] 2504; E. KRAGGERUD, Vergil über die Gründung Karthagos: Symbolae Osloenses 38 [1963] 32–37).
[85] H.J. KRÄMER, Die Sage von Romulus und Remus in der lateinischen Literatur: Synusia. Festschrift W. Schadewaldt (Pfullingen 1965) 355–402.
[86] SARTORI 8; E. FEHRLE, Die kultische Keuschheit im Altertum = RGVV 6 (Gießen 1910, Ndr. Berlin 1966) 54/64; L. RADERMACHER, Hippolytos und Thekla = Sitz. Ber. d. Akad. d. Wiss. Wien 182,3 (1916) 31f.; J. SCHMID, Art. Brautschaft, heilige: RAC 2 (1954) 528–564, bes. 535f.
[87] F.W. DEICHMANN, Art. Christianisierung II (der Monumente): RAC 2 (1954) 1228–1241, bes. 1228–1234.
[88] Ambros. hymn. ‚Apostolorum passio‘ 21–24 (J. FONTAINE u.a. [Hrsg.], Ambroise de Milan, Hymnes [Paris 1992] 525. 539–542): hinc Roma celsum verticem/devotionis extulit, / fundata tali sanguine/et vate tanto nobilis; vgl. Leo M. tract. 82 (CCL 138A, 508–518).

4. Das Opferverständnis im neuen Zeitalter der Ackerbaukultur

In der viele Jahrhunderttausende währenden geschichtslosen Epoche der Jäger und Sammler war die Hauptnahrung das Fleisch erlegter Tiere. Rituelles Töten und Mahlhalten bildeten in jener Zeit eine Einheit. Das Töten galt der Erhaltung des Lebens der Familie, der Sippe sowie des Stammes und damit auch der Erhaltung des als ewig angenommenen und für heilig gehaltenen Kreislaufes von Leben und Tod. Die Geschichtslosigkeit dieses ältesten Zeitalters der Menschheit entsprach dem noch gänzlichen Eingebundensein des Einzelnen in seine engere Gemeinschaft und seinem Aufgehen darin, die Sippe und den Stamm, sowie die ihn umgreifende Natur; es herrschte gleichsam eine ‚unio magica‘[89].

Magie und Religion bestimmten damals sämtliche Handlungen und waren zunächst noch nicht voneinander unterschieden und getrennt. Auch Sittlichkeit und Recht waren noch nicht als eigenständige Wertbereiche entdeckt. Erst als sich ganz allmählich der Mensch als einzelner aus dem Eingebundensein und der Anonymität seines Stammes löste, als er sich seiner Besonderheit bewußt wurde, entdeckte er damit zugleich die sittlichen und rechtlichen Forderungen, denen er selbst und seine Angehörigen folgen mußten. Mit dem Erwachen zur Individualität war zugleich auch die Entdeckung verknüpft, daß jedes Wesen in der Welt unwiederholbar und damit als ein konkret Einzelnes vorhanden ist und lebt. Auf dieser neuen Grundlage konnte langsam auch ein Sinn für geschichtliche Veränderung entstehen. Infolge dieses neuen Erlebens- und Erfahrenshorizontes mußte das Töten und damit auch das Opfer aus seiner bis dahin geltenden scheinbaren Eindeutigkeit herausfallen.

Dieser Wandel von der Geschichtslosigkeit, Anonymität und archaischen Kollektivität zur Entdeckung des konkret Einzelnen dürfte mit dem Übergang von der Jäger- und Sammlerkultur zur Kultur der Pflanzer, Tierzüchter und Ackerbauern ursächlich zusammenhängen. Die Menschen dieser neuen Kulturstufe mußten das bisherige Töten und damit das Opfer neu bedenken und bewerten. In der neuen Epoche des Ackerbaus, die unmittelbar zu den Hochkulturen des Mittelmeergebietes und Asiens geführt hat, erhielt das Opfer nunmehr eine zweifache Aufgabe: einmal diente es, wie bisher, dem großen Wirklichkeitsrhythmus

---

[89] Dazu bemerkt E. NEUMANN, Über den Mond und das matriarchale Bewußtsein: Eranos – Jb. 18 (1950) 323–376, bes. 351: „Der anonyme Gruppenteil hat zunächst keine eigene Zeit und kein eigenes Schicksal. Er teilt das Schicksal und die Zeit der Gruppe. Erst mit fortschreitender Individualisierung löst sich in der Nachfolge des Großen Einzelnen, der als erster Schicksal und Eigenzeit hat, das eigene Schicksal von dem Schicksal des Kollektivs. Erst jetzt wird die allgemein bestimmende Welt- und kosmische Jahreszeit umgeformt zur Individuationszeit in der das Jetzt des Einzelnen unverlierbar zu ihm gehört wie sein Ich, seine Ganzheit und sein Schicksal". Ferner vgl. G.R. HEYER, Die Tiefenpsychologie im Ringen um das neue Weltbild: Im Umkreis der Kunst. Festschrift E. Preetorius (Wiesbaden, o.J. um 1955) 141–158 mit Hinweis auf E. DACQUÉ, L. FROBENIUS und J. GEBSER; ferner C.H. RATSCHOW, Magie und Religion (Gütersloh 1955).

mit seinem Kreislauf von Tod und Leben[90], zum anderen sollte es, in einer bestimmten Form vollzogen und mit einem bestimmten Inhalt erfüllt, das nunmehr immer mit dem Töten verbundene schlechte Gewissen entlasten. Insofern mußte das ‚kosmische' Opfer mehr und mehr vom Sühnopfer verdrängt werden.

In der Ackerbaukultur betraf das Töten nicht nur Tiere und zunächst auch Menschen, also das Vergießen von Blut, sondern nunmehr auch das Roden von Wäldern, um Acker- und Gartenland zu erringen, und das Schneiden des Getreides – also jeden notwendig erscheinenden Eingriff in die belebte und damit als heilig empfundene Natur, um aus ihr Nahrung zu gewinnen. Gleichfalls erlebten die frühen Ackerbauern das Aufgraben der Erde nicht als eine profane, fast mechanische Tätigkeit, sondern vielmehr als ein Verwunden der für heilig gehaltenen und als Gottheit verehrten Erde. Dieses Empfinden läßt sich noch bis weit in die Kultur der Griechen und Römer nachweisen. Selbst ein so sehr der Stadtzivilisation und der Gesellschaft der Großstadt Rom naher Dichter wie Ovid weiß, daß die Erde im Goldenen Zeitalter nicht vom Pflug „verwundet" war[91]. Im Silbernen Zeitalter aber wurden zum erstenmal die Samen in die Ackerfurchen hineingelegt, und die Rinder stöhnten unter dem Joch[92]. Wollten die Ackerbauern Getreide ernten, so mußten sie zum Messer greifen und die Halme abschneiden, mußten also töten.

Je mehr infolge der Entdeckung des Wertes des einzelnen Menschen und des konkreten Einzelwesens Sittlichkeit und Recht als eigene Werte erkannt wurden, umso dringender stellte sich das Bedürfnis ein, das zur Erhaltung des Lebens notwendige Töten, das nunmehr in seiner Ambivalenz von Recht- und Unrechttun erlebt wurde, zu rechtfertigen. Einmal waren sich die Menschen bewußt, daß Töten zur Erhaltung des Lebens und damit zugleich des immerwährenden Kreislaufs notwendig war, zum anderen erlebten sie aber nunmehr als einzelne den Tod des konkret Einzelnen in anderer und bedrängenderer Weise als zuvor, als das Bewußtsein noch ganz kollektiv bestimmt war. So geriet das Töten in die Spannung von sittlich Gut und Böse. Der Gewissenskonflikt wurde ferner dadurch verschärft, daß die frühen Ackerbauern die unbelebte und belebte Natur zunächst nicht anders als die Jäger und Sammler als Offenbarung der heiligen Macht und nunmehr der in den verschiedenen Bereichen der Natur waltenden Gottheiten erlebten. Jede Rodung, jedes Ackern, jeder Halmschnitt mußte ihnen deshalb zugleich auch als Angriff auf die alles bestimmenden göttlichen Mächte erscheinen. Als Reaktion fürchteten sie so den Zorn oder den Fluchaspekt der

---

[90] In der Antike gab es Opfer, die auf den Sonnen- und Mondlauf einzuwirken versuchten (vgl. Latte, bes. 1113), d.h. diese Opfer sollten den Kreislauf der beiden wichtigsten Planeten um die Erde – so das damalige Weltbild – sichern.

[91] Met. 1,101 f.: ipsa quoque immunis rastroque intacta [Jungfräulichkeit der Erde] nec ullis / saucia vomeribus per se dabat omnia tellus.

[92] Met. 1, 123 f.

Götter dieser Bereiche, von denen ihr Leben und ihr Wohlergehen abhingen. Wenn Diodor aus Sizilien berichtet: „Und auch jetzt stellen sie bei der Ernte die ersten abgemähten Ähren unter Wehklagen in der Nähe der Garbe auf und rufen Isis", so beschreibt er wohl einen allgemeinen Brauch der Ackerbauern[93]. Das sogenannte Erstlingsopfer, die Garbe der Erstlinge, war ein Opfer an die Gottheiten des Himmels und der Erde, um sie, die durch das Schneiden des Getreides beleidigt waren, zu versöhnen[94].

Die Griechen ehrten nicht nur die Bäume, da sie glaubten, sie stünden unter dem Schutz bestimmter Gottheiten, sondern hielten sie selbst für göttlich[95]. Nach altgriechischem Glauben wurden die Nymphe Dryas oder Hamadryas und die Nymphe Melia mit der Eiche oder Esche geboren und starben mit ihr. Das Fällen von Bäumen zur Gewinnung von Holz zum Heizen oder Bauen sowie zur Gewinnung von Weide-, Acker- und Gartenland mußte so in der Frühzeit der Hochkultur noch als ein fluchwürdiger Frevel erscheinen. In dieser Hinsicht empfanden Griechen und Römer zunächst gleich. Je weiter aber die Entsakralisierung der Welt infolge des rationalen Denkens fortschritt, umso unbekümmerter schlug man Holz und rodete. In den späteren Jahrhunderten der griechisch-römischen Kultur galt nur noch das Abschlagen heiliger Haine als Frevel gegen die Gottheit. Solange die religiöse Scheu bestand, fühlten die Menschen eine religiös-sittliche Verpflichtung, die beleidigte Gottheit durch ein Opfer zu versöhnen. So berichtet noch Cato der Ältere vom Opfer eines Schweines als der Sühne für das Roden eines heiligen Haines[96].

Bei diesem neuen Typos des Opfers, dem Versöhnungs- oder Sühnopfer, erkennen wir, wie Griechen und Römer durch ein gleichsam kleines Töten für die Götter das große Töten zum eigenen Nutzen zu überdecken und zu überbieten versucht haben. Der Tod eines bestimmten Tieres oder sogar eines Menschen sollte den Tod jener vielen die notwendige Nahrung gewährenden Wesen ausgleichen. Diese neue Art des Opfers war deutlich an eine bestimmte Gottheit gerichtet und sollte als Sühne gelten[97].

Die Sühnemittel konnten zunächst noch gesteigert werden: so opferte man die Erstlinge von Pflanzen, Tieren und Menschen, also Kinder; bald aber auch Erwachsene, Jungfrauen, Kriegsgefangene oder Angehörige des eigenen Stammes. In der Absicht, das Opfer in seiner Sühnewirkung zu steigern, dürfte ein wesentlicher Grund für die Entstehung der Menschenopfer liegen. Das gilt vor allem für

---

[93] 1,14; vgl. W. Mannhardt, Wald- und Feldkulte 1[2] (Berlin 1905, Ndr. Darmstadt 1963) Reg. ‚Garbe letzte'.
[94] Mannhardt a.O. 2,1–38: Dryaden, bes. 10–12. 32;Ov. fast. 2,519f.; Fest./Paul. s.v. sacrima: 423 Lindsay; Mannhardt a.O. 2[2] 233–237.
[95] W. Speyer, Art. Holz: RAC 16 (1994) 87–116, bes. 92–94.
[96] De agric. 139f. (89 Goujard); vgl. Latte 1118f.
[97] S.o. Anm. 33

die Pflanzervölker[98]. Der Stamm verzichtete auf einen der Ihren, um dadurch die Geister der Bäume und Pflanzen zu versöhnen. Der Tod des einzelnen Menschen sollte dem Leben dienen, indem er an die Stelle von anderem Getöteten trat. Andererseits erschien der so geopferte Mensch aber auch zugleich als Repräsentant jenes Wesens, das ,am Anfang' getötet worden war und aus dessen Leib die Pflanzen gewachsen sein sollen[99]. Zahlreiche Mythen berichten, daß bestimmte Pflanzen und Tiere aus höheren Tieren oder sogar Menschen und göttlichen Wesen entstanden seien. Immer herrscht in diesen Fällen die Auffassung, daß es ohne Tod kein Leben geben könne.

5. Zeugnisse der Antike für das Wandlungsritual Tod – Leben

a) Die Bugonie

Vergil beschreibt an herausragender Stelle seiner Georgica, und zwar am Ende des viertes Buches, dem Schluß des Werkes, wie aus den vier geopferten Stieren und den vier geopferten Kühen nach drei mal drei Tagen Bienenschwärme entstehen und sich als Traube auf der Spitze eines Baumes niederlassen[100]. Die vom Dichter verwendeten Zahlenangaben weisen auf die symbolisch-allgemeine Aussageabsicht hin: Die Vierzahl ist die Zahl der Summe und Ganzheit, die Zahl Drei – vor allem in der Potenz – verweist auf den magisch-religiösen Hintergrund[101]. Über den unmittelbaren Aussagegehalt hinaus deutet die Bugonie noch in eine weitere Richtung: Wie die Bienen aus den toten Körpern der Rinder entstehen und ihren neuen Kosmos bauen, den Bienenstaat, so hat der Princeps Augustus sein Friedensreich auf den Toten der Bürgerkriege am Ende der Republik errichtet[102]. Der blutige Untergang der Republik ist der Aufgang des neuen, augusteischen Friedensreiches. Vergil bedient sich für seine Deutung der Geschichte seiner Zeit eines Prinzips dieser Gesamtwirklichkeit, das er nicht diskursiv, sondern bildlich-intuitiv erkannt hat und gestaltet.

---

[98] A.E. Jensen, Die getötete Gottheit. Weltbild einer frühen Kultur = Urban Bücher 90 (Stuttgart 1966).

[99] Zum sogenannten ,kosmogonischen Opfer' s.u. Anm. 103.

[100] 4,530–558; eine andere Art der Bugonie beschreibt Verg. georg. 4,281–314. Wie der Vergil-Kommentator Serv. auct. zu Aen. 1,430 bemerkt, hat eine alte Frau namens Melissa die Geheimnisse der Mysterien der Demeter anderen Frauen nicht verraten und wurde deshalb von ihnen getötet. Aus Dank ließ die Göttin Bienen aus ihrem Leib entstehen. Zur Geschichte der Bugonie in der griechischen und römischen Literatur F. Della Corte, Art. bugonia: Enciclopedia Virgiliana 1 (Roma 1984) 582f.

[101] Zur Vierzahl Literatur bei Speyer, Studien, Reg. s.v.; zur Dreizahl R. Mehrlein, Art. Drei: RAC 4 (1959) 269–310.

[102] Vgl. auch H. Dahlmann, Der Bienenstaat in Vergils Georgica = Abhandl. d. Mainzer Akad. d. Wiss.u.d. Lit. (1954, 10).

Der Gedanke der Bugonie scheint aus Persien zu kommen. Das Große Bunda-
hisn, das nach K. Meuli vorzarathustrische Überlieferung bewahrt hat, erzählt,
wie der Urmensch Gayomart beim Eindringen Satans in die göttliche Schöpfung
geopfert wurde, damit aus ihm die irdischen Menschen hervorgingen[103]. Parallel
zum Urmensch-Mythos wird in Persien der Mythos vom Urrind erzählt: auch
dieses muß beim Eindringen Satans geopfert werden, damit aus ihm die irdischen
Tiere hervorgehen können. Im Mithraskult aber hatte die Darstellung des Ur-
rindes, des sterbenden Stieres, aus dessen Leib Getreideähren und aus dessen
Blut Weinreben emporwuchsen, ihren zentralen Platz an der Stirnwand der unterirdischen kleinen Kulträume. Auf den römischen Reliefs sieht man aus dem
Schwanz des Stieres Getreideähren herauswachsen[104].

b) Blumen aus dem Blut des toten Parhedros der Großen Mutter und Verwandtes

Im syrischen Raum war der Glaube verbreitet, daß aus dem toten jährlich wieder
auflebenden Kultgenossen oder Parhedros der Großen Mutter schönduftende
Blumen wachsen: Aus dem Blut des Adonis die Anemone oder auch die Rose[105],
aus dem Blut des Attis und seiner Braut Ia das Veilchen[106], aus Agdistis, der sich
selbst entmannte, der punische Apfel[107], aus Narkissos die Narzisse[108], aus dem
Blut des Hyakinthos die Hyazinthe[109]. Aus dem Blut eines Korybanten soll der
Eppich und aus dem Blut des Dionysos der Granatapfelbaum hervorgegangen
sein[110]. Ein Baum mit kernlosen Früchten soll aus dem Blut des Geryones, des
Königs der Tartesier, gewachsen sein[111], und aus den zur Erde gefallenen Bluts-
tropfen der getöteten Giganten soll eine gottesfeindliche Menschengeneration
entstanden sein[112].

---

[103] C. COLPE, Art. Weltschöpfung: H.W. HAUSSIG (Hrsg.), Wörterbuch der Mythologie 4
(Stuttgart 1974/82) 465 Nr. 2; Art. Gayomart: ebd. 352–354, bes. 352; MEULI 2,830; vgl.
R. MERKELBACH, Mithras (Meisenheim a. Gl./Königstein 1984) 9–22: ‚Das Stieropfer'; 193–
227: ‚Stieropfer und Kosmogonie'.
[104] Ebd. 132. 206; Abb. 112. 116 u.ö.
[105] Nicander: Schol. Theocr. 5,92; Ov. met. 10, 732–739; ferner vgl. C. SCHNEIDER, Art.
Garten: RAC 8 (1972) 1048–1061, bes. 1051f.; dort auch zu den Osirisgärtchen; vgl. R. MER-
KELBACH, Isis Regina – Zeus Sarapis (Stuttgart, Leipzig 1995) 15–17.
[106] Arnob. nat. 5,7.
[107] Ebd. 5,6.
[108] Ov. met. 3,509f.; PsProb. zu Verg. ecl. 2,48 (3,2,330 THILO-HAGEN).
[109] Ov. met. 10,210–213; eine andere Überlieferung bei Euphorion frg. 40 (38 POWELL).
[110] Clem. Alex. protr. 2,19,2f. (GCS Clem. Alex. 1,15).
[111] Serv. auct. zu Verg. Aen. 7,662. – Zu den genannten Verwandlungen W. BUBBE, De
metamorphosibus Graecorum capita selecta, Diss. Halle (1913) 75–77.
[112] Ov. met. 1,156–162; vgl. W. SPEYER, Art. Gottesfeind: RAC 11 (1981) 996–1043, bes.
1008.

c) Nutzpflanzen aus zerstückelten Tieren und Menschen

In den Pflanzer- und Ackerbaukulturen war der Glaube weit verbreitet, daß vergossenes Blut von Tier und Mensch wesentliche Bedingung für die Fruchtbarkeit sei. Das bekannte Bildwort Tertullians: „Samen ist das Blut der Christen" besitzt eine konkrete, in die frühe Epoche der Menschheit zurückreichende Vorgeschichte[113]. Die hierher gehörenden Zeugnisse aus der Völkerkunde haben E. Volhard und A.E. Jensen ausgewertet[114]. Ohne in die Einzelheiten zu gehen, seien einige aussagekräftige Nachrichten des Altertums angeführt, aus denen ersichtlich ist, daß nach dem Glauben der frühen Ackerbauern ausgegossenes Blut und Getreide/Brot in einem ursächlichen Zusammenhang stehen:

Der alte syrische Mythos von der Göttin Anat, ihrem Bruder Baal und Mot, dem Mörder Baals, berichtet Folgendes: Als Mot prahlt, er habe Baal wie ein Lamm gefressen, spaltet Anat Mot mit dem Schwert, worfelt, röstet und zermahlt ihn wie Getreide und streut ihn dann aufs Feld. Baal lebt wieder auf, aber auch der Unterweltsgott Mot ist nicht vollständig vernichtet[115].

Auch das Zermahlenwerden eines Menschen in einer Mühle gehört in diesen Zusammenhang der Zerstückelungs- und Fruchtbarkeits- oder Lebensriten. Als Tötungsart mit rituellem Charakter hat bereits F. Liebrecht diese Form beurteilt und einen Zusammenhang mit dem Opfer erwogen[116]. Allerdings stellte er nur den Sühnecharakter dieses Opfers heraus. Der Sühnecharakter dürfte aber nur in zweiter Linie zutreffen, da er im Ritual die geschichtlich jüngere Komponente ist. Als die ursprünglichere Vorstellung hat vielmehr das Wandlungsritual zu gelten: Die rituelle Tötung in Form des Zermahlens ist ursprünglich kein Opfer an eine Gottheit, sondern ein magischer sympathetischer Ritus im Dienst der Erhaltung des Kreislaufes von Tod und Leben. Das Zermahlenwerden des Opfers entspricht der Feldfrucht, die erst in zermahlenem Zustand Nahrung des Menschen werden kann. Bekanntlich hat die Feldfrucht nach den Mythen vieler Pflanzervölker ihren Ursprung im Tod eines Menschen, eines göttlichen Menschen oder einer Gottheit[117].

Auf einer Mithrasdarstellung aus Rom verwandelt sich das Blut, das aus der Wunde des von Mithras getöteten Stieres fließt, in Ähren[118]. Dieselbe Wirkung

---

[113] MERKELBACH, Mithras a.O. 193; Abb. 62.
Apol. 50,13 (CCL 1,171).
[114] VOLHARD, 457–491; A.E. JENSEN, Mythos und Kult bei Naturvölkern = Studien zur Kulturkunde 10 ²(Wiesbaden 1960) 106f. 190–193. 217; DERS., Gottheit.
[115] J. AISTLEITNER, Die mythologischen und kultischen Texte aus Ras Schamra = Bibliotheca Orientalis Hungarica 8 ²(Budapest 1964) 11–23, bes. 20; vgl. C. COLPE, Zur mythologischen Struktur der Adonis-, Attis- und Osiris-Überlieferung: lišan mithurti. Festschrift W. von Soden (Kevelaer 1969) 23–44, bes. 29.
[116] Zur Volkskunde (Heilbronn 1879) 298–305, bes. 301f.; vgl. SPEYER, Fluch 1220f.
[117] S. Anm. 98; SPEYER, Studien 73; zu den Osiris-Kornmumien SCHNEIDER a.O. (o. Anm. 105) 1052.
[118] Vgl. MERKELBACH, Mithras a.O. (o. Anm. 103) 193 und Abb. 67.

begegnet in der Attis-Religion. Wenn dies hier H. Hepding nur als ein Mythenmotiv gelten lassen möchte, so verkennt er den dahinterstehenden weitverbreiteten Glauben und die entsprechenden sympathetischen Rituale der Pflanzer und Ackerbauern[119]. Zerstückelung und Wiederbelebung und als Variante Verjüngung bezeugen auch die mythisch bestimmten Erzählungen von der Zauberin Medea, dem Widder, sowie Pelias und dessen Töchtern[120].

Noch in christlicher Zeit finden sich Reflexe dieses alten Glaubens. Die Passio des persischen christlichen Märtyrers Ionas berichtet: Bevor Ionas zersägt wurde, schnitt man ihm Finger und Zehen ab. Die persischen Feuer-Priester, die Magoi, aber sagten zu ihm: „Sieh, du bemerkst, wie wir deine Finger-Zehen auf die Erde gesät haben? Warte also, und sobald der Zeitpunkt der Ernte kommt, werden dir viele Finger-Zehen kommen"[121]. Nach den ungeschichtlichen Akten des Andreas und Matthias wurden in der Stadt der Menschenfresser die zur Erde gefallenen Fleischstücke und Haare in Fruchtbäume verwandelt. Hier ist noch ein Nachklang aus den Anfängen der kannibalischen Pflanzerkultur zu vernehmen[122].

Mit Recht stellt Plutarch das Essen rohen Fleisches, die ὠμοφαγία, neben das Zerreißen der Leiber, die διασπασμοί[123]. Beides ist aus den Mythen von Dionysos und Orpheus bekannt. In den erhaltenen Zeugnissen ist der ursprüngliche Sinn aber bereits oft verdunkelt[124]. Noch Vergil wußte, daß Orpheus zerstückelt und weithin über die Äcker verstreut war[125]. Auch die Feinde des Dionysos, Pentheus und Lykurgos, sollen die Zerstückelung erlitten haben[126].

Die Zerstückelung eines Königs, der als Träger einer außergewöhnlichen Kraft als Unterpfand des Heiles eines Stammes oder Volkes galt, und das Begraben der einzelnen Leibesteile in den verschiedenen Provinzen des Landes hängen mit diesem Wandlungsritual zusammen[127]. Aus dem Tod eines Einzelnen, eines Er-

---

[119] Attis. Seine Mythen und sein Kult = RGVV 1 (Gießen 1903, Ndr. Berlin 1967) 107 Anm. 1.

[120] Vgl. W. FAUTH, Hippolytos und Phaidra = Abh. d. Akad. d. Wiss.u.d. Lit. Mainz (1959, 8) 61 f.; CH. UHSADEL-GÜLKE, Knochen und Kessel = Beiträge z. Klass. Philologie 43 (Meisenheim a. Gl. 1972).

[121] Martyr. Ion. et Barach. 14 (Patr. Orient. 2 [1907] 433).

[122] Act. Andreae et Matthiae 28 (2,1,108 LIPSIUS / BONNET); vgl. SPEYER, Christentum 318–320.

[123] Def. orac. 14,417c.

[124] Orph. Frg. test. 113–122 (33–37 KERN); vgl. W. FAUTH, Art. Zagreus: RE 9A, 2 (1967) 2221–2283, bes. 2274–2283.

[125] Georg. 4,522: discerptum latos iuvenem sparsere per agros.

[126] Vgl. E. MAASS, Orpheus. Untersuchungen zur griechischen, römischen, altchristlichen Jenseitsdichtung und Religion (München 1895, Ndr. Aalen 1974) 168 f. Folgende Heroen und halbgöttliche Wesen sollen zerstückelt worden sein: Lityerses, Glaukos, Hippolytos, Apsyrtos, Stamphylos. In Ägypten ist der zentrale Zerstückelungsmythos mit Osiris, Seth und Isis verknüpft; vgl. MERKELBACH, Isis Regina a.O. (o. Anm. 105) 9–15.

[127] M. DELCOURT, Le partage du corps royal: Studi e Materiali di Storia delle Religioni 34 (1963) 3–25; ferner vgl. W. BURKERT, Caesar und Romulus-Quirinus: Historia 11 (1962) 356–376, bes. 365–368;

wählten oder Verworfenen, eines heiligen oder verfluchten Menschen, eines Gottesfreundes oder Gottesfeindes – so war beispielsweise der christliche Märtyrer in den Augen der Heiden ein Verfluchter – erwächst der Gemeinschaft Leben und Segen. Vor dem Straftod steht der Opfertod in dem soeben beschriebenen Sinn. Die rituelle Zerstückelung, die so deutlich das Ineinander von Tod und Leben ausdrückt, hat auch R.M. Rilke aufgenommen, wobei er einerseits vom Orpheusmythos und zum anderen von Christi Präsenz im letzten Abendmahl und in der heiligen Kommunion ausgegangen ist. Spiritualisiert und in Übereinstimmung mit der christlichen sakramentalen Lehre und Praxis spricht Rilke vom ‚Ausgeteiltsein‘. Am Schluß des ‚Stunden-Buches‘ besingt er den hl. Franziskus so, als sei jener Orpheus:

„Und als er starb, so leicht wie ohne Namen,
da war er ausgeteilt: sein Samen rann in
Bächen, in den Bäumen sang sein Samen
und sah ihn ruhig aus den Blumen an."

Ebenso wird das ‚Gestorbensein‘ Eurydikens in den ‚Neuen Gedichten‘ im Bild des ausgeteilten ‚Vorrats‘ verstanden:

„Sie war schon aufgelöst wie langes Haar
und hingegeben wie gefallner Regen
und ausgeteilt wie hundertfacher Vorrat.
Sie war schon Wurzel"[128].

Bei Rilke löst sich der Mensch im Tod in die belebte Natur auf. Diese ist ganz von Totem und von Toten gesättigt. Archaisch wirkt Rilkes Grundüberzeugung: Der Tod besitzt lebenschaffende Kraft und dient damit der Steigerung des Lebens: Der Same des hl. Franziskus lebt in Bach, Baum und Blume weiter. Wenn alle lebenden Wesen aus Totem gebildet sind, dann schlagen Leben und Tod in Eines zusammen und bilden das Ganze der Wirklichkeit.

6. Rückschau

In einer unserem Erkennen noch zugänglichen sehr frühen Kulturschicht vergegenwärtigte das Opfer, als rituelle Tötung verstanden, ein übergeschichtliches, d.i. mythisches Geschehen, nämlich das sich immer wieder wie ‚im Anfang‘ ereignende Geschehen der Wandlung des Chaos zur gesetzmäßigen, raum-zeitlichen Ordnung dieser Wirklichkeit und damit der Wandlung vom Dunkel zum Licht oder vom Tod zum Leben[129]. Das Opfer sollte den in allem wirksamen und

---

[128] M. HECK, Das ‚Offen-Geheime‘. Zur Todesdarstellung im lyrischen Werk R.M. Rilkes, Diss. Bonn (1970) 172–175; s.o. S. 33f.

[129] Zu dieser Wandlung, die der Urzeitmythos und seine Spiegelung im Opfer darstellen,

erkennbaren Zusammenhang, in dem Tod und Leben, Altes und Neues miteinander stehen, sichtbar machen, sichern und fördern. Mit der Abbildung des kosmogonischen Anfangs, mit der Vergegenwärtigung des Urzeitgeschehens nach dem mythischen, überzeitlichen und damit unhistorischen Vorstellen wird das Opfer zu einem magisch-religiösen Mittel, genauer zu einem sympathetisch wirkenden Ritual der Sicherung und wohl auch der Steigerung des stets erneut erlebten immerwährenden Kreislaufes von Leben zu Tod und von Tod zu Leben.

Das Opfer konnte auch zur Wiederherstellung des Kreislaufes dienen, wenn dieser infolge eines menschlichen Frevels unterbrochen schien. Auf derartige Störungen wiesen Naturkatastrophen, vor allem Erdbeben, Sonnen- und Mondfinsternisse, Dürrezeiten und Überschwemmungen sowie Orkane, aber auch Seuchen und Hungersnöte und schreckende Zeichen, die Menschen der vor- und frühgeschichtlichen Periode hin[130].

Damit erscheint das Opfer in seiner ältesten erkennbaren Gestalt zugleich als das zentrale Symbol für die Natur und die Gesamtwirklichkeit und als das wohl bedeutsamste Mittel der Todesbewältigung. Im Laufe der geschichtlichen Periode der Menschheit, in den antiken Ursprungs- und Hochkulturen, verlor das Opfer an eigenem Sein und übernahm andere Aufgaben, vor allem im Dienst eines mehr und mehr sittlich bestimmten Götterglaubens. Nunmehr sollte es die menschlich vorgestellten einzelnen Gottheiten bald versöhnen, bald zu weiterer und größeren Segens- und Heilsleistungen veranlassen.

7. Ausblick auf das ‚eine‘ Opfer Jesu Christi

Auf dem skizzierten Hintergrund der ursprünglichen Bedeutung des Opfers gewinnt die von der christlichen Theologie seit apostolischer Zeit festgehaltene Überzeugung und Aussage, daß der ‚eine‘ Kreuzestod des Gottessohnes Jesu Christi ein Opfer, ja das alles entscheidende und die gesamte irdische Wirklichkeit verwandelnde Opfer sei, eine tiefere Dimension[131]. Wenn hier von ‚Opfer‘, von Christi Opfertod am Kreuz gesprochen wird, so trifft dies insofern zu, als sich Jesus Christus innerhalb eines religiösen Sinnzusammenhangs den Menschen freiwillig zur Tötung überlassen hat. Er, der nach der Meinung seiner gläubigen Anhänger mehr war als ein alttestamentlicher Gerechter, Gottesfreund und Prophet, er, der Messias, der königliche Davidssohn, der Menschensohn, ja der

---

gehört aber nicht das nur in der jüdisch-christlichen Offenbarung bezeugte Geschehen einer vom transzendenten Gott frei gewollten einmaligen Schöpfung aus dem Nichts.

[130] Vgl. SPEYER, Christentum 254–263. 499: ‚Religiös-sittliches und frevelhaftes Verhalten in seiner Auswirkung auf die Naturgewalten‘.

[131] Vgl. auch F. WAGNER, Die christliche Revolutionierung des Gottesgedankens als Ende und Aufhebung menschlicher Opfer: SCHENK 251–285 (von anderen Voraussetzungen ausgehend).

Gesandte und der Sohn des einen Schöpfergottes, hat sein Leben freiwillig als Sühne für die Menschen und ihre Sünden hingegeben[132]. Als das Lamm Gottes steht er mit seinem Tod am Kreuz in engster Verbindung zu dem jährlich geopferten alttestamentlichen Pascha-Lamm[133].

Wie der Vergleich zwischen den vielen Opfern der Menschen und dem einen Kreuzesopfer Jesu Christi lehrt, besteht zwischen beiden Opferarten das Verhältnis der ähnlichen Unähnlichkeit, der Analogie. Natur und Offenbarung zeigen sich hier aufeinander bezogen, ohne einander zu bedingen.

Wie jedes Opfer ursprünglich dem Leben, der Erneuerung des Lebens diente, so diente Christi Tod dem Leben der Menschen und der Welt in der Weise, daß der Gottessohn den Menschen durch seinen Tod am Kreuze virtuell bereits das volle, vom Beigeschmack des Todes freie Leben Gottes vermittelt hat[134]. Jesus Christus als der am Kreuze Geopferte bringt ähnlich wie nach dem Glauben der Volksreligionen jeder Geopferte neues Leben hervor. Da der Rang Jesu als des geopferten Gottessohnes aber den Rang aller früher Geopferten wesenhaft übersteigt, vermag auch sein Opfertod ein wesenhaft anderes Leben zu erwirken als das Leben, das die früheren menschlichen Opfer schaffen konnten: Die Erlösung durch den Opfertod Jesu hat den Menschen wieder in seine Gemeinschaft mit dem transzendenten Schöpfer-Gott zurückgeführt, in eine Gemeinschaft, die nicht mehr vom negativen Pol der heiligen Macht, von ihrem Fluch-, Zorn-, Todes- oder Strafaspekt, überschattet ist.

Wie beim Anfang der Welt – nach mythischem Verständnis – berühren sich auch in Christi Tod und Auferstehung die Extreme von Chaos und Kosmos, von Tod und Leben, Erniedrigung und Erhöhung und von Ende und Anfang. Wenn nach christlicher Lehre Christi Opfertod am Kreuze alle Opfer der früheren Zeiten vollendet hat, so ist daran soviel richtig, als zunächst die innere Struktur des Kreuzesopfers dem zuvor skizzierten Sinn des Opfers parallel läuft. War jedes Opfer zunächst ein symbolischer Akt, der das Urzeitgeschehen der Kosmoswerdung gegenwärtig setzte, so ist dies der Kreuzestod Jesu nach christlichem Glauben in hervorragender Weise, denn durch ihn wird der sündige Mensch wieder in den Rang der Ureltern im Paradiese vor ihrem Fall gesetzt[135] und der neue Äon, von dem die Johannes-Apokalypse spricht, das neue Jerusalem oder die neue

---

[132] A. GRILLMEIER, Jesus der Christus im Glauben der Kirche 1 (Freiburg/Basel/Wien 1979).

[133] Joh. 1,29; 1 Cor. 5,7; N. FÜGLISTER, Die Heilsbedeutung des Pascha = Studien zum Alten u. Neuen Testament 8 (München 1963).

[134] Rom. 5,12–21; Hebr. 9,15 u.a. Vgl. auch O. CULLMANN, Christus und die Zeit. Die urchristliche Zeit- und Geschichtsauffassung ³(Zürich 1962) zum Nebeneinander von ‚schon‘ und ‚noch nicht‘ im Heilswerk Jesu Christi innerhalb der Heilsgeschichte.

[135] Vgl. auch die Symbolik des Kreuzes, das aus dem Holz des Lebensbaumes des Paradieses gemacht sein soll; vgl. die Praefation vom hl. Kreuz, Fest 14. September (CCL 161 C, 371: nr. 1200): qui [sc. Deus] salutem humani generis in ligno crucis constituisti, ut, unde mors oriebatur, inde vita resurgeret. Et qui in ligno vincebat, in ligno quoque vinceretur; vgl. ebd. nr. 1150f. (353f.); W. SPEYER, Art. Holz: RAC 16 (1994) 87–116, bes. 110f.

Erde erst möglich. Auch hier gilt: Ohne Karfreitag kein Ostermorgen, ohne Tod kein Leben. Was die Opfer der Vorzeit schattenhaft meinten und suchten – die Sicherung des Kosmos und damit des Lebensaspektes –, hat das unvergleichliche und einzigartige Opfer von Golgotha erfüllt: die Umwandlung dieses irdischen zwielichtigen – da vom irdischen Tod überschatteten – Lebens durch Christi Tod in die ewige Gegenwart des göttlichen Lebens, für das der Apokalyptiker Johannes die Metapher des Neuen Jerusalem verwendet und dann fortfährt:

„… Und ich werde jede Träne aus ihren Augen auswischen, und der Tod wird nicht mehr sein, weder Leid, noch Wehklagen, noch Mühsal werden mehr sein; denn das Erste ist vergangen. Und es sprach der auf dem Throne Sitzende: ‚Siehe, ich mache alles neu‘“[136].

Der Seher meint die neue Schöpfung, die nicht vom Menschen oder einem gefallenen Engel verunreinigt ist und in der das Leben nicht mehr in seiner Mischung mit dem Tod herrscht, sondern in der das volle Leben des ursprünglich von Gott gewollten Zustandes des Paradieses erneut erscheinen wird. Der Apokalyptiker verweist damit auf die Wiederherstellung und Heimholung dieser infolge der Sünde von Engel und Mensch im Zwielicht liegenden Welt in das reine Licht und in das unversehrte Leben Gottes, auf die ‚restitutio in integrum‘.

Während die Opfer der Vorzeit den Ist-Zustand der Mischung von Chaos und Kosmos, von Tod und Leben, von Nacht und Tag fortzusetzen strebten und so den ‚Ewigen Kreis‘ und die ‚Ewige Wiederkehr des Gleichen‘ abzusichern versuchten, hat das eine Opfer von Golgotha für den Gläubigen eine neue, eine umschaffende und verwandelnde Kraft: es löst das Leben aus seiner Verstrickung mit der Todesmacht und eröffnet den Christusgläubigen und allen Menschen guten Willens den Zugang zum ewigen und wahren Leben. Nach dem einen Opfer des Gottessohnes auf Golgotha kann es deshalb auch kein seinsmäßig wirksames Opfer mehr geben; denn ein derartiges Opfer würde einer überwundenen älteren und vergangenen Wirklichkeit von Welt und Mensch zugehören.

Die Einzigartigkeit und Unüberbietbarkeit der christlichen Erlösungsbotschaft dürfte in diesem Tatbestand, dem Aufsprengen des ‚Ewigen Kreises‘ durch den Kreuzestod und die Auferstehung Christi, begründet liegen und weniger in der Lehre Jesu, wie es auch unmißverständlich das Apostolische bzw. das Nicaenokonstantinopolitanische Glaubensbekenntnis ausspricht[137].

---

[136] Apc. 21,2 u. 4f.
[137] H. DENZINGER, Kompendium der Glaubensbekenntnisse und kirchlichen Lehrentscheidungen, hrsg. von P. HÜNERMANN [37](Freiburg, Basel, Rom, Wien 1991) 24ff. 62–64. 82–85; vgl. CULLMANN a.O. (o. Anm. 134) 46: „Zweitens ist für diese heilsgeschichtliche Zeitbewertung charakteristisch die Bezogenheit aller Punkte dieser Heilslinie auf die eine geschichtliche Tatsache der Mitte, die gerade in ihrer banalen Einmaligkeit heilsentscheidend ist: Tod und Auferstehung Christi".

Abkürzungen

ANRW Aufstieg und Niedergang der römischen Welt (Berlin/New York).
RAC Reallexikon für Antike und Christentum (1950 ff.).
RE PAULY, A. / WISSOWA, G. u.a. (Hrsg.): Realencyclopädie der classischen Altertumswissenschaft (1893/1980).
RGVV Religionsgeschichtliche Versuche und Vorarbeiten 1ff. (Gießen).

Häufiger zitierte Literatur

BURKERT, W.: Anthropologie des religiösen Opfers. Die Sakralisierung der Gewalt = C.F. von Siemens Stiftung, Themen 40 (München 1984).

–: Homo necans. Interpretationen altgriechischer Opferriten und Mythen = RGVV 32 (Berlin 1972, engl. Übersetzung Berkeley / Los Angeles 1983).

–: Opfer als Tötungsritual. Eine Konstante der menschlichen Kulturgeschichte?: F. GRAF (Hrsg.), Klassische Antike und neue Wege der Kulturwissenschaften, Symposium K. Meuli (Basel, 11.–13. September 1991) = Beiträge zur Volkskunde 11 (Basel 1992) 169–189.

JENSEN, A.E.: Die getötete Gottheit. Weltbild einer frühen Kultur = Urban Bücher 90 (Stuttgart 1966).

LATTE, K.: Art. Immolatio: RR 9,1 (1914) 1112–1133.

MADER, E.: Die Menschenopfer der alten Hebräer und der benachbarten Völker = Biblische Studien 14,5/6 (Freiburg 1909).

MEULI, K.: Gesammelte Schriften 1/2 (Basel 1975).

Le sacrifice dans l'antiquité = Entretiens de la Fondation Hardt 27 (Vandoeuvres Genève 1981).

SARTORI, P.: Über das Bauopfer: Zeitschrift für Ethnologie 30 (1898) 1–54.

SCHENK, R. (Hrsg.): Zur Theorie des Opfers. Ein interdisziplinäres Gespräch = Collegium Philosophicum 1 (Stuttgart 1995).

SCHWENN, F.: Die Menschenopfer bei den Griechen und Römern = RGVV 15,3 (Gießen 1915, Ndr. Berlin 1966).

SPEYER, W.: Frühes Christentum im antiken Strahlungsfeld = Wissenschaftliche Untersuchungen zum Neuen Testament 50 (Tübingen 1989).

–: Art. Fluch: RAC 7 (1969) 1160–1288.

–: Religionsgeschichtliche Studien = Collectanea 15 (Hildesheim / Zürich / New York 1995).

STENGEL, P.: Opferbräuche der Griechen (Leipzig / Berlin 1910, Ndr. Darmstadt 1972).

VOLHARD, E.: Kannibalismus = Studien zur Kulturkunde 5 (Stuttgart 1939).

ZIEHEN, L.: Art. Opfer: RE 18,1 (1939) 579–627.

2. Fluchmächte und Dämonen

Zur Vorgeschichte des Teufels in der Antike
mit Ausblicken auf das Christentum

1. Die anthropologische Frage und ihre Verknüpfung mit der Frage der natürlichen Theologie

Wenn wir in metaphorischer Ausdrucksweise vom Teufel als dem Schattengänger sprechen können, so müssen wir fragen, in wessen Schatten das mehr oder weniger individuell aufgefaßte Wesen der geheimen negativen numinosen oder dämonischen Macht steht und wirkt: im Schatten der Welt, des Menschen oder der Gottheit? Im Schatten nur von der das Ganze der Wirklichkeit umfassenden Gottheit oder vielleicht nur im Schatten von Welt und Mensch? Um diese Fragen beantworten zu können, ist auf Grunderfahrungen der Religionen der Völker und auf die jüdisch-christliche Offenbarung einzugehen.

Der Mensch ist sowohl Teil der ihn umgebenden Wirklichkeit und von ihr bedingt als auch ein selbständiges Wesen, das ihr gegenübersteht. Von Anbeginn gilt für ihn als das einzige Wesen, das wir unmittelbar kennen, die Spannung von Eingebundensein und Gegenüberstehen und damit auch von Notwendigkeit und Freiheit. Die Gesamtwirklichkeit mit ihren mannigfachen, nicht gänzlich voneinander getrennten, sondern miteinander verwandten und verbundenen Einzelerscheinungen faltet sich in zwei Aspekte auseinander: in eine Ansicht der Erscheinungen der Außenwelt, die durch die Sinne des Menschen vermittelt wird, und in eine Ansicht der Erscheinungen der Innenwelt der menschlichen Geistseele, die unmittelbar seelisch-geistig und empfindungsmäßig zugänglich ist. Beide Aspekte der Wirklichkeit, also die Welt und die Geistseele des Menschen, sind aufeinander angelegt, sind einander komplementär zugeordnet und können sich deshalb auch gegenseitig erhellen; denn der Mensch kommt aus der einen und ihn deshalb auch mitumgreifenden Ganzheit der Wirklichkeit.

Als Grunderfahrung jedes einzelnen Menschen, die sich vom ersten Tag seines Erdenlebens aufdrängt, hat die Erfahrung der Begrenztheit seiner selbst und aller Erscheinungen der Welt zu gelten. Seine Personalität baut sich auf und entfaltet sich in einem fortwährenden Dialog, d.h. in der sinnlich-seelisch/geistigen Begegnung mit einem anderen begrenzten Menschen und in Auseinandersetzung mit den übrigen Wesen und Erscheinungen der sinnenhaft vermittelten Realität.

Andererseits ist beim Menschen die Erfahrung der Grenze zugleich mit der Erfahrung einer möglichen Grenzüberschreitung sowohl verstandesmäßig als auch willensmäßig gekoppelt. Ist der einzelne zum Vollbesitz seiner seelisch-geistigen Kräfte gelangt und denkt als personale Einheit, die er ist, über die Welt | nach, so wird er auch sie zugleich als begrenzt und entgrenzt erfassen. Auf diese Weise wird er sich seiner und der Welt Unendlichkeitsdimension bewußt[1].

Mit der Erfahrung von Grenze und Begrenztheit sind sowohl positive als auch negative Gefühle, Erfahrungen und Gedanken verknüpft. Nehmen wir als ein Beispiel der Begrenztheit den Lebensraum des Menschen! Vom Mutterschoß zur Wiege, zum Kinderzimmer, zur Wohnung, zum Haus, Dorf oder Stadtviertel bis zur Vorstellung von Heimat und Vaterland und darüber hinaus der Erde als dem einen und gemeinsamen Haus der Menschheit! Wie aber der Mensch nicht nur das Heimweh nach der Geborgenheit des jeweilig Begrenzenden kennt, sondern zugleich auch das Fernweh nach dem Entgrenzten, dem Unentdeckt-Offenen und deshalb zugleich Unheimlichen, so liebt er auch nicht nur die vertraute Zeit seiner persönlichen Erinnerung, seiner Geschichte und der Geschichte seines Volkes oder der Menschheit. Er richtet sein geistiges Auge nicht nur auf diese kürzeren oder längeren Zeiträume, sondern fragt wie beim Raum nach dem Jenseits des erfahrbaren Raumes, so bei der Zeit nach dem Jenseits der geschichtlichen Zeit. Der Mensch schaut aus nach dem Ewigen in Raum und Zeit. So wird der Mensch in seiner eigenen Ambivalenz als ein geschlossenes und zugleich offenes Wesen erkennbar, in seiner Ambivalenz von begrenzt und entgrenzt, von tierisch und göttlich, demnach als ein Wesen des Zwischen, des Μεταξύ, vergleichbar dem sokratischen Eros in Platons Symposion, der unverkennbare Züge des Sokrates und des philosophischen Menschen trägt[2]. Entsprechen sich Mensch und Welt, dann weist aber nicht nur der Mensch über seine alltägliche und vordergründige Realität und Begrenztheit hinaus, sondern gleichermaßen die Welt. Alles Vergängliche wird so zu einem Sinnbild und Gleichnis[3].

Eine so verstandene Anthropologie bietet den Schlüssel zu einer natürlichen Theologie, einer Theologie, die den intuitiv gewonnenen Einsichten der Mytho-Logen und Mytho-Graphen des magisch-religiösen Zeitalters auf einer gewandelten Bewußtseinsstufe folgt und diese alten Einsichten in einer neuen abstrakt-begrifflichen Sprache ausdrückt, der Sprache eines diskursiv argumentierenden Denkens. Auch nach dieser natürlichen Theologie, die von den Bildvorstellungen des älteren gewachsenen Mythos ausgeht, entschleiern sich bis zu einem

---

[1] Die Möglichkeit, Kunst schaffen zu können, zeichnet den Menschen aus. Von der künstlerischen Form bemerkt E. PREETORIUS, „sie sei Grenzsetzung und Grenzlösung in einem: sie schließt ein Stück sichtbarer Welt ab und die Unendlichkeit des Seins auf" (E. HÖLSCHER, Emil Preetorius. Das Gesamtwerk = Monograph. Künstler. Schriften 10 [Berlin, Leipzig 1943] 88). Was für die Kunst gilt, trifft in erhöhtem Maße auf den Menschen zu, den Schöpfer der Kunst.
[2] 199c–204c; vgl. P. FRIEDLÄNDER, Platon 3 ²(Berlin 1960) 20–22.
[3] J.W. VON GOETHE, Faust II Chorus mysticus V. 12104–12107.

gewissen Grad Welt und Mensch wechselseitig. Ist der Mensch wesensmäßig ambivalent, dann auch die übrige Weltwirklichkeit, dann aber auch die Gottheiten; denn diese | sind nach dem Glauben der gewachsenen Volks- und Naturreligionen die verdichteten Kräfte der einzelnen Erscheinungen und Gestalten der Weltwirklichkeit[4]. Eine derartige Überzeugung zeichnet alle Volks- und Naturreligionen aus und hat ihre Spuren selbst noch in der in vielem andersartigen jüdischen und christlichen Offenbarung hinterlassen.

2. *Das Verhältnis von Mensch, Welt, Gottheit in den Volksreligionen und in der jüdisch-christlichen Offenbarung*

Die zu Anfang genannte Dreiheit von Welt, Mensch und Gottheit bildet für die Volksreligionen, also auch für die Religionen der Griechen und Römer, letztlich eine Einheit. Hier liegt der grundsätzliche Unterschied zur jüdisch-christlichen Offenbarung. Kurz sei dieser heute oft in seinen geistigen Folgen nicht mehr ganz wahrgenommene Unterschied zwischen der natürlichen Erkenntnis und der durch die Offenbarung erhellten Erkenntnis des Wirklichkeitsganzen herausgestellt:

Für die Volksreligionen sind alle Wesen miteinander verwandt[5]. Die übermenschlichen Mächte oder Gottheiten sind Verdichtungen der dem Menschen zugänglichen Wirklichkeit, also individualisierte Mächte des Außen und des Innen des Menschen, so die Gottheiten des Himmels, des Lichtes und der Atmosphäre: Himmel, Sonne, Mond, Sterne, Luft, Blitz, Donner, Winde, Wolken, Regen, Hagel, Schnee; ferner die Gottheiten der Erde, des Vulkanismus, der Erdbeben: Erde, Meer, Berge, Vulkane, Quellen, Flüße, Wälder, Steine, Pflanzen, Bäume, Tiere; oder die Mächte der dunklen Erdentiefe: Totengötter und Unterweltsgottheiten. Dazu kommen die Gottheiten, die den geistig-seelischen Kräften des Menschen entsprechen und zugeordnet sind: die Gottheiten des Kampfes, des Streites, des Hasses, der Vergeltung, der Laster und des Wahnes, aber auch der Liebe, der Weisheit, der Tugenden und der Künste. Der Mensch als ein Teil der göttlich erlebten Realität ist so wenig durch eine tiefe Kluft von der Gottheit getrennt wie vom Tier oder von der Pflanze. Deshalb kann sich nach einem derartigen Erleben auch ein jedes Wesen in ein anderes verwandeln: Götter in Menschen, Menschen in Pflanzen, Tiere oder Götter[6]. So gibt es nach diesem Erleben nur eine einzige |

---

[4] W. Pötscher, Das Person-Bereichdenken in der frühgriechischen Periode: Ders., Hellas und Rom = Collectanea 21 (Hildesheim 1988) 49–69; ders., Person-Bereichdenken und Personifikation: ebd. 70–84 sowie das Nachwort ebd. 85–89.
[5] W. Speyer, Frühes Christentum im antiken Strahlungsfeld = Wissenschaftliche Untersuchungen zum Neuen Testament 50 (Tübingen 1989) Reg. ,Sympathie-Gedanke'.
[6] Vgl. den Glauben an die Verwandlungsfähigkeit aller Wesen; dazu: M. Ninck, Die Bedeutung des Wassers im Kult und Leben der Alten = Philologus Suppl. Bd. 14,1 (Leipzig 1921,

göttlich-durchwirkte Welt, das eine Haus von Göttern und Menschen, den Kosmos[7]. Der Kosmos ist dann sozusagen die Universalgottheit, die die Orphiker mit dem von den Vorvätern der Griechen aus dem Norden mitgebrachten Zeus, dem Vater der Götter und Menschen sowie dem Gott des lichten und dunklen Himmels, gleichgesetzt haben[8].

Das Grundgesetz dieser Wirklichkeit aber erschien den Griechen nicht anders als den Angehörigen der übrigen Volks- und Naturreligionen als der ewige Kreis von Werden und Vergehen. Für sie alle gibt es nur Werden und Vergehen, und was nicht wird und nicht vergeht, ist das Werden und Vergehen selber[9]. So kann der ewige Kreis als Sinnbild dieses Weltbildes gelten oder, um mit F. Nietzsche zu sprechen: Hier herrscht das Gesetz der ewigen Wiederkehr des Gleichen[10].

Dieser Glaube ist ein Völkergedanke, der in der Erfahrung der unmittelbar gegebenen sinnenhaft vermittelten Realität gründet: Die Menschen sahen die Himmelskörper periodisch wiederkehren, so vor allem den Mond in seinen Phasen; sie erlebten den Wechsel von Tag und Nacht, von Wachen und Schlafen, von Trockenheit und Regen, von Durst, Hunger und Gestilltsein, den Wechsel von Samen und Frucht, von Leben und Tod, Liebe und Haß, Lust und Unlust, Freude und Leid, Frieden und Krieg und anderen vergleichbaren gegensätzlichen Größen. So bildete sich aufgrund dieser vielfach rhythmisch erlebten Wiederkehr der Gegensatzpole der Glaube an eine Dauer dieser Wirklichkeit und an eine relative Abgeschlossenheit des Weltenhauses.

Demgegenüber steht die jüdisch-christliche Offenbarung mit ihrem Grundgedanken der realen Unterschiedenheit eines personalen Gottes und der von ihm aus Freiheit und Liebe gewollten Schöpfung mit ihrem einmaligen Anfang und ihrem einmaligen Ende. Der Mensch gilt hier wie die Sterne, die Erde und alles auf ihr als ein Geschöpf, als ein Gottesgedanke, der alles seinem Schöpfer verdankt. Vornehmlich in seiner Entscheidungsfreiheit, die in seiner Geistseele gründet, besitzt der Mensch eine Kraft, die ihn dem Schöpfergott ähnlich macht, nämlich annähernd Ursache seiner selbst zu sein. |

Ndr. Darmstadt 1967) 138–180: ‚Wasser und Verwandlung‘. Die antike Metamorphosenliteratur und ihr Erfolg in der europäischen Literatur und Kunst verweisen auf diesen Aspekt der Wirklichkeit. – Ferner vgl. É. DES PLACES, Syngeneia. La parenté de l'homme avec dieu d'Homère à la Patristique (Paris 1964).

[7] W. KRANZ, Kosmos = Archiv für Begriffsgeschichte 2,1 (Bonn 1955); J. KERSCHENSTEINER, Kosmos. Quellenkritische Untersuchungen zu den Vorsokratikern = Zetemata 30 (München 1962); M. GATZEMEIER / H. HOLZHEY, Art. Makrokosmos / Mikrokosmos: Historisches Wörterbuch der Philosophie 5 (Basel, Darmstadt 1980) 640–649.

[8] Orphischer Hymnus auf Zeus: O. KERN, Orphicorum fragmenta (Berlin 1922, Ndr. Dublin, Zürich 1972) frg. 168 (S.201–207). – H. SCHWABL, Art. Zeus, Teil II: RE Suppl. Bd. 15 (1978) 993–1411; E. SIMON, Art. Zeus, Teil III, Archäologische Zeugnisse: ebd. 1411–1441.

[9] G.W.F. HEGEL.

[10] W. SPEYER, Religionsgeschichtliche Studien = Collectanea 15 (Hildesheim, Zürich, New York 1995) Reg. ‚Kreis‘.

Während Gott als das absolut vollkommene Sein und Wesen nichts Unvoll-
kommenes schafft, kommt alle Unvollkommenheit neben der notwendigen ge-
schöpflichen Begrenztheit aus einer falsch verwendeten Freiheit seiner geistbe-
gabten Geschöpfe. Da Gott nach der Offenbarung aber nicht nur den Menschen
als geistbegabtes Geschöpf ins Dasein gerufen hat, sondern auch andere Wesen,
die Engel, können die Übel in der Welt nur auf geistbegabte Wesen als auf von
Gott relativ unabhängig wirkende Zweitursachen zurückgeführt werden. Neben
dem sich Gott in seiner Freiheit versagenden Menschen sind die Engel, die sich
gegen Gott empört haben, Ursache der physischen Übel[11]. Nach der jüdisch-
christlichen Offenbarung kann also Gott selbst keinen Schattengänger besitzen;
denn Gott ist vollkommen und handelt niemals gegen sich. Falsch ist demnach
der Satz: *Nemo contra deum nisi deus ipse*[12].

Blicken wir von hier wieder zurück auf die Menschen der Volksreligionen!
Die Vorstellung einer Transzendenz Gottes gegenüber der Welt konnte bei ihnen
nicht entstehen. Für sie waren die Gottheit oder die Götter mit der Welt identisch
oder, wie Thales sagt: „Die Welt ist voll von Göttern"[13]. Aber auch griechische
Theologen fragten, ob denn der jetzige Zustand der Welt immer so gewesen sei;
denn der Mensch fragt fortgesetzt nach Ursachen. Er ist gleichsam das Ursachen
suchende Wesen schlechthin[14]. Aus dem Leiden an der jeweiligen Gegenwart
erwachte eine Spekulation über eine Zeit, als Übel und Leiden entweder noch
gänzlich fehlten oder geringer waren. So entstanden die Überlegungen und Überlieferungen über das Goldene Zeitalter am Anfang der Welt und die damit verbun-
dene Lehre einer wachsenden Verschlechterung, Depravation oder Dekadenz[15]. |

3. Die Ambivalenz von Segen und Fluch als das Zentrum
der religiösen Erfahrung der Volksreligionen

a. In der Gottheit

In der nach Jahrhunderttausenden zählenden Menschheitsepoche der Jäger und
Sammler erfuhren die Menschen noch bedrängender als im Zeitalter der Acker-

---

[11] DERS., Frühes Christentum a.O. (o. Anm. 5) 254–263. 499. – DERS., Art. Gottesfeind:
RAC 11 (1981) 996–1043, bes.1023.

[12] Vgl. J.W. v. GOETHE, Dichtung und Wahrheit. Vierter Teil. 20. Buch: Hamburger Ausgabe 10 (München 1988) 177; dazu die Hg. W. LOOS / E. TRUNZ 605 f.

[13] VS 11 A 22 (bei Aristot. anim. 1,5,411a7).

[14] A. MESSER (Hg.), Lichtenbergs ausgewählte Schriften (Berlin o.J. um 1925) 170; ferner
vgl. M.P. NILSSON, Geschichte der griechischen Religion 1³ = Hdb. d. Altertumswiss. 5,2,1
(München 1967, Ndr. ebd. 1976) 26–35: ,Aitien'.

[15] B. GATZ, Weltalter, goldene Zeit und sinnverwandte Vorstellungen = Spudasmata 16
(Hildesheim 1967); K. KUBUSCH, Aurea Saecula: Mythos und Geschichte = Studien zur klass.
Philologie 28 (Frankfurt M., Bern, New York 1986); A. KEHL, Art. Geschichtsphilosophie:
RAC 10 (1978) 703–752.

baukultur und der aus ihr hervorgegangenen frühen Stadtkultur ihre fast gänzliche Abhängigkeit von den geheimnisvollen Kräften der Wirklichkeit. Sie erlebten diese Kräfte in ihrer Wirkung auf ihr Dasein als bipolar, als heil- und/oder als unheilbringend. In allem Erleben, sei es freudig oder leidvoll, erkannten sie geheimnisvolle Mächte. Diese führen den Menschen ins Leben und aus dem Leben hinaus; sie schenken Gesundheit, die tägliche Nahrung und Wohlergehen, verhängen aber auch Krankheiten, Naturkatastrophen, Krieg und Verderben. Abstrakt-begrifflich können wir so vom Doppelaspekt der die Wirklichkeit bildenden geheimnisvollen Mächte sprechen: Bald stiften sie Heil und Segen, bald Unheil und Fluch, bald wirken sie Leben, bald Tod. Sie sind übermenschlich gewaltig und verfügen stets über diese zweifache Wirkung. Der Mensch vermag ihnen trotz seiner technischen Erfindungen und seiner Wissenschaften niemals ganz zu entfliehen[16]. In dieser eigentümlich verschränkten doppelpoligen Wirkweise erschienen den Angehörigen der Jahrhunderttausende alten Kulturen die übermenschlichen Wesen. Sie Götter nennen zu wollen, würde mehr oder weniger nur auf ihren Segenspol hinweisen und ein falsch verstandener Euphemismus sein, sie als Dämonen, Schadens- oder Fluchgeister zu bezeichnen, würde sie einseitig nur als Unheilsmächte bestimmen.

Wir werden in der Annahme nicht fehlgehen, daß die Menschen dieser Kulturen das Übermenschliche, die geheimnisvollen übermenschlichen Mächte, die auch als heilig oder das Heilige erschienen und bezeichnet wurden[17], zunächst als eine einheitliche Wirkkraft oder als einheitliche Wirkkräfte erlebt haben, die aus sich die bipolare Wirkweise von Leben und Tod, Segen und Fluch, Heil und Unheil entläßt oder entlassen[18].

Wie die Geistesgeschichte festzustellen vermag, haben die theo-/kosmogonischen Mythen der Völker am Anfang der Welt eine Einheit angenommen, aus der | durch Teilung und Vereinigung in Form von Zeugung und Empfängnis die Vielheit der Welterscheinungen hervorgegangen sei[19]. Diese anfängliche Einheit von allem versucht auch die Spekulation von Theologie, Philosophie und Naturwissenschaft rational zu begründen. Der prinzipielle Ausgangspunkt für diese Annahme dürfte das personale Ich sein, der Einheit stiftende Grund des mensch-

---

[16] Sophocl. Antig. 332–364.

[17] C. COLPE (Hg.), Die Diskussion um das Heilige = Wege der Forschung 305 (Darmstadt 1977); A. DIHLE, Art. Heilig: RAC 14 (1988) 1–63.

[18] Im Anschluß an O. JAHN H. HERTER, Böse Dämonen im frühgriechischen Volksglauben: DERS., Kleine Schriften, hg. von E. VOGT = Studia et Testimonia antiqua 15 (München 1975) 43–75, bes. 68 f; SPEYER, Frühes Christentum a.O. (o. Anm. 5) Reg. ‚Ambivalenz‘; DERS., Studien a.O. (o. Anm. 10) Reg. ‚Ambivalenz‘.

[19] DERS., Art. Genealogie: RAC 9 (1976) 1145–1268, bes.1146f., 1151; H. GÖRGEMANNS, Art. Anfang: RAC Suppl. Bd. 1, Lief. 3 (1985) 401–448; C. COLPE, Archetyp und Prototyp. Zur Klärung des Verhältnisses zwischen Tiefenpsychologie und Geschichtswissenschaft: J. ASSMANN / Th. SUNDERMEIER (Hg.), Die Erfindung des inneren Menschen: Studien zur religiösen Anthropologie = Studien zum Verstehen fremder Religionen 6 (Gütersloh 1993) 51–78.

lichen Denkens. Aus der personalen Einheit der Geistseele folgt die Suche nach einem entsprechenden Anfang, der dann auch zugleich als das Zentrum aller Erscheinungen des Weltganzen gedacht werden kann. Insofern sind dann Anfang von allem und Gottheit dasselbe.

Indem der Mensch von der Einheit seiner individuellen Geistseele ausging, versuchte er während des magisch-religiösen oder mythenbildenden Zeitalters diese Einheit in der Vielheit der miteinander verbundenen Wirklichkeitsmächte wiederzufinden. Dabei verstellte ihm seine ausschließlich auf die sinnenhaft vermittelte Wirklichkeit gerichtete Aufmerksamkeit noch den Blick auf die innere Welt seiner Seele.

Gemäß alter Mythen der antiken Mittelmeervölker, der Theo-/Kosmogonien, stand am Anfang von allem ein Urwesen doppelgeschlechtiger Art, das sozusagen alle Keimkräfte für die spätere Differenzierung in sich barg[20]. Durch Spaltung sei aus ihm das Welternpaar Himmel und Erde hervorgegangen[21]. Diese beiden Urgottheiten verfügten jeweils einzeln über die Mächte des Segens und des Fluches und über Leben und Tod. Aus diesem Welternpaar entstanden durch Zeugen und Empfangen alle übrigen Kräfte und Wesen der Wirklichkeit. Der erfahrenen synchronen und diachronen Verwandtschaft aller Erscheinungen und Mächte entsprachen die Genealogien der Gottheiten, wie sie die anonymen Mythographen sowie Hesiod und die Orphiker aufstellten[22]. |

Tatsächlich verfügt nach diesem Weltverständnis jede einzelne übermenschliche Machterscheinung über die Ambivalenz von Segen und Fluch und erweist sich gerade dadurch, daß sie beide gegensätzlichen Kräfte zu äußern versteht, als Gott/Dämon. Insofern konnte es nach einem derartigen Welt- und Wirklichkeitserleben keinen dämonischen Widersacher oder dämonischen Gottesfeind geben[23]. Für diese Bewußtseinsstufe gehörten der dämonisch-fluchhaltige und der göttlich-segenhaltige Aspekt zusammen.

Der Gott/Dämon oder der Segens-/Fluchgeist stand so auch zunächst diesseits eines moralischen Guten und Bösen. Die Wirklichkeit von Mensch und Welt erscheint auch in dieser Hinsicht noch unausgefaltet. Das Moralische liegt für diese frühe Mentalitätsstufe noch aufgehoben im Religiös-Magischen der übermenschlichen Mächte, die nach ihrem freien Ermessen, ja Belieben Heil und Unheil über Welt und Mensch ausgießen und insofern geradezu als prädestinie-

---

[20] A. St. Pease zu Cic. nat. deor. 1,95 (Cambridge, Mass. 1955, Ndr. Darmstadt 1968); H. Baumann, Das doppelte Geschlecht. Ethnologische Studien zur Bisexualität in Ritus und Mythos (Berlin 1955, Ndr. ebd. 1980) 129–249: ‚Die bisexuelle Gottheit‘; Speyer, Frühes Christentum a.O. (o. Anm. 5) 333–339. 501; M. Delcourt/K. Hoheisel, Art. Hermaphrodit: RAC 14 (1988) 649–682.

[21] W. Staudacher, Die Trennung von Himmel und Erde, ein vorgriechischer Schöpfungsmythos bei Hesiod und den Orphikern (Tübingen 1942, Ndr. Darmstadt 1968).

[22] H. Schwabl, Art. Weltschöpfung: RE Suppl. Bd. 9 (1962) 1433–1582; Speyer, Genealogie a.O. (o. Anm. 19) 1165f.

[23] Ders., Gottesfeind a.O. (o. Anm. 11).

rende Mächte erscheinen. Auf dieser Stufe des Bewußtseins erlebten sich die Menschen noch fast zur Gänze fremdbestimmt. Der Weg zur Selbstbestimmung lag noch weitgehend vor ihnen[24].

So wenig wie die Mächte der Natur nur als rein negativ, und zwar als dämonisch/fluchbringend erschienen, so wenig erlebten die Menschen der frühen Kulturen auch die Toten in ihrer Wirkung als eindeutig. Nach dem Glauben der Volksreligionen sind die Toten weder die vollständig Ausgelöschten noch die Machtlosen, sondern vielmehr die geheimnisvoll Machtvollen. In ihrem doppelpoligen Machtaspekt stimmen sie ganz mit den Göttern/Dämonen überein; denn die Toten galten gleichfalls als die Segen- und Heilbringenden, mag auch ihr Anteil am Dämonisch-Fluchbringenden nicht gering zu veranschlagen sein[25].

b. In der Welt

Die Idee einer ambivalent wirkenden geheimnisvollen heiligen Macht findet sich aber nicht nur als der ursprüngliche Inhalt der Vorstellung von und des Glaubens an Gottheiten, sondern liegt auch als Fundament den antiken Überlegungen über die Entstehung der Welt zugrunde. Dies ist auch nicht anders möglich, denn die Gottheit und die Welt gehören für ein ursprüngliches Erleben und eine frühe Bewußtseinsstufe zusammen[26]. Diesen Schluß legt der bekannte Schöp|fungsmythos des babylonischen Epos „Enuma elisch" nahe[27]: Tiamat erscheint hier als der Chaosdrache. Der Lichtgott Marduk aber tötet und teilt sie. Aus ihren Überresten bildet er Himmel und Erde: Das Himmelsgewölbe entsteht aus der einen Hälfte Tiamats, die Erde aber aus der anderen Hälfte und ihren verschiedenen Organen. Wie aber der Himmel durch die Sterne und Sternbilder, die Wohnsitze oder Abbilder der Götter, geheiligt sei, so die Erde durch Städte und Tempel. Das Weltganze, das aus Himmel und Erde besteht, ist so aufgrund seiner Herkunft ambivalent: Als das Werk des Lichtgottes Marduk besitzt es kosmische Qualität, aufgrund seiner Herkunft aus dem Leib des Chaosungeheuers Tiamat aber wirkt die numinose Chaos- und Fluchmacht in ihm weiter[28]. So erscheint die Welt als das Ergebnis einer Mischung aus chaotisch/dämonischer Ursprünglichkeit und aus göttlicher Schöpfungskraft, göttlichem Ordnungssinn und göttlicher Weisheit[29].

---

[24] E. NEUMANN, Ursprungsgeschichte des Bewußtseins ⁴(Frankfurt M. 1984) und u. Anm. 43.

[25] K. MEULI, Gesammelte Schriften 1/2 (Basel 1975) 1241 Reg. ‚Tod und Trauer: Tote sind bös und gut zugleich‘.

[26] S.o. S. 53f.

[27] J.B. PRITCHARD, Ancient Near Eastern Texts Relating to the Old Testament ²(Princeton 1955) 60–72; W.G. LAMBERT, Enuma Elisch: Texte aus der Umwelt des Alten Testaments 3,4 (Gütersloh 1994) 583–591.

[28] Vgl. auch die Kosmologie, die Berossos aus Babylon zur Zeit Alexanders d. Gr. mitteilt: FGrHist. 680 F 1,6f.; dazu SPEYER, Frühes Christentum a.O. (o. Anm. 5) 310–312.

[29] Für Ägypten vgl. E. HORNUNG, Chaotische Bereiche in der geordneten Welt: Zeitschr. f.

c. Im Menschen

Der Doppelaspekt der heiligen Macht erscheint aber nicht nur in kosmogonischen, sondern auch in anthropogonischen Mythen, in Mythen also, die auf die Frage nach dem Woher des Menschen antworten. Der Mensch selbst scheint in seinem Denken, Wollen und Handeln nicht nur eine Polarität von Ja und Nein zu kennen, sondern auch eine Ambivalenz im Positiven und im Negativen: Er strebt nach Wahrheit, begeht aber auch Unwahrheit, Irrtum und Lüge; menschliche Liebe steht neben Haß, Treue neben Untreue[30]. Woher stammt der Schatten, der unauslöschlich selbst denjenigen Menschen begleitet, der nach dem Höchsten und Edelsten strebt? Man denke an die Gewissensnöte und das Sündenbewußtsein vor allem der jüdischen Propheten und der christlichen Heiligen! Der Mensch ist weder eindeutig gut, noch eindeutig schlecht. Woher stammt in ihm das Negative? Diese Frage hat das Denken seit dem mythischen Zeitalter beschäftigt. Ein orphischer Mythos gibt darauf folgende Antwort: Der Mensch ist mit der dämonischen Chaos- und Fluchmacht der Urzeit verwandt, aus der zu einem Teil die Welt besteht. Ein Teil der menschlichen Natur stammt nämlich von den Titanen ab. Diese hatten den Gott Zagreus zerrissen und sind als dämonische Gottesfeinde vom Olympier Zeus | durch Blitze zu Ruß verbrannt worden[31]. Auch Platon greift diese mythische Deutung auf[32].

Ovid berichtet in den Metamorphosen von einem außerordentlich frevelhaften Menschengeschlecht, das aus dem Blut der Giganten, also dämonischer Götterfeinde, entstanden sei[33]. Götterverachtung habe ihren Grund darin gehabt, daß diese Menschen durch Abstammung mit den dämonischen Götterfeinden zusammenhingen. Dieser Mythos will demnach das Vorherrschen des Bösen in einem bestimmten Menschengeschlecht auf eine außer- und vormenschliche dämonische Macht zurückführen, die ihre Wirkung im Menschen tiefinnerlich hinterlassen habe.

Das Entscheidende in den genannten kosmogonischen und anthropogonischen Mythen ist die Grundüberzeugung, daß jeweils Welt und Mensch eine unteilbare Einheit von Chaotisch-Fluchhaltigem und Kosmisch-Segenshaltigem bilden. Diese Mythen sprechen die gleiche Sprache wie jene, die die Gottheiten als unberechenbare Segens- und Fluchmächte zeichnen. In diesen Überlieferungen er-

---

ägypt. Sprache u. Altertumskunde 81 (1956) 28–32; SPEYER, Gottesfeind a.O. (o. Anm. 11) 1002–1004.

[30] MEULI, a.O. (o. Anm. 25) 1,322f.

[31] Orph. frg. 220 KERN; vgl. W. FAUTH, Art. Zagreus: RE 9A, 2 (1967) 2221–2283, bes. 2270–2283; A. HENRICHS, Die Phoinikika des Lollianos = Papyrologische Texte u. Abhandlungen 14 (Bonn 1972) 67 Anm. 51; vgl. ebd. 56–73: ‚Der Mythos von Dionysos – Zagreus‘; SPEYER, Gottesfeind a.O. (o. Anm. 11) 1007f.

[32] Leg. 3,701b–c; Cic.leg. 3,5; vgl. K. ZIEGLER, Art. Orphische Dichtung: RE 18,2 (1942) 1321–1417, bes.1354f.

[33] Met. 1, 156–162 und F. BÖMER im Kommentar zur Stelle (Heidelberg 1969) 70–73; W. SPEYER, Art. Gigant: RAC 10 (1978) 1247–1276.

scheint die Realität des Ganzen, also Welt, Mensch und Gott, immer zugleich als
heil- und unheilhaltig, als göttlich/dämonisch: Kosmos ist an Chaos gekettet,
Segen an Fluch, Heil an Unheil, Leben an Tod, Frieden an Krieg. In einem derartigen Weltbild gehören Teufel und Gottheit zusammen; der eine ist der Schatten des
anderen. Anders verhält es sich nach dem jüdisch-christlichen Wirklichkeitsver-
ständnis der Offenbarung.

Der gewachsene Mythos der Volksreligionen hat die in mannigfacher Kon-
kretisierung erscheinende Polarität von Segen und Fluch, von Segens- und Fluchmacht aber nicht als einen metaphysischen Dualismus, also als die Polarität eines
selbständigen positiven und eines selbständigen negativen Prinzips, gedeutet[34].
Nicht zwei Urprinzipien stehen sich bei diesem mythischen Erleben und Denken
feindlich gegenüber. Vielmehr erscheint diese Polarität in einer höheren Einheit
gebunden, ähnlich dem einzelnen Menschen, der einander entgegengesetzte Ge-
mütsbewegungen – wie Liebe und Haß oder Hoffnung und Verzweiflung – oder
einander entgegengesetzte Haltungen – wie Tugend und Laster – zu äußern ver-
mag. |

In den magisch-religiös geprägten Kulturen konnten auch bestimmte Menschen, die sogenannten numinosen oder heiligen Menschen, die Polarität von
Segen und Fluch in ihren Machtworten und Machthandlungen ausdrücken. Sie
segneten und verfluchten und vollbrachten ebenso Segens- und Heilswunder wie
auch Fluch- und Unheilswunder. Insofern gehört auch beim Menschen, zumindest bei den göttlichen und heiligen Menschen, das Göttlich-Lebenschaffende
zunächst mit dem Dämonisch-Todbringenden zusammen. Der numinose oder
heilige Mensch konnte so zugleich als das engelhafte und das teuflische Wesen
und zugleich als der Erwählte und der Verfluchte erscheinen[35]. Nach dem magisch-religiösen Erleben der alten Völker sind demnach Welt und Mensch spiegel-
bildlich aufeinander bezogen. Als göttlich/dämonisch aber erscheint die Grundstruktur beider; denn sie sind Ausdrucksformen des einen umfassenden Göttlich/
Dämonischen.

4. Überwiegen des Fluchaspektes im Weltbild der Griechen

Haben die Griechen den Segens- und den Fluchaspekt des Göttlich/Dämoni-
schen gleichmäßig wirkend erlebt, oder überwog bei ihnen der eine den anderen
und wenn, dann welcher von beiden? Tatsächlich überwog für die Griechen der
Fluch- und Unheilsaspekt, während die Römer, solange ihre Herrschaft wuchs,
den Segensaspekt der Götter wirksam sahen. Trotzdem begleitete die Angst wie

---

[34] S.u. S. 66f.
[35] SPEYER, Frühes Christentum a.O. (o. Anm. 5) 369–394. 502f.; vgl. ebd. 440–462.

ein Schatten die römische Geschichte: Angst vor den Galliern, den Karthagern, den Germanen und Persern[36].

Depressive Stimmungen konnten dann leicht entstehen, wenn Erschütterungen in Natur und Kultur den gewöhnlichen Zustand einer Ausgewogenheit zwischen Heil und Unheil empfindlich störten. Da die Menschen immer, wenn auch nicht mit gleicher Intensität, wissen, wie sehr ihr Wohlergehen von unverfügbaren Mächten abhängt, mögen sie diese Mächte individualisiert oder unpersönlich aufgefaßt haben, so mußte in Zeiten tiefer äußerer Erschütterungen und eines Wertewandels der Sinn wachsen, daß die Welt und der Mensch unter einer oder mehreren Fluchmächten stehen. Bereits Homer und die griechischen Tragiker haben mehr den Fluchaspekt der Götter erlebt und gestaltet als ihren Segensaspekt. So können ihre Götter in die Nähe einer Willkürmacht rücken, der | Tyche/ Fortuna[37]. Diese göttlich/dämonische Macht, die im Zeitalter des Hellenismus und der Kaiserzeit für viele Menschen die eigentliche und einzige Gottheit war, ist schon im Gottesbild der griechischen Frühzeit angelegt. In Anlehnung an Aischylos' Perser: „Welcher sterbliche Mensch vermag dem listensinnenden Trug des Gottes zu entgehen?" konnte so Karl Deichgräber in einer eindrucksvollen Studie vom ‚listensinnenden Trug des Gottes' sprechen[38]. Gewiß steht der Fluchaspekt als ursprüngliche magisch-religiöse Vorstellung und Aussage entwicklungsgeschichtlich vor der moralisierend bewertenden Formulierung vom ‚listensinnenden Trug'. Diese Bewertung läßt zuwenig die ursprünglich magisch-religiöse Kategorie der geheimnisvollen und absoluten Unberechenbarkeit der göttlich/dämonischen Macht hervortreten, die sich gerade in ihrem Fluch- oder Zornaspekt verdichtet und ausspricht und unabhängig vom moralischen Verhalten des Menschen auf ihn wie ein Blitz niederfallen kann. Nach K. Deichgräber ist bei Homer sowohl von der Selbstverantwortung des Menschen die Rede als auch davon, daß er zugleich unter der Moira steht und insofern auch deren Spielball ist[39]. Bereits lange zuvor hatte Carl Friedrich von Nägelsbach griechische Götter als Versucher und Verführer der Menschen beschrieben[40].

---

[36] H. BELLEN, Metus Gallicus – Metus Punicus. Zum Furchtmotiv in der römischen Republik = Abh. d. Ak. d. Wiss. u. d. Lit. Mainz 1985, 3; H. SONNABEND, Pyrrhos und die ‚Furcht' der Römer vor dem Osten: Chiron 19 (1989) 319–345; ferner vgl. A. DEMANDT, Der Fall Roms. Die Auflösung des römischen Reiches im Urteil der Nachwelt (München 1984) Reg. ‚Lebensaltergleichnis'; A. SPIRA, Angst und Hoffnung in der Antike: AINIΓMA. Festschrift H. Rahn (Heidelberg 1987) 129–181.

[37] Vgl. HERTER a.O. (o. Anm. 18) 76–90: ‚Tyche'. – Tacitus bemerkt ann. 3,18: mihi quanto plura recentium seu veterum revolvo, tanto magis ludibria rerum mortalium cunctis in negotiis observantur; vgl. Epigr. Bob. 27.: ‚De varietate Fortunae'.

[38] Pers. V. 93–100, bes. 93f.; vgl. K. DEICHGRÄBER, Der listensinnende Trug Gottes = Nachr. d. Akad. d. Wiss. Göttingen 1940 = DERS., Der listensinnende Trug Gottes. Vier Themen des griechischen Denkens (Göttingen 1952) 108–141. 151–155.

[39] Ebd. 15.

[40] Homerische Theologie ²(Nürnberg 1861) bes. 70f.

Die Griechen haben vielleicht mehr als andere Völker des Altertums den Fluchaspekt der Götter erlebt und über ihn nachgedacht. Dem zugrunde liegt ihre Erfahrung vom Dunklen, Schreckend-Dämonischen und Todbringenden inmitten des Lichtes und des Strahlenden, das Welt und Leben gleichfalls bieten. Seit Homer beklagen Dichter und Denker das unselige Los der Sterblichen[41]. Verdichtet erscheint dieses ungünstige Urteil in der Geschichte von Kleobis und Biton sowie in den Worten des Silenos an König Midas: Das Beste sei, nicht geboren zu werden, das Zweitbeste aber, so bald wie möglich zu sterben[42]. |

Die frühen Griechen erlebten den Fluchaspekt der Wirklichkeit nicht zuletzt in ihrer eigenen Seele, ihren Wünschen, Sehnsüchten, Planungen und Entscheidungen. Das Wahrnehmen des Ausweglosen menschlichen Wähnens und Strebens zeichnete sie aus. Sie erlebten zunächst die Gottheit als den eigentlichen Urheber ihrer Gedanken und Entscheidungen. Beim Zusammenwirken von Gottheit und Mensch bewerteten sie den Anteil des Gottes höher. So betont Bruno Snell, daß Plan und Tat des Menschen mehr Plan und Tat der Götter seien. Ob die Gottheit aber als die machtvollere auch immer die Sinnstiftende sei, das bleibe gerade die Frage[43]. Bei Homer lesen wir, daß der Gott den Menschen schuldig werden läßt, um ihn zu stürzen, so Zeus den Patroklos[44].

Wenn Platon Homer kritisiert, dann gerade deswegen, weil Homer der Gottheit Schuld am Elend des Menschen gibt: „Die jungen Menschen dürfen nicht aus Dichtermund vernehmen, daß die Gottheit die Schuld in die Menschen pflanzt, wenn sie das ganze Haus in Trümmer legen will"[45]. Damit spielt Platon auf Aischylos' Niobe an: „Gott läßt den Sterblichen einen Grund wachsen, wenn er ein Haus vollständig verderben will"[46]. Bei einem unbekannten Tragödiendichter lesen wir den Gedanken: „Wenn aber der Gott einem Mann Übles bereitet, dann

---

[41] Il. 6, 146: „Gleichwie die Geschlechter der Blätter, so sind die der Menschen"; vgl. 17,446f.; 24,525f.; Theogn. 425–428; Pind. Pyth. 8,95; dazu H. FRÄNKEL, Wege und Formen frühgriechischen Denkens (München 1968) 23–39; Bacchyl. epin. 5,160f.; dazu H. MAEHLER, Die Lieder des Bakchylides (Leiden 1982) 116f.; ferner vgl. I.C. OPSTELTEN, Sophocles and Greek Pessimism (Amsterdam 1952); Posidipp.: Anth. Pal. 9,359; Epigr. Bob. 25: ‚Nihil in vita expedire'.

[42] Herodot. 1,31. – Cic. Tusc. 1,113–116 mit den Bemerkungen von M. POHLENZ (Stuttgart 1957, Ndr. Amsterdam 1965) 124–126; vgl. Ps. Plut. Cons. ad Apoll. 14,108e–109d.

[43] Göttliche und menschliche Motivation im homerischen Epos: DERS., Gesammelte Schriften (Göttingen 1966) 55–61; vgl. A. LESKY, Art. Homeros: RE Suppl. Bd. 11 (1968) 687–846, bes. 735–740; J. STALLMACH, Ate. Zur Frage des Selbst- und Weltverständnisses des frühgriechischen Menschen = Beiträge z. Klass. Philologie 18 (Meisenheim a. Gl. 1968) bes. 32–43: ‚Schädigung durch den Gott und Verderben durch eigenes Handeln'. – Kritik zu dieser Deutung äußert Arbogast SCHMITT, Selbständigkeit und Abhängigkeit menschlichen Handelns bei Homer = Abh. d. Akad. d. Wiss. u. der Lit. Mainz 1990, 5.

[44] Il. 16, 249–252. 786–817. 844–846. 849.

[45] Rep. 2,380a.

[46] Aeschyl. Niob. frg. 154a, 15f (Trag. Graec. Frgm. 3,271); STALLMACH a.O. 40 Anm. 25; 75 Anm.125; vgl. Soph. Antig. 584f.

schädigt er zuvor den Verstand, mit dem jener einen Entschluß faßt"[47]. Diese
Sicht faßt das lateinische Sprichwort zusammen: Quos Deus perdere vult, dementat prius[48]. Für diesen Fluch- und Zornaspekt des Göttlichen haben die frühen
Griechen die mytho-logische Vorstellung der von der Gottheit geschickten Verblendung, Ate, gefunden[49]. Homer bezeichnet Ate als Tochter des Zeus[50]. In diesem Zusammenhang läßt er Agamemnon über die Frage sprechen, | wie weit er
zurechnungsfähig und schuldig war, als er Achill der Geliebten, Briseis, beraubte:

„… doch ich bin sicher nicht schuldig,
sondern das Schicksal und Zeus und Erinys, die wandelt im Dunkel,
welche das Herz mir im Rat erfüllten mit arger Betörung,
jenes Tages, als ich selbst dem Achill entwand seine Gabe.
Aber was konnte ich tun? Vollbrachte doch alles die Gottheit,
Zeus' erhabene Tochter Verblendung, die alle zum Unsal
leitet; sie schwebt mit geschmeidigem Fuß, den Boden der Erde
nie berührend, doch wandelt sie über den Köpfen der Menschen;
schadet ihnen und führte schon manch einen Mann in die Irre"[51].

In dieser Überlieferung über eine selbständig gedachte göttliche Schadensmacht
erkennen wir ein bereits theologisch-systematisch bestimmtes Denken[52]. Mit Hilfe
der genealogischen Deutung vermag der homerische Sänger, der zugleich auch
Theologe ist, einen ihm vertrauten Erlebnisinhalt zu erklären[53]. Agamemnon fühlt
sich zwar als Handelnder, aber doch nur als bedingt frei Handelnder. Auf ihn
wirkt eine geheimnisvolle fremde Macht ein, die er mit dem höchsten Gott, Zeus,
in Verbindung bringt, ohne sie mit ihm gleichsetzen zu wollen, da Zeus zu dieser
Zeit bereits als Garant der Gerechtigkeit gilt, also ethisiert ist[54]. So wird Ate, die
ein Aspekt des göttlich/dämonischen Waltens ist, also eigentlich auch ein Aspekt
des Zeus, abgespalten und erneut individualisiert und hypostasiert. Entsprechend
können auch die Götterfamilien der griechischen Religion gedeutet werden: Jede
Gottheit drückt verdichtet einen Zug der Wirklichkeit aus. Da die Götter alle
durch Familienbande miteinander verknüpft sind, ist jede einzelne Gottheit tatsächlich nur ein Glied, das einen Aspekt des Wirklichkeitsganzen, also eine Erscheinungsform und Kraft aus diesem, spiegelt. Die Individualisierung der jeweiligen Gottheit hat der Mensch nach seiner eigenen Individualität vorgenommen.
Insofern hat er sie nach seinem Bild geschaffen. Andererseits ist aber auch dieses

---

[47] Schol. Soph. Antig. 620 PAPAGEORGIOS = Fragm. adesp. 455 (Trag. Graec. Fragm. 2, 133).
[48] G. BÜCHMANN, Geflügelte Worte [32](Berlin 1972) 501.
[49] STALLMACH a.O. (o. Anm. 43).
[50] Il. 19, 91.
[51] Il. 19, 86–94, übers. von H. RUPÉ (München 1990) 408; vgl. auch Schol. B zu 19,91c (4,596 ERBSE).
[52] Vgl. auch Gen. 3,13: „Das Weib antwortete: Die Schlange hat mich verführt, und ich aß."
[53] SPEYER, Genealogie a.O. (o. Anm. 19) 1156–1158.
[54] H. LLOYD-JONES, The Justice of Zeus (Berkeley, Los Angeles, London 1971) 1–27: ‚The Iliad'.

Bild, die Individualität und Personalität des Menschen, von der einen, alles umfassenden Wirklichkeit bedingt, aus ihr entstanden und hervorgewach|sen[55]. Menschliches Ich und göttlich/dämonisches Du entsprechen einander deshalb bis zu einem gewissen Grade.

Daß Zeus ursprünglich auch über den dunklen und negativen Aspekt verfügt hat, zeigt die Ilias gleich zu Beginn: Der Beschluß Kronions kam zu seinem Ziel, nachdem so viele Helden vor Troja zum Raub und Fraß von Hunden und Vögeln wurden[56]. Diesen Gedanken von der schädigenden Kraft, die von der Gottheit ausgeht, kennt neben der Ilias auch die Odyssee sowie der theologisch so engagierte Herodot[57]. Er spricht von der gottgewollten Verblendung ebenso wie vom ‚Neid der Götter‘[58]. Selbst Vergil scheint noch einen Rest jener alten negativen Beurteilung göttlichen Waltens zu bewahren[59].

Eine weitere und noch tiefer führende Frage schließt sich hier an: Ist der Fluchaspekt, unter dem Welt und Mensch leiden, nicht bereits in der Gottheit angelegt und zwar nicht nur in der Weise, daß sie den Fluch aus sich entläßt, sondern auch unter ihm leidet? Nach griechischen Mythen scheint es tatsächlich so zu sein: Auch einzelne Götter leiden[60].

Die Nähe zur christlichen Überlieferung und zwar zu bestimmten Deutungen von Jesu Christi Tod ist nicht zu übersehen: Der Gottessohn, die zweite Person der göttlichen Dreieinigkeit, leidet und stirbt oder, wie Paulus sagt: „Christus hat uns erkauft vom Fluch des Gesetzes, indem er für uns zum Fluch geworden ist. Denn es steht geschrieben: Verflucht ist jeder, der am Holze hängt“[61]. Bestimmte christliche Theologen, die Patripassianer, haben den passiven Fluchaspekt, das | Leiden und den Tod, sogar in den göttlichen Vater verlegt[62]. Nach ihnen hätte Gott nicht das Chaotisch-Fluchhaltige von sich fernhalten können und stünde selbst unter dem negativen Pol, eine Vorstellung, die weder mit der Transzendenz Gottes noch seiner Vollkommenheit vereinbar ist.

---

[55] M. Schmaus, Sachhafte oder personhafte Struktur der Welt?: Interpretation der Welt. Festschrift R. Guardini (Würzburg 1965) 693–700.

[56] Il. 1,1–7; weitere Belege bei Stallmach a.O. (o. Anm. 43) 34 f.

[57] Od. 11,271–280, bes. 275 f.: Ödipus herrschte in Theben wegen der verderblichen Pläne der Götter. Zur ‚Verwerfung‘ durch den Gott Stallmach a.O. 29 f.

[58] 1,127; 3,137,4.–1,32,1; F. Wehrli, ΛΑΘΕ ΒΙΩΣΑΣ, Studien zur ältesten Ethik bei den Griechen (Leipzig, Berlin 1931, Ndr. Darmstadt 1976) 26–29. 60–62. 67–70; Pötscher a.O. (o. Anm. 4) 3–36, bes. 21–26; Kehl a.O. (o. Anm. 15) 721 f.; Westermann a.O. 371 f.

[59] Aen. 4,412: improbus Amor; georg. 1,121–146: Juppiter, der Herrscher des gegenwärtigen Äons, verfügte den labor improbus und die egestas in ihrer Ambivalenz für den Menschen; vgl. Kubusch a.O. (o. Anm. 15) 94–98.

[60] Dazu bemerkt Maximilian Mayer, Die Giganten und Titanen in der antiken Sage und Kunst (Berlin 1887) 240: „Und wie nicht oft genug wiederholt werden kann, fällt die Wirkung einer Gottheit im Mythos manchmal auf sie selbst zurück. Was ist der von den rasenden Weibern zerrissene Orpheus anderes als das Ebenbild des ganz Thrakien, von Leibethron bis zum Hekategrabe, beherrschenden Dionysos?“

[61] Gal. 3,13; vgl. Dtn. 21,23.

[62] H. Crouzel, Art. Patripassianismus: Lex. f. Theol. u. Kirche 8 [2](1963) 180 f.

5. Zur Spaltung der Segens- von der Fluchmacht und damit des Gottes vom Dämon innerhalb der griechischen Religionsgeschichte

Verschiedene Gründe haben in der Religionsgeschichte der Griechen zu einer Aufspaltung in zwei Reiche der numinosen Mächte geführt, in ein göttliches und in ein dämonisches Reich, das Züge des Teuflischen aufweist.

Als die aus dem Norden nach Süden einbrechenden indoeuropäischen Stämme, die Vorfahren der späteren Griechen, Hethiter und Italiker, auf die Urbevölkerung des Mittelmeerraumes stießen, auf die Karer, Pelasger und Leleger, haben sie deren Gottheiten nur zu einem Teil übernommen oder den eigenen angeglichen. Die mediterrane Urbevölkerung verehrte vor allem doppelgeschlechtige, überwiegend weiblich bestimmte Gottheiten. Die Eroberer haben den Fluchaspekt als den allein wirksamen Machtaspekt dieser Götter abgespalten und hypostasiert und damit diese Götter der Unterworfenen oft dämonisiert. Kein Zufall dürfte es sein, daß gerade weiblich-dämonische Wesen bei den Griechen seit Homer ausschließlich dämonisch/teuflische Züge aufweisen, also als reine Unheilsmächte erscheinen. Zu denken ist vor allem an die Gorgonen, Harpyien, Sirenen, die Sphinxe, die Skylla und Charybdis, an Empusa, Lamia, aber auch an bestimmte Erscheinungen der Erinys, lateinisch Furia oder Dira, oder an Hekate und ihren Schwarm[63].

Ein weiterer Grund einer derartigen Aufspaltung ist folgender: Die sich seit Homer, Hesiod und der Orphik entfaltende Rationalität mit ihrer Entdeckung des Ethischen als einer eigenen Kategorie des Menschlichen hat vor allem zu einer Aufteilung in Gott und Dämon, in Kosmos/Rechts- oder Gerechtigkeitsmacht und in Chaos/Unrechtsmacht beigetragen. Das logische Denken, das für seinen Wahrheitsbegriff Widerspruchslosigkeit verlangt, versuchte nunmehr die Gottheit eindeutig zu machen und vom physisch und moralisch Negativen zu entlasten. So führte die Erkenntnis ethischen Handelns und damit die Trennung des sittlich Guten vom sittlich Bösen zu einer Modifizierung des Fluchaspektes im Göttlichen, insofern sich dieser Fluchaspekt fortan nur noch auf die Strafgerechtigkeit der | Gottheit beziehen sollte. Nach dieser jüngeren Anschauung verfügt die Gottheit nur mehr über eine sittlich vertretbare aktive Fluchkraft, also über die Macht zu zürnen und zu strafen nach Maßgabe der sie verpflichtenden Gerechtigkeit. Zorn und Fluch der Gottheit mit ihren Folgen von Unheil und Tod treffen nunmehr Mensch und Welt, weil der Mensch Frevel gegen die göttlichen Lebensordnungen begangen hat oder weil die dämonischen Chaosmächte in der

---

[63] M.P. NILSSON, Geschichte der griechischen Religion 1/2 = Handb. d. Altertumswiss. 5,2,1/2 ³(München 1967/74) Reg. ‚Dämonen. Dämonologie'; HERTER a.O. (o. Anm. 18); H. FUNKE, Art. Furie: RAC 8 (1972) 699–722; J. TER VRUGT-LENTZ, Art. Geister (Dämonen) B II. Vorhellenistisches Griechenland: RAC 9 (1978) 598–615.

Welt, wie die Giganten, sich gegen die Himmlischen empört haben[64]. Auf diese Weise wurde der ehemals willkürlich losbrechende Fluchaspekt des Gott/Dämons einer ethischen Verhaltensweise angepaßt. So wurde die Gottheit stärker rationalisiert und zugleich im Sinne dieser Bewußtseinsstufe anthropomorphisiert. Alle nicht durch bewußten oder unbewußten menschlichen Frevel erklärbaren Übel in der Wirklichkeit schrieb man fortan Fluch- und Chaosmächten zu, den bösen Geistern und Dämonen, die damit zu Feinden der sittlich guten Götter bzw. der Gottheit wurden[65]. Auf diese Weise entstand der Glaube an einen Dualismus innerhalb der numinosen Mächte: Die guten Gottheiten stehen seitdem den bösen Dämonen gegenüber.

Eine extreme Lösung, das gegenseitige Verhältnis zu bestimmen, war die Annahme zweier fast gleich starker entweder nicht individualisierter oder individualisierter, einander feindlichen Grundmächte oder Urprinzipien: einer guten Macht, gleichsam der Kosmosmacht, und einer bösen Macht, gleichsam der Chaosmacht, oder einem guten und einem bösen Gott, die von Anbeginn im Kampf miteinander liegen. Am deutlichsten hat der Iran einen derartigen metaphysischen Dualismus ausgebildet. Hier stehen sich von Anfang an Oromasdes, das Prinzip des Guten, und Areimanios, das Prinzip des Bösen, feindselig gegenüber[66]. Der iranische Dualismus hat auch auf das griechische theologische Denken eingewirkt[67]. In einer gewissen Entsprechung zu diesem dualistischen Ansatz gestalteten griechische Theologen eine Lehre von den beiden einander entgegengesetzten göttlichen Reichen, dem Reich des Zeus und | der Olympier und dem Reich des Hades und der chthonischen Götter[68]. Möglicherweise hat bereits Demokritos nicht ohne Kenntnis des iranischen Dualismus folgende Lehre vertreten: Gewisse Bildchen, εἴδωλα, näherten sich den Menschen, die einen von ihnen seien wohltätig, die anderen aber wirkten Schlechtes[69]. Plutarch teilt im Zusammenhang mit seiner Darstellung des iranischen Dualismus über die Wirkung dieses Systems folgendes mit:

„Die Chaldäer bezeichnen von den Planeten, die sie als die Geburt beschützenden Götter nennen, zwei als wohltätig, zwei als übelwollend, und die drei in der Mitte als gemeinsam,

---

[64] Speyer, Gottesfeind a.O. (o. Anm. 11); ders., Gigant a.O. (o. Anm. 33).

[65] Ders., Gottesfeind a.O. 1007f. und o. Anm. 63.

[66] Ausführlich Plut. Is. et Os. 45–47 (369a–370d); vgl. J. Bidez/F. Cumont, Les mages hellénisés 1/2 (Paris 1938, Ndr. ebd. 1973) Bd. 2, 398.400: κακός. J. Duchesne-Guillemin/H. Dörrie, Art. Dualismus: RAC 4 (1959) 334–350, bes. 342–345; W. Hinz, Art. Areimanios: RE Suppl. 9 (1962) 11–13; Speyer, Gottesfeind a.O. (o. Anm. 11) 1002.

[67] Vgl. Isocr. or. 5,117; zu den Stoikern Plut. plac. philos. 1,6,880b; ferner Hinz a.O.

[68] Plut. coh. ira 9,458b–c; J. Kroll, Gott und Hölle. Der Mythos vom Descensuskampfe = Studien d. Bibliothek Warburg 20 (Leipzig 1932, Ndr. Darmstadt 1963); M. Herzog, ‚Descensus ad inferos'. Eine religionsphilosophische Untersuchung der Motive u. Interpretationen mit besonderer Berücksichtigung der monographischen Literatur seit dem 16. Jahrhundert = Frankfurter Theol. Studien 53 (Frankfurt, M. 1997).

[69] VS 68 B 166 (bei Sext. Emp. adv. math. 9,19).

d.h. unentschieden. Die Ansicht der Griechen aber ist allen doch wohl bekannt, daß sie den guten Teil dem olympischen Zeus, den bösen, von dem man sich abkehren muß, aber dem Hades zuschreiben"[70].

Spätestens seit dem 4. Jahrhundert v. Chr. haben griechische Theologen Hades, den Herrscher der Unterwelt, mit Areimanios, dem bösen Prinzip, gleichgesetzt[71]. Seit alter Zeit erlebte man die Mächte der Erdentiefe, die den in die Erde gebetteten Leib zerstörten, als die fressenden und zerstörenden Dämonen. Man nannte sie auch ‚Fresser', Sarkophagoi. Zu ihnen gehörten Kerberos und Eurynomos.

Nach und nach belastete man die Götter der Unterwelt auch mit einem zeusfeindlichen Aspekt und machte sie so zu dämonischen Feinden des guten Gottes[72]. Seitdem tendiert die Unterwelt in Richtung Strafort. So sind die Ποιναί strafende Hadesgeister. Dabei spielt der dunkle Aspekt der Totengeister, der Keren, mit hinein[73]. So traten die olympischen, also die himmlischen Gottheiten allmählich zu den unterirdischen Mächten in einen entschiedenen Gegensatz. Deshalb konnten sich Vorstellungen von der Unterwelt bilden, die der christlichen Hölle bereits in vielem nahekommen[74]. Damit war der Weg in die frühjüdische | und christliche Apokalyptik eröffnet: Hades, der Herr der Finsternis, und Satanas mit ihren vielen Gestalten und Metamorphosen erscheinen[75].

Ein weiterer Raum der Welt für unheilstiftende Dämonen war für die Menschen des Altertums der Luftraum. Hier lauerten böse Geister, Dämonen, die die Seele bei ihrem Aufstieg in die Sternen- und Himmelsregion zu hindern und abzuhalten versuchten[76].

6. Schlußbemerkung

Wie dieser systematische und geschichtliche Überblick gezeigt hat, ist die Frage nach der Gottheit zugleich eine Frage nach der numinosen Fluch- und Chaosmacht, ethisch gesprochen, nach dem Bösen, das bald mehr apersonal, bald personal erlebt wurde. Da der Mensch als abhängiges Wesen, das er von seinem Ursprung her ist, und als Mangelwesen stets auf die ambivalent erlebten Mächte, die das Ganze weben, verwiesen ist, konnte es und kann auch dazu kommen, daß

---

[70] Plut. Is et Os. 48,370c.
[71] Aristot. philos. 1 (bei Diog. Laert. 1,8) = frg. 6 ROSE neben Hermippos, Eudoxos und Theopompos.
[72] KROLL, a.O. Reg. ‚Hades'.
[73] Vgl. auch G. WISSOWA, Religion und Kultus der Römer = Handb. d. Altertumswiss. 5,4 [2](München 1912) 232–240: ‚Unterwelts- und Totengötter'; K. LATTE, Römische Religionsgeschichte = Handb. d. Altertumswiss. 5,4 (München 1960) 98–100: ‚Tod und Totengeister'.
[74] A. DIETERICH, Nekyia, 2. Auflage von R. WÜNSCH (Leipzig 1913, Ndr. Darmstadt 1969) 46–54.
[75] H. VORGRIMLER, Geschichte der Hölle [2](München 1994).
[76] DIETERICH a.O. 54–62; O. NUSSBAUM, Art. Geleit: RAC 9 (1976) 908–1049, bes. 948–952.

er sich bewußt und freiwillig dem Negativ-Numinosen nähert und sich ihm emp-
fiehlt. Hier liegen die Ansätze zum Phänomen des Schadenzaubers und der Hexerei. Die mythisch-sagenhaften Gestalten einer Kirke, Medea, Erichtho und des
Doktor Faust sind mythisch-dichterische Konkretisierungen wie die zahlreichen
Nachrichten über Schwarzmagier und Hexen von der Antike über das Mittelalter
bis in die Gegenwart[77]. In unserer Zeit scheint der Kult Gottes abzunehmen, die
Verehrung Satans aber zu wachsen.

---

[77] K. THRAEDE, Art. Hexe: RAC 14 (1988 1269–1276; B. WENISCH, Satanismus. Schwarze
Messen, Dämonenglaube, Hexenkulte (Mainz, Stuttgart 1988).

3. Dekadenzempfinden und Sehnsucht nach den für machtvoll gehaltenen Anfängen

Zu einem romantischen Charakterzug in der Antike

1. Methodische Voraussetzungen

Wie die Epochen- und Stilbegriffe Manierismus, Barock, Rokoko, Klassizismus gehört der Begriff der Romantik der neuzeitlichen Kunst- und Geistesgeschichte Europas an. Von hier besitzt er seinen unverwechselbaren Charakter und seine geschichtliche Einmaligkeit. Dabei erscheint die Romantik stets in einer eigenen Gestalt: in Frankreich anders als in Deutschland und Österreich oder in Rußland, Spanien und England, um die wichtigsten Brechungen zu Ende des 18. und zu Anfang des 19. Jahrhunderts zu nennen[1].

Wenn es ein Gesetz der Geschichte ist, daß sich in ihr nichts auf die gleiche Weise wiederholt, so müssen wir nach den Bedingungen für die Möglichkeit fragen, Epochen- und Stilbegriffe der Neuzeit auf die antike Kultur anzuwenden. Diese Bedingungen dürften vor allem in dem Tatbestand liegen, daß die neuzeitliche Kultur von 1400 bis zum Ersten Weltkrieg als eine Metamorphose des griechisch-römischen Altertums und der christlichen Spätantike, in die auch das Erbe der Kelten und der Germanen eingeflossen ist, zu verstehen und zu deuten ist. Alle wesentlichen Strukturelemente der neuzeitlichen europäischen Kultur sind aus dem griechischen, römischen und christlichen Altertum ableitbar. Insofern ergibt sich auch ein ununterbrochener Zusammenhang eines europäischen Empfindens und Urteilens von der Antike bis in dieses 20. Jahrhundert. Alle für uns verbindlichen Auffassungen über die Wirklichkeit, über die Welt, Natur und Mensch, über das Heilige und Profane sind im griechischen, römischen und christlichen Altertum grundgelegt. Insofern dürfte auch das Romantische als Welt- und Kulturerleben und als entsprechender Ausdruck bereits damals zumindest in Ansätzen erkennbar sein.

Aufgrund dieses Tatbestandes hat die Stilgeschichte der antiken Literatur, aber auch der antiken Kunst die Epochenbegriffe der Neuzeit, Manierismus, Barock, Rokoko, Klassizismus, auf Zeiten, Räume und Ausdrucksformen des griechi- |

---

[1] R. IMMERWAHR, Romantisch. Genese und Tradition einer Denkform = Republica Literaria 7 (Frankfurt a.M. 1972); F. CLAUDON, Lexikon der Romantik, deutsche Ausgabe (Köln o.J., um 1980); ferner vgl. H. PRANG (Hrsg.), Begriffsbestimmung der Romantik (Darmstadt 1968).

schen und römischen Altertums sowie der christlichen Spätantike übertragen. Dabei sprachen gelegentlich auch einzelne Kritiker der antiken Literatur von romantischen Zügen[2].

Die Berechtigung einer derartigen Charakterisierung legen folgende Überlegungen nahe: Bereits bei Griechen und Römern waren geistige und kulturelle Bedingungen erfüllt, die einem Entstehen der romantischen Sehweise günstig waren. Reife, d.h. seelisch und geistig differenzierte und entfaltete Kulturen, also Hochkulturen, kennzeichnet ein uneinheitliches, fast widersprüchliches Verhältnis der Menschen zu ihrer Lebenswelt. Die Angehörigen einer derartigen reifen Hochkultur, wie es die griechische vor allem seit dem Hellenismus und die römische seit dem Niedergang der Res publica war, fühlten sich in ihrem Lebens- und Daseinsgefühl angefochten. Eine widerspruchsvolle Stimmung erfüllte sie, so daß sie zwischen Optimismus/Fortschrittsglauben und Niedergeschlagenheit/Dekadenzempfinden schwankten[3]. Eine derartige gegensätzliche Stimmung prägt in unterschiedlicher Weise die gesamte griechische und römische Kultur und hat so auch ihren Niederschlag in entsprechenden Äußerungen einzelner Dichter, Geschichtsschreiber und Philosophen gefunden.

Innerhalb des übergreifenden Themenbereichs von Fortschrittsglauben und Niedergangsstimmung, also der Beurteilung und Bewertung der eigenen und mitunter sogar der gesamten Kultur der Menschheit, bildet die Frage nach dem Romantischen ein nicht beiläufiges Kapitel. Wie die antiken Hochkulturen in ihrer mannigfaltigen Differenzierung und Komplexität nur durch die Intensivierung bestimmter Seelenvermögen und Geistesgaben zustandegekommen sind, so machten sich im Triumph der aus ihnen erfolgten Kulturleistungen zugleich auch das Elend und der Mangel der übrigen, minder entfalteten oder auch zurückgedrängten Seelenkräfte bemerkbar. Im Triumph der Erfinder und Erfindungen, die die Griechen oft gepriesen haben, sprach sich nicht zuletzt ihre Freude über die virtuos gehandhabte Gabe des kausallogischen und des diskursiven Denkens und über den | daraus resultierenden technischen Fortschritt aus[4]. Die

---

[2] Auf romantische Stimmungen der römischen Revolutionszeit, der augusteischen Epoche und deren Literatur, vor allem Vergils, hat wohl als einer der ersten E. NORDEN hingewiesen: Vergils Aeneis im Lichte ihrer Zeit: Neue Jahrbücher f.d. Klass. Altertum 7 (1901) 249–282. 313–334 = DERS., Kleine Schriften zum Klassischen Altertum (Berlin 1966) 358–421, bes. 361–396.

[3] H. DÖRRIE, Art. Entwicklung: Reallexikon für Antike und Christentum (RAC) 5 (1962) 476–504, bes. 480–498; A. KEHL/H.-I. MARROU, Art. Geschichtsphilosophie: RAC 10 (1978) 703–779, bes. 748–752.

[4] K. JAX/K. THRAEDE, Art. Erfinder I (historisch): RAC 5 (1962) 1179–1191; K. THRAEDE, Art. Erfinder II (geistesgeschichtlich): ebd. 1191–1278. – K. THRAEDE, Art. Fortschritt: ebd. 8 (1972) 141–182; E.R. DODDS, Der Fortschrittsgedanke in der Antike, deutsche Ausgabe (Zürich/München 1977) 7–35; A. NOVARA, Les idées romaines sur le progrès d'après les écrivains de la République 1/2 (Paris 1982/83); K. KUBUSCH, Aurea saecula: Mythos und Geschichte = Studien z. Klass. Philologie 28 (Frankfurt a.M., Bern, New York 1986) 4f. 6 und ö.; F. RAPP, Fortschritt (Darmstadt 1992) 104–115.

einseitige Ausbildung der rationalen Kräfte vor allem seit dem späten 5. Jahrhundert v. Chr. brachte aber eine Störung des seelischen Gleichgewichtes hervor. Diese rief nach einem Ausgleich durch das irrationale Seelenvermögen, das bald in eine suprarationale, religiös-mystische, bald in eine subrationale, dämonisch-magische Richtung tendierte. Ausdruck für beides waren die Mysterien und das Zauberwesen sowie die Astrologie, Betrachtungen der Welt, die seit dem späten 5. Jahrhundert aufblühten.

Diese Rhythmusstörung im seelischen Haushalt, die zum Heraustreiben eines romantischen Lebensgefühls und entsprechender Umwertungen in der eigenen Kultur führten, können wir bereits seit den Tagen der homerischen Sänger beobachten. Sie durchzieht die gesamte europäische Kultur bis heute. So erscheint die mit ihr in Verbindung stehende romantische Bewegung bald stärker, bald schwächer. Sie begleitet seitdem oft komplementär, da korrigierend, die in der europäischen Kultur zur Vorherrschaft gelangte Kraft der Rationalität, Wissenschaft, Technik und der philosophischen Aufklärung.

In dieser Auseinandersetzung zwischen Romantik und ihrem Gegenpol, dem Rational-Begrifflichen, spiegelt sich auch der Kampf von Glaube und Unglauben, von Diesseitigkeit und Jenseitigkeit, von Mythos, Dichtung und Kunst gegenüber Berechnung und reiner Begrifflichkeit und von Religion und Wissenschaft. Alle romantischen Bewegungen und Epochen mißtrauen der Vorherrschaft eines rein logisch-diskursiven Denkens, das für sich den alleinigen Schlüssel für die Eröffnung der Wirklichkeit beansprucht. Sie mißtrauen deshalb auch der Kultur ihrer jeweiligen Gegenwart und sehnen sich aus ihr in andere, fremde und in frühere Kulturen zurück. Sie haben eine Vorliebe für alles Fremde, Exotische, Alte und Urtümliche, und sind zugleich auch auf der Suche nach dem Utopischen[5]. Deshalb sind romantische Perioden auch geöffnet für Intuition, Mystik, Mysterien und Magie, für ungewöhnliche Arten des Wissensgewinns und mehr noch für den Gewinn von Weisheit. Sie weisen darauf hin, daß das innere Gleichgewicht der | Seele und der eigenen Kultur gestört ist. Insofern kann das Klassische, das erstmals in der europäischen Geistesgeschichte im Athen des 5. Jahrhunderts v. Chr. in Erscheinung getreten ist, auch nicht der Gegenpol des Romantischen sein, da das Klassische vielmehr die Mitte zwischen Romantik und einer falschen, rationalistisch zu nennenden Klassik bildet, einer konstruierten und erdachten Klassik, für die eine treffende Bezeichnung erst noch zu bilden wäre[6]. Der Stil- und

---

[5] E. SALIN, Platon und die griechische Utopie (München, Leipzig 1921); A. DOREN, Wunschräume und Wunschzeiten: Vorträge der Bibliothek Warburg (Leipzig, Berlin 1924) 158–205; M. WINTER, Compendium utopiarum. Typologie und Bibliographie literarischer Utopien 1: Von der Antike bis zur deutschen Frühaufklärung = Repertorien zur Deutschen Literaturgeschichte 8,1 (Stuttgart 1978).

[6] W. JAEGER (Hrsg.), Das Problem des Klassischen und die Antike (Leipzig 1931, Ndr. Darmstadt 1972); K. REINHARDT, Die klassische Philologie und das Klassische: DERS., Vermächtnis der Antike ²(Göttingen 1966) 334–360; H.O. BURGER (Hrsg.), Begriffsbestimmung der Klassik und des Klassischen = Wege der Forschung 210 (Darmstadt 1972); TH. GELZER,

Epochenbegriff des Klassizismus weist wohl in die angezielte Richtung, ohne jedoch mit dem Begriff der falschen Klassik identisch zu sein. Der Klassizismus als Stil- und Epochenbezeichnung des späten 18. und frühen 19. Jahrhunderts nimmt weithin teil an der Geschichte der zeitgleichen romantischen Bewegung, ja ist ohne sie nicht zu verstehen[7].

Diese allgemeinen Überlegungen sind nunmehr durch Beobachtungen an der literarischen Hinterlassenschaft des Altertums genauer zu begründen und weiter auszuführen.

2. *In der griechischen Kultur*

Wenn auch die beiden Großepen Ilias und die etwas jüngere Odyssee nach unserer Überlieferung am Anfang der Literatur der Griechen stehen, so dürfen diese Dichtungen nicht als der tatsächliche Anfang, sodern als ein bereits weit fortgeschrittenes Stadium der griechischen Kultur betrachtet werden[8]. In beiden | Epen begegnet uns eine differenzierte Kultur, eine Kultur, die bereits mit einer gewissen Sehnsucht auf eine ältere und anscheinend größere Kultur zurückblickt und dadurch einen Zug von Romantik verrät. So bemerkt der greise Held Nestor: „Früher schon pflog ich Verkehr mit stärkeren Helden, als ihr seid … Doch jene vermöchte niemand jetzt zu bekämpfen von heutigen Erdebewohnern"[9]. Hier begegnet in unserer abendländischen Kultur zum erstenmal jene Stimmung, geboren aus einem Gefühl von Unterlegenheit und Dekadenz, die wir den romantischen Topos des ‚Lobs der guten alten Zeit‘ nennen können: Einst war alles besser, größer und vollkommener[10]. Nestor erscheint in dieser Szene der Ilias als ‚Lobredner einer vergangenen Zeit‘[11].

Klassik und Klassizismus: Gymnasium 82 (1975) 147–173; E. Vogt, Der Begriff der Klassik in der Klassischen Philologie (Résumé): P. Neukam (Hrsg.), Klassische Antike und Gegenwart = Dialog Schule-Wissenschaft. Klassische Sprachen u. Literaturen 19 (München 1985) 85–88; P. Weitmann, Die Problematik des Klassischen als Norm und Stilbegriff: Antike und Abendland 35 (1989) 150–186. Ferner vgl. Le classicisme à Rome aux premiers siècles avant et après J.C. = Fondation Hardt, Entretiens 25 (Vandœuvres-Genève 1978).

[7] Man denke nur an Jacques-Louis David (1748–1825) und den Empire-Stil Napoleons; A. Schnapper, David, témoin de son temps (Fribourg 1980), deutsche Ausgabe (Würzburg 1981); Musée du Louvre, Département des peintures, Katalog David 1748–1825, 26.X.1989–12.II.1990 (Paris 1989).

[8] Aufgrund von datierbaren orientalischen Parallelen wird die Ilias heute später als in der älteren Forschung angesetzt: gegen die Mitte des 7. Jh. v. Chr.; vgl. M.L. West, The Date of the Iliad: Museum Helveticum 52 (1995) 203–219. – Wie Orpheus als göttlicher Sänger dem menschlichen Sänger Homer vorangeht, so dürfte auch die Orphik in ihrem Urbestand älter als die Heldendichtung sein; vgl. R. Böhme, Der Lykomide. Tradition und Wandel zwischen Orpheus und Homer (Bern, Stuttgart 1991).

[9] Il. 1,260–272, übersetzt v. H. Rupé.

[10] E.R. Curtius, Mittelalter-Studien XVIII: Zeitschrift f. Romanische Philologie 63 (1943) 225–274, bes. 265 Anm. 1 Literatur zur Zeitklage im Mittelalter; s. auch unten Anm. 67.

[11] Hor. ars. 173: laudator temporis acti.

Die stärkeren Helden, die Nestor vergeblich in seiner jetzigen Gegenwart sucht, waren Peirithoos, Dryas, Kaineus, Exadios, Polyphemos und Theseus. Die Voraussetzung seiner Annahme ist, daß diese Helden zeitlich den Göttern näherstanden als die Helden vor Troja. Der machtvolle, vom Gott gesetzte Anfang schien in ihnen noch heller aufzuleuchten[12]. Das Geschehen vor Troja ist nach dem Bewußtsein der homerischen Sänger bereits halbgeschichtlich; es gehört schon nicht mehr ganz der für erhaben gehaltenen mythischen Urzeit an. Das geschichtliche Zeitalter aber befindet sich nach dem Lebensgefühl der homerischen Sänger bereits auf dem Weg einer wachsenden Verschlechterung. Hier beginnt bereits keimhaft ein Gedanke, der sich dann durch das Altertum bis in die Gegenwart hindurchziehen wird, der Gedanke vom Altwerden der Welt, des Menschen und seiner Kultur, der Topos des ‚mundus senescens'[13].

Zu der Nestorstelle kommen weitere Verse der Ilias, die noch nachdrücklicher das Epochen- und damit das Geschichtsbewußtsein des homerischen Sängers dieser Verse bezeugen: Aus weit größerem zeitlichen Abstand spricht nunmehr der homerische Dichter als der Angehörige einer noch jüngeren und schwächeren Generation: |

„Da ergriff einen mächtigen Feldstein
Tydeus' Sohn, so schwer, daß nicht zwei Männer ihn trügen
unter den Sterblichen heute; doch er schwang leicht ihn alleine"[14].

Dieser Gedanke wird später noch zweimal wiederholt, war also bereits formelhaft erstarrt[15]. Er zeigt den wehmütigen Rückblick aus einer bereits gebrochenen Gegenwart in eine für erhabener und kraftvoller gehaltene Vergangenheit, auf der noch der Schimmer des Mythisch-Heroischen zu ruhen scheint.

Diese Äußerungen dürften nicht aus isolierten und zufälligen Stimmungen entstanden sein. In einem grundsätzlichen, geschichtsphilosophischen Zusammenhang finden wir den Gedanken von der Verschlechterung der Welt und der Sehnsucht nach dem urzeitlich paradiesischen Zeitalter, der Goldenen Zeit, in der für das Abendland so zentralen Theorie Hesiods von den fünf einander ablösenden und schlechter werdenden Menschengeschlechtern. Hier ruft der Dichter fast verzweifelnd aus:

„Wäre ich doch nicht selbst ein Mitgenosse der fünften Männer
und stürbe zuvor oder wäre später geboren!

---

[12] Iamblich. vit. Pyth. 8,37; H. GÖRGEMANNS, Art. Anfang: RAC Suppl. 1 (1985) 401–448.
[13] G.J.M. BARTELINK, Mundus senescens: Hermeneus 42 (1970) 91–98; A. DEMANDT, Metaphern für Geschichte. Sprachbilder und Gleichnisse im historisch-politischen Denken (München 1978) 37–45; DERS., Der Fall Roms. Die Auflösung des römischen Reiches im Urteil der Nachwelt (München 1984) 45f.
[14] Il. 5,302–304, bes. 304 wörtlich: „… wie jetzt die Menschen sind …"; vgl. auch Od. 7,66–68.
[15] Il. 12,380–383; 445–450; vgl. auch Od. 2,276f.

Jetzt ja ist das Geschlecht ein eisernes; niemals bei Tage
Ruhen sie von Mühsal und Leid, nicht einmal die Nächte,
o die Verderbten! da senden die Götter drückende Sorgen"[16].

Der Dichter deutet die eigene Gegenwart als den Tiefpunkt einer allgemeinen
Entwicklung der gesamten Menschheit. Nach seiner Auffassung, die von arche-
typisch-symbolischen, mythischen Bildern bestimmt ist, hat die Entfaltung der
Menschheitskultur mit einem nicht einholbaren und unwiderruflich verlorenen
Höhepunkt begonnen: Das Goldene Zeitalter war von der Harmonie zwischen
Göttern und Menschen geprägt, d.h. in dieser Frühzeit war die innere seelisch-
geistige Verfaßtheit der Menschen noch nicht durch die einseitige Vorherrschaft
eines Seelenvermögens gestört, weder in intellektueller noch in sittlicher Hin-
sicht. |
   In der Folge haben diese Verse Hesiods vor allem auf den hellenistischen stoischen Dichter Arat und auf zahlreiche römische Dichter gewirkt[17]. Diese Dichter
konnten in ihnen den eigenen Kulturpessimismus gespiegelt wiederfinden. Die
Stimmung des Romantischen kann nur aus einem Leiden an der eigenen Gegenwart entstehen. Letztlich spricht sich in dieser Stimmung die Seelenlage aller
jener Menschen in einer Hochkultur aus, die erkennen, daß die äußeren Erfolge
in Wissenschaft und Technik, in Staat und Gesellschaft den tiefen Verlust nicht
wettmachen können, der die Bedingung dieser Erfolge war: die Herauslösung
des Einzelnen aus der Gemeinschaft mit dem Heiligen und Göttlichen. Diesen
Verlust schildert die Genesis in der Geschichte vom Sündenfall der Ureltern und
der Vertreibung aus dem Paradies; dies besingen Hesiod und die ihm folgenden
Dichter im Mythos von den Weltaltern[18].
   Wie sich die Vorstellungen von Raum und Zeit innerlich bedingen, wobei die
eine nicht ohne die andere sein kann, so müssen den romantischen Zeitbildern
auch romantische Raumbilder entsprechen. In den beiden Vorstellungsbereichen
geht es einmal um die Erinnerung an ein einmal – in illo tempore der Urzeit –
bestandenes heileres Verhältnis zwischen den Menschen und den höheren Mächten, von denen sie abhängen. Zum anderen überlagern diese Erinnerung aber

---

[16] Op. 106–201, bes. 174–178; vgl. W. Veit, Studien zur Geschichte des Topos der Goldenen Zeit von der Antike bis zum 18. Jahrhundert, Diss. Köln (1961); R. Vischer, Das einfache
Leben = Studienhefte z. Altertumswissenschaft 11 (Göttingen 1965) 88–125; B. Gatz, Weltalter, goldene Zeit und sinnverwandte Vorstellungen = Spudasmata 16 (Hildesheim 1967) 18–21;
Kehl a.O. (o. Anm. 3) 749–751; M. Wacht, Art. Gütergemeinschaft: RAC 13 (1986) 1–59,
bes. 4–11; Kubusch a.O. (o. Anm. 4) 9–90; ferner H.-J. Mähl, Die Idee des goldenen Zeitalters im Werk des Novalis ²(Tübingen 1994) 11–102: Die griechische Antike; die römische
Antike.
[17] Arat. phaen. 96–136 (25–29 Martin); Cic. Arat. frg. 16–19 (162f. Soubiran); Ov. met.
1,89–150; Germ. phaen. Arat. 96–139 (7–9 Le Boeuffle); Avien. phaen. Arat. 273–352 (105–
108 Soubiran); s. auch Anm. 57.
[18] Klagen über die Gegenwart mit Ausblick auf die bessere Vergangenheit finden sich bei:
Sophocl. frg. 278 Radt (Tr. Gr. Fragm. 4,261); Aristoph. nub. 1024–1026; Cratin. frg. 256
Kassel / Austin (Poet. Com. Gr. 4,251 f.); Isocr. Areop. 48 f.

auch die im Menschen angelegte Tendenz nach Idealisierung und überhaupt ein allgemeines Wunschdenken.

Die homerischen Sänger verklären myth-historische Völker am Rande der ihnen zugänglichen Erde, wie die herrlichen Hippemolgen und die Galaktophagen und die Abioi, ,die Gerechtesten der Menschen', also Völker, die ähnlich wie die Angehörigen der Goldenen Zeit sich noch nicht von Getötetem, seien es Tiere oder Pflanzen, ernährten[19]. Die Äthiopen galten Homer als das göttergeliebte untadelige Volk im Süden[20]. Die Odyssee schildert die Phäaken als die götterähnli|chen und glückseligen Einwohner der märchenhaften Insel Scheria[21]. Was wir hier gewöhnlich poetische Verklärung nennen, ist zugleich auch Ausdruck einer romantischen Stimmung: Die Realität des Dichters und seiner Zuhörer entbehrt des eigentlichen Wertes und Glanzes; sie berge höchstens noch Funken oder Spuren des Glückes eines vollen Menschseins. In Fülle begegne diese Seligkeit nur in einem Lande zwischen Mythos und Geschichte, in einem Traum- oder Dichterland, das unerreichbar der eigenen Gegenwart nur mehr der Phantasie und Sehnsucht offensteht.

Die Geschichte der Begegnung der Griechen mit den Fremdvölkern wird von einer romantisch zu nennenden Verehrung von Ursprungs- und fernen Hochkulturen begleitet. Indien, Persien und Ägypten erscheinen als Horte uralter heiliger Weisheit, nach der sich die Griechen sehnen. Die Vorstellungen, die griechische Gelehrte mit dem Begriff der Barbarenphilosophie, der Weisheit fremder Völker, verknüpft haben, entbehren im einzelnen nicht einer romantischen Schwärmerei. Diese Vorstellung blieb bis weit in die christliche Zeit lebendig und diente bald auch den sogenannten barbarischen Völkern selbst zur romantischen Verherrlichung des eigenen Volkes, wie Juden, Syrer und Ägypter in späthellenistischer Zeit beweisen[22].

In der hohen Zeit des 5. Jh. v. Chr. war für Romantik kein Platz; denn in dieser Epoche war für eine kurze Zeitspanne das Verhältnis der rationalen und der irrationalen Seelenkräfte in ein harmonisches Verhältnis gebracht. Diesem Gleichgewicht verlieh die klassische Kunst der Griechen, vor allem der Athener, Aus-

---

[19] Il. 13,5f.

[20] Il. 1,423f. – Zu den Hyperboreern vgl. H.M. WERHAHN, Art. Hyperboreer: RAC 16 (1994) 967–986.

[21] Od. 5,34f.; 6,7f. 241; 19,279. – Vgl. A. RIESE, Die Idealisierung der Naturvölker des Nordens in der griechischen und römischen Literatur, Programm Städtisches Gymnasium Frankfurt M. (1875); E. WEBER, De Dione Chrysostomo Cynicorum sectatore = Leipziger Studien z. class. Philologie 10 (Leipzig 1887) 127–133; K. TRÜDINGER, Studien zur Geschichte der griechisch-römischen Ethnographie, Diss. Basel (1918) 133–146; A. SCHROEDER, De ethnographiae antiquae locis quibusdam communibus observationibus, Diss. Halle (1921) 39–45; VISCHER a.O. bes. 97–124; WACHT a.O. (o. Anm. 16) 11f. – Diesen Gedanken konnte ein Panegyriker noch im 4. Jh. n. Chr. verwenden: Inc. paneg. Constantino Aug. dictus: Paneg. Lat. 6(7), 7,2.

[22] W. SPEYER/I. OPELT, Art. Barbar I: RAC Suppl. 1 (1992) 813–895, bes. 826–829. 851–854; vgl. auch W. THEILER, Poseidonios. Die Fragmente 2 (Berlin, New York 1982) 50f.

druck[23]. Mit dem Zerfall der Poliskultur, nicht zuletzt infolge der individualistischen Sophisten und des großen innergriechischen Krieges, des Peloponnesischen Krieges, brach die Not der Gegenwart wieder auf. In einzelnen Mythen Platons, wie dem von Urathen, begegnen bereits wieder romantische Züge[24]. Platon | versuchte überhaupt die Störung des geistig-seelischen Gleichgewichtes infolge der Einseitigkeiten der Sophisten und Atomisten auszugleichen. Nicht zuletzt deshalb erschloß er erneut den Mythos und die Weisheit der Alten und anderer Völker als Quellen zu einer ganzheitlichen Erkenntnis.

In der Folgezeit wird der romantische Zug im Geistesleben der Griechen stärker. Die Idealisierung von Fremdvölkern in der Umgebung der Griechen, wie der Skythen, macht Fortschritte. Das Unbehagen an der eigenen Kultur treibt Schüler des Sokrates dazu, sogenannte Aussteiger zu werden. Die Kyniker mit ihrer Begeisterung für die Ursprungskultur der Skythen und deren Weisen Anacharsis bezeugen eindrucksvoll die neue Romantik auf dem Hintergrund des siegreichen Makedonenreiches[25]. Aber auch unter den Stoikern finden sich nicht wenige, die als Lobredner der alten Zeiten auftreten. Naturgemäßes Leben können sie in ihrer eigenen hochdifferenzierten Gegenwart nicht erkennen. So klagen sie über Dekadenz und Sittenverfall[26].

Als Folge des Auftretens Alexanders des Großen beginnt die Griechen wieder Fernweh zu erfassen. Sie brechen auf und dringen in die großen Kulturen des Ostens ein. Anders als die Griechen der Kolonisation des 7. und 6. Jahrhunderts v. Chr., die sich mit dem Überschaubaren zufrieden gaben – sie siedelten nur an den Rändern des Mittelmeeres –, drängen Alexander und mit ihm Forscher und Literaten in eine scheinbar unbegrenzte Weite von Ländern und Völkern. Alexander selbst besitzt den Charakter eines romantischen Helden; denn er versuchte, sich selbst und sein Werk zu remythisieren und mit den Wanderheroen Herakles und Dionysos zu wetteifern. Gewirkt hat Alexander auf die Phantasie des Abendlandes mehr durch seine remythisierte als durch seine geschichtliche Gestalt[27].

---

[23] S.o. Anm. 6. Im Volk aber blieben die alten Vorstellungen von einer guten alten Zeit lebendig; vgl. Anm. 18.

[24] Tim. 24e–25d; Critias 108e–109a; 113 b–d; 120 b–c.

[25] SPEYER/OPELT a.O. 825 f.; F.H. REUTERS, De Anacharsidis epistulis, Diss. Bonn (1957) mit Ausgabe der Briefe eines unbekannten Kynikers des 3. Jh. v. Chr.; ferner WEBER a.O. 125 Anm. 1 mit Parallelen aus der deutschen Romantik.

[26] K. PRAECHTER, Hierokles der Stoiker (Leipzig 1901) 39 f. = DERS., Kleine Schriften = Collectanea 7 (Hildesheim, New York 1973) 353 f. – Zu den romantisch verklärten Urweisen bei Poseidonios (frg. 448 THEILER) G. PFLIGERSDORFFER, Fremdes und Eigenes in Senecas 90. Brief an Lucilius: Aspekte der Kultursoziologie. Festschrift M. Rassem (Berlin 1982) 303–326; KUBUSCH a.O. (o. Anm. 4) 75–86.

[27] Der Alexanderroman in seinen vielfältigen Rezensionen und Fortsetzungen; vgl. H. VAN THIEL (Hrsg.), Leben und Taten Alexanders von Makedonien. Der griechische Alexanderroman nach der Handschrift L (Darmstadt 1983); F. PFISTER, Kleine Schriften zum Alexanderroman = Beiträge z. Klass. Philologie 61 (Meisenheim a.Gl. 1976); vgl. Epistola Alexandri Macedonis ad Aristotelem … 35a. 36 (214 VAN THIEL a.O.).

In den Legenden der göttlichen Zeugung eines geschichtlichen Herrschers, wie es Alexander war, spricht sich der romantische Zug der Zeit aus: Noch immer | zwang der außergewöhnliche und einzigartig erscheinende Einzelne die Menge dazu, ihn göttlich zu verehren, d.h. ihn als eine Vergegenwärtigung der glückhaften mythischen Urzeit anzusehen. Entsprechendes wiederholte sich bei Augustus. Galt Alexander als Sohn des Zeus, so Augustus in der romantischen Legende seiner Zeit als Sohn Apollons[28]. Die Hoffnung, daß mit dem Regierungsantritt eines gottgleichen oder gottähnlichen Herrschers das verlorengegangene Saeculum aureum wiederkehre, begleitet die innerlich zerrissene römische Kaiserzeit[29].

Als romantisch dürfen wir auch die zahlreichen Gründungsgeschichten hellenistischer Zeit ansehen, die die Anfänge von Staaten und Städten mit Einschluß Roms auf göttlich-menschliche Gründer, auf Heroen zurückführten. Zumindest sollte der Anfang einer jeden bedeutenden Stadt auf diese Weise mit dem Glanz des Göttlichen ausgestattet erscheinen und so die als minder gut erlebte geschichtliche Realität geadelt werden[30].

Die rückschauende Betrachtung nahm nach Alexander dem Großen im Zeitalter der Diadochen weiter zu. Sie zeigte sich unter anderem in der Sammlung, Katalogisierung und Kanonisierung der für groß und unerreichbar erachteten Literatur der Vergangenheit – dies vor allem im Museion von Alexandrien[31] –, in der antiquarischen Schriftstellerei Pergamons[32], in der Idealisierung des Landlebens, des einfachen Lebens der Hirten, Bauern und Fischer, gegenüber dem raffinierten Luxus der hellenistischen Großstädte, zu denen bald auch Rom gehörte[33]. So | entstand eine neue romantische Dichtungsart, die bukolische Dichtung, die bis in die Neuzeit und bis zu den Romantikern ausgestrahlt hat[34].

---

[28] O. WEINREICH, Der Trug des Nektanebos (Leipzig, Berlin 1911) 1–17; DERS., Antike Heilungswunder = Religionsgesch. Versuche u. Vorarbeiten 8,1 (Gießen 1909, Ndr. Berlin 1969) 93 f.; zu Augustus Domitius Marsus: Epigr. Bob. 39 (49 SPEYER); vgl. E. COURTNEY, The Fragmentary Latin Poets (Oxford 1993) 304 f.; W. SPEYER, Frühes Christentum im antiken Strahlungsfeld = Wissensch. Untersuchungen zum Neuen Testament 50 (Tübingen 1989) 408.
[29] Calpurn. Sic. ecl. 1,64: von Nero; Tac. Agr. 3,1: von Nerva und Trajan; Flor. praef. 8: von Trajan. – Hingegen pessimistisch über die eigene Zeit: Dio Cass. 71 (72), 36,4; Hist. Aug. vit. Car. 2 f.
[30] T.J. CORNELL / W. SPEYER, Art. Gründer: RAC 12 (1983) 1107–1171; W. LESCHHORN, ,Gründer der Stadt' = Palingenesia 20 (Stuttgart 1984); W. SPEYER, Art. Heros: RAC 14 (1988) 861–877, bes. 870.
[31] E.A. PARSONS, The Alexandrian Library (Amsterdam 1952) 223–228; H. GÄRTNER, Art. Kanon: Der Kl. Pauly 3 (1969) 108 f.; R. PFEIFFER, Geschichte der klassischen Philologie. Von den Anfängen bis zum Ende des Hellenismus (Reinbek bei Hamburg 1970) 114–285; P.M. FRASER, Ptolemaic Alexandria 1/3 (Oxford 1972) bes. 1,305–335. 447–479. 495–716 mit den Anmerkungen in Bd. 2; zu Kallimachos bes. R. BLUM, Kallimachos und die Literaturverzeichnung bei den Griechen = Archiv f. Geschichte d. Buchwesens 18,1/2 (Frankfurt M. 1977).
[32] PFEIFFER a.O. 300–305.
[33] H. KIER, De laudibus vitae rusticae, Diss. Marburg (1933); VISCHER a.O. (o. Anm. 16).
[34] E.G. SCHMIDT, Art. Bukolik: Der Kl. Pauly 1 (1964) 964–966; MÄHL a.O. (o. Anm. 16) 103–186; VISCHER a.O. (o. Anm. 16) 126–147: ,Bukolische Einfachheit'; B. EFFE / G. BINDER, Die antike Bukolik (München / Zürich 1989).

3. In der römischen Kultur

Die kulturschaffenden Römer der ausgehenden Republik haben die in Griechenland ausgebildete Liebe zum Alten übernommen. Ein Unterschied gegenüber
den Griechen zeigt sich allerdings. Während der Mythos und die Verklärung
durch den Mythos und die Heroenzeit für die Griechen charakteristisch sind,
kennen die Römer nur ihre groß gesehene eigene geschichtliche Vergangenheit.
Ähnlich wie die deutschen Romantiker für das hohe Mittelalter schwärmten,
begeisterten sich viele Römer der zerfallenden Republik für ihre Königszeit und
die Anfänge der Res publica. Diese sehnsüchtige Rückschau auf die von der Sage
umwobenen Anfänge des römischen Staates entsprang einem pessimistischen
Gefühl für die eigenen Gegenwart: Viele verzweifelten bei dem Gedanken an die
Zukunft Roms. So spricht der epikureische Lehrdichter Lukrez (um 98–55 v. Chr.)
bereits eindringlich vom Greisenalter der Welt: Seine Klage bildet den Schluß
des zweiten Buches, steht also an einer ausgezeichneten Stelle des Werkes und
läßt die Trauer als den Grundzug seines Gestaltens erkennen:

> „So sehr ist die Zeit gebrochen und die Erde erschöpft,
> daß sie kaum noch kleine Lebewesen hervorbringt.
> Sie, die alle Geschlechter geschaffen und die ungeheuren Leiber
> wilder Tiere geboren hat …
> Und schon schüttelt
> der hochbetagte Bauer sein Haupt und seufzt
> häufiger, vergeblich seien die großen Mühen
> ausgefallen, und wenn er die Gegenwart
> mit der Vergangenheit vergleicht, lobt er
> oft das Glück des Vaters …"[35].

Wie auf Lukrez hat auch auf Vergil Hesiods Lehrdichtung mit ihrem Pessimis-
mus eingewirkt. Vergil stellt in seinen Georgica das harte gegenwärtige | Zeitalter
Juppiters einem vergangenen goldenen gegenüber[36]. Die romantischen Züge bei
Vergil herauszuarbeiten, bedürfte einer besonderen Untersuchung und Darstellung. Bereits die vom Dichter gestaltete mythisch-traumhafte Sehnsuchtswelt
der Eklogen, seine Vorstellung vom Hirten- und Sängerland Arkadien weisen
darauf hin, daß er im Gesang seiner Dichtung jene Wirklichkeit gefunden hat, um
seiner Gegenwart, der harten, erbarmungslosen und gewalttätigen Realität der
Bürgerkriegszeit, wenigstens für eine Weile zu entkommen[37]. Dazu kommt ein
neues Selbstverständnis der eigenen Dichterkraft und des eigenen Dichtens. In
der von Vergil im Anschluß an alte Überlieferungen über den magisch-religiösen
Dichter geschaffenen Selbstbezeichnung des vates als des poeta divinus zeigt

---

[35] Rer. nat. 2,1150–1174; vgl. auch 5,826f.
[36] 1,125–135.
[37] W.W. Briggs Jr., A Bibliography of Virgil's ‚Eclogues' 1927–1977: Aufst. u. Nied. d.
röm. Welt 2,31,2 (Berlin, New York 1981) 1267–1357, bes. 1286–1288 ‚Arcadia and Lands-
cape'. – Zu Tibull, der romantische Stimmungen kennt, Kubusch a.O. (o. Anm. 4) 155–174.

sich die Sehnsucht einer unter Gelehrsamkeit und bewußter Kunsttechnik leidenden Seele[38]. Viele folgten Vergil auf diesem Weg. Manchen Kunstdichtern erschien die Vorstellung des göttlichen Dichters vor allem deshalb erneuerungswürdig, da sie sich so gegenüber ihren Konkurrenten, den Rhetoren und Geschichtsschreibern, eine höhere Weihe verleihen konnten[39]. Auch Vergils Georgica und die Aeneis mit ihren verklärenden Abschnitten über Roms Frühgeschichte und mit ihrem Glanz auf die Julierdynastie, die auf ihren Zielpunkt, die Herrschaft des Princeps Augustus, angelegt ist, weisen romantische Stimmungsgehalte auf[40]. Hier konnte Vergil an den großen römischen Gelehrten und Antiquar M. Terentius Varro (116–27 v. Chr.) anknüpfen[41]. Von hellenistischen Vorbildern ausgehend hat Varro, der ähnlich Sallust die eigene | Gegenwart als eine sinkende Zeit beurteilte, in einer Epoche wachsender hellenistisch-orientalischer Überfremdung die Anfänge Roms und Italiens in einer romantischen Geschichtsschau zu verklären versucht. Auf dem Hintergrund jener Kulturkritiker des gegenwärtigen Roms, die im Verfall der alten Sitten das Zeichen eines nahen und sicheren Untergangs des Staates sahen, wollte Varro die Einfachheit und das Glück der alten Italiker und Römer zeichnen. Gewiß verdankt er für seine Forschungen nach Inhalt und Zielrichtung vieles hellenistischen Gelehrten, wie dem Aristotelesschüler Dikaiarchos von Messene und dem Stoiker Poseidonios. Für seine Schrift ,De vita populi Romani', die reich an romantischen Schilderungen des alten Roms war, hat er Dikaiarchs ,Leben Griechenlands' benutzt[42].

Wenn Varro zweien seiner Hauptwerke den Titel ,Altertümer' gab, antiquitates rerum divinarum und antiquitates rerum humanarum, dann wählte er eben einen Zentralbegriff der romantischen Geistesrichtung: das Alte, das mit dem Wahren und Wertvollen gleichgesetzt wurde[43]. Diese Hochschätzung des Alten ist ein charakteristischer Zug des griechischen und römischen Altertums, der sich von Zeit zu Zeit derart verdichten konnte, daß der Blick des Betrachters nur noch auf dem einstmals Hervorgebrachten ruhte und man ihm kanonisches Ansehen

---

[38] H. Dahlmann, Kleine Schriften = Collectanea 19 (Hildesheim, New York 1970) 35–51: Vates; E. Bickel, Vates bei Varro und Vergil: Rhein. Mus. 94 (1951) 257–314; zum göttlichen Sänger Hor. epist. 2,1,132–138.

[39] O. Falter, Der Dichter und sein Gott bei den Griechen und Römern (Würzburg 1934); s. auch unten S. 82.

[40] Vgl. Norden a.O. (o. Anm. 2); vgl. auch R. Heinze, Virgils epische Technik ³(Leipzig 1915, Ndr. Darmstadt 1982) 477–481.

[41] H. Dahlmann, Art. M. Terentius Varro: Pauly-Wissowa Suppl. 6 (1935) 1172–1277; B. Cardauns, Stand und Aufgaben der Varroforschung = Abh. d. Akad. d. Wiss.u.d. Lit. Mainz 1982, 4, 8–10. – Zum Einfluß Varros auf Vergil W. Suerbaum, Hundert Jahre Vergil-Forschung: Aufst. u. Nied. d. röm. Welt 2,31,1 (Berlin, New York 1980) 1–358, bes. 278 f.; ders., Spezialbibliographie zu Vergils Georgica: ebd. 395–499, bes. 488 f.

[42] Dahlmann, Varro a.O. 1243–1246; ebd. 1237–1241 zu De gente populi Romani.

[43] Ebd. 1229–1237; B. Cardauns, M. Terentius Varro. Antiquitates rerum divinarum 1.2 = Akad. d. Wiss.u.d. Lit. Mainz, Einzelveröff. (Wiesbaden 1976); P. Mirsch, De M. Terenti Varronis antiquitatum rerum humanarum libris XXV, Diss. Leipzig (1882).

zusprach[44]. Eine derartige geistige Lage war in den Tagen Varros und Vergils eingetreten, wie deutlich aus der Klage des Horaz in seiner Epistel an Augustus hervorgeht. Hier spricht der Dichter sogar übertreibend vom ganzen römischen Volk, das nur noch das Alte hochschätze. In ausführlicher Weise klagt er über die Bevorzugung der alten Dichter gegenüber den in seiner Zeit | lebenden[45]. Wie sich zeigt, litten die Zeitgenossen des Horaz unter der Spätzeit, in der sie lebten. Das Gefühl des Epigonentums – „Weh dir, daß du ein Enkel bist!" – trieb sie dazu, auf die Riesen des Geistes und der Kunst in der Vergangenheit zu blicken. Jede Romantik lebt von der Verehrung des Alten. In Rom finden wir diese Stimmung im augusteischen Zeitalter. Sie spricht sich vor allem moralisch und ästhetisch aus: Viele konservative Römer dieser Zeit bewunderten die Sitten ihrer Vorväter und mit ihnen die alten Sprachdenkmäler. Einzelne, wie Sallust, geißelten den Sittenverfall in ihrer Gegenwart und stellten ihm die groß gesehenen mores maiorum gegenüber[46]. Dieser Begriff der Sitten der Vorväter wird zu einem Kristallisationspunkt der augusteischen Romantik[47]. Die von Augustus geforderte religiöse und sittliche Erneuerung weist ebenso in diese Richtung[48] wie die Geschichtsdarstellung der alten Republik von Livius (59 v. Chr.–17 n. Chr.) oder die Georgica und Aeneis Vergils sowie Werke zeitgenössischer Griechen, die im gleichen Geiste schrieben, wie Dionysios aus Halikarnassos (seit 30 v. Chr. in Rom) in seiner ‚Römischen Geschichte'.

---

[44] Plat. Phileb. 16c: „die Alten, mächtiger als wir und näher bei den Göttern wohnend …"; Cic. leg. 2,27; Tusc. 1,26; dazu J. VOGT, Ciceros Glaube an Rom = Würzburger Studien zur Altertumswissenschaft 6 (Stuttgart 1935, Ndr. Darmstadt 1963) 2–33, bes. 20f.; M. POHLENZ, M. Tullius Cicero, Tusculanae disputationes (Stuttgart 1957, Ndr. Amsterdam 1965) 57; W. KROLL, Studien zum Verständnis der römischen Literatur (Stuttgart 1924, Ndr. Darmstadt 1964) 94f.; P. PILHOFER, Presbyteron kreitton. Der Altersbeweis der jüdischen und christlichen Apologeten und seine Vorgeschichte = Wiss. Untersuchungen z. Neuen Testament, 2. Reihe 39 (Tübingen 1990). – Noch J.J. BACHOFEN steht in dieser Tradition; vgl. K. MEULI, Nachwort: J.J. Bachofens Gesammelte Werke 3, Das Mutterrecht 2 (Basel 1948) 1080.

[45] Epist. 2,1,18–89: Das römische Volk ist ein fautor veterum (23); adeo sanctum est vetus omne poema (54); K. BRINGMANN, Struktur und Absicht des Horazischen Briefes an Kaiser Augustus: Philologus 118 (1974) 236–256. – Im Dialogus de oratoribus des Tacitus wirft der Redner Aper Vipstanus Messalla vor (15,1): non desinis … vetera tantum et antiqua mirari, nostrorum autem temporum studia inridere atque contemnere. Diese Zeugnisse gehören zur Vorgeschichte der ‚Querelle des anciens et des modernes'; s.u. S. 86 Anm. 78.

[46] G. SCHÖRNER, Sallust und Horaz über den Sittenverfall und die sittliche Erneuerung Roms, Diss. Erlangen (1934) 3–38; vgl. Catull. 64, 397–408; Hor. carm. 3,6,45–48. – Zur Datierung der Anfänge des Sittenverfalls ins 2. Jh. v. Chr. (Val. Max. 9,1,3; Liv. 39,6,7; Polyb. 31,25 u.a.) U. KNOCHE, Vom Selbstverständnis der Römer (Heidelberg 1962) 99–123, bes. 108f.; I. SAUERWEIN, Die leges sumptuariae als römische Maßnahme gegen den Sittenverfall, Diss. Hamburg (1970), bes. 175–197; F. HAMPL, Geschichte als kritische Wissenschaft 3 (Darmstadt 1979) 120–158.

[47] Vorbereitend wirkten Cicero (vgl. VOGT a.O. [o. Anm. 44]) und Varro.

[48] D. KIENAST, Augustus. Prinzeps und Monarch (Darmstadt 1982) Reg.: Sittengesetze, Sittenreform; J.H.W.G. LIEBESCHUETZ, Continuity and Change in Roman Religion (Oxford 1979) 90–100: ‚Moral Reform'.

Konkret mit Inhalt gefüllt erscheinen die mores maiorum in den nunmehr gefeierten Tugenden der Männer und Frauen alter Zeit: auctoritas, clementia, concordia, constantia, dignitas, fides, fortitudo, gloria, gravitas, honos, iustitia, libertas, magnitudo animi, moderatio/temperantia, parsimonia, pax, pudicitia/pudor, verecundia, virtus[49]. In augusteischer Zeit verband sich die Verklärung der | altrömischen Vergangenheit mit einer aus dem Mythos der griechischen Heroen und der römischen Sage entnommenen romantischen Überhöhung des neuen Herrn von Rom, des C. Iulius Caesar Divi Filius, mit dem Beinamen Augustus. In ihm sah man den Gründer Roms, Romulus, wiedererstanden. So sollte der Princeps zunächst auch den Würdenamen Romulus erhalten[50]. Dichter wie Vergil und Horaz feierten ihn als einen neuen Heros und Halbgott[51]. Für kurze Zeit glaubten viele Römer, daß Augustus ihre Sehnsucht nach dem von ihnen vermuteten glanzvollen Anfang des ältesten Rom stillen könne[52]. Aber dieser Glaube war nur eine kurzlebige Illusion: Die jüngere Generation, zu der Ovid gehörte, war bereits kritischer, weil desillusioniert[53].

Je mehr im Verlauf des ersten nachchristlichen Jahrhunderts den geistig Führenden zu Bewußtsein kam, daß der Prinzipat, der sehr bald zum Dominat degenerieren konnte, wie Caligula, Nero, Domitian bewiesen, nicht die erträumte Wiederherstellung der alten Res publica war, je mehr von außen die Gefahren durch die Fremdvölker, Germanen und Perser, erkennbar wurden, umso mehr wirkte die alte Vorstellung vom Niedergang der Welt, vom Niedergang Roms auf die Gemüter. Der Philosoph Seneca spielt auf den Gedanken des mundus senescens an, wenn er an Lucilius schreibt: In alter Zeit habe es die Weisen gegeben, die Männer erhabenen Geistes; sie hätten mit den Göttern zusammengelebt: denn, so sagt er wörtlich: „Kein Zweifel besteht, daß eine noch nicht vom vielen Gebären geschwächte Welt Besseres hervorgebracht hat"[54].

In der fälschlich Seneca zugeschriebenen Tragödie Octavia tritt der Philosoph Seneca auf, stellt den nahen Untergang dieser Welt vor Augen und malt den Anfang einer neuen Welt mit romantischen Farben, in dem er auf das Goldene Zeitalter Saturns anspielt[55]. Damals, so meint er, beherrschte die Gerechtigkeit, jene Jungfrau, die Göttin eines großen Numen, vom Himmel auf die Erde gesandt, mit der heiligen Vertragstreue milde das Menschengeschlecht[56]. In den folgenden | Versen beschreibt der im Stück auftretende Seneca die einander ablösenden und wachsend schlechter werdenden Zeitalter im Anschluß an Hesiods

---

[49] H. OPPERMANN, Römische Wertbegriffe = Wege d. Forschung 34 ²(Darmstadt 1974).
[50] KIENAST a.O. 79f.
[51] SPEYER, Christentum a.O. (o. Anm. 28) 419.
[52] Roms Anfänge schienen auch noch im 4. Jh. manchem großartig gewesen zu sein: Hist. Aug. vit. Car. 2,1–3.
[53] R. SYME, History in Ovid (Oxford 1978); KUBUSCH a.O. (o. Anm. 4) 147. 185–246. 250f.
[54] Epist. 90,44.
[55] Ps. Sen. Oct. 391–396.
[56] V. 397–406. S.o. Anm. 17.

Weltaltertheorie[57]. Nach dem unbekannten Verfasser ist der Höhepunkt des Elends in seiner Gegenwart mit der Herrschaft des Tyrannen und Verwandtenmörders Nero eingetreten[58]. Bedeutsam ist bei diesem Schriftsteller, daß in seiner Tragödie ‚Octavia‘ trotz der Verzweiflung über die dem Ende und dem Chaos zueilende Gegenwart eine Hoffnung aufscheint, die Hoffnung auf die Wiederkehr dessen, was einmal am Anfang war: die glückliche Zeit der Harmonie zwischen Göttern und Menschen. Der seelische Zusammenhang zwischen Angst und Hoffnung ist ebenso zu bedenken wie der Glaube an die Wiederkehr des Gleichen, wobei der Anfang des jeweils Gleichen immer als glückhaft und segensreich erschien[59]. Sollen dies Erinnerungen an einen einmal eingetretenen Zustand sein? Jedenfalls zeigt die vergleichende Mythenforschung, daß in sehr vielen Kulturen Überlieferungen über einen paradiesischen Anfang lebendig sind[60]. In Notzeiten und in Niedergangsepochen denken die Menschen gerne und voller Wehmut an jene verlorene, aber trotz allen Verlustes und zeitlichen Abstandes doch auch immer wieder nahe Epoche zurück. Wenn das Romantische auch das Erahnen des Unendlichen im Endlichen ist, so gehört es zum Menschen der Geschichte, also der Hochkulturen, daß die Sehnsucht nach der am Anfang angenommenen Einheit jeweils neu aus der Entfernung infolge vereinseitigter Rationalität aufbricht.

Ein schönes Beispiel dafür bietet für das späte 1. Jahrhundert die Rede des Dichters Curiatius Maternus im Dialogus de oratoribus des Tacitus[61]. Maternus verteidigt Dichten und Dichtung als Ausdruck des Heiligen und damit der Natureinsamkeit gegenüber der Redekunst, die nur dem Profanen des gewöhnlichen Alltagslebens der Großstadt Rom diene. Maternus sieht sich in dieser Rede als einen späten Nachfahren jener heroischen Dichter-Sänger-Propheten, die, wie | Orpheus und Linos, mit den Göttern lebten[62]. Hier erkennen wir erneut das Unterlegenheitsempfinden einer Zeit, die sich weithin nur noch als geschichtlich bedingt erlebt, und die mit diesem Gefühl verbundene Sehnsucht nach der nur noch schattenhaft erkennbaren machtvollen mythischen Anfangszeit. Bemerkenswert ist in dieser Schrift des Tacitus aber auch das verfeinerte Gefühl für den Stimmungsgehalt der Einsamkeit und der Stille der Natur. Mag der Antike auch

---

[57] V. 406–428.

[58] V. 429–436.

[59] V. 391–396; A. Spira, Angst und Hoffnung in der Antike: Ainigma. Festschrift H. Rahn (Heidelberg 1987) 129–181. – Zur Wiederkehr des Gleichen W. Speyer, Religionsgeschichtliche Studien = Collectanea 15 (Hildesheim, New York 1995) 60. 192 u. Reg.; Rapp a.O. (o. Anm. 4) 104–106.

[60] C. Westermann, Genesis 1. Gen. 1–11 = Biblischer Kommentar zum Alten Testament 1,1 (Neukirchen-Vluyn 1974) 248. 284–288.

[61] 9,6; 12,1–4; vgl. R. Güngerich/H. Heubner (Göttingen 1980) 36f. 47–52.

[62] Zur Traditionsgeschichte Falter a.O. (o. Anm. 39); A. Sperduti, The Divine Nature of Poetry in Antiquity: Transactions and Proceedings of the American Philological Association 81 (1950) 209–240; E. Barmeyer, Die Musen. Ein Beitrag zur Inspirationstheorie = Humanistische Bibliothek Reihe 1,2 (München 1968).

der Sinn für das Schaurig-Schöne der Natur gefehlt haben, so zeigen doch einzelne Schriftsteller wie Tacitus ein erst auf dem Hintergrund der lauten Stadtzivilisation entstandenes Gefühl für die geheimnisvollen Mächte der Natur[63].

4. In der heidnischen und christlichen Spätantike

Während die spätantike griechische und römische Literatur Anzeichen romantischer Stimmungen aufweist, fehlen diese in der christlichen Literatur fast gänzlich. Das liegt an der Besonderheit der christlichen Botschaft. Nach ihr ist die Gegenwart die letzte Epoche der Menschheit, die den Einzelnen zur ernsten Entscheidung zwischem dem Erlöser Jesus Christus und seinem Widersacher Satan, dem Fürsten dieser Welt, und dem Antichrist aufruft[64]. Hier gibt es keine Zeit mehr zur Rückschau, sondern nur noch den Blick auf die nahe eschatologisch bestimmte Zukunft, die das Weltgericht und die neue Schöpfung Gottes bringen wird[65]. Die apokalyptische und eschatologische Gestimmtheit des Urchristentums ist deshalb aller Romantik abhold. Nicht in einer mythischen Vergangenheit liegt das Heil, sondern in einer von Gott heraufgeführten Zukunft, in die alle geschichtliche Zeit mündet. Der Ernst der sittlichen und religiösen Entscheidung ist | zu groß, als daß er Raum böte für einen Gegenwarts- und Weltschmerz und ein wehmütiges oder sehnsüchtiges Zurückblicken. Die Gegenwart ist das Schlachtfeld der Entscheidung zwischen Glaube und Unglaube und deren Werken[66]. Mag auch beim christlichen Volk der Glaube an die alte gute Zeit immer wieder aufleben, so wird er von den führenden Theologen als unrealistisch bekämpft, so vor allem von Augustinus[67], aber auch von Hieronymus[68]. Dieser neuartige Gegenwarts- und Zukunftsbezug des christlichen Geistes dürfte vor

---

[63] E. Bernert, Art. Naturgefühl nr. 1: Pauly / Wissowa 16,2 (1935) 1811–1863, bes. 1814. 1844. 1859f.; E. Norden, Die antike Kunstprosa 1 [3](Leipzig 1915, Ndr. Darmstadt 1981) 247 Anm. 1 spricht in diesem Zusammenhang von „jener hübschen, uns durch ihre Romantik so anmutenden Stelle" und verweist auf Plin. epist. 9,10,2 und Quint. inst. or. 10,3,22.

[64] W. Speyer, Das einzige Entweder-Oder. Gedanken zur Neuheit der jüdischen und christlichen Offenbarung: W.M. Neidl (Hrsg.), Person und Funktion. Gedenkschrift J. Hommes (Regensburg 1997) = u. S. 271–279.

[65] Vgl. z.B. das Jesus-Wort bei Lc. 9,62; Phil. 3,13; E. Grässer, Die Naherwartung Jesu = Stuttgarter Bibel-Studien 61 (Stuttgart 1973); G. Klein, Art. Eschatologie IV. Neues Testament: TRE 10 (1982) 270–299; G. May, Art. Eschatologie V. Alte Kirche: ebd. 299–305.

[66] Eine bemerkenswerte Ausnahme bietet Lukas in seiner Apostelgeschichte. Dieser aus der Tradition der hellenistischen Geschichtsschreibung kommende Schriftsteller malt die Anfänge der Kirche mit verklärenden Farben; vgl. Wacht a.O. (o. Anm. 16) 26f.

[67] In Ps. 33, serm. 2,17 (CCL 38,293f.); serm. 25,3,3 (PL 38, 168): ... Et maiores nostri planxerunt dies suos et avi eorum planxerunt dies suos. Nullis hominibus dies placuerunt quos vivendo egerunt. Sed posteris placent dies maiorum: et illis iterum illi dies placebant, quos ipsi non sentiebant, et ideo placebant. Quod enim praesens est, acrem habet sensum ...; ferner J. Zellinger, Augustin und die Volksfrömmigkeit (München 1933) 4.7 Anm. 20.

[68] Hier. in Eccl. 7,11 (CCL 72, 303f.).

allem zu dem ungeahnten Siegeszug über die bestehende heidnische Ordnung geführt haben.

Die meisten Heiden sind vor dem siegreichen Christentum zurückgewichen und haben sich gedanklich und stimmungsmäßig ihrer Vergangenheit überlassen, die sie mehr und mehr verklärten. Nur wenige gebildete Heiden suchten die Auseinandersetzung mit den Christen und so ihre Gegenwart zu gestalten und zu bewältigen. Viele führende Gestalten der paganen Richtung versteckten sich vor den Herausforderungen ihrer Gegenwart und lebten ein gegenwartsfremdes Leben. Beispiele bietet der griechische Osten ebenso wie der römische Westen[69]. Seitdem das Christentum während des 4. Jahrhunderts von einer erlaubten Religion zur Religion des römischen Weltreiches aufgestiegen war, blickten viele Heiden nur noch in ihre Vergangenheit zurück und begnügten sich damit, ihr literarisches Erbe zu bewahren, ohne es zu erweitern. Die antiquarische Gelehrsamkeit fand deshalb bei ihnen eifrige Pflege. Die alte Res publica ist es, die dann aber auch mit dem Zeitalter Ciceros, Varros und des Livius zusammenfließt, der ihre ganze Liebe gilt.

Wenn seit dem Ausgang des 4. Jahrhunderts Mitglieder der römischen Senatsaristokratie, wie vor allem die Symmachi und Nicomachi, dafür gesorgt haben, daß hervorragende Werke der heidnischen Vergangenheit emendiert und von der kurzlebigen Papyrusrolle in den auf Dauer angelegten Pergamentkodex umge-| schrieben wurden, so ist diese Tat nicht zuletzt aus einem romantisch-historischen Antrieb zustandegekommen[70]. Das Sammeln und Studieren der alten Überlieferungen des eigenen Volkes, aber auch fremder Völker verstärkten sich in diesen letzten Jahrzehnten des 4. und den ersten Dezennien des 5. Jahrhunderts. Das sinkende Heidentum versuchte noch einmal eine große Bilanz zu ziehen, wie beispielsweise aus den Saturnalia des Macrobius zu ersehen ist[71]. Dieses Sichten und Sammeln läßt sich mit dem Sammeln und Erforschen der alten deutschen Kunst, der Mythen, Märchen, Sagen und Lieder des eigenen Volkes und fremder Völker im späten 18. und zu Anfang des 19. Jahrhunderts in Deutschland vergleichen[72].

---

[69] Kaiser Julian zeigt in seiner Religionspolitik eine realitätsfremde Einstellung, die mit romantischen Vorstellungen spielt.

[70] O. JAHN, Über die Subscriptionen in den Handschriften römischer Klassiker = Berichte über die Verhandlungen der sächs. Gesellschaft der Wiss. 1851, 327–372; zu M. Vettius Agorius Praetextatus vgl. Carm. Lat. Epigr. 111,8–12; vgl. ferner M. ZELZER, La tarda antichità: Lo spazio letterario del medioevo 1,3 (Roma 1995) 301–338.

[71] So berichtet Symmachus über ein verlorenes antiquarisch-verfassungsrechtliches Übersetzungswerk des Naucellius (epist. 3,11,3 [2,25f. CALLU]). Der Vater des Redners Symmachus wählte Varros Imagines sich zum Vorbild (bei Symm. epist. 1,2,2–8 [1,64–66 CALLU]); zu diesem varronischen Werk E. NORDEN, Varro's Imagines, hrsg. von B. KYTZLER (Berlin 1990); DAHLMANN a.O. (o. Anm. 41) 1227–1229. – In dieser Zeit um 400 n. Chr. gilt die hingebende Wertschätzung an erster Stelle den alten Schriftstellern (z.B. Epigr. Bob. 5,7f.; 57, 1–5.).

[72] Zu nennen sind vor allem J.G. HERDER, die Brüder M. und S. BOISSERÉE, W. und J. GRIMM, ferner J.J. VON GÖRRES, F. CREUZER, J.J. BACHOFEN, L. UHLAND, C. BRENTANO und F. RÜKKERT.

Wie in der europäischen Romantik das christliche Mittelalter, die Kaiser, Könige, Ritter und Heiligen Ziel einer verklärenden Verehrung waren, da man glaubte, sie stünden näher bei Gott als die brüchig erscheinende Gegenwart, so idealisierten die letzten heidnischen Römer ihre religiöse und politische Vergangenheit und sahen in der Res publica libera das echte und hohe Römertum, dem sie nachstreben müßten. Die Inhalte ihres Dichtens und Denkens sind fast ausschließlich den bereits in früheren Jahrhunderten ausgeführten Themenkreisen entnommen. Dabei traten in Rom gemäß dem Volkscharakter vor allem das Moralische und die Geschichte in das Licht romantischer Verklärung. Die meisten gebildeten Heiden gingen an den Herausforderungen ihrer Gegenwart vorbei und flohen in den schönen Schein einer weithin selbsterbauten Vergangenheit. Damit war die Gefahr einer inneren Aushöhlung ihrer geistigen Welt nahegerückt, sodaß sich Kraftlosigkeit aufgrund des Wirklichkeitsverlustes einstellte. So erinnern diese rückwärts gewandten nationalrömischen Kreise an bestimmte Richtungen der Romantik im 19. Jahrhundert.

Die romantische Stimmung vieler gebildeter Römer zeigte sich nicht zuletzt auch im literarischen Stil. Seit dem 1. Jahrhundert v. Chr. entspricht der | Hochschätzung der alten Römer und ihrer Sitten der bewußt gewählte Stil des Archaisierens, so vor allem bei Sallust[73]. Diese Stilrichtung lebte in der Folge öfter wieder auf. Berühmt waren die Archaisten des 2. Jahrhunderts n. Chr., Fronto und Gellius[74]. Aber selbst Cicero hat man bald als Vertreter echten alten Römertums bewundert und deshalb seinen Stil nachgeahmt, wie dies Quintilian, Plinius der Jüngere und der junge Tacitus taten, später die Christen Minucius Felix und Laktanz, darin eher untypische Vertreter der christlichen Latinität[75].

5. *Rückschau und Ausblick*

Ähnlich wie die Romantik der Neuzeit zeigen die antiken romantischen Bewegungen ein ianusartiges Gesicht: einmal weisen sie auf das gestörte seelisch-geistige Gleichgewicht ihrer jeweiligen Gegenwart hin und versuchen Störungen, die vor allem durch die einseitige Bevorzugung eines Fortschrittsdenkens und eines betont rationalen Denkens entstanden waren, zu korrigieren. Zu den Fortschrittsbewegungen gehört in gewisser Weise auch das Christentum, nicht

[73] W.D. LEBEK, Verba prisca. Die Anfänge des Archaisierens in der lateinischen Beredsamkeit und Geschichtsschreibung = Hypomnemata 25 (Göttingen 1970).
[74] R. MARACHE, Fronton et A. Gellius (1938–1964): Lustrum 10 (1965) 213–245; P. STEINMETZ, Untersuchungen zur römischen Literatur des 2. Jahrhunderts n. Chr. = Palingenesia 16 (Wiesbaden 1982) Reg.; einschränkend U. SCHINDEL, Archaismus als Epochenbegriff. Zum Selbstverständnis des 2. Jh.s: Hermes 122 (1994) 327–341; D.W.T. VESSEY, Aulus Gellius and the Cult of the Past: Aufstieg u. Niedergang d. röm. Welt 2,34,2 (1994) 1836–1917.
[75] M. VON ALBRECHT, Art. M. Tullius Cicero: Sprache und Stil: Pauly-Wissowa, Suppl. 13 (1973) 1237–1347, bes. 1342–1344.

zuletzt aufgrund seiner zielgerichteten eschatologischen Ausrichtung[76]. Zum anderen hielten sich die antiken Romantiker wie ihre Nachfolger in der Neuzeit vielfach nicht von schönmalenden Übertreibungen und Illusionen über die geschichtliche Vergangenheit fern und versagten vor den geistigen Herausforderungen, die die geschichtliche Stunde ihnen stellte. In dieser Hinsicht berührten sie sich mit den reinen Ästhetizisten, wie sie erstmals im Museion von Alexandrien auftraten und bereits dem l'art pour l'art-Standpunkt huldigten oder ihm zumindest nahekamen[77]. So dürfte eine einseitig betriebene romantische Strömung in Rom vielen die Augen vor der Tatsa|che verschlossen haben, daß das Christentum binnen kurzem kulturell und politisch über sie hinwegschreiten könne. Dies ist dann auch eingetroffen. Bereits die nächsten Generationen der um 400 noch dem Heidentum treuen ersten Familien der Stadt Rom bekehrten sich zum Christentum. Damit hörte am Ausgang der Spätantike die national-römisch bestimmte romantische Bewegung auf.

Aber auch die folgenden Jahrhunderte des christlichen Mittelalters entbehrten nicht vollständig romantischer Eigenarten. In diesem Zeitalter, das zwar in wiederholten Schüben von apokalyptisch-eschatologischen Zukunftsperspektiven bestimmt war, fehlten doch nicht Männer, die an ihrer christlichen Gegenwart litten und sich die kirchliche Vergangenheit in glänzenderen Farben ausmalten. Hier lebten in verwandelter Gestalt zuvor freigelegte Strukturen des Altertums fort[78].

Das Wiederaufleben einer bestimmten Mentalität innerhalb einer gegebenen Kultur ist eine oft zu beobachtende Erscheinung. Dabei bleiben bestimmte Charakteristika bestehen, neue treten hinzu. Dies trifft auch auf die romantische Bewegung um 1800 zu. Der in ihr zu beobachtende Nihilismus ist deutlich etwas Neues, das es in der abendländischen Kulturgeschichte solange nicht geben konnte, als die Kosmosvorstellung der Griechen und der Schöpfungsgedanke der Juden und Christen lebendig und wirkmächtig blieben[79]. Noch während des 19. Jahrhunderts ist die Romantik mehr und mehr verebbt, scheint aber am Ende des 20. Jahrhunderts in neuer Gestalt wiederaufzuleben. Solange es eine abendländische Kultur geben wird, gehört zu ihr auch diese aus ihrer jeweiligen Gegenwart und Realität ausbrechende und sie mehr mittelbar als unmittelbar in Frage stellende geistige Bewegung. Mythos und Sage, Ferne der Zeiten und Fer-

---

[76] W. KINZIG, Novitas Christiana. Die Idee des Fortschritts in der Alten Kirche bis Eusebius = Forschungen zur Kirchen- u. Dogmengeschichte 58 (Göttingen 1994).

[77] E. HOWALD, Das Wesen der lateinischen Dichtung (Erlenbach-Zürich 1948) und o. Anm. 31.

[78] J. SPÖRL, Das Alte und das Neue im Mittelalter: Historisches Jahrbuch d. Görresgesellschaft 50 (1930) 299–341. 498–524; H.R. JAUSS, Art. Antiqui/moderni (Querelle des anciens et des modernes): Historisches Wörterbuch d. Philosophie 1 (Darmstadt 1971) 410–414; E. GÖSSMANN, Antiqui und Moderni im Mittelalter = Veröffentlichungen des Grabmann Instituts N.F. 23 (München 1974) 40–44.

[79] D. ARENDT, ‚Der poetische Nihilismus‘ in der Romantik 1/2 (Tübingen 1972).

ne der geographischen Räume, Urtümlichkeit, Erforschtes und zugleich nur Aus-
gemalt-Traumhaftes kennzeichnen sie ebenso wie Flucht vor der Auseinandersetzung mit den Aufgaben des Tages und der vordergründigen Realität, sei diese
politisch und sozial bestimmt oder vom wissenschaftlich-technischen Zeitgeist
geprägt.

4. Der Dichter in der Einsamkeit

Zu einer abendländischen Denkvorstellung

Goethe bemerkt in seiner Selbstbiographie ‚Dichtung und Wahrheit':

„Diese Vorstellung [von seinem produktiven Talent, auf das er sein ganzes Dasein gründen will] verwandelte sich in ein Bild, die alte mythologische Figur des Prometheus fiel mir auf, der, abgesondert von den Göttern, von seiner Werkstätte aus eine Welt bevölkerte. Ich fühlte recht gut, daß sich etwas Bedeutendes nur produzieren lasse, wenn man sich isoliere. Meine Sachen, die so viel Beifall gefunden hatten, waren Kinder der Einsamkeit, und seitdem ich zu der Welt in einem breitern Verhältnis stand, fehlte es nicht an Kraft und Lust der Erfindung, aber die Ausführung stockte ... Indem ich nun hierbei die Hülfe der Menschen abzulehnen, ja auszuschließen, so sonderte ich mich nach Prometheischer Weise auch von den Göttern ab, um so natürlicher, als bei meinem Charakter und meiner Denkweise eine Gesinnung jederzeit die übrigen verschlang und abstieß"[1].

Goethe hat diese selbstbiographisch festgehaltene eigene dichterische Lebensform auch in sein dichterisches Werk eingehen lassen und zwar in den ‚Torquato Tasso'. Hier bemerkt Herzog Alfons kritisch zum Dichter Tasso, der sich nicht nur vom Volk, sondern auch von seinen engeren Vertrauten entfernt:

„Es ist ein alter Fehler, daß er mehr
Die Einsamkeit als die Gesellschaft sucht.
Verzeih ich ihm, wenn er den bunten Schwarm
Der Menschen flieht und lieber frei im Stillen
Mit seinem Geist sich unterhalten mag,
So kann ich doch nicht loben, daß er selbst
Den Kreis vermeidet den die Freunde schließen"[2].

Neben diesen Belegen stehen Aussagen der Gegenwart. So bemerkt Max Mell:

„Unbenommen muß es dem Dichter bleiben, scheinbar abgesondert von der Gemeinschaft und ablehnend gegen die Ereignisse des Tages zu schaffen. Er ist selbst autonome

---

[1] J.W. von Goethe, Werke, Hamburger Ausgabe in 14 Bänden, hrsg. von E. Trunz, 10 (München 1988) 48 (3.T. 15.B.). Zu G. Keller vgl. M. Mell, Ueber Gottfried Keller: Der Strom 2 (Wien 1912) 203: „Vor dieses Gericht seines Gewissens hat er [G. Keller] denn auch alle jene Kräfte des Künstlers immer wieder gefordert, die im Tiefsten unsozial sind: alle Neigung, sich abzuschliessen, mit sich und der Kunst allein zu bleiben, sich aller Gebundenheit, aller Pflichten zu entziehen und sich eigene Probleme zu schaffen, die mit denen der Allgemeinheit nichts oder wenig zu tun haben". – Ferner vgl. F. Nietzsche, Also sprach Zarathustra = Nietzsche Werke, hrsg. von G. Colli/M. Montinari 6,1 (Berlin 1968) 5: ‚Zarathustra's Vorrede'; vgl. U. Dierse, Art. Einsamkeit: Historisches Wörterbuch der Philosophie 2 (1972) 410–413, bes. 410f.
[2] 1. Aufzug, 2. Auftritt: Goethe a.O. 5 (München 1988) 80.

volkhafte Tätigkeit, und die erste Bewegung dabei kann sein, daß er sich von denen abwendet, zu denen er mit seiner Gabe zurückkehrt".[3]

Und an einer anderen Stelle bemerkt er: „Der Künstler dient der Gemeinschaft am besten mit seinem Einsamsein".[4] Auch Gottfried Benn bekennt sich zu dieser Haltung:

„Werfen wir nun einen kurzen Blick auf diese politischen Begriffe und ihren Gehalt an degenerierender und regenerativer Substanz – zum Beispiel Demokratie, als Staatsprinzip das beste, aber zum Produktiven gewendet absurd. Ausdruck entsteht nicht durch Plenarbeschlüsse, sondern im Gegenteil durch Sichabsetzen von Abstimmungsergebnissen, er entsteht durch Gewaltakt in Isolation. … Ästhetizismus, Isolationismus, Esoterismus – ‚der Kranichzug der Geistigen über dem Volk' – in der Tat, für diesen Vogelzug bin ich spezialisierter Ornithologe, für diesen Zug, der niemanden verletzt, zu dem jeder aufblikken kann, nachblicken kann und ihm seine Träume übergeben".[5]

Bei aller konkret-geschichtlich bedingten Einfärbung dieser leicht vermehrbaren Zeugnisse ist das Typische des Gedankens, hinter dem oftmals, wenn auch nicht durchgehend, ein tatsächliches Erleben und damit ein Überzeugtsein stehen, nicht zu verkennen. Um diesen Sachverhalt näher zu beleuchten, seien aus dem griechischen und römischen Altertum verwandte Stimmen vernommen! Mögen diese Stimmen auch zu einem Teil der Legende, ja der freien literarischen Erfindung angehören, so verweisen sie doch auch in dieser Brechung auf eine seelische Gestimmtheit, die zum Selbstverständnis des archaischen Dichters gehört und im weitesten Sinn als religiös zu bezeichnen ist. Dies erweist die Nähe dieses Topos zu dem ihm eng verwandten, dem Bild von dem in der Einsamkeit weilenden heiligen Menschen. Jeweils, so können wir feststellen, ist die Einsamkeit die Bedingung für die Begegnung und mitunter für den Dialog mit den numinosen Mächten[6]. Um diese zu erleben, muß der Dichter wie der heilige Mensch sich

---

[3] Dichtkunst in unserer Zeit: die pause. kultur, kunst, bildung, leben 1 (Wien 1935) 20; zitiert nach CH.H. BINDER, Max Mell. Beiträge zu seinem Leben und Werk = Arbeiten aus der Steiermärkischen Landesbibliothek 16 (Graz 1978) 109.

[4] „Zitiert nach einer Abschrift von Lilli Mell aus unveröffentlichten Aufzeichnungen": BINDER a.O. 110 und Anm. 5.

[5] Berliner Brief, Juli 1948: Gesammelte Werke in acht Bänden 7 (München 1968) 1738. 1740; vgl. DERS., Roman des Phänotyp = Gesammelte Werke 5 (München 1968) 1336: „Aller Glanz, den wir in unserer Seele tragen, kommt von Dingen, die wir erschaffen haben – Erinnerungen an Bilder, Erlebnisse mit Büchern, Eindrücke aus Kreisen, die wir analytisch durchschritten, erarbeitete Dinge, geistig emporgehobene und meistens ohne Gesellschaft langsam erwachsen. Man kann sie durch Isolation erschaffen wie jene Asiaten: ‚Sie malen nur eine Sache auf einmal und nie im Verhältnis zu anderen Dingen' – oder man kann sie in Verflechtungen vielfältig sich färben und verdunkeln lassen. Welche Erhabenheit in jener Methode: die chinesischen Maler fahren, um ihre Tuschezeichnungen zu vollbringen, tagelang weit hinaus aufs Meer: ein einziges Staubkorn stört die Prägung und gefährdet die tausendjährige Verwirrung, die hier endet."

[6] Zur Einsamkeit als Bedingung für das Erleben von Hiero- und Theophanien J. GRUBER, Die Erscheinung der Philosophie in der Consolatio Philosophiae des Boethius: Rhein. Mus. 112 (1969) 166–186, bes. 181f; ferner vgl. Philostr. her. 18,2: Trojanische Helden erscheinen Hirten.

zunächst von seiner gewohnten, profanen Umwelt lossagen und trennen. Indem er die gewohnte Umgebung aufgibt und in einsame Gegenden hinauszieht, überschreitet er die Grenze des Profanen und vermag dem Heiligen und Göttlichen zu begegnen. Einsamkeit wird so zu der Bedingung einer neuen, einer höheren Gemeinschaft, der Gemeinschaft mit dem Göttlichen oder Numinosen und damit in der Regel auch mit dem Schöpferisch-Segensvollen und Heil Stiftenden. Als Schatten begleitet freilich das Numinos-Dämonische und Fluchhaltige das Numinos-Segensvolle. So trifft Mose in der Einsamkeit der Wüste Gott, während Jesus Satan begegnet, der ihn versucht[7]. Ähnlich wie Jesus ergeht es den Mönchen, die sich als seine eigentlichen Nachfolger fühlen: Die Dämonen überfallen die Einsiedler und kämpfen mit ihnen[8]. Andererseits war die Einsamkeit der Natur für Jesus und die ihm nachfolgenden Christen auch immer wieder ein Ort der Gottesbegegnung[9].

Wie der Dichter in der Einsamkeit von einer höheren Macht Empfangenes aufzunehmen, zu nähren und auszutragen vermag, nicht unähnlich einer Schwangeren[10], so soll es nach der myth-historischen Überlieferung auch einzelnen heiligen Menschen ergangen sein. Hier ist vor allem an die Überlieferungen über die für einzelne Völker des antiken Mittelmeergebietes bedeutungsvollen Gesetzgeber zu denken, die ihre religiös-sittlichen Gesetze von einer Gottheit erhalten zu haben glaubten. So gibt es in dieser Hinsicht zwischen Mose und den Königen Minos und Numa mehr als nur eine Parallele[11].

Die Einsamkeit, das heißt das Alleinsein und Auf-sich-Gestelltsein des Menschen, wurde ursprünglich im Zusammenhang mit der vornehmlich religiös gedeuteten ‚Natur‘ erlebt. Eine derartige Natureinsamkeit – ein Reflex davon ist die ‚Waldeinsamkeit‘ (L. Tieck) der deutschen Romantik – konnte so einen Ort der Empfängnis schaffen. Jeweils fühlt sich der herausgerufene, der begnadete

---

[7] Ex. 3,1 ff. – Mt. 4,1–11 par.; S. Eitrem, Die Versuchung Christi (Oslo 1924); W. Speyer, Art. Gottesfeind: Reallexikon f. Antike u. Christentum (=RAC) 11 (1981) 996–1043; bes. 1030 f.
[8] Athanas. vit. Ant. PG 26, 835–976 passim; U. Ranke-Heinemann, Das frühe Mönchtum. Seine Motive nach Selbstzeugnissen (Essen 1964) 50–64; K.S. Frank, ΑΓΓΕΛΙΚΟΣ ΒΙΟΣ = Beiträge z. Geschichte des alten Mönchtums u. des Benediktinerordens 26 (Münster 1964) 69–74 und Reg. ‚Dämonen, -kampf‘; C.D.G. Müller, Art. Geister (Dämonen): C IV. Volksglaube: RAC 9 (1976) 761–797, bes. 784 f.
[9] Komplementär zu seinem Wirken in der Öffentlichkeit zog sich Jesus immer wieder an einsame Plätze zur inneren Sammlung und zum Gebet zurück (Mc. 1,35. 45; 6,31 f. 35. 46 [Berg]; Lc. 4,42; 5,16; 9,10; G. Kittel, Art. ἔρημος κτλ.:Theol. Wörterbuch z. Neuen Testament 2 [1935] 654–657). – Eucherius von Lyon hat in ‚De laude eremi‘ die geistige Ahnenreihe, die die von Mönchen bewohnte einsame Insel Lerinum seiner Tage mit der Wüste des Mose verbindet, aufgestellt (hrsg. von S. Pricoco [Catania 1965]).
[10] G. Riedner, Typische Äußerungen der römischen Dichter über ihre Begabung, ihren Beruf und ihre Werke, Diss. Erlangen (Nürnberg, 1903) 63: ‚Die Gedichte sind Kinder des Dichters‘; G. Kuhlmann, De poetae et poematis Graecorum appellationibus, Diss. Marburg (1906) 14 f.: τίκτειν, τρέφειν.
[11] W. Speyer, Frühes Christentum im antiken Strahlungsfeld = Wissenschaftliche Untersuchungen zum Neuen Testament 50 (Tübingen 1989) 33–36 und u. S. 99 f.

Mensch gegenüber dem sich in den Erscheinungen der Natur offenbarenden Göttlichen als der Empfangend-Aufnehmende[12]. Die Stille der Natureinsamkeit können wir so als einen Ort eines geistigen Zeugens der Gottheit und des Empfangens durch den erwählten Menschen deuten. Der Einzelne tritt aus dem Gewohnten ins Ungewohnte, aus dem Profanen ins Heilige. Seine Seele und sein Geist sind in einem Höchstmaß gespannt. Wie in der antiken Mittelmeerwelt Höhle und Grotte als Ort des Zeugens und Empfangens von Göttern und Heroen galten und ebenso als Ort des Begrabenwerdens, also der Initiation in eine andere jenseitig-göttliche Welt, so auch einsame Gegenden[13]. In der Einsamkeit der Natur, die ursprünglich als Wohnsitz der Götter und Geister galt, konnte so ein Ort der Begegnung und sogar der Vereinigung von Numen und Mensch gefunden werden. Innerhalb des antiken religiösen Weltbildes können deshalb die Bezeichnungen ‚einsamer Ort‘ und ‚heiliger Ort‘ synonym verwendet werden.

Erst auf einer veränderten Mentalitätsstufe, auf der der Mensch in seinem Erleben und Denken von der sinnenhaft erfahrbaren Natur mehr und mehr ins Innere seiner Selbst einkehrt, konnte die gleichsam äußere Einsamkeit zu einer inneren werden. So konnte auf der Stufe der Reflexionskultur der Einzelne zu sich selbst zurückkehren und die Einsamkeit in sich selbst finden. Aus der Natureinsamkeit wurde so eine Seeleneinsamkeit.

Die hier gemeinte Einsamkeit des Menschen ist grundsätzlich von seiner Vereinsamung, einer Form des Selbstverlustes und der Entfremdung, zu trennen. Während Vereinsamung zu Unfruchtbarkeit, Leere, Krankheit und Tod und damit zu Seinsverlust führt[14], kann die Einsamkeit, verstanden sowohl als Natur- als auch innere Einsamkeit, vielmehr zur Bedingung für schöpferisches Schaffen werden und damit zur Bedingung für eine fruchtbare Begegnung mit dem schöpferisch-göttlichen Prinzip[15].

Spätphasen einer Kultur werfen oft Licht auf deren dunkle Anfänge; denn es scheint ein Gesetz zu sein, daß sich Anfang und Ende berühren[16]. Hier liegt auch ein Grund für den Zauber, den romantisch gestimmte Literatur und entsprechende Denkmäler vermitteln. Ein derartiges Zeugnis enthält der mitten im Lärm der

---

[12] Ebd. 362–368, bes. 363 f. und unten Anm. 31 f.

[13] Ebd. 322–331: ‚Die Vision der wunderbaren Höhle‘. E. ROHDE, Psyche 1 [3](Tübingen, Leipzig 1903, Ndr. Darmstadt 1974) 111–145: ‚Höhlengötter. Bergentrückung‘.

[14] F. Nietzsche, Also sprach Zarathustra a.O. (o. Anm. 1) 376. 381: Vierter und letzter Teil: ‚Unter Töchtern der Wüste‘: „Die Wüste wächst: weh Dem, der Wüsten birgt!“.

[15] H. BIETENHARD, Art. Deus internus: RAC 3 (1957) 794–849. – Zum Thema vgl. auch RIEDNER a.O. (o. Anm. 10) 39 f.; O. FALTER, Der Dichter und sein Gott bei den Griechen und Römern, Diss. Würzburg (1934) 68–70; G. SCHNAYDER, Solitudinis auctoritas apud veteres quae fuerit: Eos 58 (1969/70) 67–82, bes. 74 f.

[16] W. SPEYER, Religionsgeschichtliche Studien = Collectanea 15 (Hildesheim, Zürich, New York 1995) 60. 192; DERS., Kulturwandel und Wanderungen in Europa: Wege zur Ganzheit. Festschrift J.H. Pichler (Berlin 1996) 245–260, bes. 245 = u. S. 245–260.

Kaiserzeit Roms geschriebene ‚Dialogus de oratoribus' des Tacitus[17]. Als Repräsentant der Gegenwart mit ihren Anforderungen des Tages tritt der Redner M.
Aper auf[18]. Seinem Angriff auf die Dichtkunst entgegnet der feinsinnige, nur aus
dem Dialogus bekannte Dichter Curiatius Maternus[19]. Er geht zunächst von sich
aus und erklärt, wenn er auch als Redner etwas in Rom erreicht habe, so habe er
sich doch mehr infolge seiner Dichtungen einen Namen erworben. Auf die äußere Anerkennung, den Zulauf der Grüßenden und anderes dieser Art könne er
gerne verzichten[20]. Zum eigentlichen Thema kommt er im 12. Kapitel. Bereits
zuvor hatte er bemerkt, er wolle „jene heiligere und erhabenere Beredsamkeit
pflegen"[21]. Duch die beiden der religiösen, der kultischen Sprache angehörenden
Adjektiva ‚sanctus' und ‚augustus' gibt Maternus bereits die gedankliche Richtung an, in der er das Wesen der Dichtung sieht[22]. Daran schließt er einen Lobpreis der Natur an. Wenn wir das Wort Natur hören, so denken wir entweder an
sie als das Werk oder die Schöpfung Gottes aufgrund der jüdisch-christlichen
Offenbarung oder im Sinn des technischen Zeitgeistes der Gegenwart an das
nutzbare, ja ausbeutbare Objekt. Beide Bedeutungen sind von dem lateinischen
Natura-Begriff, einer Lehnübersetzung des griechischen Physis-Begriffs, fern-
zuhalten. Physis/Natura blieb für die meisten Menschen der Antike stets eine,
wenn nicht die Offenbarungsweise übermenschlicher göttlicher Mächte.

Wie Maternus glaubt, kann der Dichter nur in der Natur, in der Stille und
Einsamkeit leben; denn Dichten ist ein religiöser Akt. Wörtlich sagt er: „Die
Seele zieht sich in reine und unschuldige Gegenden zurück und genießt einen
heiligen Aufenthalt"[23]. Deutlich läßt hier Tacitus Maternus Worte wählen, die
sonst die Gefilde der Seligen bezeichnen[24]. Die weiteren Ausführungen sollen
erweisen, daß der Dichter in den vorgeschichtlichen Anfang, d.h. in das Goldene
Zeitalter, zurückkehrt. Die dichterische Chiffre oder Metapher von der Goldenen
Zeit dürfte hier Folgendes bedeuten: Der Dichter, der sich von der Gottheit be-

---

[17] Vgl. R. GÜNGERICH / H. HEUBNER, Kommentar zum Dialogus des Tacitus (Göttingen
1980); ferner vgl. D. BO, Le principali problematiche del Dialogus de oratoribus = Spudasmata
51 (Hildesheim 1993).

[18] Prosopographia Imperii Romani 1 ²(1933) A nr. 910 GROAG /STEIN.

[19] Ebd. 2 ² (1936) C nr. 1604 GROAG /STEIN; ferner vgl. G. WISSOWA, Art. Curiatius nr. 7:
RE 4,2 (1901) 1832–1834.

[20] Dial. 11,2f.

[21] Ebd. 4,2: ... quod iam pridem opto ... ut ... sanctiorem illam et augustiorem eloquentiam
colam.

[22] Enn. ann. 4 frg. 5 Vers 154 (84 SKUTSCH) spricht von augusto augurio postquam incluta
condita Roma est. Damit spielt er auf das ann. 1 frg. 47 Vers 72–91 (76f. SKUTSCH) ausführlich
beschriebene Gründungsaugurium der Stadt Rom an. Der Beiname des Imperator Caesar Divi
filius Augustus weckte im Hörer den Anklang an diese berühmte Stelle; vgl. Suet. vit. Aug. 7,2.
Zur Schätzung des Ennius in der Kaiserzeit E. BICKEL, Das Ennius-Zitat aus Euripides bei
Seneca de brev. vit. 2,2 und der Topos des NEKPOΣ BIOΣ in der Antike: Rhein. Mus. 94
(1951) 242–249, bes. 247.

[23] Dial. 12,2: sed secedit animus in loca pura atque innocentia fruiturque sedibus sacris.

[24] P. HABERMEHL, Art. Jenseits: RAC 17 (1996) 264f.

gnadet weiß und sich mit ihr innerlich verbunden fühlt, merkt, daß dazu die
Tagesrealität, die ‚Werkeltagswelt‘, der Lärm, der Streit in den Gerichten in
Gegensatz stehen. Deshalb flieht er in die Einsamkeit der Natur. Der Dichter, der
in der Großstadt lebt, wendet sich von ihr ab und der Reinheit der Natur zu.

Seit der hellenistischen Epoche mit ihren Großstädten, Athen, Alexandrien,
Syrakus, Rom, entwickelt sich ein Gegensatz von Stadt und Land, von Stadt- und
Landleben. Das Landleben erhält während des Hellenismus und der römischen
Kaiserzeit eine Anziehungskraft, die es nicht nur dem Gegensatz zur Stadt mit
ihrer Naturferne verdankt, sondern auch dem Umstand, daß die romantische
Stimmung mit ihrer Sehnsucht nach der Goldenen Zeit das Landleben verklärt
hat. Die alexandrinische und römische Literaturgattung der Bukolik war eine
charakteristische Frucht dieser neuen Mentalität[25].

Der Dichter Curiatius Maternus, der aufgrund seiner Berufung in Rom in einer
ihm fremden Welt lebt, die mit den neuzeitlichen Großstädten verwandte Züge
aufweist, sehnt sich nicht nur in das Goldene Zeitalter zurück, sondern kann nur
dichten, wenn er den wahren Ursprüngen der Dinge und des Lebens begegnet.
Mit dieser Überzeugung steht er in der Tradition des ‚poeta vere divinus‘. Dieser
ist Sänger und Dichter, Prophet und Arzt sowie Friedensstifter in einer Person[26].
Nach dem Selbstverständnis dieses ältesten Typos des Dichters vermag ein Einzelner nur zu dichten, insofern er Zugang zur Welt des Göttlichen, der Götter und
Geister besitzt. Ganz folgerichtig glaubte der ‚poeta divinus‘ auch, sein dichterisches Vermögen und seine dichterische Aussage diesem Grund aller Erscheinungen zu verdanken. Indem er sozusagen in den Quellgrund allen Seins zurück-
tauchte, zum einheitsstiftenden Grund der Welt, vermeinte er zu dem Zustand
und zu jener Urzeit zurückzukehren, als Gottheit und Mensch miteinander ohne
jede Störung verbunden waren. Ausdruck hierfür waren der Gedanke und der

---

[25] K.-H. STANZEL, Art. Bukolik: Der Neue Pauly 2 (1997) 828–835. Eine gewisse Entspre-
chung zeigt die europäische Kultur in Renaissance, Barock und Rokoko; vgl. H.-J. MÄHL, Die
Idee des goldenen Zeitalters im Werk des Novalis ²(Tübingen 1994) 112–166; K. GARBER
(Hrsg.), Europäische Bukolik und Georgik = Wege der Forschung 355 (Darmstadt 1976).

[26] Hor. epist. 2,1,132–137: castis cum pueris ignara puella mariti / disceret unde preces,
vatem ni Musa dedisset? / poscit opem chorus et praesentia numina sentit, / caelestis implorat
aquas docta prece blandus, / avertit morbos, metuenda pericula pellit, / impetrat et pacem et
locupletem frugibus annum. Vgl. RIEDNER a.O. (o. Anm. 10); KUHLMANN a.O. (o. Anm. 10);
E. FASCHER, ΠΡΟΦΗΤΗΣ. Eine sprach- und religionsgeschichtliche Untersuchung (Gießen
1927); E. BEVAN, Sibyls and Seers. A Survey of Some Ancient Theories of Revelation and
Inspiration (London 1928); FALTER, a.O. (o. Anm. 15); A. SPERDUTI, The Divine Nature of
Poetry in Antiquity: Transactions and Proceedings of the American Philological Association 81
(1950) 209–240; H. MAEHLER, Die Auffassung des Dichterberufs im frühen Griechentum bis
zur Zeit Pindars = Hypomnemata 3 (Göttingen 1963); A. KAMBYLIS, Die Dichterweihe und
ihre Symbolik. Untersuchungen zu Hesiodos, Kallimachos, Properz und Ennius = Bibl. d.
klass. Altertumswiss. N.F. 2 (Heidelberg 1965); dazu kritisch W. SUERBAUM: Gnomon 40 (1968)
740–747; ferner E. BARMEYER, Die Musen. Ein Beitrag zur Inspirationstheorie = Humanistische Bibliothek, R. 1,2 (München 1968).

Glaube an die Goldene Zeit[27]. Dichtersein und Dichtung sind nach diesem Glauben zunächst ungeschieden, Ausfluß desselben Welt und Mensch bedingenden göttlichen Quells.

Weitere Vorstellungen schließen sich sogleich an. Ist der Grund für Dichtersein und Dichtung die Gottheit, so muß der Dichter alles Gottferne meiden und von sich weisen. Er muß sich selbst wie ein Priester vorbereiten, ja muß selbst Priester sein, um des Umgangs mit der Gottheit teilhaftig zu werden[28]. Dazu ist Reinheit notwendig oder, wie Tacitus im Dialogus Maternus sagen läßt: „Reine und von keinen Lastern beschmutzte Seelen". Über sie hätten die alten Seher verfügt; nur deshalb hätten sie göttliche Botschaften erhalten und sie als Orakel, also als göttliches Wort, weitergegeben[29]. Nach dem Glauben der Antike bedürfen Seher, Prophet und Dichter der Reinheit, damit sich die Gottheit, die als zeugend gedacht ist, mit ihnen verbinden kann[30]. Die Gottheit wird stets als wirkend und zeugend gedacht: Apollon genauso wie die Musen, der Mensch aber als empfangend[31]. Eine der ältesten Vergegenwärtigungen des Offenbarungsempfangs ist deshalb die Vorstellung einer geschlechtlichen Vereinigung von Gott und erwähltem Menschen[32].

Tacitus läßt Curiatius Maternus ganz die Haltung des ‚poeta divinus' einnehmen. Nicht grundlos wählt er deshalb auch die seit Vergil wieder mit neuem Glanz erfüllte Bezeichnung dieses Dichter-Typus, nämlich ‚vates'[33]. Vates aber war für die augusteische Romantik der mit religiöser Weihe umgebene Dichter Altroms[34]. Wie jener als Repräsentant der Kultgemeinde mit den numinosen Mächten Umgang pflegte und ihnen in der Einsamkeit der heiligen Haine, Quellen und Grotten begegnete, so glaubt auch noch Maternus, daß die Einsamkeit für

---

[27] W. Veit, Studien zur Geschichte des Topos der Goldenen Zeit von der Antike bis zum 18. Jahrhundert, Diss. Köln (1961); R. Vischer, Das einfache Leben = Studienhefte z. Altertumswissenschaft 11 (Göttingen 1965) 88–125; B. Gatz, Weltalter, goldene Zeit und sinnverwandte Vorstellungen = Spudasmata 16 (Hildesheim 1967) 18–21; A. Kehl/H.-I. Marrou, Art. Geschichtsphilosophie: RAC 10 (1978) 703–779, bes. 749–751; M. Wacht, Art. Gütergemeinschaft: RAC 13 (1986) 1–59, bes. 4–11; K. Kubusch, Aurea saecula. Mythos u. Geschichte = Studien z. Klass. Philologie 28 (Frankfurt a.M., Bern, New York 1986) 9–90; ferner Mähl a.O. 11–102: Die griechische Antike; die römische Antike.

[28] Riedner a.O. (o. Anm. 10) 30–39; Kuhlmann a.O. (o. Anm. 10) 29–32; Falter a.O. (o. Anm. 15) 74–78.

[29] Dial. 12,2–4.

[30] Catull. 16,5 f.: nam castum esse decet pium poetam/ipsum, versiculos nihil necessest. Der Nachsatz zerspielt bereits den alten Glauben. Ferner vgl. Ov. am. 3,8,23 f.: ille ego Musarum purus Phoebique sacerdos; dazu Falter a.O. (o. Anm. 15) 77.

[31] Zur Vorherrschaft des männlichen Prinzips nach dem Volksglauben: E. Lesky/J.H. Waszink, Art. Embryologie: RAC 4 (1959) 1228–1244, bes. 1229–1232.

[32] Vgl. E. Fehrle, Die kultische Keuschheit im Altertum = Religionsgeschichtliche Versuche und Vorarbeiten 6 (Gießen 1910, Ndr. Berlin 1966) 9–16.71; J. Schmid, Art. Brautschaft, hl.: RAC 2 (1954) 528–564. und o. Anm. 12.

[33] Dial. 13,1.

[34] E. Bickel, Vates bei Varro und Vergil: Rhein. Mus. 94 (1951) 257–314.

den Dichter und sein Schaffen notwendig sei[35]. Sie sei dem nervösen und geängstigten Leben der Redner vorzuziehen. Damit erscheint die Angst als Begleitererscheinung der Ruhelosigkeit der Großstadt und ihrer fehlenden Religiosität und Sittlichkeit. Konkret spielt Maternus dabei auf Vergils ruhigen Aufenthalt im damals ländlichen Neapel an[36]. Die Auseinandersetzung mit Apers Lob der Redekunst und der forensischen Beredsamkeit schließt Maternus mit einem Wunsch ab, der aber eher ein Gebet zu nennen ist: „Mich aber mögen die lieblichen Musen, wie Vergil sagt [georg. 2,475], fern von Aufregungen, Sorgen und dem Zwang, täglich etwas gegen die Seele zu tun, zu jenen Heiligtümern und jenen Quellen bringen!"[37] Mit diesem Anruf an die Musen, die als Göttinnen eines bestimmten Bereichs der als heilig erlebten Natur verstanden sind – als mit den Nymphen verwandt herrschen sie in Quellen, Grotten und auf Bergen –, wird die religiöse Vorstellung vom Dichter als poeta divinus oder vates unüberhörbar deutlich[38].

Wir können diesem Zeugnis des Tacitus entnehmen, daß der ideale Dichter auch noch in der römischen Kaiserzeit in erster Linie nicht als der poeta doctus erschien und auch nicht in seiner Aufgabe als Hof- oder als Klienteldichter, sondern in dem altererbten und ursprünglichen Sinn als der poeta vere divinus. Das kann auch noch Juvenal bestätigen. In seinen Tagen war diese ideale Gestalt zwar noch weiter verblaßt; aber selbst Juvenal weiß noch von der Naturnähe dieses Dichters und der von ihm aufgesuchten Einsamkeit[39].

Die von einem unreligiösen Denken und Erleben als zur Gänze durchschaubar erachteten Erscheinungen der sinnenhaft zugänglichen Welt erlebte der poeta divinus als religiöser Mensch, der er war, vielmehr als Offenbarung einer oder vieler geheimer übermenschlicher Mächte. Einsamkeit bedeutete für ihn deshalb nicht Isolierung und Zurückgeworfensein auf sich selbst, sondern Abkehr vom Profanen und Hinkehr zum Sakralen. Dieses Heilige erschien ihm dann sogar individualisiert, fast personalisiert in Gestalt bestimmter göttlicher Mächte, den Gottheiten der Offenbarungsübermittlung, so daß auch in der Einsamkeit Begegnung und Zwiesprache möglich wurden. So wandelte sich für ihn auf einer höheren Stufe des Bewußtseins die Einsamkeit zu einer fruchtbringenden Gemeinsamkeit. Deshalb preist Maternus die Haine und geheiligten Waldungen sowie

---

[35] Dial. 12,1: nemora vero et luci et secretum ipsum, quod Aper increpabat [vgl. 9,6], tantam mihi adferunt voluptatem, ut inter praecipuos carminum fructus numerem, quod non in strepitu … componuntur, sed secedit animus in loca pura atque innocentia fruiturque sedibus sacris.

[36] Dial. 13,1. Der Princeps Augustus schreibt in einem Brief an Vergil: excucurristi a Neapoli (mehr nicht erhalten): E. MALCOVATI, Imperatoris Caesaris Augusti operum fragmenta [5](Torino 1969) 21.

[37] Dial. 13,5.

[38] W.F. OTTO, Die Musen und der göttliche Ursprung des Singens und Sagens [2](Düsseldorf, Köln 1956); BARMEYER a.O. (o. Anm. 26).

[39] 7,53–62: sed vatem egregium, cui non sit publica vena, / qui nil expositum soleat deducere, nec qui / communi feriat carmen triviale moneta, / hunc qualem nequeo monstrare et sentio tantum, / anxietate carens animus facit [s.o. Anm. 36], omnis acerbi / inpatiens, cupidus silvarum aptusque bibendis / fontibus Aonidum. Sodann spielt er auf Hor. carm. 2,19,1f. an.

die Einsamkeit, und daher weiß auch Juvenal, daß der vates die Wälder liebt und aus dem Musenquell trinkt. Beim jüngeren Plinius dürfte der Gedanke von dem in der Einsamkeit Dichtenden durch seinen Freund Cornelius Tacitus vermittelt und zu einem reinen Bildungserlebnis abgesunken sein[40]. Gleichwohl ist selbst ein derartiges Zeugnis noch als Widerschein eines ehemals bestimmenden und prägenden Glaubens zu werten.

Im Zeitalter des Augustus, das reich an Rückschau auf das verklärt gesehene Altrom ist, hat Horaz mehrfach auf die Einsamkeit in der Natur als Quelle seines Dichtens verwiesen. Als gebildeter Kunstdichter schöpft er dabei vor allem aus dem reichen griechischen Erbe. Obwohl ganz poeta doctus will Horaz nicht auf den religiösen Nimbus verzichten. Er weiß den Glanz der Religion und ihrer Anschauungen für sich und seine Dichtkunst zu nutzen. So verwendet er das Motiv der Einsamkeit und das damit eng verknüpfte Motiv der Grotte, um sein Dichten als göttliches Geschenk auszugeben. In seinem Programmgedicht des ersten Odenbuches bekennt er seine innere und äußere Entfernung von der Menge: me gelidum nemus / Nympharumque leves cum Satyris chori / secernunt populo. Allerdings ist dies, so der fromm erscheinende Dichter, an die Bedingung geknüpft, daß ihm die Musen Euterpe und Polyhymnia gnädig sind[41]. Die Offenbarung, denn eine derartige hat der Dichter mitzuteilen, erfährt er nur am einsamen Ort[42]. Er dichtet in der Einsamkeit des Anio, der an Tibur vorüberfließt, und im Hain[43]. Quelle, Hain und vor allem die einsame Grotte gelten ihm als die bevor-

---

[40] Epist. 9,10,2: itaque Minervae tantum serviendum est, delicate tamen ut in secessu et aestate ... Itaque poemata quiescunt, quae tu inter nemora et lucos commodissime perfici putas. Der Brief ist an Tacitus gerichtet und spielt auf eine Äußerung des Tacitus an, die gleichfalls Curiatius Maternus im Dialogus anspricht (12,1 als Antwort auf Apers Ausführung 9,6). Dann dürfte die Auffassung des Maternus wohl als die des Tacitus gelten. Plinius zeigt auch epist. 1,6,2 f. mit dem Dichterbild des Tacitus / Maternus Übereinstimmungen: iam undique silvae et solitudo ipsumque illud silentium quod venationi datur, magna cogitationis incitamenta sunt. Proinde cum venabere, licebit auctore me ut panarium et lagunculam sic etiam pugillares feras; experieris non Dianam magis montibus quam Minervam inerrare (gleichfalls an Tacitus gerichtet); dazu vgl. Goethe, Dichtung und Wahrheit 2. Teil, 7. Buch (Hamburger Goethe Ausgabe a.O. [o. Anm. 1] 278): „... (Kleist) hatte nämlich gegen diejenigen, welche ihn wegen seiner öfter einsamen Spaziergänge beriefen, scherzhaft, geistreich und wahrhaft geantwortet, er sei dabei nicht müßig, er gehe auf die Bilderjagd ..." – Ein andermal ruft Plinius aus, epist. 1,9,6: o mare, o litus, verum secretumque μουσεῖον, quam multa invenitis, quam multa dictatis! (an Minicius Fundanus gerichtet). Vgl. A.N. SHERWIN-WHITE, The Letters of Pliny. A Historical and Social Commentary (Oxford 1966) 101. 488 f.

[41] Carm. 1,1,30–34. Auch in carm. 4,3,21–24 will er die Würde und den Erfolg seiner Dichtkunst allein der Muse verdanken.

[42] Carm. 2,19,1–4: Bacchum in remotis carmina rupibus / vidi docentem, credite posteri, / Nymphasque discentis et auris / capripedum Satyrorum acutas. Der Einschub credite posteri beweist, wie weit Horaz und seine Zeit innerlich von jenem Bewußtsein des poeta divinus getrennt sind. Aus Religion ist Kunstästhetik geworden, ein Prozeß, der in Griechenland gewiß schon vor den alexandrinischen Dichtern begonnen hat.

[43] Carm. 4,3,10–13: sed quae Tibur aquae fertile praefluunt / et spissae nemorum comae / fingent Aeolio carmine nobilem. Zur mantischen Kraft des Wassers M. NINCK, Die Bedeutung

zugten Plätze der dichterischen Eingebung[44]. Wenn Horaz im Brief an Florus, also einer der Kunstprosa nahestehenden dichterischen Gattung, schreibt, daß der ganze Chor der Dichter den Hain liebe und die Stadt fliehe, so beweist er das Klischee- und Toposhafte des Gedankens bereits für seine Zeit[45].

In der Nachfolge des Horaz steht Ovid mit seiner Einleitungselegie zum dritten Buch der ‚Amores'. Er beginnt mit dem vom ‚Numen' bewohnten altehrwürdigen Hain mit ‚heiligem Quell' und Grotte. In ihm lustwandelt der Dichter und wartet auf die Muse. Tatsächlich, so gibt er vor, erscheinen ihm ‚Elegie' und ‚Tragödie' und sprechen mit ihm[46]. In diesem Gedicht zielt bereits alles auf rational vorgenommene Personifikationen und damit auf ein reines Spiel der Gedanken ab. Die aus religiösem Erleben erwachsenen Motive dienen gleichsam nur noch zur Dekoration.

Alle bisher für das hohe Bild des Dichters in Rom genannten Vorstellungen verweisen zugleich auch auf Grundvorstellungen der Griechen über den Dichter-Sänger-Propheten. Nach Hesiods Selbstzeugnis haben ihn die Musen, als er am Helikon die Schafe weidete, zum Dichter geweiht[47]. Diese für uns zu den ältesten Selbstaussagen eines poeta divinus zählende Nachricht unterliegt wie alle Hesiod folgenden dem Zweifel an ihrer Erlebnisechtheit[48]. Gleichwohl weist sie wie die späteren zugleich auf ein inneres, ein seelisches Phänomen hin, das ernstzunehmen ist, auch wenn es geschichtlich und damit wissenschaftlich nicht mehr voll zugänglich und einholbar ist.

Von Euripides berichten die Vita und der Biograph Satyros, der Dichter habe auf Salamis in einer Grotte gesessen und fern vom Gewühl der Menge, mit freiem Blick auf das weite Meer den Rätseln des menschlichen Lebens nachgedacht[49]. Ganz ähnlich lautet das Zeugnis des Philochoros aus Athen bei A. Gellius[50]. Wie A. Lesky meint, passe diese Überlieferung, ob echt oder nicht, doch gut in das Bild des Dichters Euripides, der sich in einem bis dahin unerhörten Abstand zum Leben der Gemeinschaft befunden habe. Dabei spricht er von einer ersten Ausprägung des Geniebegriffes, der später im Abendland so bedeutsam werden soll-

---

des Wassers im Kult und Leben der Alten = Philologus, Suppl. Bd. 14,2 (Leipzig 1921, Ndr. Darmstadt 1967) 47–99.

[44] Carm. 3,25,1–6: Quo me, Bacche, rapis tui / plenum? quae nemora aut quos agor in specus / velox mente nova? quibus / antris egregii Caesaris audiar / aeternum meditans decus / stellis inserere et consilio Iovis? Prop. 3,1,1–6 mit Hinweis auf die Alexandriner Kallimachos und Philitas.

[45] Epist. 2,2,77–80; vgl. carm. 1,22,9–12; Ov. trist. 1,1,41: carmina secessum scribentis et otia quaerunt; 1,11,37: Ovid dichtet in seinen Gärten.

[46] 3,1,1–70.

[47] Theog. 1–35.

[48] Vgl. Maehler a.O. (o. Anm. 26) 35–48; Kambylis a.O. (o. Anm. 26) 31–68, bes. 52–61; Speyer, Christentum a.O. (o. Anm. 11) 113f.

[49] Vit. Eur. 5, hrsg. von E. Schwartz, Scholia in Euripidem 1 (Berlin 1887, Ndr. ebd. 1966) 4f.; Satyros: PapOxy 9 (London 1912) nr. 1176 frg. 39 col. 9.

[50] Noct. Att. 15,20,5 = FGrHist 328 F 219 mit dem Kommentar von F. Jacoby.

te und den schöpferischen Menschen als den Unverstandenen in eine mit tragischem Akzent versehene Distanz zu seiner Umwelt setzt[51]. Diese Deutung dürfte wohl zu sehr von neuzeitlichen Vorstellungen geprägt sein. Vielmehr will die wahrscheinlich legendäre Überlieferung über Euripides verdeutlichen, daß der Dichter zu den poetae divini gehört, die in der Stille der rätselhaften Wirklichkeit den Ursprüngen von Welt und Leben nachdenken. Die Grotte oder Höhle, in der der Dichter sitzt, kann als Chiffre für das Uranfängliche von allem, für den gähnenden Abgrund, den Urmutterschoß, das hesiodeische Chaos gelten[52]. Die Höhlen galten auch als Eingänge zu einer jenseitigen Welt[53]. Dichter, Seher und Weiser werden öfter mit der Grotte in Verbindung gesetzt, wohl nicht zuletzt deshalb, weil Höhle und Quellgrund und damit der Anfang und das Ende von allem in einem inneren Zusammenhang stehen[54].

Bereits Homer soll in der Einsamkeit einer Grotte bei Smyrna seine Epen gedichtet haben. Pausanias, der dies mitteilt, weist dabei auf das Wasser hin, die Quellen des Flusses namens Meles[55]. Ebenso soll sich Pythagoras in die Stille einer Höhle zurückgezogen haben und seinen philosophischen Betrachtungen nachgegangen sein[56]. Ganz entsprechende Überlieferungen gab es von den großen Gesetzgebern, die als Gottesfreunde angesehen wurden[57]. So soll König Numa im Hain der Camenae in Rom oder im Hain von Aricia seine Gesetze von der Nymphe Egeria erhalten haben[58]. In diesen Überlieferungen fehlt auch nicht der Hin-

---

[51] Die tragische Dichtung der Hellenen = Studienhefte zur Altertumswiss. 2 ³(Göttingen 1972) 278. – Vgl. E. ZILSEL, Die Entstehung des Geniebegriffes. Ein Beitrag zur Ideengeschichte der Antike und des Frühkapitalismus (Tübingen 1926, Ndr. Hildesheim 1972) bes. 1–105.

[52] Theog. 116. 123.

[53] R. GANSCHINIETZ, Art. Katabasis: RE 10,2 (1919) 2359–2449, bes. 2379f., 2383–2387 passim.

[54] Aus dem dunklen Schoß der Erde kommt das Leben und in ihn sinkt es wieder zurück; ferner vgl. M. ZEPF, Der Mensch in der Höhle und das Pantheon: Gymnasium 65 (1958) 355–382. Taf. IX–XIII.

[55] 7,5,12. Zum Namen Homers Melesigenes A. LESKY, Art. Homeros: RE Suppl. 11 (1968) 687–846, bes. 690. – Vgl. auch Phaedr. 4,26,4–6: Simonides … / victori laudem cuidam pyctae ut scriberet / certo conduxit pretio, secretum petit. – Nach später Legende soll Vergil in einer Grotte bei Mantua meditiert haben (J. BURCKHARDT, Die Kultur der Renaissance in Italien ¹³[Stuttgart 1922] 110).

[56] Porphyr. vit. Pyth. 9 (40 DES PLACES); Iambl. vit. Pyth. 5,27. Zur Katabasis des Pythagoras SPEYER, Christentum a.O. (o. Anm. 11) 441. – Pyrrhon von Elis hat angeblich auch einsame Gegenden aufgesucht (Diog. Laert. 9,63 nach Antigonos von Karystos). Zu Peregrinos Proteus Gell. noct. Att. 12,11,1; zu den Philosophen vgl. auch SCHNAYDER a.O. (o. Anm. 15) 74f; zum Typos des Melancholikers, der einsame Gegenden aufsucht, PsHippocr. epist. 12 (293f. HERCHER).

[57] K. TREU, Art. Gottesfreund: RAC 11 (1981) 1043–1060.

[58] Enn. ann. 2 frg. 1 Vers 113 (79 SKUTSCH); Liv. 1,21,3; Plut. vit. Num. 4,2,62a; Lact. inst. div. 1,22,2 (CSEL 19,1,88); SPEYER, Studien a.O. (o. Anm. 15) 85f. – Wie Plutarch betont (vit. Num. 4,1,61f.), hat Numa die Stadt verlassen, um sich einem Leben in der Einsamkeit zu widmen.

weis auf die Höhle mit dem Quell. Eine entsprechende Legende gab es für den Gesetzgeber der Kreter, König Minos; er soll der ‚Gesprächsgenosse des großen Zeus' gewesen sein und seine Gesetze in der Zeushöhle erhalten haben[59].

Die Grotte ist in erhöhtem Maß ein Ort der Einsamkeit, an dem bestimmte Menschen dem Göttlichen zu begegnen vermochten. Dabei konnte die Grotte auch zu einem inneren visionären Bild werden, das für die Initiation in die jenseitige Welt stand[60]. Als poetisches Bild verwendet Horaz die Musengrotte, in der Augustus nach den Anstrengungen des Kampfes von den Musen erfrischt wird[61].

Noch ein christliches Apokryphon später Zeit, die angeblich vom Johannesschüler Prochoros verfaßten Akten des Johannes, erzählt, Johannes habe in einer Höhle, in der Wasser floß, eine Himmelsstimme gehört und darauf die Geheime Offenbarung aufgezeichnet[62].

Die in den mitgeteilten Zeugnissen belegte Vorstellung dürfte kein ‚Wandermotiv des geistig Schaffenden' sein, wie Wilhelm Schmid meint[63], sondern aus einer ursprünglich religiösen Erfahrung erwachsen sein, die nicht auf ein Volk beschränkt geblieben ist. Die Einsamkeit in der Natur konnte an einem ausgezeichneten Ort, wie es Höhle, Grotte und Hain mit der Quelle sind, verdichtet erlebt werden. Was später die Kunstdichtung als sogenannten Topos des locus amoenus kennt[64], war nach einem älteren religiösen Erleben vielmehr der locus sacer, dem notwendig auch das Tremendum, verstanden als numinoser Schrekken, innewohnte. Noch in der Kaiserzeit bezeugen einzelne Schriftsteller dieses Gefühl, das auf die Doppelpoligkeit des Heiligen von Abstoßen und Anziehen antwortet, gegenüber dem locus sacer[65].

Die Antike hat mit dem Bild des in der Einsamkeit sich sammelnden, hörendschauenden und schaffenden Dichters einen Typos menschlicher Existenz entdeckt und gestaltet, der innerhalb der europäischen Geistesgeschichte in unterschiedlicher Gestalt begegnet. Am Anfang stand der Dichter als heiliger Mensch

---

[59] Od. 19,178 f.; Ps. Plat. Min. 319 b–e; Ephoros bei Strab. 10,4,8,476 = FGrHist 70 F 147; vgl. Strab. 16,2,38,762; Lact. inst. div. 1,22,3 (88) und andere; vgl. Rohde a.O. (o. Anm. 13) 1,128; Speyer, Christentum a.O. (o. Anm. 11) 36 f. 44 Anm. 151.

[60] Speyer, Christentum a.O. (o. Anm. 11) 322–331: ‚Die Vision der wunderbaren Höhle'.

[61] Carm. 3,4,37–40.

[62] Th. Zahn, Acta Joannis (Erlangen 1880) 184 f. Von der bildenden Kunst oft dargestellt: M. Lechner, Art. Johannes der Evangelist: Lexikon d. christlichen Ikonographie 7 (Freiburg 1974) 108–130, bes. 114 f; W. Speyer, Art. Himmelsstimme: RAC 15 (1991) 286–303.

[63] Geschichte der griechischen Literatur 1,3 = Handb. d. Altertumswiss. 7,1,3 (München 1940, Ndr. ebd. 1961) 313 Anm. 7 mit Hinweis auf H. Gerstinger.

[64] E.R. Curtius, Europäische Literatur und lateinisches Mittelalter [9](Bern 1978) 202–206: ‚Der Lustort'; K. Garber, Der locus amoenus und der locus terribilis. Bild und Funktion der Natur in der deutschen Schäfer- und Landlebendichtung des 17. Jahrhunderts = Lit. u. Leben N.F. 16 (Köln, Wien 1974).

[65] Sen. epist. 41; Mela 1,71–76; Lucan. bell. civ. 3,399–425; ferner vgl. Cic. div. 1,114; Verg. Aen. 8,337–369. – Zum Heiligen R. Otto, Das Heilige (München 1917, Ndr. ebd. 1963); C. Colpe, Die Diskussion um das ‚Heilige' = Wege der Forschung 305 (Darmstadt 1977).

entsprechend dem alles bestimmenden religiösen Weltbild. Der Dichter erschien hier als integrale Gestalt. Er war Seher und Heiler, Friedensstifter und Heilbringer zugleich. Seit der vom 5. Jahrhundert v. Chr. an wachsenden Profanierung aller Lebensbereiche wuchs die Sehnsucht nach diesem Dichtertypus[66]. Seitdem gehörte es zur Selbststilisierung vieler Dichter, sich der Mitwelt als poeta vere divinus vorzustellen. Kallimachos und die ihm folgenden Römer von Ennius an sind dafür eindrucksvolle Zeugen[67]. Aus einem tatsächlichen Erlebnis entstand so ein rein künstlerisch-ästhetisches. Damit mußte auch die Einsamkeit als Bedingung für Offenbarungsempfang zu einem ästhetisch zu nützenden Topos herabsinken. Gleichwohl blieb im Altertum dieser Topos noch in ein weithin allgemein verbindliches religiöses Weltbild eingebunden. Einsamkeit gab es deshalb in der Antike nur auf dem Hintergrund eines von Göttern erfüllten Kosmos. Für Juden und Christen aber galt die Welt als Schöpfung des einen personalen Gottes. In der Einsamkeit von Kosmos und Schöpfung konnte der Dichter als homo religiosus, der er war, in den Dialog mit der Gottheit, mit Gott eintreten. Dies wurde erst anders, als mit einer in der italienischen Renaissance beginnenden unchristlichen geistigen Strömung und einer rationalistischen Aufklärung seit dem 18. Jahrhundert der Unglaube sein Haupt erhob. Dem nachantiken und unchristlichen Dichter der Neuzeit blieb nur übrig, sich selbst zum deus creator zu stilisieren und sich über das anbrandende Nichts und die Sinnlosigkeit des Daseins hinwegzuschwindeln und so seine Mit- und Nachwelt zu illusionieren[68].

---

[66] W. Speyer, Dekadenzempfinden und Sehnsucht nach den für machtvoll gehaltenen Anfängen. Zu einem romantischen Charakterzug der Antike: Zeitschrift für Ganzheitsforschung N.F. 40 (1996) 171–191 = oben S. 69–87.
[67] Kambylis a.O. (o. Anm. 26).
[68] E.C. Mason, Der Zopf des Münchhausen. Eine Skizze im Hinblick auf Rilke (Einsiedeln 1949) bes. 56–85. Ferner vgl. W. Rehm, Der Dichter und die neue Einsamkeit. Aufsätze zur Literatur um 1900 (Göttingen 1969) 7–33; H. Emmel, Art. Einsamkeit: Historisches Wörterbuch der Philosophie 2 (1972) 407–410; Dierse a.O. (o. Anm. 1).

5. Toleranz und Intoleranz in der Alten Kirche

I. Grundlegung

1. Toleranz und Intoleranz als Komplementärbegriffe

Die Begriffe Toleranz und Intoleranz gehören zu den Wert- und Unwertvorstellungen und damit in das Gebiet ethischer Anschauungen und Wertsetzungen[1]. Gehen wir vom Verständnis der Grundvoraussetzungen der neuzeitlichen Demokratien aus, so ist Toleranz ein Wert menschlichen Fühlens, Denkens und Urteilens, Intoleranz entsprechend ein Unwert. Ob damit aber die beiden Begriffe und ihr Verhältnis zueinander hinreichend bestimmt sind, dürfte zweifelhaft erscheinen.

Nehmen wir die Begriffe Toleranz und Intoleranz in ihrem ursprünglichen Wortsinn[2], so weisen sie auf eine Wirklichkeitsstruktur hin, die für alles Gewordene gilt, nämlich auf die Tatsache, daß alles Gewordene begrenzt und daher auch nur bis zu einem gewissen Grade belastbar ist. Jenseits dieser naturhaft gegebenen Grenze und Belastbarkeit muß alles Gewordene sein Wesen einbüßen und damit dem Untergang anheimfallen. Grenzenlosigkeit und Überbelastung führen somit zum Verlust der Identität und so zum Untergang des jeweils bestimmt Geformten. Dieses Gesetz gilt ebenso für den anorganischen wie für den organischen Bereich, für die Gebilde der Schöpfung, der Natur, wie für die Gestaltungen der Kultur. Die Folge von Grenzenlosigkeit und Überbelastung ist also notwendigerweise der Untergang der jeweiligen Erscheinung der Natur oder Kultur. Die Identität sowohl der konkreten Wesen als auch der geistigen Gebilde, wie es eine menschliche Gemeinschaft ist, kann nur solange bestehen, wie eine dauerhafte Übereinstimmung in wesentlichen Fragen gegeben | ist, eben in jenen Fragen, die die Identität des Einzelnen und der Gruppe begrenzen. Wo diese Grenzen liegen, bestimmen die geistigen Führer der jeweiligen Gemeinschaft. Dabei können sie jedoch nicht willkürlich vorgehen, sondern sind selbst an Ge-

---

[1] B. Kötting, Religionsfreiheit und Toleranz im Altertum = Rheinisch-Westfälische Akademie der Wiss., Vorträge G 223 (Opladen 1977) 15 (Literatur); C. Colpe, Problem Islam [2](Weinheim 1994) 160/97: ‚Toleranz im Islam', bes. 161f. (Literatur); ferner vgl. K. Rahner, Toleranz in der Kirche = Herderbücherei 596 (Freiburg/Basel/Wien 1977) 9/65; J.M. Lochman, Wahrheitseifer und Toleranz, Basler Universitätsreden 75 (Basel 1981).

[2] Zu lat. tolerare, ‚ertragen, aushalten, dulden', vgl. die lateinischen Lexika; zu griech. ὑπομένω: F. Hauck: Theologisches Wörterbuch zum Neuen Testament 4 (1942) 585/93.

setze gebunden. Diese Gesetze folgen aus der Vorgegebenheit der Seinswirklichkeit. Auch hier gilt der scholastische Satz: agere sequitur esse.

Die Menschen haben aber das Sein nicht zu allen Zeiten auf gleiche Weise erlebt. Die Geschichte zeigt Zeitabschnitte mehr objektiv bestimmten Erlebens und Handelns gegenüber Jahrhunderten der Subjektivität. Insofern stehen sich Toleranz und Intoleranz als Grundhaltungen nicht nur unter systematischem Blickpunkt gegenüber, sondern sind zugleich auch zwei Mentalitätsepochen der Menschheitsgeschichte zugeordnet: die Intoleranz mehr einer objektiven, einer mythisch-religiös bestimmten Epoche, die Toleranz mehr einem subjektiven und entsakralisierten Zeitalter. Inhärent ist mit dieser Zuordnung von Toleranz und Intoleranz an zwei aufeinander folgende Zeitalter des menschlichen Geistes auch die Vorstellung von Fortschritt und Traditionalismus verknüpft. So spiegelt sich in diesem Begriffspaar auch der Kampf der auf beschleunigte Veränderung angelegten Neuzeit gegen den festgefügten Ordo der von der alten Kirche bestimmten Spätantike und des Mittelalters mit seinem Traditionsbewußtsein und seinem Objektivitätsanspruch.

Wenn der moderne Mensch der Medien- und Informationsgesellschaft eine gleichsam unbegrenzte Toleranz fordert, so folgt diese Forderung notwendig aus seinem Weltbild, das durch Agnostizismus, Relativismus, Indifferentismus und Liberalismus geprägt ist. In dieser Hinsicht unterscheidet er sich nicht nur von den Gläubigen der monotheistischen Religionen, sondern auch von den Verehrern der Volks- und Staatsgötter im Altertum. Trotzdem müßte auch ein moderner Verfechter einer gegen jeden und alles geforderten, einer geradezu grenzenlosen Toleranz den zuvor beschriebenen Sachverhalt gelten lassen: Grenzen der Toleranz sind naturnotwendig. Das kann auch ein Blick auf die heutigen Demokratien zeigen. Auch diese Staatsform, die die Freiheit des einzelnen in einer bisher unbekannten Weise nicht nur ermöglicht, sondern auch gutheißt, kann die Freiheit nicht so weit zulassen, daß diese sich gegen ihren eigenen Bestand richtet. Auch die der individuellen Freiheit so weit geöffnete Demokratie ist an bestimmte Normen und Gesetze, also an Grenzen, gebunden. Sie ist zwar grundsätzlich eine offene Staatsform, aber dies nicht in einem absoluten und grenzenlosen Sinn. Damit ergibt sich, daß Toleranz immer auch auf eine gewisse Intoleranz angewiesen bleibt, daß das Gegensatzpaar Toleranz und Intole|ranz nicht in einem dualistischen, sondern in einem komplementären Sinn zu verstehen ist; denn Toleranz ohne Grenzen und damit ohne Züge der Intoleranz führt zur Auflösung jedweder Identität und damit zum Ungeformten, Anarchischen und Chaotischen, extreme Intoleranz aber zur Versteinerung des Eigenen und zur Unterdrückung und Vernichtung des anderen, des Fremden, zu Totalitarismus und Tyrannei. In einer jeden Gemeinschaft und Kultur wird es allerdings auf die Grade ankommen, in denen tolerantes, grenzüberschreitendes Denken und Handeln jeweils ins Spiel kommen. Da es hierbei um Fragen des Messens und Ermessens geht, müssen notwendig die Urteile der Historiker auseinandergehen.

2. Die Zuordnung von Intoleranz und Toleranz an zwei verschiedene Mentalitäten und Mentalitätsepochen

Tolerantes und intolerantes Verhalten zeigten die Menschen innerhalb und außerhalb ihrer Gemeinschaften lange vor dem terminologischen Gebrauch beider Bezeichnungen. Das Aufkommen der Begriffe ist an geistige Prozesse gebunden, die innerhalb der Hochkulturen in Spätphasen auftauchten, als sich Einzelne und Gruppen aus dem religiös-politisch geeinten Gemeinschaftsverband lösten und sich zu diesem in einen Gegensatz brachten, wie dies wohl zum ersten Mal mit Folgewirkung im Athen des späten fünften Jahrhunderts v. Chr. der Fall war[3]. Mit der Trennung der Philosophie von Mytho-Logie und Mytho-Graphie entstand damals ein erstes Zeitalter der Subjektivität, getragen von einzelnen Philosophen, den Sophisten und den Atomisten. Aufgrund dieses geistigen Wandels bildete sich in Athen eine Vorform der modernen Demokratie und eines gewissen Pluralismus[4]. Deshalb erscholl auch folgerichtig der Ruf nach Toleranz. Die sogenannten Asebieprozesse, zu denen nicht zuletzt der Prozeß gegen Sokrates gehörte, zeigen diesen ersten Konflikt zwischen der Intoleranz der alten, kultisch gebundenen Gemeinschaft der Polis und den Toleranz fordernden einzelnen Philoso|phen[5]. Die Tatsache der Asebieprozesse erweist den Auseinanderfall einer religiös geeinten archaischen Gemeinschaft zugunsten einer mehr und mehr entsakralisierten Interessensgemeinschaft, wie es das Athen der Sophisten und auch des skeptischen Thukydides bereits bis zu einem gewissen Grade war. Trotzdem blieb das demokratische Athen noch tief an die aus der alten Religion kommenden Traditionen gebunden, weit mehr jedenfalls als die modernen Demokratien an das Christentum.

Während der römischen Republik und Kaiserzeit versuchten Gruppen mit einem stark unterschiedenen religiösen Erfahrungshorizont, die vornehmlich aus dem Osten kamen, in Italien und Rom Fuß zu fassen und öffentliche Anerkennung zu gewinnen[6]. In den überlieferten Fällen klingt bereits bei den miteinander ringenden Bewegungen die Terminologie von Toleranz und Intoleranz an. Da aber im griechisch-römischen Altertum und dem darauf folgenden christlichen Zeitalter die allumfassende religiös-politische Einheit jeweils wieder über alle partikulären Sondergemeinschaften gesiegt hat, konnte das Thema ,Toleranz und Intoleranz' seine bis heute anhaltende Brisanz erst in einer neuen Epoche entfalten: in einem von der Renaissance, der Reformation und der Aufklärung des

---

[3] Der Pharao und religiöse Reformator Echnaton (Amenophis IV., 1364–1347 v. Chr.) ist ein Sonderfall der Religionsgeschichte. Sein intolerantes Vorgehen als Verehrer des einen Sonnengottes, Aton, gegen den bisher geltenden Kult der vielen Volks- und Staatsgötter blieb jedoch folgenlos; vgl. H.A. SCHLÖGL, Echnaton-Tutanchamun [3](Wiesbaden 1989) 15/36.65/7.

[4] J. BLEICKEN, Die athenische Demokratie [2](Paderborn, München, Wien, Zürich 1994).

[5] Vgl. Flav.Jos.c.Apion. 2,262/8. Zum Vorwurf des Atheismus und der Asebie im Altertum M. WINIARCZYK, Bibliographie zum antiken Atheismus, 17. Jahrhundert – 1990 (Bonn 1994).

[6] S.u. S. 112f.

18. Jahrhunderts, also einem bereits von Subjektivismus und Individualismus geprägten Zeitalter. Erst in dieser neuen Epoche, die sich nach den retardierenden Bewegungen von Gegenreformation und Restauration in der Gegenwart zu einer offenen, pluralistischen Gesellschaft geformt hat, konnte der Begriff der Toleranz zu einem unangezweifelten Wertbegriff mit programmatischer Wirkung aufsteigen.

3. Folgen für die Beurteilung intoleranten und toleranten Verhaltens in der Geschichte

Ob es mit geschichtlicher Betrachtung und mit geschichtlichem Verstehen vereinbar ist, das Programm der Toleranz, das von der Entstehung des neuzeitlichen subjektiven Empfindens und Denkens nicht zu trennen ist, auf Epochen anzuwenden, die unter andersartigen seelisch-geistigen Bedingungen standen, muß bezweifelt werden. Das betrifft unmittelbar die Darstellung des gestellten Themas. | Wie sich nämlich zeigen wird, erschien der Periode, die die alte Kirche geprägt hat, also der Zeit des Prinzipats und Dominats, und dem folgenden christlichen Zeitalter der Spätantike und des Mittelalters gerade tolerantes Verhalten weithin als ein religiös-ethischer Unwert und intolerantes Vorgehen nicht nur als ethisch berechtigt, sondern als vom Religions- und Glaubensverständnis her gefordert.

Was sich so aus der Geschichte, also diachron, zeigen läßt, die Wandlung von einem geschlossenen, intoleranten zu einem offenen, toleranten Welt- und Menschenbild, ist für das Verstehen unserer Gegenwart von Bedeutung. Denn diese Wandlung hat sich nicht in allen Kulturen der Erde vollzogen, sondern hat vor allem den früheren lateinischen Westen des römischen Reiches und seiner Nachfolgestaaten bestimmt. Sie hat also im westlichen Abendland jene Geistigkeit erzeugt, aus der die heutigen entsakralisierten Staaten und Gesellschaften hervorgegangen sind, die durch ihre Gesellschaftsordnung, die Demokratie, und ihre vollständig technisierte Wirtschaft von Tag zu Tag mehr die übrigen Kulturen der Erde bestimmen. Trotzdem gibt es aber auch heute noch religiöse bzw. religiös-politische Gemeinschaften, die vergleichbar dem römischen Staat und der alten Kirche in der Periode seit Kaiser Konstantin die Einheit von Religion, Staat und Gesellschaft verlangen und als Wertbegriff die Intoleranz kennen. Hierher zu zählen sind einzelne islamische Staaten und Gemeinschaften, Gruppen eines orthodoxen Judentums und entsprechender christlicher Kirchen und Gemeinschaften[7].

Eine Besinnung auf die Geschichte von Toleranz und Intoleranz kann also auch zu einem besseren Verständnis der gegenwärtigen Spannungen zwischen den Vertretern des alten und eines neuen Glaubensverständnisses innerhalb der

---

[7] Zum Islam COLPE a.O.

drei monotheistischen Religionen beitragen; denn die Wandlungen, die zum Entstehen des neuzeitlichen Welt- und Menschenbildes geführt haben, sind nicht spurlos an allen Angehörigen dieser drei Weltreligionen vorübergegangen. Seit der Renaissance gibt es viele Christen, die die früheren Verhaltensweisen der Kirche scharf kritisieren und sich auf die Seite aller jener schlagen, die, wie die Aufklärer des 18. Jahrhunderts, Religion weitgehend zu einer Privatsache erklärt haben und so allmählich zu einer staatlichen Duldung gegensätzlicher Religionsgemeinschaften gelangt sind, einer Duldung, die solange in Geltung sein soll, wie der laisierte Staat nicht unter ihnen Schaden nähme. Mag die Haltung der Aufklärer bereits als extrem zu bezeichnen sein, so ist doch deutlich, | daß der mit dem Humanismus der Renaissance und mit der Reformation einsetzende Subjektivismus zu einer tiefen Wandlung auch im Selbstverständnis der Kirche führen mußte und geführt hat. Man denke nur, wie die einstmals so wirksamen Mittel, die zur inneren Festigkeit der alten Kirche beigetragen haben, wie der Fluch (das Anathem), die Exkommunikation, der Kirchenbann, die Inquisition sowie die Bücherzensur und Büchervernichtung, seit dem 18. Jahrhundert ihre Durchschlagskraft und Wirkung verloren haben[8]. Dies lag nicht nur an dem allgemeinen Rückgang der Jurisdiktionsgewalt der Kirche und an der Emanzipation der Laien, sondern auch an einem neuen Durchdenken der bisher oft kritiklos angewendeten und sogar wachsend verschärften Kirchenstrafen. Die Auseinandersetzung zwischen der Kirche mit ihrer Verfolgung der sogenannten Häretiker und Schismatiker, zu der am Ausgang des Mittelalters vor allem in den germanischen Ländern noch die Hexenverfolgungen kamen, und dem neuen Denken, das für den Einzelnen Glaubens- und Gewissensfreiheit forderte, endete weitgehend mit einem Sieg des Toleranzgedankens[9].

Der Einfluß dieses neuen Denkens ließe sich auch in den Beschlüssen der beiden Vatikanischen Konzile nachweisen. Die Vertreter der konziliaren Idee waren Verfechter der Toleranz, die Vertreter des päpstlichen Primats hingegen versuchten die geschlossene Führungsmacht durch intolerant erscheinende Mittel aufrecht zu erhalten. In diesen Zusammenhang gehören auch der Syllabus von Pius IX. aus dem Jahr 1864 mit seinen 80 zensurierten Zeitirrtümern und der Neue Syllabus von Pius X. ‚Lamentabili‘, gerichtet gegen den Modernismus, aus dem Jahre 1907[10]. Trotzdem wäre es falsch und dem Wesen der Kirche nicht

---

[8] W. SPEYER, Art. Fluch: RAC 7 (1969) 1160/1288, bes. 1266f.; W. DOSKOCIL, Art. Exkommunikation: ebd. 1/22, bes. 10/20; P. MIKAT, Art. Inquisition II. Kirchengeschichtlich: LThK 5² (1960) 698/702; W. SPEYER, Büchervernichtung und Zensur des Geistes bei Heiden, Juden und Christen = Bibliothek des Buchwesens 7 (Stuttgart 1981) 142/57.
[9] N. BROX, Art. Häresie: RAC 13 (1986) 248/97; K. THRAEDE, Art. Hexe: ebd. 14 (1988) 1269/76; F. MERZBACHER, Art. Hexenprozeß: LThK 5² (1960) 316/9.
[10] R. AUBERT, Art. Syllabus: LThK 9²(1964) 1202f.; J. BEUMER, Art. Lamentabili: ebd. 6²(1961) 765; vgl. auch J. LECLER, Art. Toleranz I. Geschichtlich: LThK 10²(1965) 239/42, bes. 242 zur Verurteilung des ‚Tolerantismus‘.

angemessen, wollte man die intoleranten Maßnahmen insgesamt nur negativ beurteilen. Gewiß wird hier auch zwischen einer angreifenden und einer mehr verteidigenden Intoleranz zu unterscheiden sein. Dabei wäre jeder einzelne Konflikt zwischen der Kirche und den Nichtchristen, Heiden, Juden, Manichäern und Gnostikern, sowie den häretischen und schismatischen Christen gesondert zu betrachten. |

,Intoleranz und Toleranz in der Alten Kirche' ist jedenfalls nicht nur vom entsakralisierten und profan-innerweltlichen Standpunkt einer neuzeitlichen Geschichtsschreibung aus zu beurteilen[11]. Vielmehr kann man das Thema nur sachgemäß darstellen, wenn auch das Selbstverständnis ebendieser Kirche in Anschlag gebracht wird. Zum Verstehen ist es notwendig, auch mit den Augen der jeweiligen religiös-kulturell geeinten Gemeinschaft zu sehen, sei diese Gemeinschaft stammesmäßig oder sprachlich-kulturell bestimmt, wie der römische Staat, oder durch Glauben und Überzeugung, wie die Kirche.

Damit soll aber nicht überhaupt auf einen verbindlichen Maßstab verzichtet werden. Dieser Maßstab ist zunächst die Lebensordnung einer religiösen oder religiös-politischen Gemeinschaft. Im Fall der Kirche ist es das Evangelium, also die Botschaft Jesu vom himmlischen Vater und vom Reiche Gottes, sowie das Kerygma von Jesus als dem Kyrios Christos. Jesus Christus, das Fundament und die Mitte der Kirche, gibt den Maßstab für ihr Verhalten. Die Kirche aber sind die Christusgläubigen, also Menschen, die sich einerseits zu Jesus Christus bekennen und ihm nacheifern wollen, die andererseits aber versuchbar und fehlbar bleiben. Ihre Fehlbarkeit zeigt sich darin, daß viele von ihnen vornehmlich dem eigenen Machtstreben und Egoismus dienten und Jesus Christus nur zum Vorwand nahmen. Dies kann der Historiker jedoch im konkreten Fall nur selten nachweisen, weil ihm meist die Motive des Handelns verborgen bleiben; auch überlagern und bündeln sie sich: ichhaftes und sachbezogenes, altruistisches Handeln wirken miteinander verschränkt.

Dazu kommt ein Weiteres: Die Offenbarung, wie sie vor allem im Neuen Testament und hier wieder in den Worten Jesu erscheint, ist kein systematisch angelegtes Kompendium von Glaubenssätzen. Ein derartiges Kompendium, wie es in der Dogmatik der Alten Kirche niedergelegt wurde, scheint weitergehenden geschichtlichen Bedingungen unterworfen zu sein als das viel freier und offener wirkende Wort Jesu. Je nachdem, wie man den Begriff der Offenbarungswahrheit inhaltlich auffüllt, wird auch die Bewertung der Intoleranz der alten Kirche verschieden ausfallen. Geht man von einem durchschnittlichen Selbstverständnis der alten Kirche aus, dann wird man ihr Verhalten für weniger intolerant erklären, als wenn man Maßstäbe an ihr Verhalten heranträgt, die von einer stärker entfalteten Reflexionsstufe bestimmt sind, wie sie einzelne hochgebildete, vor allem griechische Kirchenschrift|steller zeigen. Da es im christlichen Glaubens-

---

[11] Vgl. RAHNER a.O. (o. Anm. 1) und u. S. 109 f.

verständnis seit jeher verschiedene Stufen oder engere und weitere Horizonte des Blickes und des Urteils gibt, folgen daraus auch verschiedene Maßstäbe für Toleranz und Intoleranz. Diesen Bedingungen unterliegt der heutige Beurteiler. Weitgehend ist er dem eigenen Bild von Christentum und Kirche verpflichtet und damit einer mehr oder minder starken subjektiven Blickrichtung. Insofern wird es wegen der Zerstückelung eines Gesamtbildes bei den heutigen Betrachtern auch kein verbindliches Urteil über Toleranz und Intoleranz in der Alten Kirche geben können. Wo man, ähnlich wie die Aufklärer des 18. Jahrhunderts bis heute, alles, was die Geschichte der Menschheit hervorgebracht hat, nur als innerweltliche und rein menschliche Äußerungen ansieht, müssen dann auch das nur noch als sogenannte Offenbarung erscheinende Gotteswort der Bibel und mit ihm Christentum und Kirche insgesamt als eindeutig negativ zu beurteilende intolerante Größen angeprangert werden[12].

Um zu einem einigermaßen angemessenen Urteil über das Verhältnis der alten Kirche zu Toleranz und Intoleranz zu gelangen, sind zwei Voraussetzungen zu klären: einmal der jüdische Wurzelgrund der Alten Kirche und damit ihr Selbstverständnis und zum anderen die für unser Thema wesentlichen mentalen Gemeinsamkeiten zwischen der Alten Kirche und dem römisch-griechischen Kulturraum, in den das frühe Christentum seit seiner Trennung vom Frühjudentum ab der 2. Hälfte des 1. Jh. hineingewachsen ist.

II. *Zum Selbstverständnis der Alten Kirche*

Die Kirche als gestalteter innerer und äußerer Ordo der Christusgläubigen hat sich von Anfang an als Metamorphose des alttestamentlichen Gottesvolkes verstanden. Wie zwischen dem Alten und dem Neuen Testament ein Kontinuum und nach christlichem Verständnis insofern noch eine Steigerung besteht, als zwischen ihnen das Verhältnis von Verheißung und Erfüllung vorliegt, so auch zwischen dem neuen Israel, der Kirche, und dem alten Israel. Während sich das alte Israel als das stammesmäßig und blutsmäßig geeinte Volk der Nachkommen ihres an den Schöpfergott glaubenden Stammvaters Abraham sah, ist das neue Israel nicht mehr ein Volk oder eine Nation, sondern eine übernationale Gemein- | schaft. Menschen jeder Kultur konnten in diese allumfassende Gemeinschaft der Christusgläubigen oder der Kirche eintreten; denn in Jesus Christus „ist nicht Jude und Grieche nicht Sklave noch Freier, nicht Mann und Frau"[13]. Die einzige Bedingung hierfür war der Glaube an Jesus von Nazareth als den Christus, wie ihn die Jünger und Apostel sowie ihre Nachfolger überliefert haben. Wie sich das Israel des Alten Testamentes von dem einen Schöpfergott aus den Völkern her-

---

[12] H.R. SEELIGER (Hrsg.), Kriminalisierung des Christentums? Karlheinz Deschners Kirchengeschichte auf dem Prüfstand ²(Freiburg, Basel, Wien 1994).
[13] Gal. 3,28.

ausgerufen erlebt und in den Patriarchen Abraham, Isaak und Jakob, in Mose, den Gerechten, Gottesmännern und Propheten immer erneut sein Ja zu diesem freien Angebot Gottes gesprochen hat, so analog das neue, auf dem Fundament von Jesus und den Aposteln gegründete Israel, die Kirche. In den Aposteln und den Charismatikern, den Heiligen, erlebten die Christusgläubigen nicht nur die positive Antwort des Menschen auf die Botschaft von Jesus als dem Inbegriff des Gottesreiches, sondern auch die Antwort Gottes durch den Beweis des Geistes und der Kraft[14]. Die Alte Kirche war seit den Tagen der Apostel davon überzeugt, daß sie ihre Lehrentscheidungen nicht nur aufgrund menschlicher Überlegungen herbeiführte, sondern unter dem Beistand des Heiligen Geistes. Zukunftsweisend ist hier das Apostelkonzil von Jerusalem mit dem Satz: „Denn es gefiel dem Heiligen Geist und uns"[15].

Insofern als sich der eine Schöpfergott in unergründlicher Weise einem bestimmten Volk, den Israeliten, mitgeteilt und sich in diesem Volk in der Gestalt Jesu von Nazareth inkarniert hat, mußte zwischen den Christen und den nicht an Christus Glaubenden eine ähnliche Kluft entstehen wie zwischen den Israeliten und den übrigen Völkern. Damit war neben dem Bewußtsein der Erwählung die Überzeugung verbunden, daß der Glaube der Juden und Christen nicht auf dieselbe Ebene zu stellen sei wie der Glaube der Völker. Nach dem Selbstverständnis der Israeliten/Juden und der Christen war ihre Religion nicht eine Religion neben anderen, sondern die einzige wahre Religion neben den vielen falschen. Wie der von Juden und Christen erlebte eine Schöpfergott die vielen Gottheiten der Völker als Nichtse entlarvt hat, eben als Vergöttlichung von Geschaffenem, so deutete die jüdisch-christliche Offenbarungsreligion die Natur- und Volksreligionen als Götzendienste, als Verehrung von Geschöpfen statt des Schöpfers. Und doch hätten hier die ersten Kapitel der Genesis zur | Vorsicht mahnen müssen. Aus ihnen ist der universale Heilswille Gottes ersichtlich, der auch schon in jenen Zeiten Freunde unter den Menschen besaß, als es noch keinen Abraham gegeben hat. Einzelne Kirchenschriftsteller, wie Justinus Martyr, haben deshalb auch eine Lehre der Uroffenbarung, die an alle Völker ergangen sei, ausgearbeitet und andere haben von den ‚Heiligen der Heiden' gesprochen[16]. Trotzdem überwog bei den meisten Christen die Überzeugung, daß außerhalb der Kirche kein Heil zu finden sei[17].

---

[14] H. GUNKEL, Die Wirkungen des hl. Geistes nach der populären Anschauung der apostolischen Zeit und nach der Lehre des Apostels Paulus ²(Göttingen 1899, Ndr. ebd. 1909); H. WEINEL, Die Wirkungen des Geistes und der Geister im nachapostolischen Zeitalter bis auf Irenaeus (Freiburg 1899); A. VON HARNACK, Die Mission und Ausbreitung des Christentums in den ersten drei Jahrhunderten ⁴(Leipzig 1924, Ndr. Wiesbaden o.J. [um 1975]) 220/6.
[15] Act. 15,28.
[16] J.H. WASZINK, Opuscula selecta (Leiden 1979) 317/27; ferner vgl. J. DANIÉLOU, Les saints païens de l'Ancien Testament (Paris 1956), deutsche Ausgabe (Stuttgart 1955); K. RAHNER, Art. Heilswille Gottes, Allgemeiner H.G.: LThK 5² (1960) 165/8.
[17] Cypr.epist. 73,21 (CSEL 3,2,795): quia salus extra ecclesiam non est; DOSCOCIL a.O. (o. Anm. 8) 19; J. BEUMER, Art. Extra ecclesiam nulla salus: LThK 3² (1959) 1320f.

In eine das Heidentum insgesamt bekämpfende Haltung hat die Christen der ersten Jahrhunderte aber auch der auf dem Boden des Imperium Romanum blühende Kaiserkult gedrängt. Die kultische Verehrung eines meist mit sittlichen Mängeln behafteten Menschen mußte den Christen höchstes Ärgernis bereiten; war doch durch den Kult des Kaisers die Einmaligkeit des Gottmenschen Jesus Christus in Frage gestellt. Die aktive Intoleranz der Christen gegenüber dem Polytheismus und dem Kaiserkult war damit eine notwendige Folge[18].

III. Antike und christliche Grundüberzeugungen und Intoleranz

Während die modernen Demokratien ihre Entstehung dem neuzeitlichen Welt- und Menschenbild verdanken, das infolge des Verlustes an inhaltlicher Gebundenheit, wie sie die älteren, aus Mythos und Religion sowie aus der Offenbarung entstandenen Gemeinschaften bestimmte, weithin tolerant erscheint, stehen die religiös bestimmten älteren Gemeinschaften unter eingeschränkteren Bedingungen, die sie als intolerant erscheinen lassen. Gegenüber dem geistigen Pluralismus der heutigen Demokratien zeichnet die griechische Polis, die Res publica Romana und das heidnische und christliche Imperium Romanum die Einheit der religiös-politisch-sozialen Ordnung aus. Das Erleben des Heiligen und damit Religion und Kult bestimmten alle privaten und öffentlichen Handlungen, gaben ihnen Fundament und Sinn. Einheit des Fühlens und Denkens stand vor der Vielheit und vor Partikularismus. Diese Einheit galt es zu schützen und zu verteidigen. Der Garant hierfür war die Tradition in Kult und Sitte. Deshalb | kämpfte die Polis nicht anders als der römische Staat und die auf dem Boden des Imperium Romanum groß gewordene Kirche für die Erhaltung ihrer auf Überlieferung beruhenden Lebensordnungen. Die Hochschätzung des Alten und der Alten, der mos maiorum, die consuetudo und die traditio zeichnen alle bedeutenden Gemeinschaftsbildungen des Altertums aus, also auch die Kirche[19]. Aus dieser Verehrung

---

[18] Vgl. D.L. JONES, Christianity and the Roman Imperial Cult: Aufst. Nied. Röm. Welt 2,23,2 (1980) 1023/54; s.u. S. 116f.

[19] Der Rat der Alten bildete das Führungsgremium der religiös-politischen Gemeinschaft: in Sparta die Gerusia, in der Res publica Romana der Senat, in der Alten Kirche die Presbyteroi; vgl. auch J. GNILKA, Art. Greisenalter: RAC 12 (1983) 995/1094; ferner Plat. leg. 2,656d/e. 657b; Aristot.rhet.1,15,1376a 16f.; Quint.inst.or. 1,6,1; vetera maiestas quaedam et, ut sic dixerim, religio commendat; 3,7,8.26; 9,3,3; Porphyr.abstin. 2,18; Am Ende des 4. Jahrhunderts spricht der heidnische Senator und Redner Symmachus rel. 3,4 (MGH AA 6,1,281) von consuetudinis amor magnus est; dazu D. VERA, Commento storico alle Relationes di Q.A. Simmaco (Pisa 1981)32f.; ferner J. RANFT, Art. Consuetudo: RAC 3 (1957) 379/90; P. PILHOFER, Presbyteron kreitton. Der Altersbeweis der jüdischen und christlichen Apologeten und seine Vorgeschichte = Wiss. Untersuchungen zum Neuen Testament 2.R. 39 (Tübingen 1990). Auf diesem geistigen Hintergrund wird auch das Stilideal des Archaismus verständlich; dazu W.D. LEBEK, Verba prisca. Die Anfänge des Archaisierens in der lateinischen Beredsamkeit und Geschichtsschreibung = Hypomnemata 25 (Göttingen 1970). – Tertullian nimmt auch in

der Überlieferung mußte notwendig die Intoleranz gegenüber allen Neuerungen und Neuerem folgen[20]. Mit dem Spannungsverhältnis von Intoleranz und Toleranz ist demnach der Gegensatz von Beharren und Verändern in einer Kultur mitgegeben, also der Gegensatz von Traditonsbewußtsein und Neuerungswillen.

Hinter und neben der Polarität von Alt und Neu, die im Altertum als Reaktion die Intoleranz hervorrief, stand noch ein anderes Gegensatzpaar: Eigenes und Fremdes. Frühe Kulturen vermögen sich nur zu bewahren, wenn sie die Fremden und das Fremde abwehren. Erst auf entfalteteren Stufen vermag eine Kultur sich bis zu einem gewissen Grad zu öffnen, also tolerant zu reagieren. Das war in Griechenland in höherem Maße möglich als in Rom[21]. |

Der Inhalt der Traditionen bestand aus den religiösen Lebensordnungen, die das Heil und den Bestand der jeweiligen religiös-politischen Gemeinschaft garantierten. Sie nach innen und nach außen zu schützen, war die vornehmliche Pflicht der Lenker und Leiter. So hat sich in Rom der Senat seit früher Zeit gegen Magie, Astrologie und orientalische Geheimkulte gewendet[22]. Wahrscheinlich war den patriarchalischen Römern die Emanzipation der Frauen in verschiedenen aus dem Osten kommenden Religionen unheimlich. Sowohl im Bacchuskult als auch im Isiskult und zunächst auch im Christentum besaßen die Frauen einen größeren Freiraum als in Rom und seinen angestammten traditionellen öffentlichen Kulten[23].

---

dieser Hinsicht eine Sonderstellung ein; vgl. adv.nat. 2,1,7 (CCL 1, 41). Kritisch äußert sich auch der Ambrosiaster, quaest. Test. 114,24 (CSEL 50, 314).

[20] In Rom galt als Frevler, wer novarum rerum cupidus war; vgl. HOPPE, Art. cupidus: Thes.Ling.Lat. 4 (1906/09) 1425,62/5. Dieses Denken fand in der römischen Kirche Nachfolge, wie nicht zuletzt der Prinzipiensatz Papst Stephans I. (254–257) zeigt: nihil innovetur nisi quod traditum est (bei Cypr.epist. 74,1 [CSEL 3,2,799]); dazu F.J. DÖLGER: Antike und Christentum 1 (1929) 79f.; E. CASPAR, Geschichte des Papsttums von den Anfängen bis zur Höhe der Weltherrschaft 1 (Tübingen 1930) 479f.; RANFT a.O. 389f.; E. STEIN, Opera minora selecta (Amsterdam 1968) 479f. Symm. rel. 3,4 (MGH AA 6,1,281): consuetudinis amor magnus est; dazu VERA a.O. 32f. – Andererseits trat nach der Intention Jesu eine Lehre als etwas Neues in die Welt; vgl. J. BEHM, Art. καινός u.a.: Theologisches Wörterbuch zum Neuen Testament 3 (1938) 450/6; DERS., Art. νέος: ebd. 4 (1942) 899/904; ebd. 10,2 (1979) Literaturnachträge: 1126.1186.

[21] W. SPEYER/I. OPELT, Art. Barbar I: RAC Suppl. Bd. 1, Lief. 5/6 (1992) 811/95; DERS., Die Griechen und die Fremdvölker. Kulturbegegnungen und Wege zur gegenseitigen Verständigung: Eos 77 (1989) 17/29 = unten S. 231–243; A. DIHLE, Die Griechen und die Fremden (München 1994).

[22] J. GAGÉ, Le livre sacré et l'épreuve du feu: Mullus. Festschrift Th. Klauser = JbAC Erg. Bd. 1 (Münster, W. 1964) 130/42, bes. 132; SPEYER, Büchervernichtung a.O. (o. Anm. 8) 51/5.

[23] Zum Bacchanalienskandal des Jahres 186 v. Chr. Liv. 39, 8/19 passim; Senatus consultum de Bacchanalibus CIL 1,196 = Inscr.Lat.Sel.nr. 18 (1,5 DESSAU); Val.Max. 6,3,7. Hier ist der Rolle der Frauen ähnlich gedacht wie im Religionsskandal des Jahres 213 v. Chr. (Liv. 25,1,7). Zum Bacchanalienskandal vgl. M. ADRIANI, Toleranza e intolleranza nella Roma antica: Studi Romani 6 (1958) 507/19; J.A. NORTH, Religious Toleration in Republic Rome: Proceedings of the Cambridge Philological Society 25 (1979) 85/103; zusammenfassend: J.-M. PAILLER, Bacchanalia. La répression de 186 av. J.-C. à Rome et en Italie. Vestiges, images, tradition = Bibl. des Écoles Franç. d'Athènes et de Rome 270 (Roma 1988). – Zum Isiskult S. HEYOB,

Was Livius im Zusammenhang mit der Verfolgung der Bacchanten und Bacchantinnen durch den Senat im Jahre 186 v. Chr. mitteilt, gilt ebenso noch für seine eigene Gegenwart: Die angestammte und ererbte Religion erscheint bei ihm als die wahre, die von Neuerern aufgebrachte und von außen kommende Religion als die falsche. Die religiös-politischen Führer der römischen Res publica, die Pontifices, der Senat und die Haruspices, zur Zeit des Livius der Princeps Augustus, wachen über die Ansprüche der eigenen Götter und verteidigen sie gegen falsche und fremde Gottheiten[24]. Intoleranz wird so zu einem Auftrag der eigenen Götter, der Staatsgötter. |

In der Prinzipatszeit, also in der Epoche des frühen Christentums, beherrscht Intoleranz die Religionspolitik zahlreicher Kaiser[25]. Wie man damals in Regierungskreisen dachte, beleuchtet schlagartig die von Cassius Dio erfundene Mahnrede des Maecenas an Augustus, eine Empfehlung der Monarchie und eine Art Fürstenspiegel:

„Ehre die Götter überall ganz nach der Väterart und zwinge auch die anderen zu derartiger Verehrung! Hasse und strafe diejenigen, die Fremdes in den Götterdienst bringen, nicht nur wegen der Götter, deren Verächter auch nicht einen anderen mehr ehren dürfte, sondern weil diejenigen, die irgendwelche neue Götter einführen, viele überreden nach fremden Sitten zu leben. Daraus entstehen Verschwörungen, Aufstände und Faktionen, die am wenigsten einer Alleinherrschaft förderlich sind.“[26]

The Cult of Isis among Women in the Graeco-Roman World = Ét. Prélim. aux Réligions Orientales 51 (Leiden 1975); dazu kritisch S.A. Takacs, Isis and Sarapis in the Roman World = Religions in the Graeco-Roman World 124 (Leiden 1995) 6f.; zur Unterdrückung des Kultes in Rom ebd. 56/70.75/8.81/6. – Zum Christentum K. Thraede, Art. Frau: RAC 8 (1972) 197/ 269, bes. 227/66; E. Dassmann, Ämter und Dienste in den frühchristlichen Gemeinden = Hereditas 8 (Bonn 1994) 142/56: ‚Witwen und Diakonissen'.

[24] Liv. 39,16,6/11: Der Konsul Sp. Postumius Albinus spricht: nihil enim in speciem fallacius est quam prava religio. ubi deorum numen praetenditur sceleribus, subit animum timor, ne fraudibus humanis vindicandis divini iuris aliquid immixtum violemus. hac vos religione innumerabilia decreta pontificum, senatus consulta, haruspicum denique responsa liberant. quotiens hoc patrum avorumque aetate negotium est magistratibus datum, uti sacra externa fieri vetarent, sacrificulos vatesque foro, circo, urbe prohiberent, vaticinos libros conquirerent comburerentque, omnem disciplinam sacrificandi praeterquam more Romano abolerent? nihil enim aeque dissolvendae religionis esse, quam ubi non patrio, sed externo ritu sacrificaretur; vgl. Liv. 25,1,6/12, bes. 12: neu quis in publico sacrove loco novo aut externo ritu sacrificaret. Diese Beurteilung bleibt bis zum Ende des Heidentums in Rom lebendig, wie beispielsweise Diokletian in seinem Edikt gegen die Manichäer vom Jahr 297 zeigt (A. Adam, Texte zum Manichäismus = Kl. Texte für Vorlesungen u. Übungen 175 [2][Berlin 1969] 82): § 2 … neque reprehendi a nova vetus religio debet. maximi enim criminis est retractare quae semel ab antiquis statuta et definita suum statum et cursum tenent ac possident. – Zur repressiven römischen Religionspolitik G. Wissowa, Religion und Kultus der Römer = Handb. d. Altertumswiss. 5,4 [2](München 1912) 63f. und o. Anm. 23. – S.L. Guterman, Religious Toleration and Persecution in Ancient Rome (London 1954) handelt vornehmlich von Roms Haltung gegenüber Juden und Christen.

[25] Speyer, Büchervernichtung a.O. 56/79.

[26] Cass.Dio 52,36,1f.; zur Rede des Maecenas B. Manuwald, Cassius Dio und Augustus = Palingenesia 14 (Wiesbaden 1979) 21/6.

Die Intoleranz stand hier also nicht nur im Dienst der Erhaltung eines guten Verhältnisses zwischen den Göttern des Staates und dem römischen Volk, sondern sollte zugleich auch den inneren Frieden und die Einheit des Reiches sichern. Diese Ziele und Absichten waren in der Folgezeit auch ein wichtiger Grund für die Verfolgung der Christen, solange Rom heidnisch war, und für die Verfolgung der Heiden, Häretiker, Schismatiker und Juden, nachdem das Imperium seit Konstantin christlich geworden war. Jeweils sollte ein von allen getragener Kult die Wohlfahrt des Reiches sichern. Überall, wo die religiös-politische Führung eine Verletzung des gemeinschaftserhaltenden Kultes vermutete, ging sie zu einer aktiven Intoleranz über. Dieser geistige Hintergrund blieb auch in der christlichen Spätantike unbefragt und setzte sich gegenüber dem Liebesgebot des Evangeliums durch.

Verstehbar wird dieses Weiterwirken des älteren Weltbildes, wenn | man bedenkt, daß die Träger der christlichen Kultur bis zu Beginn des 5. Jh. meist nicht als Christen geboren waren, sondern erst in reiferen Jahren zur Kirche kamen. In den bekehrten Altgläubigen blieben aber viele alte Vorstellungen und Wertsetzungen weiterhin lebendig. Viele neue Christen handelten nach der Devise, die Remigius, Bischof von Reims, Chlodwig I. bei dessen Taufe mitgegeben hat: ‚Bete an, was du verbrannt hast, verbrenne, was du angebetet hast!‘[27] Sie hielten eine derartige Forderung geradezu für ein Gebot Gottes; denn Toleranz gegen eine falsche Religion, sei diese das alte Heidentum oder eine von der großkirchlichen abweichende Lehre, eine Häresie, erschien ihnen als religiöser Frevel. Ein derartiger Frevel löste aber nach dem damals bei Nichtchristen und Christen gleichermaßen geltenden Gottesbild den Zorn der Gottheit und damit Fluchzustände aus, die die gesamte kirchliche und staatliche Gemeinschaft trafen und erschütterten[28]. So lebte auch in christlicher Zeit die archaische magisch-religiöse Vorstellung vom Verfluchten und Gottesfeind weiter[29]. Ihn verabscheute man als Träger einer geheimnisvollen ansteckenden Befleckung, eines Miasma und Contagiums. Im religiösen Gegner sah man so den Träger widergöttlicher, dämonisch-satanischer ansteckender Kräfte. Alles, was er berührte und was von ihm stammte, nicht zuletzt seine Schriften, erschien mit diesem Fluchstoff erfüllt[30]. Die Exkommunikation, also der Bann, der Fluch und die meist öffentlich vollzogene Büchervernichtung waren die nach diesem Vorstellungsbild religiös ge-

---

[27] Greg.Tur.hist.Franc. 2,31: ‚Mitis depone colla, Sigamber; adora quod incendisti, incende quod adorasti‘.

[28] SPEYER, Fluch a.O. (o. Anm. 8) 1176/81.1217f.1243f.

[29] Ebd. 1244/50; DERS., Art. Gottesfeind: RAC 11 (1981) 996/1043.

[30] Vgl. R. PARKER, Miasma. Pollution and Purification in Early Greek Religion (Oxford 1983); SPEYER, Fluch a.O. 1181/93.1244/50; Cypr.epist. 67,3 (CSEL 3,2,732f.); zu den Donatisten Optat.Mil. 2,21; 6,3/6 (CSEL 26,57f. 146/55); Aug. epist. 108, 14 (CSEL 34, 628); zu den Arianern: Or.syn.Sardic. 3,1; 5,1 (CSEL 65, 183f.); Hil.Pict. ad Const. 1,2 (ebd.185); ferner Cod.Theod. 16,5,62 aus dem Jahr 425; Leo I epist. 7 (PL 54,621A); Conc.Epaon. aus dem Jahr 517, can. 33 (CCL 148A, 33).

forderten und daher notwendig erscheinenden Sanktionen. Ein tolerantes Verhalten hätte unweigerlich den Zorn Gottes gereizt; denn nach dem bei den meisten Altgläubigen und Christen herrschenden Gottesbild bestimmte der Automatismus von menschlichem Frevel und göttlichem Strafgericht, das sich in Krieg, Hungersnot, Mißernten, Hagelschlag, Gewittern, Erdbeben, Überschwemmungen, Seuchen und plötzlichem Tod vollzog, das Ver|hältnis zwischen den Menschen und der Gottheit[31]. Ähnlich wie in Rom der Kult weitgehend dazu diente, den Zorn der Götter hintanzuhalten und den Frieden mit ihnen, die pax deorum, zu erlangen, so auch den Zorn Gottes bei den Christen[32].

IV. Geschichtlicher Überblick

1. Die Zeit der Verfolgung

Solange die Alte Kirche selbst machtlos war und unter den Verfolgungen durch römische Kaiser und Statthalter litt, blieb ihre Intoleranz nur auf das Wort, wie den Fluch gegen die Götter- und Kaiserbilder, und auf gelegentliche Gewaltakte einzelner Christen beschränkt[33]. Mancher Christ wollte auf diese Weise für sich sogar den Tod als Märtyrer erzwingen, eine Vorgangsweise, die bereits die Synode von Elvira (um 306) scharf abgelehnt hat[34].

Infolge der eigenen politischen Machtlosigkeit versuchten viele Christen mit den Waffen des Geistes Verständnis und Gnade bei den Autoritäten des römischen Staates zu erlangen. So zeigen bereits Verfasser neutestamentlicher Schriften die Tendenz, sich mit dem römischen Staat gut zu stellen, um so ein günstiges Klima für ihren neuen Glauben zu erzeugen. Damit warben sie mittelbar um religiöse Toleranz[35]. Auf diesem Weg sind die als Apologeten bekannten Kir-

---

[31] Die Nov.Iust.77,1,1 (Corp.Iur.Civ. 3,382 SCHOELL/KROLL) bestimmen die Todesstrafe unter anderem auch für Gotteslästerung (dazu H. MERKEL, Art. Gotteslästerung: RAC 11[1981] 1185/1201, bes. 1199f. zur Irrlehre) mit der Begründung: propter talia enim delicta et fames et terrae motus et pestilentiae fiunt; vgl. W. SPEYER, Frühes Christentum im antiken Strahlungsfeld = Wiss. Untersuchungen zum Neuen Testament 50 (Tübingen 1989) 140/59.495: ,Zorn der Gottheit, Vergeltung und Sühne'; 254/63.499: ,Religiös-sittliches und frevelhaftes Verhalten in seiner Auswirkung auf die Naturgewalten'.

[32] Ebd. Reg.: ,pax deorum'.

[33] SPEYER, Fluch a.O. (o. Anm. 8) 1276; H. FUNKE, Art. Götterbild: RAC 11 (1981) 659/ 828, bes. 705/13; vgl. auch W. SCHÄFKE, Frühchristlicher Widerstand: Aufst. Nied. Röm. Welt 2,23,1 (1979) 460/723.

[34] Conc. Illiberit. can. 60 (12 VIVES); vgl. KÖTTING a.O. (o. Anm. 1) 30 Anm. 59.

[35] Die Passionsberichte der Evangelien versuchen Pilatus von seiner Schuld am Kreuzestod Jesu zu entlasten; vgl. B. BLUMENKRANZ, Die Judenpredigt Augustins ²(Paris 1973) 191/93. Spätere Apokryphen sind in dieser Richtung weitergegangen; vgl. W. SPEYER, Die literarische Fälschung im heidnischen und christlichen Altertum = Handb. d. Altertumswiss. 1,2 (München 1971) 242/4; Oros.adv.pag. 7,4,5 (CSEL 5, 441); ferner vgl. Rom. 13,1/8; 1 Petr.2,12/20; dazu

chenschriftsteller des 2. und 3. Jahrhunderts weitergegangen. Sie wendeten sich unmittelbar an die höchsten Autoritäten des heidnischen Staates und warben mit ihren Verteidigungen um Duldung des | Christentums. Keine Beweise gibt es dafür, daß diese Schriften auf Kaiser und Statthalter Eindruck gemacht und sie zu Toleranzedikten veranlaßt hätten. Erst seit der veränderten Lage der Kirche unter Konstantin und den christlichen Kaisern glaubten manche Christen an die Wirkung jener Apologien[36]. Ja einzelne von ihnen bearbeiteten nunmehr Edikte heidnischer Kaiser oder erfanden neue zugunsten der Christen. Derartige gefälschte Toleranzedikte dienten der Glaubenswerbung bei den Heiden[37]. Einzelne Apologeten und Kirchenschriftsteller versuchten auch mit dem Hinweis auf die Gewissensentscheidung des Einzelnen für Religionsfreiheit einzutreten[38]. Zu nennen sind Tertullian und Laktanz[39].

2. Die Zeit nach Konstantin

a. Intoleranz gegen die Altgläubigen

Den Intoleranz- und Verfolgungsedikten Diokletians und seiner Mitkaiser folgten wenige Jahre später die Toleranzedikte des Galerius, Licinius und vor allem Konstantins für die christliche Religion[40]. Konstantin, der Begründer eines neuen Erbkaisertums, vermochte sich gegenüber seinen Rivalen im gesamten römischen Imperium durchzusetzen. Zur Sicherung der eigenen Macht und der Einheit des Reiches setzte er auf die straff organisierte katholische Kirche. Wenn er auch zunächst den Zwang gegen die Altgläubigen verboten hat[41], so folgte | doch bald eine Welle des Glaubenszwanges und auch der Verfolgung. Dieses Thema ist wie das Zeitalter Konstantins und seiner Söhne insgesamt sowie das der christ-

---

K. ALAND, Das Verhältnis von Kirche und Staat in der Frühzeit: Aufst. Nied. Röm. Welt 2,23,1 (1979) 60/246, bes. 174/210.

[36] Oros.adv.pag. 7,13,2. 14,2 (468f.).

[37] SPEYER, Literarische Fälschung a.O. 252/4.

[38] H. CHADWICK, Art. Gewissen: RAC 10 (1978) 1025/107, bes. 1096/105 ‚Rechtgläubigkeit und Gewissensfreiheit'.

[39] Tert.apol. 24,6 (CCL 1,134): videte enim, ne et hoc ad irreligiositatis elogium concurrat, adimere libertatem religionis et interdicere optione divinitatis, ut non liceat mihi colere quem velim, sed cogar colere quem nolim. nemo se ab invito coli volet, ne homo quidem; vgl. 28,1f.; 46,3f.; ad Scap.2,2 (CCL 2, 1127): sed nec religionis est cogere religionem, quae sponte suscipi debeat, non vi cum et hostiae ab animo libenti expostulentur; Lact. inst. 5,19,11 (CSEL 19,2, 463f.): non est opus vi et iniuria, quia religio cogi non potest, verbis potius quam verberibus res agenda est, ut sit voluntas ... itaque nemo a nobis retinetur invitus – inutilis est enim deo qui devotione ac fide caret ...

[40] J. VOGT, Art. Christenverfolgung I (historisch): RAC 2 (1954) 1159/208, bes. 1198/202; H. DÖRRIES, Das Selbstzeugnis Kaiser Konstantins = Abh. Akad. d. Wiss. Göttingen 3.F. 34 (Göttingen 1954) 227/39.

[41] Ebd. 330/2. Konstantin rechnete mit einem allmählichen Aufhören des Heidentums infolge der höheren Anziehungskraft der christlichen Religion.

lichen Kaiser der Folgezeit bestens historisch durchleuchtet und aufgearbeitet[42]. Einzelne Christen haben, ohne dazu immer jeweils von der Kirche ermutigt worden zu sein, ihre Rachegefühle und ihren Vergeltungseifer an den Heiden gekühlt. Dazu kamen Motive der Bereicherung, der Macht, aber auch religiöser Überzeugungen, die nicht immer frei von magischen Ängsten waren. Galten doch den Christen die Götter der Heiden als Dämonen und böse Geister und ihre Kultstätten, die heiligen Haine, Tempel und Grotten, als deren Wohnstätten[43]. Deshalb kam es nicht selten zu Verfolgungen der Altgläubigen und zur Zerstörung der heiligen Bäume und Haine, der Orakelstätten, der Tempel und der Götterbilder sowie der Ritualbücher[44]. Eine Welle der aggressiven Intoleranz begleitete in der Folgezeit die Christianisierung des Imperium Romanum und der angrenzenden Länder. Einzelne christliche und kirchliche Schriftsteller haben durch ihre Aufforderung, das Heidentum auszurotten, noch Öl ins Feuer gegossen, wie Arnobius oder Firmicus Maternus[45].

Nur selten haben einzelne Heiden es noch gewagt, für ihren Glauben und ihren Kult Duldung zu erbeten. Am bekanntesten wurde der römische Senator und Redner Symmachus, der in seiner dritten Relatio, die er an den Kaiser Valentinian II. richtete, den für die Aufklärung des 18. Jahrhunderts und ihren Deismus wegweisenden Gedanken aussprach: „Was kommt es darauf an, mit welcher Art von Klugheit ein jeder das Wahre sucht? Auf einem einzigen Weg kann man nicht zu einem so großen Geheimnis gelangen"[46]. |

---

[42] K.L. NOETHLICHS, Die gesetzgeberischen Maßnahmen der christlichen Kaiser des 4. Jh. gegen Häretiker, Heiden und Juden, Diss. Köln (1971); DERS., Art. Heidenverfolgung: RAC 13 (1986) 1149/90.

[43] So spricht bereits das Alte Testament von den Göttern der Heiden als von Dämonen: Dtn. 32,17; Ps. 96(95),5; 106(105),37; vgl. Tert. ad Scap. 2,1 (CCL 2, 1127); Ambros. epist. 72,1 (CSEL 82,3,11 f.). P.G. VAN DER NAT, Art. Geister (Dämonen) III. Apologeten und lateinische Väter: RAC 9 (1976) 715/61, bes. 737/40.

[44] Vgl. NOETHLICHS, Heidenverfolgung a.O. – TH. KLAUSER, Art. Baum: RAC 2 (1954) 1/34, bes. 29; F.W. DEICHMANN, Art. Christianisierung II (der Monumente): ebd. 1228/41; FUNKE a.O. (o. Anm. 33) 808/14; W. SPEYER, Art. Holz: RAC 16 (1992) 87/116, bes. 112f. – DERS., Büchervernichtung a.O. (o. Anm. 8) 120/79.

[45] J. VOGT, Toleranz und Intoleranz im constantinischen Zeitalter: Der Weg der lateinischen Apologetik: Saeculum 19 (1968) 344/61, bes. 347/50.356/60.

[46] §10 (CSEL 82,3,27): aequum est, quidquid omnes colunt, unum putari. eadem spectamus astra, commune caelum est, idem nos mundus involvit: quid interest qua quisque prudentia verum requirat? Uno itinere non potest perveniri ad tam grande secretum. Mit diesem Gedanken setzt sich Prudentius, c. Symm. 2,85/90.773/909 auseinander; vgl. VERA a.O. (o. Anm. 19) 40/3; J. GNILKA, Die vielen Wege und der Eine. Zur Bedeutung einer Bildrede aus dem Geisteskampf der Spätantike: Literaturwissenschaftliches Jahrbuch N.F. 31 (1990) 9/51, bes. 16/35; K. ROSEN, Fides contra dissimulationem. Ambrosius und Symmachus im Kampf um den Victoriaaltar: Jahrb. f. Antike u. Christentum 37 (1994) 29/36. Zur Glaubensvielfalt im Sinne der Toleranz äußerte sich auch der Heide Themistios vor Kaiser Jovian im Jahr 364 (or. 5 [1,91/104, bes. 98/103 SCHENKL/DOWNEY]); vgl. L.J. DALY, Themistius' Plea for Religious Tolerance: Greek, Roman and Byzantine Studies 12 (1971) 65/79; CHADWICK a.O. (o. Anm. 38) 1101f. und u. Anm. 55.

b. *Intoleranz gegen die Häretiker und Juden*

Die Entstehung der Sammlung der christlichen Urliteratur, die authentisches Zeugnis von Jesus dem Christus ablegt, war mit einem Ausleseverfahren verbunden. Dieses von der Kirche vollzogene Verfahren führte zur Bildung der sogenannten kanonischen Schriften des Neuen Testamentes und andererseits zu Verzeichnissen von Schriften, die zu meiden, auszuscheiden, geheimzuhalten oder sogar zu vernichten waren, den Apokryphen[47]. Die sogenannten Apokryphen kamen aus Kreisen, die das Christusereignis nur zu einem Teil bejahten, es aber in andere synkretistische, philosophisch-theosophisch-gnostische Zusammenhänge stellten. So kam es in nachapostolischer Zeit zu einer Unterscheidung zwischen einer apostolisch-rechtgläubigen und einer häretischen Überlieferung. Die Auseinandersetzung zwischen Rechtgläubigkeit und Ketzerei läßt sich nicht zuletzt unter dem Aspekt einer aggressiven und repressiven Intoleranz, wiederum einer Intoleranz aus Glaubensüberzeugung, darstellen[48]. Der Häretiker, der je nach dem Blickpunkt außerhalb oder innerhalb der Kirche stehen konnte, wurde, wenn es die staatliche oder kirchliche Machtlage erlaubte, nicht selten verfolgt[49].

Was objektiv als Irrlehre zu bezeichnen ist, darüber wird man im Einzelnen streiten können. Die Alte Kirche konnte den ihr von den Aposteln anvertrauten Glauben nur bewahren, wenn sie den bereits vom heidnischen Staat verbotenen und verfolgten Manichäismus verurteilte[50] sowie alle jene, die die Göttlichkeit Jesu und die Identität zwischen dem göttlichen Vater Jesu und dem Gott des Alten Testamentes leugneten, also Gnostiker und Arianer. Je weiter und feiner | aber die kirchlichen Theologen den Glauben ausgearbeitet haben, je mehr sie aus der weiten und offenen Botschaft Jesu ein fast lückenloses System geschaffen haben, umso schwieriger wird es, ein angemessenes Urteil über das Verhalten der Kirche gegenüber den späteren Häretikern abzugeben.

Wie neuere Untersuchungen gezeigt haben, ist die gegenseitige Verdammung der Dyophysiten, also der Anhänger des Concilium Chalcedonense, und der Monophysiten weitgehend aus terminologischen Schwierigkeiten und Mißverständnissen erwachsen[51]. Je mehr spätere Konzilien dogmatisiert haben, umso enger wurden die Grenzen für Toleranz, ein Prozeß, der bis zum ersten Vatikanischen Konzil reichte und auch heute noch anhält.

---

[47] SPEYER, Literarische Fälschung a.O. (o. Anm. 35) Reg. Apokryph; Kanon; DERS., Büchervernichtung a.O. (o. Anm. 8) Reg. Apokryph, Kanon; vgl. J.H. CHARLESWORTH, Research on the New Testament Apocrypha and Pseudepigrapha: Aufst.Nied.Röm.Welt 2,25,5 (1988) 3919/68; M. GEERARD, Clavis Apocryphorum Novi Testamenti (Turnhout 1992).

[48] BROX, Häresie a.O. (o. Anm. 9).

[49] Ebd.

[50] SPEYER, Büchervernichtung a.O. Reg. Manichäer, Manichäismus.

[51] A. GRILLMEIER/H. BACHT, Das Konzil von Chalkedon 1/3 [4](Würzburg 1973); A. GRILLMEYER, Jesus der Christus im Glauben der Kirche 2,1 Das Konzil von Chalcedon ⟨451⟩, Rezeption und Widerspruch ⟨451–518⟩ (Freiburg, Basel, Wien 1986).

Kaiser, die der Großkirche angehörten, haben Arianer und Donatisten verfolgt, ebenso wie arianische Kaiser und die arianischen Vandalenkönige die Katholiken. Auch hier waren es meistens die um ihres Glaubens Verfolgten, die um Gnade und Duldung baten, so die Katholiken unter Constantius und Valens[52] und die Donatisten unter verschiedenen christlichen Kaisern. Bedrängt von ihren Gegnern, beteuerten einzelne Donatisten, wie Petilianus, selbst keinen Zwang in Glaubensfragen auszuüben[53]. An ihre Gegner, die Katholiken, aber richteten sie die Frage: „Wo ist das Gesetz Gottes, wo eure Christlichkeit, wenn ihr Mord und Tod vollbringt und anordnet?"[54]. Selbst Themistios, der altgläubige, aber für Ausgleich und Verständigung eintretende berühmte griechische Redner des 4. Jahrhunderts, hat im Jahre 375 den arianisch gesinnten Kaiser Valens um Nachsicht für die Katholiken gebeten[55]. – Später verzichtete der arianische König Theo|derich auf Zwang gegenüber Juden und Katholiken[56]. Als König Ethelbert von Kent (um 560) von Augustinus und seinen Missionaren getauft wurde, wollte er ausdrücklich von einem Zwang zum Christusbekenntnis nichts wissen[57].

Bei führenden Männern der Kirche setzte sich der Gedanke durch, daß zwischen der Person des im Glauben Irrenden und dem Irrglauben zu unterscheiden sei[58]. So wollte Ambrosius von einer Verfolgung der Irrgläubigen nichts wissen, auch nicht im Fall des Häretikers Priszillian[59]. Ähnlich dachte Martin von Tours,

---

[52] Or.syn.Sard. ad Const.Imp. mit der Ergänzung des Hilarius von Poitiers (CSEL 65, 181/7, bes. 185: si ad fidem veram istius modi vis adhiberetur, episcopalis doctrina obviam pergeret diceretque: ,deus universitatis est dominus, obsequio non eget necessario, non requirit coactam confessionem …; non possum nisi volentem recipere …'; zu Valens s. Anm. 55.

[53] Bei Aug. c. Petil. 2,183 (CSEL 52, 112).

[54] Ebd. 2,214 (138). Ähnlich muß sich der zur kleineren donatistischen Partei der Rogatisten gehörende Vincentius von Cartenna geäußert haben; vgl. Aug.epist. 93 (CSEL 34,445/96).

[55] Socrat.hist.eccl. 4,32 (PG 67,549f.); davon abhängig Sozom. 6,36,6/37,1 (GCS Sozom. 294) u.a. Die 12. Rede des Themistios ad Valentem de religionibus ist eine neuzeitliche Erfindung (R. FOERSTER, Andreas Dudith und die zwölfte Rede des Themistios: Neue Jahrbücher für das Klass. Altertum 6 [1900] 74/93; G. DOWNEY/A.F. NORMAN [Hrsg.], Themistii orationes quae supersunt 3 [Leipzig 1974] 137/44), eine nicht unwichtige Quelle für den Toleranzgedanken des 16. Jh. – Ferner vgl. B. COLPI, Die παιδεία des Themistios = Europ. Hochschulschriften R. 15,36 (Bern, Frankfurt 1987) 217 Reg.: Toleranz und o. Anm. 46. – Libanios, epist. 1253 setzte sich für die Manichäer ein; vgl. R. FOERSTER/K. MÜNSCHER, Art. Libanios: RE 12,2 (1925) 2485/2551, bes. 2538/40.

[56] Theoderich bei Cassiod.var. 2,27,2 (MGH AA 12,62) an die Adresse der Juden (aus den Jahren 507/11): religionem imperare non possumus, quia nemo cogitur, ut credat invitus; Anonym. Vales. 60 (17 MOREAU): dum ipse quidem Arrianae sectae esset [sc. Theodericus], tamen nihil contra religionem catholicam temptans …

[57] Beda hist. eccl. 1,26: … ut nullum tamen cogeret [sc. rex Ethelbert] ad Christianismum …; didicerat enim a doctoribus auctoribusque suae salutis servitium Christi voluntarium, non coactitium esse debere.

[58] Aug. c. Petil. 1,31 (CSEL 52,23): diligite homines, interficite errores … orate pro eis quos redarguitis atque convincitis.

[59] Vgl. F.H. DUDDEN, The Life and Times of St. Ambrose 1 (Oxford 1935) 122.259; ferner Sozom.hist.eccl. 7,25,10 (GCS Sozom. 340); Ambros.epist. 30,12 (CSEL 82,1,214f.); H. CHAD-

der sich beim Usurpator Maximus nachdrücklich für eine Begnadigung dieses Häretikers und seiner Gefährten eingesetzt hat, ohne freilich damit Erfolg zu haben[60].

Als in Nordafrika die schismatische donatistische Bewegung vom 4. bis ins 5. Jahrhundert nicht nur zu Auseinandersetzungen in Glaubensfragen, sondern zu Gewalttätigkeiten führte, zu denen auch der soziale Gegensatz zwischen der armen einheimischen Landbevölkerung und den reichen römischen Grundbesitzern das Seine beitrug, wurde dadurch die kirchliche und staatliche Ordnung gefährdet, ja in Frage gestellt[61]. Augustinus versuchte als Bischof von Hippo durch | Lehre und Kirchenpolitik das Schisma zu beenden. Wenn er auch grundsätzlich zu Toleranz neigte und in einzelnen Fällen um Milde bemüht war, ist bei ihm trotzdem eine „fortschreitende Entwicklung zu rigorosem Denken und Verhalten" zu erkennen[62]. Die Spannung zwischen Liebe und Strenge hat er vor allem gegenüber den Häretikern nicht immer ausgehalten und öfter zugunsten der Disziplin entschieden[63]. Dabei stützte er sich mehrfach auf ein Gleichnis Jesu und zwar auf das Gleichnis vom Herrn, der zu einem Gastmahl eingeladen hat. Da aber die Geladenen nicht erschienen waren, befahl der Herr seinem Diener, auch die Leute von den Zäunen und Straßen zu holen[64]. Mit Hilfe dieses Bibelwortes vom ‚Zwinge einzutreten' begründete Augustinus seine Appelle an die Gewalt, auch an die Staatsgewalt, und den Zwang gegenüber den Donatisten und Heiden[65].

Aus dem 5. Jahrhundert darf eine einzigartige Stimme nicht überhört werden: die Stimme des Presbyters Salvian aus Massilia. Er bemühte sich, selbst den

---

WICK, Priscillian of Avila (Oxford 1976). 111/69. – Gegen Glaubenszwang spricht sich sich Ambrosius ausdrücklich aus (epist. 72 (17),7 [CSEL 82,3,14]).

[60] Sulp.Sev.chron. 2,50,4/6 (CSEL 1,103): namque tum Martinus apud Treveros constitutus non desinebat increpare Ithacium, ut ab accusatione desisteret, Maximum orare, ut sanguine infelicium abstineret: satis superque sufficere, ut episcopali sententia haeretici iudicati ex ecclesiis pellerentur: saevum esse et inauditum nefas, ut causam ecclesiae iudex saeculi iudicaret ...; vgl. CHADWICK, Priscillian a.O.

[61] W.H.C. FREND, Art. Donatismus: RAC 4 (1959) 128/47.

[62] Aug.serm. 16,6 (PL 38, 119): foris tolera haereticum, tolera paganum, tolera Iudaeum, tolera et intus malum christianum; c.Petil. 2,184 (CSEL 52, 112): Augustinus respondit: ad fidem quidem nullus est cogendus invitus, sed ...; epist. 133 (CSEL 44, 80/4). – B. LEGEWIE, Augustinus. Eine Psychographie (Bonn 1925) 124 Anm. 3.

[63] G. COMBET, L charité d'après s. Augustin (Paris 1934) 233/42; H.-J. DIESNER, Studien zur Gesellschaftslehre und sozialen Haltung Augustins (Halle, S. 1954) 55/92; H. MAISONNEUVE, Croyance religieuse et contrainte. La doctrine de s. Augustin: Mélanges de Science Religieuse 19 (1962) 59/68; R. CRESPIN, Ministère et sainteté. Pastorale du clergé et solution de la crise donatiste dans la vie et la doctrine de s. Augustin (Paris 1965) 161/70; P. BROWN, Augustinus von Hippo, deutsche Ausgabe ²(Frankfurt, M. 1982) 203/12.

[64] Lc. 14,15/24, bes. 23.

[65] CRESPIN a.O. 166 und K.H. CHELIUS, Art. Compelle intrare: Augustinus-Lexikon 1 (Basel 1994) 1083f. mit den Belegen, u.a. epist. 93,5 (CSEL 34, 449). Auch sonst verteidigt Augustinus die Gewaltanwendung durch den Kaiser: epist. 105, 3/10 (CSEL 34, 596/602); 204,4 (CSEL 57, 319f.); vgl. DIESNER a.O. 115f.; M. SPANNEUT, Saint Augustin et la violence: StMor 28 (1990) 79–113.

Barbaren des Nordens und Westens gerecht zu werden und sie als Gegenbild seiner sittlich verdorbenen römischen Zeitgenossen herauszustellen[66].

Kam es bereits in der Auseinandersetzung mit christlichen Gemeinschaften, die ein abweichendes Christus- oder Kirchenbild zu verbreiten versuchten, zu beklagenswerten Zusammenstößen, so scheint das Verhältnis der Alten Kirche zu den Juden wohl noch mehr belastet zu sein. Dieses Thema erforderte eine gesonderte | Darstellung[67]. Das gemeinsame Erbe des Alten Testamentes und die jüdische Herkunft des Christentums hätten hier immer vor Gewaltakten schützen müssen. In diesem Fall ist allerdings auch die kulturelle Herkunft vieler Christen zu berücksichtigen. Die Christen der Spätantike kamen in überwiegender Anzahl nicht aus dem Judentum, aber auch noch nicht aus christlichen Familien, sondern waren Konvertiten aus der heidnischen Bevölkerung des römischen Reiches. In der griechisch-römischen Welt aber gab es seit alter Zeit einen vor allem religiös-politisch motivierten Antijudaismus[68]. Dieser dürfte sich bei den nunmehr Christen gewordenen Heiden fortgesetzt haben und wohl im römischen Westen intensiver als im griechischen Osten. Überhaupt wird man bei der Beurteilung der kirchlichen und christlichen Intoleranz mehr auf die kulturelle Herkunft der einzelnen Christen zu achten haben. Christen, die aus der griechischen Kultur kamen und deren rhetorisch-philosophische Bildung durchlaufen haben, sind in der Regel differenzierter mit ihren Glaubensgegnern umgegangen als Männer, die aus Syrien oder aus konservativen römischen Kreisen kamen. Der Syrer Tatian, die römischen Nordafrikaner Tertullian, Arnobius, Firmicus Maternus zeigen rigoristischere Züge als Justinus Martyr, Clemens von Alexandrien oder Laktanz, der in Nikomedien seine Divinae institutiones geschrieben hat.

VI. *Schlußbetrachtung*

Die Alte Kirche sah ihren göttlichen Auftrag darin, die Christusbotschaft zu bewahren und zu entfalten, also die Botschaft Jesu vom göttlichen Vater und vom Reiche Gottes, vom Heiligen Geist und von sich selbst. Theologie, Christologie, Pneumatologie und Ekklesiologie standen von Anfang an unter der Spannung

---

[66] De gubernatione dei (CSEL 8); vgl. SPEYER/OPELT a.O. (o. Anm. 21) 864f.; J. BADEWIEN, Geschichtstheologie und Sozialkritik im Werk Salvians von Marseille = Forschungen zur Kirchen- u. Dogmengeschichte 32 (Göttingen 1980) 122/38; dazu W. SPEYER: Vigilae Christianae (1982) 412/5.

[67] H. SCHRECKENBERG, Die christlichen Adversus-Judaeos-Texte und ihr literarisches und historisches Umfeld (1.–11. Jh.) [2](Frankfurt, M. 1990); J. VAN AMERSFOORT/J. VAN OORT (Hrsg.), Juden und Christen in der Antike (Kampen 1990); vgl. SPEYER, Büchervernichtung a.O. (o. Anm. 8) 161/4.

[68] I. HEINEMANN, Art. Antisemitismus: RE Suppl. 5 (1931) 3/43; J.N. SEVENSTER, The Roots of Pagan Antisemitism in the Ancient World = Suppl. to Novum Testamentum 41 (Leiden 1975).

von Identität, also der in der apostolischen Überlieferung gegebenen Glaubens-
entfaltung, und möglicher Veränderung infolge von Einflüssen und Deutungen,
die von außen kamen, wie vor allem der Gnosis. Gegen die Veränderung des
Evangeliums im Sinne von falscher Deutung oder geradezu von Verfälschung[69]
kämpften die sich für rechtgläubig haltenden Lehrer mit der geistverliehenen
Gabe der Unterscheidung | der Geister[70] und mit Wort und Schrift[71], die Kirche
aber mit geistlichen Waffen[72] und seit den christlichen Kaisern leider nicht selten
auch mit Hilfe der staatlichen Gewalt. Bedenken wir, was zuvor über das Weiterwirken antiker magisch-religiöser Vorstellungen bei den Christen bemerkt wurde, so wird unser Urteil über die Intoleranz der Alten Kirche und auch der christlichen Kaiser zurückhaltender ausfallen, als wenn wir nur von den heute in den
Demokratien geltenden Maximen ausgehen.

Der Absolutheitsanspruch, der aus dem Wesen der jüdisch-christlichen Gottesvorstellung als der im Glauben angenommenen freien Selbstmitteilung des transzendenten Gottes folgt, der sich in der Geschichte als der Schöpfer des Himmels
und der Erde, als der Erlöser in Jesus Christus und als der Erhalter im Heiligen
Geist geoffenbart hat, dieser Absolutheitsanspruch konnte sich nicht in Toleranz
auflösen, wie dies für die Menschheitskulturen und Menschheitsreligionen grundsätzlich möglich scheint[73]. Blicken wir in die Umwelt des alten Israel und der
frühen Kirche, so sehen wir die Religionen der Menschheit bei aller äußeren
Verschiedenheit in einer Tiefenschicht untereinander recht ähnlich. Gab es auch
im griechisch-römischen Altertum religiös-politisch verursachte Zusammenstöße,
wie in Athen und Rom, so stand andererseits für alle, die nicht mehr ganz an ihre
Stammes- und Volkskultur gebunden waren und denen nicht grundsätzlich alles
Fremde zugleich auch als Feindliches erschien, die Erklärung und Deutung der
fremden Götter als entsprechende Manifestationen der einheimischen göttlichen
Mächte offen; denn die Gottheiten der verschiedenen Volks- und Naturreligionen
erschienen als Manifestationen der überall antreffbaren innerweltlichen Wirklichkeitsmächte. So finden wir im antiken Griechenland und Rom bei den Gebildeten die sogenannte Interpretatio Graeca oder Romana der Gottheiten fremder
Völker[74]. Ein derartiger Weg zum Verständnis war aber Juden und Christen infolge ihres Offenbarungsglaubens grundsätzlich verwehrt.

---

[69] Vgl. SPEYER, Literarische Fälschung a.O. (o. Anm. 35) 202/8.
[70] 1 Cor. 12,10; vgl. H. WULF, Art. Unterscheidung der Geister: LThK 10 ²(1965) 533/5;
K. NIEDERWIMMER / J. SUDBRACK / W. SCHMIDT, Unterscheidung der Geister. Skizzen zu einer neu zu erlernenden Theologie des Heiligen Geistes (Kassel 1972).
[71] Dazu zählen auch literarische Fälschungen; vgl. SPEYER, Literarische Fälschung a.O.
218/303.
[72] S.o. Anm. 8.
[73] Vgl. H. WALDENFELS, Art. Absolutheitsanspruch des Christentums: LThK 1³ (1993) 80/2.
[74] G. WISSOWA, Interpretatio Romana. Römische Götter im Barbarenland: Archiv f. Religionswissenschaft 19 (1916/19) 1/49; W. SCHENK, Interpretatio Graeca-Interpretatio Romana.

Blicken wir nach diesem Gang durch die Religions- und Kirchen|geschichte
des Altertums in unser eigenes Jahrhundert, das dem auf seine geistigen und
humanen Erfolge so stolzen 19. Jahrhundert gefolgt ist, und bedenken wir die
Ungeheuerlichkeiten, die im ‚Namen des Volkes' in bewußt antichristlichen
Staaten begangen wurden, so werden wir auch von diesem Blickpunkt aus weniger
hart über die Intoleranz der Alten Kirche und der Christen urteilen.

Der hellenistische Synkretismus als semiotisches Problem: P. SCHMITTER / H.W. SCHMITZ
(Hrsg.), Innovationen in Zeichentheorien (Münster, W. 1989) 83–121.

6. Das christliche Ideal der geschlechtlichen Askese in seinen negativen Folgen für den Bestand des Imperium Romanum

1. Einleitung

A. Demandt hat durch seine Zusammenschau der Gründe, die Schriftsteller des Altertums, des Mittelalters und der Neuzeit für den Untergang Roms genannt haben, die Weiterarbeit an diesem großen und schwierigen Thema erleichtert[1]. Von den am Ende seines Buches zusammengestellten bisher in der Forschung aufgewiesenen 210 Faktoren verdienen für die folgende Betrachtung die Gesichtspunkte Askese, Weltflucht und Zölibat erhöhte Aufmerksamkeit; das Stichwort Mönchtum fehlt[2]. Die zu diesen Faktoren bisher gesammelten Materialien reichen aber nicht aus, um die Auswirkung der geschlechtlichen Askese auf den Niedergang des Imperium Romanum während der christlichen Spätantike bestimmen zu können[3].

Der folgende Beitrag versucht, durch die Betrachtung alter und neuer Materialien die These zu erhärten, daß die christlichen asketischen Bewegungen im Osten wie im Westen zur Schwächung der inneren und äußeren Abwehrkräfte der Reichsbevölkerung beigetragen haben und somit als keineswegs gering zu veranschlagende Miturache bei einer Bewertung der in Betracht kommenden Gründe für den Untergang des Imperium Romanum zu berücksichtigen sind.

Während der drei ersten Jahrhunderte des Christentums, der Epoche vieler und blutiger Verfolgungen durch den römischen Staat, galt der Blutzeuge als Inbegriff des vollkommenen Christen[4]. Vollkommenheit aber war die Losung, die

---

[1] Der Fall Roms. Die Auflösung des römischen Reiches im Urteil der Nachwelt (München 1984).

[2] A.O. 695.

[3] Vgl. E. GIBBON, The History of the Decline and Fall of the Roman Empire, ed. J.B. BURY 4 (London 1909, Ndr. New York 1974) 62–81. 175; A. MOMIGLIANO, Christianity and the Decline of the Roman Empire: DERS. (Hrsg.), The Conflict between Paganism and Christianity in the Fourth Century (Oxford 1963) 1–16, bes. 11f.; K. CHRIST (Hrsg.), Der Untergang des römischen Reiches = WdF 269 (Darmstadt 1970) Reg. ,Mönchtum'. Ablehnend beispielsweise W.L. WESTERMANN: ebd. 113f. und A.H.M. JONES, The Later Roman Empire, 284–602, a Social, Economic and Administrative Survey 2 (Oxford 1964) 1063.

[4] TH. BAUMEISTER, Martyr invictus. Der Martyrer als Sinnbild der Erlösung in der Legende und im Kult der frühen koptischen Kirche = Forschungen z. Volkskunde 46 (Münster 1972);

Jesus Christus selbst ausgegeben hatte[5]. Mehr als die anderen christlichen Asketen, Charismatiker, Geistträger und Propheten erschien der Martyrer als Zeuge der Botschaft und der Person Jesu Christi. Die Einheit von Lebensvollzug und von Bekenntnis, von Tat und Wort konnte nicht inniger vorgelebt werden, als dies Jesus, der Gesandte des einen Schöpfergottes, getan hatte. Sein Leiden und sein Tod nehmen innerhalb der Evangelien einen großen Teil des Verkündeten ein und krönen sein irdisches Wirken und Leben. Der Martyrer aber schien Christus, soweit es einem Menschen möglich ist, am radikalsten nachgefolgt zu sein; denn durch seinen Tod kam er dem Weltheiland, der am Kreuz gestorben ist, am nächsten.

Als das Christentum staatlich anerkannt war, ja von einer erlaubten zur einzigen Religion des Imperium Romanum aufgestiegen war, wäre das seelische Gleichgewicht der von der Begeisterung des Anfangs getragenen Christenheit ohne die sprunghafte Ausbreitung | des Askese- und Mönchsideals gestört worden. Der Asket und die Asketin als Mönch und Nonne traten faktisch, aber auch phänomenologisch betrachtet das geistige Erbe des Martyrers an[6]. Sie wollten, soweit es ihnen unter den neuen Lebensbedingungen der Kirche möglich war, die urchristlichen Ideale der Gottesliebe und der Vollkommenheit sowie der Nachfolge und Nachahmung Christi erreichen[7]. Dieses Ziel ist aus folgenden Tatsachen zu entnehmen: Wie das Handeln des Martyrers und des ihm nahestehenden Bekenners konnte das Leben des Asketen und Mönches als ein Kampf gegen Satan und sein Reich erscheinen. Statt gegen den Kult der Götter und des Herrschers, statt gegen Götterbilder und Tempel wie der Martyrer im Zeitalter der Verfolgungen[8] kämpfte der Asket nunmehr als Einsiedler oder im Kloster gegen die Leidenschaften der eigenen Seele, welche die alten Christen weithin auf Satan und seine bösen Geister zurückgeführt haben[9]. Der Gedanke an Geister, an Schadens- und Fluch-

---

DERS., Die Anfänge der Theologie des Martyriums = MünstBeitrTheol 45 (Münster 1980); DERS., Art. Heiligenverehrung I: Reallexikon für Antike und Christentum (=RAC) 14 (1988) 96–150. bes. 111–135.

[5] Mt. 5,48; 19,21; G. DELLING, Art. τέλειος: ThWbNT 8 (1969) 68–79, bes. 74f.

[6] E.E. MALONE, The Monk and the Martyr. The Monk as the Successor of the Martyr = Studies in Christian Antiquity 12 (Washington, D.C. 1950); DERS., The Monk and the Martyr: Antonius Magnus Eremita = StudAnselm 38 (Roma 1956) 201–228; K.S. FRANK, ᾽Αγγελικὸς βίος. Begriffsanalytische und begriffsgeschichtliche Untersuchung zum ‚engelgleichen Leben‘ im frühen Mönchtum = Beiträge z. Geschichte des alten Mönchstums u. des Benediktinerordens 26 (Münster 1964) 9f.

[7] U. RANKE-HEINEMANN, Das frühe Mönchtum. Seine Motive nach den Selbstzeugnissen (Essen 1964) 18–25: ‚Das Motiv der Gottesliebe‘; 33–49: ‚Das Motiv des Vollkommenheitsstrebens‘; 83–100: ‚Das Motiv der Nachfolge‘; dazu auch P. NAGEL, Die Motivierung der Askese in der alten Kirche und der Ursprung des Mönchtums = TU 95 (Berlin 1966) 5–19 ; FRANK a.O. 1–11, bes. 1–4 und Reg. ‚Nachfolge Christi‘.

[8] J.R. FEARS, Art. Herrscherkult: RAC 14 (1988) 1047–1093, bes. 1087f. – H. FUNKE, Art. Götterbild: ebd. 11 (1981) 659–828, bes. 817–819.

[9] RANKE-HEINEMANN a.O. 50–64; FRANK a.O. 69–74 und Reg. ‚Dämonen, -kampf‘.

geister, war Heiden, Juden und Christen gemeinsam[10]. Wie Jesus Christus gegen
Satan und sein Reich gekämpft hat[11], so auch der Asket. Der Gedanke der Militia
Christi des Martyrers setzte sich daher spiritualisiert im Mönchtum weiter fort.[12]
    Die Wurzeln des Mönchtums reichen zunächst in das Evangelium und darüber
hinaus ins Frühjudentum und in das alte Israel. So konnten Gottesmänner, wie
Abraham, Elias und Elisaeus, ferner die Propheten des Alten Testaments und
zuletzt Johannes der Täufer aufgrund ihrer strengen Lebensweise als Urbilder
der Asketen erscheinen[13]. Auch einzelne Worte Jesu im Evangelium weisen auf
eine solche Lebensform als einen unmittelbaren Weg zu seinem verkündeten und
bereits angebrochenen Reich Gottes hin[14]. Nach den Evangelien hat sich Jesus
öfter in die Einsamkeit zurückgezogen, um zu beten[15]. Damit konnte er das Vorbild für den Eremiten abgeben; dieser versuchte gleichsam als Spezialist einen
einzigen Charakterzug im Leben Jesu allein zu verwirklichen. Obwohl Jesus
nach dem Bild der Evangelien kein Asket im Sinn der späteren Mönche war,
zeigte er doch in seinem Verhalten Charakteristika, die auf mönchisches Leben
verwiesen: Er fastete und betete zuweilen an einsamen Ort, ja in der Wüste; er
war ehelos und arm, er war heimatlos und seinem himmlischen Vater gehorsam.
    Zur Gleichsetzung von Jesus mit einem Mönch trug bei den Syrern der Um-
stand bei, daß der bei den Synoptikern begegnende Beiname Jesu ‚Nazarēner‘
bzw. ‚Nazoraios‘ unrichtig als ‚Nasiräer‘, durch Gelübde Gott geweihter Mensch,
verstanden wurde[16]. ‚Nasiräer‘ aber bedeutete im Syrischen ‚Mönch‘. In syri-

[10] C. COLPE/J. MAIER/J. TER VRUGT-LENTZ/C. ZINTZEN/E. SCHWEIZER/A. KALLIS/P.G.
VAN DER NAT/C.D.G. MÜLLER, Art. Geister: RAC 9 (1976) 546–797.
[11] W. SPEYER, Art. Gottesfeind: RAC 11 (1981) 996–1043, bes. 1030–1032 und u. Anm. 28.
[12] A. VON HARNACK, Militia Christi. Die christliche Religion und der Soldatenstand in den
ersten drei Jahrhunderten (Tübingen 1905, Ndr. Darmstadt 1963); H. EMONDS, Geistlicher
Kriegsdienst. Der Topos der militia spiritualis in der antiken Philosophie: Heilige Überlieferung,
Festschr. I. HERWEGEN (Münster 1938) 21–50; wiederabgedruckt im Nachdruck HARNACK a.O.
131–162.
[13] Mc. 1,2–8 par. zu Johannes d.T.
[14] Z.B. Jesu Gespräch mit dem reichen Jüngling (Mc. 10,17–31 par.; vgl. Athanas. vit. Ant.:
PG 26,841 C); sein Wort über die Eunuchen um des Himmelreiches willen (Mt. 19,12) oder
seine Worte über seine Familie (Mc. 3,31–35 par.); zu familienfeindlichen Tendenzen von Jesu
Predigt, die freilich aus der apokalyptisch-eschatologischen Gestimmtheit verständlich werden, vgl. E. DASSMANN/G. SCHÖLLGEN, Art. Haus II (Hausgemeinschaft): RAC 13 (1986)
801–905, bes. 877–879. Dazu kommt der hohe Wert, den neutestamentliche Schriften der Jungfräulichkeit beimessen (1 Cor. 7; zu V. 1f. H. LIETZMANN, Geschichte der alten Kirche 4 [Ber-
lin 1944, Ndr. ebd. 1975] 117f.; zu V. 25–40 J. SCHMID, Art. Syneisakten: LThK 9 ²[1964]
1229f.; 1 Joh. 2,15–17; Apc. 14,4f.); ferner die von christlichen Schriftstellern, wie Tertullian,
Origenes, Methodios, vollzogene Bestimmung der Einzelseele als der Braut Gottes (J. SCHMID,
Art. Brautschaft, heilige: RAC 2 [1954] 528–564, bes. 558–562: „Für die Entwicklung der
geschlechtlichen Askese und des Mönchtums bildete die individualistische Umdeutung der
Braut Christi eine der wirksamsten Triebkräfte"; ferner FRANK [o. Anm. 6] 30–34. 57–59).
[15] G. KITTEL, Art. ἐρῆμος …: ThWbNT 2 (1935) 654–657, bes. 655,15–38.
[16] Mc. 1,24; Lc. 4,34 bzw. Mt. 2,23; Lc. 24,19; dazu H.H. SCHAEDER, Art. Ναζαρηνός,
Ναζωραῖος: ThWbNT 4 (1942) 879–884, bes. 883,34–884,13; E. JENNI, Art. Nasiräer: RGG 4

schen Mönchskreisen glaubte man also, daß bereits Jesus das Mönchsideal vorgelebt habe[17], obwohl genügend andere Überlieferungen in den Evangelien darauf hindeuten, daß Jesus diese extreme Lebensform nur berührt, aber nicht erfüllt
hat.

Die asketische Verhaltensweise von Johannes dem Täufer und – gemildert –
von Jesus folgte aus ihrer prophetischen, apokalyptischen und eschatologischen
Gestimmtheit: Mit dem Kommen Jesu schien die Fülle der Zeit angebrochen, das
heißt, die Geschichte der Menschheit sich ihrem Ende entgegenzuneigen[18]. Jesus
wies mit seiner Verkündigung vom Reiche Gottes auf das nahe Ende hin und
damit zugleich auf den von den Propheten des Alten Bundes geweissagten Tag
Jahwes, den Tag des Gerichtes über den einzelnen Menschen und die gesamte
Menschheit, Lebende und Tote[19]. Dieser Ernst letzter persönlicher Entscheidung
von dem bald zu erwartenden Ende aller Dinge, der über den Worten Jesu und
über der Botschaft des Neuen Testaments liegt, trieb viele Menschen zu dem
radikalen Entschluß, ihr Leben ganz Gott zu widmen, allen weltlichen Bindungen zu entsagen und fern von Haus und Familie in der Einsamkeit und Stille oder
in der Ungeborgenheit der Fremde die naturgegebenen Wünsche und Begierden
des Menschen zu überwinden und den Kampf gegen Satan und sein Reich aufzunehmen[20]. Viele Menschen der Kaiserzeit – und nicht nur Christen – hatten das
Bewußtsein, am Ende einer großen Kulturepoche zu stehen. Damit beschlich sie
eine tiefe Daseins- | und Zukunftsangst[21]. Viele Christen lebten nicht nur in einer

---

(1960) 1308 f. – Vgl. Act. Thom. syr. 48: W. SCHNEEMELCHER, Neutestamentliche Apokryphen
2 ³(Tübingen 1989) 323 Anm.*: „Jesus, der du ein Nasiräer geworden bist".

[17] R. RAABE, Petrus der Iberer. Ein Charakterbild zur Kirchen- und Sittengeschichte des 5.
Jahrhunderts. Syrische Übersetzung einer um das Jahr 500 verfaßten griechischen Biographie
[Leipzig 1895] 26: „Und es versammelte sich eine beträchtliche Anzahl solcher, welche mit
ihm [Petros] Askese übten und ihm im Eifer gleichkamen, bei ihm. Und so sah er denn an einem
Tage, als er zwischen ihnen stand und mit ihnen das zu ihrer Erlösung Dienliche redete, plötz-
lich unseren Herrn im Gewand eines Nasiräers [Mönchs] unter ihnen stehen".

[18] Gal. 4,4f.; vgl. Mc. 1,15; Eph. 1,10.

[19] Mal. 2,17–3,5. Vgl. E. GRÄSSER, Die Naherwartung Jesu (Stuttgart 1973); H. GROOS,
Albert Schweitzer. Größe und Grenzen (München/Basel 1974) 116–266: ‚Der konsequent-
eschatologische Jesus‘.

[20] NAGEL (o. Anm. 7) 20–34; FRANK (o. Anm. 6) 18–23 und Reg.: ἀπόταξις. – H. VON
CAMPENHAUSEN, Die asketische Heimatlosigkeit im altkirchlichen und frühmittelalterlichen
Mönchtum (Tübingen 1930) = DERS., Tradition und Leben (Tübingen 1960) 290–317; A.-J. FE-
STUGIÈRE, Personal Religion among the Greeks (Berkeley/Los Angeles 1954) 53–67: ‚The
Inclination to Retirement‘; A. GUILLAUMONT, Le dépaysement comme forme d'ascèse dans le
monachisme ancien: École Pratique des Hautes Études Vᵉ sect. Annuaire 76 (1968/69) 31–58.

[21] W. RICHTER, Römische Zeitgeschichte und innere Emigration: Gymnasium 68 (1961)
286–315, bes. 310–315: ‚Die Lebensalter des römischen Staates‘; R. HÄUSSLER, Vom Ursprung
und Wandel des Lebensaltervergleichs: Hermes 92 (1964) 313–341; A. DEMANDT, Metaphern
für Geschichte (München 1978) 37–45; E.R. DODDS, Pagans and Christians in an Age of An-
xiety. Some Aspects of Religious Experience from Marcus Aurelius to Constantine (Belfast
1963, Ndr. Cambridge 1991, dt. Ausg.: Frankfurt, M. 1985); K. HELDMANN, Antike Theorien
über Entwicklung und Verfall der Redekunst = Zetemata 77 (München 1982) 60–97.

Erlösungsgewißheit, sondern fürchteten um ihr ewiges Heil und versuchten daher, durch Steigerung ihrer ‚guten Werke' die Barmherzigkeit Gottes zu gewinnen.

2. *Das Mönchtum des Ostens*

Ob Syrien/Mesopotamien oder Ägypten die Wiege des christlichen Mönchtums war, läßt sich bisher nicht sicher entscheiden[22]. Mit einer Parallelentfaltung ist zu rechnen[23]. Gegen Ende der Verfolgungszeit traten einzelne Asketen wie Anto-

---

[22] A. VÖÖBUS, History of Asceticism in the Syrian Orient 1. The Origin of Asceticism, Early Monasticism in Persia = CSCO 184, Subs. 14 (Louvain 1958); dazu A. ADAM, Rez.: GöttGelAnz 213 (1960) 127–145; P. KAWERAU, Ostkirchengeschichte 1. Das Christentum in Asien und Afrika bis zum Auftreten der Portugiesen im Indischen Ozean = CSCO 451, Subs. 70 (Louvain 1983) 112 weist auf Sozom. hist. eccl. 6,33 (GCS Sozom. 289) hin und nennt Mesopotamien die Wiege des syrischen Mönchtums. Ferner vgl. H. BACHT, Das Vermächtnis des Ursprungs 2, Pachomius, der Mann und sein Werk (Würzburg 1983) 14. 51f. Anm. 36f.

[23] Aus der Fülle der Literatur zum christlichen Mönchtum – K.S. Frank spricht von 2000 Titeln – seien außer den beiden großen Artikeln von H. LECLERCQ im DACL: Cénobitisme: 2,2 (1925) 3047–3248 und Monachisme: 11,2 (1934) 1774–1947 hervorgehoben: A. VON HARNACK, Die pseudoklementinischen Briefe De virginitate und die Entstehung des Mönchtums = SbBerlin (1891,I) 361–385; S. SCHIWIETZ, Das morgenländische Mönchtum 1–3 (Mainz 1904/13; Mödling b. Wien 1938); R. REITZENSTEIN, Historia monachorum und Historia Lausiaca. Eine Studie zur Geschichte des Mönchtums und der frühchristlichen Begriffe ‚Gnostiker und Pneumatiker = ForschRelLitAuNT 24 (Göttingen 1916); K. HOLL, Gesammelte Aufsätze zur Kirchengeschichte 2. Der Osten (Tübingen 1928) 270–282; H. KOCH, Quellen zur Geschichte der Askese und des Mönchtums in der alten Kirche = Sammlung ausgewählter kirchen- und dogmengeschichtlicher Quellenschriften N.F. 6 (Tübingen 1933); K. HEUSSI; Der Ursprung des Mönchtums (Tübingen 1936); LIETZMANN (o. Anm. 14) 4, 116–194; H.-G. BECK, Kirche und theologische Literatur im byzantinischen Reich = ByzHdb 2,1 (München 1959, Ndr. ebd. 1977) 120–140; A. VÖÖBUS, History of Asceticism in the Syrian Orient 2. Early Monasticism in Mesopotamia and Syria = CSCO 197, Subs. 17 (Louvain 1960); A.-J. FESTUGIÈRE, Les moines d'Orient 1–4,2 (Paris 1961/65); D.J. CHITTY, The Desert a City. An Introduction to the Study of Egyptian Monasticism under the Christian Empire (New York 1966); NAGEL (o. Anm. 7); B. LOHSE, Askese und Mönchtum in der Antike und in der alten Kirche (München 1969); K.S. FRANK (Hrsg.), Askese und Mönchtum in der alten Kirche = WdF 409 (Darmstadt 1975); DERS., Grundzüge der Geschichte des christlichen Mönchtums = Grundzüge 25 (Darmstadt 1975); P. CANIVET, Le monachisme syrien selon Théodoret de Cyr (Paris 1977); B. ALTANER / A. STUIBER, Patrologie ⁸(Freiburg 1978) 17f. 538 (Literatur); KAWERAU (o. Anm. 22) LIV-LVIII (Literatur). 100–152. – Zur geschlechtlichen Askese und zur Aufgabe der Familienbande H. STRATHMANN/P. KESELING, Art. Askese II (christl.): RAC 1 (1950) 758–795; H. CHADWICK, Art. Enkrateia: ebd. 5 (1962) 343–365, bes. 352–354; FRANK, Βίος (o. Anm. 6) Reg. ‚Jungfräulichkeit'; K. NIEDERWIMMER, Askese und Mysterium. Über Ehe, Ehescheidung und Eheverzicht in den Anfängen des christlichen Glaubens = ForschRelLitAuNT 113 (Göttingen 1975); G. DELLING, Art. Geschlechtstrieb: RAC 10 (1978) 803–812, bes. 807–811; DERS., Art. Geschlechtsverkehr: ebd. 812–829, bes. 820–828; DASSMANN/SCHÖLLGEN (o. Anm. 14) 877–880. 884–886: ‚Familienfeindliche Tendenzen. Neutestamentliche Schriften, Nachapostolische Zeit, Friedenszeit und Mönchtum'; R. NÜRNBERG, Askese als sozialer Impuls. Monastischasketische Spiritualität als Wurzel und Triebfeder sozialer Ideen und Aktivitäten der Kirche in Südgallien im 5. Jh. (Bonn 1988). – Zum Gesamtproblem U. BIANCHI (Hrsg.), La tradizione dell' enkrateia. Motivazioni ontologiche e protologiche: Atti del colloquio internaz. Milano, 20–23 aprile 1982 (Roma 1985).

nius (251/252–356) so sehr hervor, daß die Erinnerung der Geschichte sie festhielt. Erst der politische Wandel, den Konstantin bewirkte, brachte das Mönchtum im 4. und 5. Jahrhundert zu der erstaun|lichen Blüte. Seine Wurzeln aber liegen weit vor dem Ende des 3. Jahrhunderts. Die verschiedenen Grundtypen, die Eremiten, die wandernden Mönche und die Inklusen der Zelle, nennen bereits die ‚Sprüche der Väter'[24]. Vor allem der Einsiedler hat seit dem späten 3. Jahrhundert das Idealbild des morgenländischen Mönches gebildet. Hier wurde Antonius als Kämpfer Gottes, wie Athanasius ihn geschildert hat, die große weiterprägende Identifikationsgestalt[25]. Die Übertragungen dieser Vita eines heiligen Eremiten in zahlreiche Sprachen und die Rezeption der Vita bei den Hagiographen legen dafür beredtes Zeugnis ab[26]. Antonius lebte zuletzt inmitten einer Eremitenkolonie am Fuß des Berges Kolzom in der inneren arabischen Wüste, westlich des Roten Meeres[27]. Er war als Einsiedler an einen Ort gezogen, wo nach dem Glauben jener Zeit die bösen Geister wohnten. Dort kämpfte er als Athlet Gottes gegen Satan und sein Reich. Damit war er seinem Vorbild Jesus gefolgt: Jesus ging nach der Taufe durch Johannes, der Stunde seiner Erweckung und Berufung, in die Wüste, um dort Satan zu treffen und ihn zu besiegen[28].

Neben Antonius sind noch andere Wüstenväter Ägyptens bekannt, wie Amun, der Gründer von Nitria, und Makarios von Alexandrien sowie Makarios der Ägypter, die in der Sketischen Wüste (Nitria, Kellia und Wādi-n-Natrūn, im Westen des Nildeltas) viele Gleichgesinnte nach sich zogen[29]. Waren es in Unterägypten die Einsiedlerzellen, so entstand in Oberägypten bei Dendera durch das Lebenswerk des Kopten Pachomios das Kloster[30].

Vorformen der asketischen Lebensform reichen gewiß über die urchristliche Zeit hinaus. Sowohl die Gemeinde von Qumran als auch Johannes der Täufer und seine Jünger weisen asketische Züge auf[31]. Damit ist eine der Wurzeln des

---

[24] Apophth. patr. Ammon. 4 (PG 65,120B); vgl. REITZENSTEIN a.O. 44; H. LECLERCQ, Art. Reclus: DACL 14,2 (1948) 2149–2159; zu anderen Formen DERS., Monachisme (o. Anm. 23) 1775 f.

[25] PG 26,835–976: R. REITZENSTEIN, Des Athanasius Werk über das Leben des Antonius. Ein philologischer Beitrag zur Geschichte des Mönchtums = SbHeidelb (1914) nr. 8; HOLL a.O. 249–269; H. DÖRRIES, Die Vita Antonii als Geschichtsquelle = DERS., Wort und Stunde 1 (Göttingen 1966) 145–224.

[26] Vita Antonii. Antica versione anonima latina dal Βίος 'Αντωνίου di Atanasio, ed. G.J.M. BARTELINK = Vite dei Santi 1 (Milano 1974, Ndr. ebd. 1981); syrische Bearbeitung: P. BEDJAN, Acta martyrum et sanctorum 5 (Paris 1895) 1–121; ferner vgl. G. GARITTE, Le texte grec et les versions anciennes de la Vie de s. Antoine: Antonius Magnus Eremita = StudAnselm 38 (Roma 1956) 1–12. Die Wirkung der Vita im Westen (bis nach Trier) bezeugt Ponticianus bei Aug. conf. 8,6,14.

[27] LIETZMANN (o. Anm. 14) 126 f.

[28] Mt. 4,1–11 par.; dazu S. EITREM, Die Versuchung Christi ([Oslo] 1924); SPEYER, Gottesfeind (o. Anm. 11) 1030 f.

[29] Socr. hist. eccl. 4,23 (PG 67, 509–521); LIETZMANN a.O. 130.

[30] Ebd. 132 f. und BACHT (o. Anm. 22); ferner vgl. Flav. Jos. vit. 11.

[31] CHADWICK (o. Anm. 23) 348. – Vgl. auch die von Lc. 2,36 f. genannte Prophetin Hanna.

christlichen Mönchtums genannt: die frühjüdische. In diesen Zusammenhang gehört Philons Darstellung des gemeinschaftlichen Lebens der Essener und der Therapeuten. Er stellt die Therapeuten als eine asketische jüdische Gemeinschaft, die das theoretische Leben geübt habe, den Essenern als den Praktikern gegenüber[32]. Eben diese Unterscheidung begegnet später bei den christlichen Mönchen wieder: Die Anachoreten üben die Theoria: ihr Ziel ist die Gnosis; die Klostermönche aber üben die Praxis: ihr Ziel ist der Gehorsam und der Dienst[33]. Kirchenväter, | wie Eusebius von Cäsarea und Hieronymus, haben in den Therapeuten Philons die ältesten christlichen Mönche, Männer und Frauen, erkennen wollen. Deshalb erhielt Philon bei Hieronymus auch einen Ehrenplatz unter den christlichen Schriftstellern[34]. Mißverständnis und Legende liegen wohl nicht erst bei den christlichen Lesern Philons vor, sondern bereits bei diesem selbst. Als geschichtliche Tatsache ist nur soviel festzuhalten, daß es bereits im Frühjudentum asketisch-religiöse Gemeinschaften von Männern und Frauen gegeben hat, die mehr als nur eine typologische Vorform des späteren Mönchtums waren. Ein Bindeglied zu diesen dürften judenchristliche Kreise Syriens gebildet haben, die eine gesteigerte Geschlechtsaskese befolgten. In der zweiten Hälfte des 2. Jahrhunderts begegnen in Syrien Tatian und die Enkratiten; sie verwarfen die Ehe als Frevel[35]. Zur selben Zeit propagierte Bischof Pinytos in Knossos auf Kreta so sehr die Enthaltsamkeit, daß ihn Bischof Dionysios von Korinth davon abzuhalten versuchte[36]. Aus gnostischen und enkratitischen Kreisen dürfte eine bald von der Kirche verurteilte, weil oft mißglückte Form der Geschlechtsaskese hervorgegangen sein: das Syneisaktentum: Mann und Frau lebten zwar zusammen, aber als Mönch und Nonne[37]. Wie in der übrigen Askese zeigen auch die großkirchlichen Kreise Syriens in der Frage der Ehelosigkeit extreme Positionen[38]. In Kleinasien, wo sich im Lauf des 4. Jahrhunderts das Mönchtum schnell verbreitet hat,

---

[32] Quod omn. prob. lib. 75–91; apologia: Euseb. praep. ev. 8,11,1–18 (GCS Euseb. 8,1,455–457) – vit. contempl.; vgl. Plin. nat. hist. 5,73: sine ulla femina, omni venere abdicata, sine pecunia, socia palmarum (bei Engaddi und Massada); Ch. Burchard, Art. Essener: Kl. Pauly 2 (1967) 375–378; ferner H. Kraft, Art. Therapeuten: RelGeschGegenw 6 ³(1962) 848; A. Guillaumont, Philon et les origines du monachisme = Philon d'Alexandrie. Colloque de Lyon (Paris 1967) 361–374.
[33] Joh. Cass. coll. 19,8f. (SC 64,45–47); Reitzenstein, Historia (o. Anm. 23) 200f.; ferner Frank, Βίος (o. Anm. 6) 7f.
[34] Vir. ill. 11.
[35] Quellen sind apokryphe Apostelakten und Tatian; dazu Chadwick a.O. 354f.; Frank, Βίος a.O. 157f.
[36] Eus. hist. eccl. 4,23,7f. (GCS Eus. 2.1.376); vgl. O. Bardenhewer, Geschichte der altkirchlichen Literatur 1 ²(Freiburg 1913, Ndr. Darmstadt 1962) 441f.
[37] H. Achelis, Virgines subintroductae (Leipzig 1902); A. Jülicher, Die geistlichen Ehen in der alten Kirche: ArchRelWiss 7 (1904) 373–386; H. Koch, Virgines Christi = TU 3. R. 1 (Leipzig 1907); H. Günter, Legenden-Studien (Köln 1906) 52f.; D. Misonne, Art. Syneisakten 2: LThK 9 ²(1964) 1230f.
[38] Ephraem, Afrahat, Eusebius v. Emesa und andere; Frank, Βίος a.O. 146–156.

gab es gnostische Gruppen mit geschlechtsasketischer Zielrichtung[39]. In Kleinasien warben auch die Montanisten für die geschlechtliche Enthaltsamkeit[40].
Markion verwarf die Ehe ebenso wie Mani[41].

Auch das Heidentum bot für die Keuschheit der christlichen Mönche Anknüp-
fungen. Alle Hochreligionen kennen den Priester und die Priesterin, die enthaltsam und ehelos leben müssen, um dadurch würdig zu werden, der Gottheit zu
begegnen[42]. Nur der aus den natürlichen Bindungen Herausgerufene erschien
würdig, Visionen und Auditionen zu empfangen. So gehört die Keuschheit wesentlich zum heiligen Menschen. Während Heiligkeit im Heidentum nur für wenige
ein Ideal und eine Lebensform war, schien dieses Ideal im Christentum für alle
auf Christus Getauften verbindlich zu sein. Dem einzelnen heiligen Menschen in
den Natur- und Volksreligionen steht das eine heilige Volk Gottes im Christentum gegenüber. Insofern konnte im Heidentum das Ideal geschlechtlicher Enthaltsamkeit niemals zu einer Volksbewegung werden. Hier blieb es beschränkt
auf bestimmte Priester und Priesterinnen und in einem rational geprägten Zeitalter
auf ihre Nachfolger, bestimmte Philosophen. Orphiker, Pythagoreer und Platoniker haben jeweils ein gemeinschaftliches Leben geführt, in dem Keuschheit
und Nahrungsaskese, wenig Schlaf, Kontemplation | und Gebet, teils auch Ge-
wissenserforschung bestimmende Werte und Gebote waren[43]. Ebenso bestehen
Parallelen zwischen dem Ideal des vollkommenen Weisen in der Stoa, dem Ideal
des bedürfnislosen Weisen der Kyniker und dem Mönch als dem vollkommenen
Christen[44]. Bereits in der hellenistischen Philosophie wurden Stimmen laut, die
Ehe und Geschlechtsgenuß für unvereinbar mit dem Ziel des Philosophen, dem
Gewinn der wahren Erkenntnis und der Weisheit, hielten[45]. Der Mönch aber trat
zugleich auch das Erbe des wahren Weisen der Antike an[46].

---

[39] Macar.Magn.apocrit.3,43 (151 BLONDEL) erwähnt Ἐγκρατηταί, Ἀποτακτῖται, Ἐρημίται
und verweist auf Dositheos aus Kilikien, der in 8 Büchern ein Werk verfaßt hat, in dem er die
Hochzeiten verdammt hat (vgl. 4,15 [184 BLONDEL]).
[40] CHADWICK (o. Anm. 23) 354; A. STROBEL, Das heilige Land der Montanisten = RGVV
37 (Berlin 1980) 238 f.; zu Tertullian s.u. S. 143.
[41] FRANK, Βίος a.O. 156 f. 159; vgl. ebd. 163–182 mit weiteren Materialien zu anderen
Gebieten des Imperium Romanum.
[42] E. FEHRLE, Die kultische Keuschheit im Altertum = RGVV 6 (Gießen 1910, Ndr. Berlin
1966) bes. 25–42: ‚Befleckung durch geschlechtlichen Verkehr'; TH. HOPFNER, Art. Askese:
PW Suppl. 7 (1940) 50–64, bes. 54–59; SCHMID, Brautschaft (o. Anm. 14) 535 f.
[43] REITZENSTEIN, Historia (o. Anm. 23) Reg. ‚Neupythagoreer'; CHADWICK (o. Anm. 23)
346 f.; P. JORDAN, Pythagoras and Monachism: Traditio 17 (1961) 432–441; J. LEIPOLDT, Griechische Philosophie und frühchristliche Askese = Ber. Verhandl. Sächs. Akad. d. Wiss., phil.-
hist. Kl. 1961,4 (Berlin 1961).
[44] HOLL (o. Anm. 23) 256–263; BECK (o. Anm. 23) 122.
[45] HOPFNER a.O. 59–62; A. OEPKE, Art. Ehe I (Institution): RAC 4 (1959) 650–666, bes.
653–655 u.a. mit Hinweis auf Joh. Stob. 22,2 (4,1,513–523 W./H.): ὅτι οὐκ ἀγαθὸν τὸ γαμεῖν.
[46] Vgl. das Ideal des vollkommenen Gnostikers bei Klemens von Alexandrien; ferner
G. PENCO, La vita ascetica come ‚filosofia' nell'antica tradizione monastica: StudMon 2 (Bar-

Schließlich bestehen Beziehungen zwischen dem ältesten Mönchtum in Syrien und in Ägypten und asketischen gnostischen Gemeinschaften. Der Mittelpunkt der gnostischen Gemeinschaft Chenoboskion/Nag Hammadi lag mitten im Gebiet der pachomianischen Klostergründungen[47].

Nie aber ist zuvor dieses asketische Ideal mit derartiger Leidenschaft und von so vielen Männern und Frauen erstrebt worden wie seit dem Mönchtum des späten 3. Jahrhunderts. In dieser quantitativen Steigerung liegt nicht nur ein Unterschied zu den älteren jüdischen und heidnischen asketischen Kreisen und Bewegungen, sondern geradezu ein ein den Bestand des römischen Staates bedrohendes Moment; denn das Mönchsideal blieb nicht nur auf einzelne Landstriche des Ostens beschränkt, es vollzog sich auch nicht nur in den Formen des Eremiten und des Wandermönches, sondern trat bald in Form des Koinobitentums in Konkurrenz zu den gewachsenen sozialen Bindungen der Menschen, den Familien in Stadt und Land. Seit dem späten 4. Jahrhundert drangen Klöster auch mehr und mehr in die Großstädte ein und zogen Männer und Frauen in ihren Bann.

Aus dem frühjüdischen und dem altchristlichen Lebensideal des armen Frommen, des Asketen und des Geistträgers erwuchsen bald neue Formen des Zusammenlebens und des Zusammenwirkens. Nur der eine Punkt blieb unverrückbar: Mönch und Nonne konnten, wenn überhaupt, nur eine geistliche Ehe führen[48]. Kinder und damit Mutter- und Vaterschaft konnte es bei ihnen nur in einem geistig-geistlichen Sinn geben[49].

Das hohe, ja höchste Ansehen des Mönchsvaters ergibt sich aus der Überlieferung über Pachomios (um 294–346), den koptischen Mönchsvater, der als Gründer des koinobitischen Mönchtums gilt. Wie Gott Mose die mit seiner Hand geschriebenen Gesetzestafeln über|reicht haben soll, so hat nach der Überlieferung Pachomios aus Esneh (Latopolis) seine Mönchsregel von einem Engel erhalten; auf einer ehernen Tafel soll der als heilig geltende Text eingeritzt gewesen sein[50].

---

celona 1960) 79–93; A.-M. MALINGREY, ‚Philosophia‘. Étude d'un groupe de mots dans la littérature grecque. Des Présocratiques au VIe siècle après J.-C. (Paris 1961) 99–288.

[47] BACHT (o. Anm. 22) 54 Anm. 77; 57 Anm. 117a; vgl. A. GUILLAUMONT, Gnose et monachisme. Exposé introductif: J. RIES (Hrsg.), Gnosticisme et monde hellénistique. Actes du Colloque de Louvain-la-Neuve, 11–14 mars 1980 = Public. de l'Inst. Orient. de Louvain 27 (Louvain-la-Neuve 1982) 301–310; C. SCHOLTEN, Die Nag-Hammadi-Texte als Buchbesitz der Pachomianer: JbAC 31 (1988) 144–172; W. MYSZOR, Antonius-Briefe und Nag-Hammadi-Texte: JbAC 32 (1989) 72–88.

[48] REITZENSTEIN, Historia (o. Anm. 23) 25–27. 32 f. 41 f.; LECLERCQ, Monachisme (o. Anm. 23) 1837 f. und o. Anm. 37.

[49] H. EMONDS, Art. Abt: RAC 1 (1950) 45–55, bes. 51–55; zur antiken und paulinischen Grundlage P. GUTIERREZ, La paternité spirituelle selon Saint Paul (Paris 1968); ferner vgl. R. LORENZ, Das vierte bis sechste Jahrhundert (Westen) = K.D. SCHMIDT/E. WOLF (Hrsg.), Die Kirche in ihrer Geschichte 1 Lief. C 1 (Göttingen 1970) C 46 f.

[50] Pallad. hist. Laus. 32, 1f. (150, 152 BARTELINK); Sozom. hist. eccl. 3,14, 9f. (GCS Sozom. 119): δεδωκέναι [sc. ἄγγελον] δὲ αὐτῷ δέλτον…; LECLERCQ, Monachisme (o. Anm. 23) 1817; BACHT (o. Anm. 22) 73 Anm. 12; ferner vgl. W. SPEYER, Bücherfunde in der Glaubenswerbung der Antike = Hypomnemata 24 (Göttingen 1970) 15 Anm. 1. Hieronymus hat die

Für die Entfaltung des Mönchtums in Ägypten und weit darüber hinaus war
die Tat des Pachomios von bedeutender Folgewirkung: er schuf oberhalb der
Nilschleife zwischen Dendera und Panopolis aus den Zellen der Einsiedler das
Kloster (κοινόβιον, coenobium, monasterium). Dieser Vater des klösterlichen
Mönchtums gründete bereits selbst neun Männer- und zwei Frauenklöster. Seine
Schwester soll gleichfalls ein Frauenkloster errichtet haben. Als Pachomios starb,
waren in einem geschlossenen Verband neun große Männerklöster mit etwa 9000
Mönchen entstanden[51]. Pachomios folgten als Klostergründer seine Schüler
Theodoros[52] und Horsiesi[53].

Im vorliegenden Zusammenhang kann keine detaillierte Geschichte der Ausbreitung des Mönchtums innerhalb des Imperium Romanum vorgelegt werden[54].
So wäre im Einzelnen zu zeigen, wie sich das Mönchtum während des 4. Jahrhunderts ausgehend von Ägypten und Syrien ähnlich schnell über das römische
Reich und die angrenzenden Länder ausgebreitet hat wie zuvor das Christentum
selbst. Wie in der Zeit des Urchristentums kommt Kleinasien bei der Ausbreitung
der neuen asketischen Lebensform eine Schlüsselstellung zu.

Die neue geschlechtsasketische Lebensweise ergriff nicht nur ungebildete und
verarmte Bevölkerungskreise, wie in Ägypten[55], sondern zog auch viele Gebildete und Reiche im griechischen Osten ebenso wie im lateinischen Westen an.

3. Der Westen

Der Ruf des östlichen Mönchtums erreichte bald den lateinischen Westen. Von
Aquileia eilte 373 Hieronymus in den Osten, um mit eigenen Augen und Ohren
das Mönchsideal, von dem er in Trier Kenntnis erlangt hatte, kennenzulernen[56].
Hieronymus wurde zu einem der glühendsten und einflußreichsten Vermittler
zwischen der neuen Bewegung des Ostens und dem Westen, wo das Ideal der
Jungfräulichkeit und der Askese bald mit größtem Eifer aufgenommen wurde. In
der westlichen Ikonographie des späten Mittelalters und der Folgezeit blieb Hieronymus als Büßer in der Wüste von Chalkis, unweit von Aleppo, als große
Identifikationsgestalt der vita ascetica bekannt[57]. In den Jahren 382–385, wäh-

---

allmählich angewachsene Regel aus dem Griechischen übersetzt: Text mit deutscher Übersetzung und Erklärungen von Bacht a.O. 65–286.
[51] Lietzmann (o. Anm. 14) 138f.; J. Gribomont, Art. Pachomios d.Ä.: LThK 7 ²(1962)
1330f.; Bacht a.O.
[52] B. Studer, Art. Theodoros v. Tabennisi: LThK 10 ²(1965) 47.
[53] H. Bacht, Art. Horsiesi: ebd. 5 (1960) 487.
[54] Vgl. beispielsweise die Überblicke von Leclercq, Monachisme (o. Anm. 23) und Lietzmann a.O.
[55] E. Brammertz, Das ägyptische Mönchtum als soziologische Erscheinung. Schenute von
Atripe, masch. Diss. München 1954; Bacht a.O. 14–18; ebd. zu den Kurialen.
[56] S. Rebenich, Hieronymus und sein Kreis = Historia Einzelschr. 72 (1992) 35–41. 76–98.
[57] R. Miehe, Art. Hieronymus: LexChristlIkon 6 (1974) 519–529, bes. 523–527.

rend seines römischen Aufenthaltes, vermochte er vor allem die Damen der römischen Aristokra|tie für sein Ideal zu begeistern. Diese Propaganda weckte aber bei vielen Patriziern Widerstand, so daß er nach dem Tod seines Gönners Damasus I dem Sturm der Gegner seines asketischen Ideals weichen mußte. In Begleitung der vornehmen Römerinnen Paula und ihrer Tochter Eustochium zog er nach Bethlehem, wo er von 386 bis zu seinem Tod 419 oder 420 ein Männer- und drei Frauenklöster, die Paula gestiftet hatte, geleitet hat[58]. Wie Hieronymus mitteilt, lebten in den Klöstern Ägyptens und Palästinas Mönche des Westens, die nur des Lateinischen kundig waren. Für diese Mönche übersetzte er die Regel des Pachomios aus dem Griechischen[59].

Früher als Italien mit Rom, Mailand und anderen Städten[60], wo am Anfang des 5. Jahrhunderts das Mönchsideal großen Anklang fand, wie auch aus den Invektiven des Heiden Rutilius Namatianus zu ersehen ist[61], war Gallien ein Land der Klöster. In Ligugé gründete 361 der ehemalige Soldat Martin das erste Kloster und, als er 371 Bischof von Tours geworden war, in dessen Nähe das Kloster Marmoutier (374)[62]. Gerade Martin hat aufgrund seiner charismatischen Gabe des Wundertäters viel zur Verbreitung des Mönchsideals beigetragen. Seinen Spuren folgte Sulpicius Severus, der in Wort und Tat die Askese verbreitet hat, nicht weniger als Honoratus von Arles, Johannes Cassianus oder Paulinus von Nola[63]. Johannes Cassianus, der eine genaue Kenntnis des östlichen Mönchtums besaß, da er viele Jahre unter den Vätern der Wüste verbracht hatte, gründete in Massilia je ein Männer- und Frauenkloster. Durch seine vielgelesenen asketischen Schriften ,De institutis coenobiorum' und die ,Collationes', Gespräche mit ägyptischen Mönchsvätern, verbreitete er im Westen das östliche Frömmigkeitsideal[64]. Die gallischen Mönchsväter Romanus, Lupicinus und Eugendus erbauten in der Mitte des 5. Jahrhunderts die Klöster Condat, Laucone (Saint-

---

[58] G. GRÜTZMACHER, Hieronymus 3 = Studien z. Gesch. d. Theol. u.d. Kirche 10,2 (Berlin 1908, Ndr. Aalen 1986) 137.141.

[59] Praef. zur Übersetzung: BACHT (o. Anm. 22) 65; ferner W. SPEYER, Frühes Christentum im antiken Strahlungsfeld = WissUntersNT 50 (Tübingen 1989) 67f.

[60] LECLERCQ, Cénobitisme (o. Anm. 23) 3175–3183; G.D. GORDINI, Origine e sviluppo del monachesimo a Roma: Gregorianum 37 (1956) 220–260; G. FERRARI, Early Roman Monasteries = Studi di Antichità Cristiana 23 (Città del Vaticano 1957); G. PENCO, Storia del monachesimo in Italia dalle origini alla fine del Medio Evo (Roma 1961); R. LORENZ, Die Anfänge des abendländischen Mönchtums im 4. Jh.: ZsKirchGesch 77 (1966) 1–61, bes. 3–12. – Zu Mailand und Ambrosius Aug. conf. 8,6,15.

[61] De reditu suo 1, 439–452 gegen die Mönche von Capraria (h. Capraia, nördlich von Elba); 1,511–526 gegen den Eremiten auf Gorgon (h. Gorgona, in der Nähe von Pisa); dazu E. DOBLHOFER im Kommentar 2 (Heidelberg 1977) 200–207. 222–228.

[62] W. SPEYER, Art. Gründer B: RAC 12 (1983) 1145–1171, bes. 1157; vgl. LORENZ a.O. 12–18.

[63] SPEYER, Gründer a.O. 1157f.; LECLERCQ, Cénobitisme a.O. 3192–3205; DOBLHOFER a.O. 2,225.

[64] O. CHADWICK, John Cassian [2](Cambridge 1968) 1–81.

Lupicin) und La Balme (dieses für Nonnen) im Schweizer Jura[65]. In Noricum errichtete Severin (gest. 482), der zunächst Mönch im Orient war, Zellen und Klöster[66]. Bereits zu Anfang des 5. Jahrhunderts gehörte es zu den Aufgaben eines guten Bischofs, Klöster zu gründen[67]. Andere zogen aus Gallien fort, um in den Ursprungsländern des Mönchtums für eine Zeit oder für immer zu leben. Neben Hieronymus und Johannes Cassianus ist an Rufinus, die ältere Melania oder Germanus zu erinnern[68]. Justus, Bischof von Lyon, entsagte um 381 seinem Amt und wurde Mönch in der Thebais[69]. Auf diese Weise war für einen Austausch zwischen Osten und Westen gesorgt. |

Für das geschlechtsasketische Ideal begeisterten sich auch Männer und Frauen in den übrigen westlichen Provinzen, in Nordafrika, Spanien und Irland, der Insel der Heiligen[70]. Da es im Westen keine Wüsten gab, zogen die Mönche in unwirtliche Gegenden. Als solche boten sich unter anderem leere oder kaum bewohnte Inseln an. So waren die Stochädischen Inseln bei Marseille und die Iles de Lérins an der Südküste der Provence ein bevorzugter Platz für Mönchskolonien. Das Kloster Lerinum hat Honoratus, später Bischof von Arles, gegründet; die große Zahl der Mönche dort betont Eucherius[71].

4. *Soziologisch aussagekräftige Zeugnisse der Hagiographie*

Viele hagiographische Texte, die aus verschiedenen Provinzen und angrenzenden Ländern des römischen Reiches kamen, beweisen in eindringlicher Weise die Breitenwirkung der asketischen Bewegung während des 4. und der folgenden Jahrhunderte. Diese Schriften blieben in ihrer Wirkung nicht nur auf den kleinen Kreis der Gebildeten beschränkt. Vielmehr kam auch das gläubige Volk mit ihnen in Berührung, da die Viten der heiligen Asketen und Mönche am jährlich wiederkehrenden Todestag des jeweiligen Heiligen in der Kirche vorgelesen wurden. Dies geschah zunächst und vor allem am Ort des Grabes des Mönchsheiligen[72].

---

[65] Vit. patr. Iurens. 6.24f. 60 (SC 142,244. 264f. 304); SPEYER, Gründer a.O. 1157.

[66] Eugipp. vit. Sev. 19,1; 22,1 (SC 374, 230. 236); vgl. H. KOLLER, Die Klöster Severins von Norikum: Schild von Steier 15–16 (1978/79) 201–207.

[67] Vit. Hilarii Arelat. 11,15f. (90 CAVALLIN).

[68] VON CAMPENHAUSEN (o. Anm. 20) 11–14.

[69] ASS Sept. 1,373; vgl. SPEYER, Christentum (o. Anm. 59) 68 Anm. 43. Zu Eucherius vgl. Joh. Cass. dial. 11–17 praef.: SC 54,98.

[70] LIETZMANN (o. Anm. 14) 170f.; zu Nordafrika: J.J. GAVIGAN, De vita monastica in Africa septentrionali inde a temporibus S. Augustini usque ad invasiones Arabum = Bibl. Augustiniana Medii Aevi, Ser. 2,1 (Roma/Torino 1962). – Zu Irland: SPEYER, Gründer a.O. 1158. Ferner vgl. LORENZ a.O. 18–26.

[71] Euch. Lugd. laud. heremi 42f. (CSEL 31,1,192f.); vgl. LECLERCQ, Cénobitisme a.O. 3196f. – Zu den Inseln Capraria und Gorgon s.o. Anm. 61.

[72] Vgl. R. RAABE, Die Geschichte des Dominus Mâri, eines Apostels des Orients (Leipzig 1893) 9f.; DERS., Petrus (o. Anm. 17) 132: Das Todesgedächtnis des hl. Petrus des Iberers

Ferner gehörte in der Spätantike seit dem Erscheinen der Vita des Antonius von Athanasius die Vita des heiligen Asketen, Eremiten und Mönches neben den Evangelien, Apostelakten und den Martyrien zu den meistgelesenen und am weitesten verbreiteten Büchern. Viele lasen aber nicht nur diese Bücher, sondern ließen sich von der darin beschriebenen Lebensweise so sehr begeistern, daß sie – wie die beiden Gefährten des Ponticianus in Trier[73] – ihr Leben schlagartig änderten. Viele waren von einem Radikalismus und einem Enthusiasmus für das asketische Ideal ergriffen, daß sie selbst vor dem Bruch aller natürlichen Bindungen nicht zurückschreckten. In diesem Sinn fordert Hieronymus Heliodorus auf: „Wenn dir ein kleiner Enkel am Halse hängt und die Mutter in aufgelösten Haaren und zerrissenem Kleide die Brüste entblößt, an denen sie dich nährte oder der Vater auf der Schwelle liegt, eile über den niedergetretenen Vater fort! Trockenen Auges fliege dem Siegeszeichen des Kreuzes entgegen! Hier grausam zu sein, heißt wahrhaft fromm sein"[74].

Die Hinwendung zur Askese muß im 4. und 5. Jahrhundert eine bestimmende massenpsychologische Erscheinung gewesen sein. Die Lebensbeschreibung des Mönchsvaters Moyses kann dies beleuchten: „Der Herr schenkte ihnen die Heilung durch sie [die Mönche]. Deshalb überredeten viele Frauen ihre Männer; sie gingen ebenfalls und wurden Mönche, | diese in der Versammlung (συναγωγή), jene im Nonnenkloster … Ich bezeuge euch, daß einer 30 Jahre lang das Gesicht seiner Kinder, die Mönche waren, nicht sah [Textlücke] ihre Brüder oder ihre Kinder zu sehen, indem sie sagten: Wir sind schon gestorben, wir kümmern uns nicht um Kinder, Brüder, Vater und Mutter, indem sie das Wort des Herrn erfüllten: ‚Wer zu mir kommt, ohne seinen Vater, seine Mutter, seine Frau und seine Kinder zu hassen, der kann nicht mein Jünger sein' [Lc. 14,26, gekürzt]"[75]. Das von Lukas mitgeteilte Jesuslogion verrät die eschatologische Anspannung, unter der das Evangelium steht. Die Wirkung dieses Jesuswortes auf die Mönche beweist, wie lebendig und prägend der Gedanke des Eschatons, der Parusie und des Endgerichtes in den Kreisen der radikalen Christen weiterhin war[76].

---

wurde drei Tage lang gefeiert: „Am ersten Tag feiern wir das (Gedächtnis) seiner Überführung unter den Altar, am zweiten das der Zusammenkunft des ganzen Volkes, am dritten das seiner Beisetzung in der Erde". Mit der Lesung der Mönchsvita wurde ein Brauch fortgesetzt, der mit der liturgischen Lesung der Evangelien, der Apostelgeschichte und der an sie anknüpfenden Martyrerakten begonnen hatte (z.B. Mart. Perp. 1,5 f.; 21,11 [106–108. 130 MUSURILLO]; RAABE, Petrus a.O. 25. 121; vgl. TH. BAUMEISTER, Art. Heiligenverehrung I: RAC 14 [1988] 96–150, bes. 117 f. 127).

[73] Aug. conf. 8,6,14 f.

[74] Epist. 14,2,3 (CSEL 54, 46 f.).

[75] W. TILL, Koptische Heiligen- und Martyrerlegenden 2 = OrientChristAnal 108 (Roma 1936) 72–74; zu dem Jesuslogion O. MICHEL, Art. μισέω: ThWbNT 4 (1942) 687–698, bes. 694 f.

[76] So schreibt Antonius nach der von Athanasius verfaßten Vita c.81 (PG 26,956 f.) an den Kaiser nach Konstantinopel: „Das Gegenwärtige müsse man nicht hochachten, sondern mehr

Die Vita Moysis teilt wenig später mit, daß der Sohn eines Mönch gewordenen Vaters zum Kloster kommt: „Dein Sohn ist gekommen und möchte dich sehen. Er aber sagte: Ich kümmere mich nicht um meinen Sohn, ich bin ja schon gestorben. Was habe ich mit meinem Sohn (zu schaffen)?" Der Knabe wurde dann aber doch im Kloster aufgenommen, erhielt das Kleid eines Mönches und wurde seinem Vater übergeben. Innerhalb eines Jahres starb der Knabe, wie es der Abt des Klosters, Moyses, vorausgesagt hatte. Der Schluß dieser Erzählung lautet: „Ihr habt gesehen, Brüder, die Stärke dieser heiligen Männer, die der Welt von ganzem Herzen entsagten, ihr Kreuz aufnahmen und ihrem Herrn folgten (Mt. 16,24)"[77]. Unbedingte Nachfolge Christi, Kreuzesnachfolge, ist das Ziel des Lebens des Mönches[78].

Die geschlechtliche Askese, die im Verzicht auf Ehe und Kinder gipfelte, blieb bei den Mönchen nicht ohne Folgen auf ihr Bild von der Frau. Diese rückte bei ihnen mehr und mehr in die Rolle der teuflischen Versucherin, die den Asketen von seiner gottwohlgefälligen Lebensweise abbringen wolle. Während dieser Zug in der Versuchungsgeschichte Jesu fehlt, begegnet er bisweilen in den Viten der Mönche seit Athanasius' Leben des hl. Antonius[79]. Bald glauben die Eremiten und Mönche im Kloster, den Teufel in berückender Frauengestalt zu erblicken, bald kommen bekannte Buhlerinnen der Stadt zum Eremiten, um ihn zu Fall zu bringen[80]. Die Abwertung der Frau entsprach der Abwertung der Familienbande und der Verwandtschaft. Diese Umwertung trug zu einer Erschütterung der familiengebundenen spätantiken Gesellschaft bei[81].

Wie das Ideal des Mönchtums auch die beispielgebenden vornehmen Kreise und sogar das oströmische Kaiserhaus sowie das iberische Königshaus erobert hat, sei anhand der geschichtlich wertvollen Lebensbeschreibung des monophysitischen Heiligen Petros | des Iberers (409–488) gezeigt[82]. Um 500 beschrieb ein unbekannter Syrer, der dem Heiligen persönlich begegnet ist und ihn gegen Ende von dessen Leben auf seinen Pilgerreisen begleitet hat, das Leben des ehemaligen iberischen Prinzen und späteren Mönches und Bischofs von Maiuma bei Gaza. Petros der Iberer war ein Sohn des Königs von Iberien, des heutigen Geor-

---

das zukünftige Gericht im Sinne haben und wissen, daß Christus allein ewiger König ist"; ferner vgl. RANKE-HEINEMANN (o. Anm.7) 26–32: ‚Todessehnsucht und Parusieerwartung'

[77] TILL a.O.

[78] S.o. S. 126.

[79] Vit.Ant. 5 (PG 26,848B); vgl. 6.9 (849C. 856B). Diese Szene hat die Phantasie der neuzeitlichen Künstler bis in dieses Jahrhundert angeregt: E. SAUSER, Art. Antonius Abbas: LexChristIkon 5 (1973) 205–217, bes. 214 f.

[80] Vit. Pachom. I 8.19 (6.12 HALKIN); Vit. Onophr.: C.D.G. MÜLLER, Die alte koptische Predigt, Diss. Heidelberg (1953/54) 291 f.; vgl. Apophth. patr. 5,25 f. 42 (SC 387,260–262, 282–284); H. USENER, Vorträge und Aufsätze (Leipzig 1907) 232–250: ‚Die Flucht vor dem Weibe, eine altchristliche Novelle, erneuert von E. Schaffner'.

[81] Vit. Pachom. I (37 HALKIN); DASSMANN/SCHÖLLGEN (o. Anm. 14) 884–886.

[82] RAABE, Petrus (o. Anm. 17); A. KOLLAUTZ, Art. Petros der Iberer: LThK 8 ²(1963) 365 f.

gien[83], und kam mit zwölf Jahren als Geisel an den Hof Theodosius' II (408–450) nach Konstantinopel. Über die Zustände am Hof entwirft die Vita Petri Iberi ein lebensvolles Bild: „Und als er [Petros] zum seligen Theodosius kam und von ihm liebevoll aufgenommen und wie ein Sohn erzogen und geliebt wurde, und den Ernst in der Gottesfurcht und Liebe zu Christus sah am König und der Königin Eudokia … und an den Männern und Frauen, die ihnen dienten, besonders an jenen Eunuchen, welche cubicularii [Kammerherren] heißen – denn alle Bewohner lebten im Palast wie in einem Kloster, in Gebeten und Fasten und Diensten bei Nacht und bei Tag und in den anderen Übungen, welche Gott versöhnen –, entbrannte er von Eifer"[84]. Die Kaiserin Eudokia, die sich später wegen Hofintrigen (einer Beleidigung) von ihrem Gemahl trennte, zog sich 441 nach Jerusalem zurück und errichtete dort Kirchen, u.a. die Kirche des hl. Stephanus, Klöster und karitative Häuser (gest. 460)[85].

In Petros, dem iberischen Prinzen, der Kaiserin Eudokia und Theodosius II sowie seiner einflußreichen Schwester Pulcheria (399–453), die Jungfräulichkeit gelobt hatte und nach dem Tod des Bruders aus machtpolitischem Grunde den Feldherrn Markianos heiratete, aber in einer Josephsehe lebte[86], treffen wir Personen höchsten Standes, für die das Mönchsleben der eigentliche Lebensinhalt war und dies in einer Zeit, als heftigste Kriege mit den Persern und den Hunnen Attilas tobten.

Der Biograph des Petros teilt mit, daß dieses Ideal bereits am Ende des 4. Jahrhunderts für das iberische Königshaus verpflichtend war: „Der große Bakurios [der Großvater mütterlicherseits von Petros], welcher zuerst von den Königen der Iberer Christ war, und seine Gemahlin Duktia kamen zu solcher Höhe der Gottesfurcht, zu solcher Tugend und solchem Wandel in Christo, daß sie, wiewohl sie königlichen Standes waren, während ihrer Regierung das asketische Leben des Mönchtums übten und lebten. Denn gemäß dem schönen Übereinkommen, welches beide gemeinsam miteinander trafen, hielten sie sich von fleischlicher Gemeinschaft fern, indem ihnen die Kindererzeugung genügte, welche ihnen verliehen worden war …"[87]. Jungfräulichkeit pflegte auch der Onkel des Petros: „Dieser blieb, als die Edlen des Landes ihm unter dringenden Bitten zuredeten, sich wegen der Zeugung von Kindern und der Fortpflanzung des Königtums zu vermählen, und ihm eine Frau aus königlichem Geschlecht zuführten, dennoch dieser gegenüber jungfräulich"[88]. Für das Volk der Iberer mußten derartige Gesinnungen im Königshaus richtungweisend wirken. Bekanntlich erfolgte bei den

---

[83] O. LORDKIPANIDSE / H. BRAKMANN, Art. Iberia II (Georgien): RAC 17 (1996) 12–106.
[84] RAABE, Petrus a.O. 24; vgl. W. ENSSLIN, Art. Pulcheria nr. 2: PW 23,2 ²(1959) 1954–1963, bes. 1955f.
[85] RAABE, Petrus a.O. 48f.; vgl. H. HOMEYER, Art. Eudokia-Athenais: LThK 3 (1959) 1170.
[86] ENSSLIN a.O. 1959.
[87] RAABE, Petrus a.O. 16f.
[88] Ebd. 18.

Fremdvölkern nicht selten die Bekehrung in der Weise, daß das gesamte Volk der Bekehrung des Königs nacheiferte[89].

Petros selbst bewegte aufgrund seiner frommen Lebensweise und der ihm gewährten Gnaden, den Wundern und Visionen, andere zur Nachahmung: „Deshalb entsagte auch | eine Menge von ihnen [der Umgebung des Petros am Kaiserhof zu Konstantinopel] der Welt und nahm das Mönchsgewand, nachdem er Mönch geworden war … Männer von angesehener Stellung als Baumeister und Verwalter des königlichen Vermögens"[90].

Über die harten Formen des asketischen Lebens, die Männer und Frauen in gleicher Weise auf sich nahmen, liegen zahlreiche Zeugnisse vor. Die Übungen zielten darauf, die natürlichen Regungen und Kräfte des Leibes nicht nur unter Kontrolle zu halten, sondern sie auch oft gänzlich zu brechen. So bemerkt die Vita über Petros: „Zur Unterdrückung des Fleisches und seiner ungeordneten Freuden liebte er die Züchtigung [d.i. die Geißelung]"[91]. „Indem er sich enthaltsam und sehr asketisch führte und das schwer zu zügelnde, zum Fall geneigte und gegen den Geist sich auflehnende Fleisch und seinen rebellischen Willen, jenen Feind Gottes, der sich dem Gesetze Gottes nicht unterwerfen kann, durch Hunger und Durst und Liegen auf der Erde und durch Nachtwachen und diese [ganze] harte Lebensweise bändigte und unterwarf, dehnte er die Askese soweit aus, bis er den Aufruhr der jugendlichen Regungen unterdrückte, die Flamme der Leidenschaften auslöschte und nun mit Leichtigkeit bemerkte, daß er im Geist ruhig wurde, sich wissenschaftlicher Untersuchung ($\vartheta\epsilon\omega\varrho\acute{\iota}\alpha$) widmen konnte und über das Fleisch Herr wurde, vielmehr aber beide zur Übereinstimmung brachte, indem er jene große Kraft und Körperschönheit in dürre Haut und Knochen einschloß, so daß er, der früher sehr gesund war und durch Stattlichkeit des Körpers hervorragte, schon krumm wurde, gebeugt durch die Menge der Schmach und die ausgedehnte Askese"[92].

Das Mönchsideal war demnach der Erhaltung der Körperkräfte abträglich. Da aber der Krieg in jenen Zeiten fast ausschließlich mit den Kräften des Körpers ausgefochten wurde, mußte diese Lebensführung vieler Reichsangehörigen bei der Verteidigung gegen hereinbrechenden Fremdvölker des Nordens, Ostens und Südens verhängnisvoll wirken.

Die Mission der Mönchsbischöfe, zu denen im Westen Martin, im Osten Petros zählte, gipfelte in der Verbreitung des Mönchsideals. „Etliche aber feuerte er [Petros] an, vollkommen der Nichtigkeit der Welt zu entsagen, und überredete sie, nach der Vollkommenheit zu jagen, ihren Besitz unter die Armen zu verteilen, das Kreuz Christi auf sich zu nehmen und ihm allein anzuhangen … Auch viele andere, nicht allein Männer, sondern auch Frauen, zog er zum Kriegsdienst

---

[89]   K. SCHÄFERDIEK, Art. Germanenmission: RAC 10 (1978) 492–548.
[90]   RAABE, Petrus a.O. 26.
[91]   Ebd. 24; vgl. auch W. WALDSTEIN, Art. Geißelung: RAC 9 (1976) 469–490, bes. 487f.
[92]   RAABE, Petrus a.O. 108.

Christi.Und indem er sie ermahnte, das sanfte Joch der Ehelosigkeit auf sich zu nehmen, bereitete er dem Herrn ein an guten Werken reiches und darin wetteiferndes Volk zu"[93]. Die Predigt des Petros brachte viele dazu, ihr bisheriges Leben gegen das eines Mönches zu tauschen[94]. Alles dies geschah in Syrien, Palästina und in Ägypten, also in jenen Ländern, die während des 7. Jahrhunderts unter arabische Herrschaft kamen und Ostrom verlorengingen.

Zu den Topoi der Viten heiliger Mönche gehört der Gedanke, den bereits apokryphe Apostelakten mit Nachdruck ausgesprochen haben[95], daß asketische Christen am Tage der Hochzeit ihre Bräute oder gleichgestimmte Bräute ihre Bräutigame überredet haben, auf das Eheleben zu verzichten und sich ganz dem Seelenbräutigam Christus anzuvertrauen. Breit ausgeführt hat diesen Gedanken die aus Syrien, also einem Land jahrhundertealter | leibfeindlicher Tendenzen, stammende Legende von Alexios von Edessa (5. Jh.): Ein junger römischer Patrizier, den seine Eltern zur Ehe bestimmt haben, entflieht am Tage seiner Hochzeit nach Edessa, wo er nach einem verborgenen Leben in Armut stirbt. In der griechischen Erweiterung, die vor dem 9. Jahrhundert entstanden ist, hat der jetzt Alexios Genannte am Hochzeitsabend eine lange Unterredung mit seiner Braut. Nach einem Gelübde, jungfräulich zu leben, verläßt er sie. Nach 17 Jahren in Edessa kehrt er unerkannt ins Elternhaus zurück, wo er arm und verlassen stirbt[96]. Die Alexioslegende ist ein Volksbuch und war weit verbreitet. Sie griff aber nur ein Motiv auf, das seinen Sitz im realen Leben besaß. So hat Paulinus, zunächst Gouverneur von Campanien, später Bischof von Nola (353/354–431), um 393 mit seiner Gemahlin Therasia verabredet, enthaltsam zu leben; beide haben in Nola seit 395 das Leben eines Mönchs und einer Nonne geführt[97]. Ebenso verhielt sich der gleichfalls aus vornehmer und reicher Familie stammende Germanus von Auxerre (um 378–448). Er trennte sich von seiner Frau Eustachia und verwendete sein Vermögen zur Gründung von Klöstern[98]. Damit folgte er dem Zug der Zeit. Sein Zeitgenosse Eucherius, später Bischof von Lyon (gest. um 450), zog sich mit seiner Frau Galla und seinen Söhnen Solonius und Veranus ins Kloster zurück und lebte zunächst in Lerins, dann auf der Insel Lero[99]. Die beiden namentlich nicht bekannten Staatsbeamten in Trier, agentes in rebus, über deren Entschluß, Mönch zu werden, Ponticianus bei Augustinus berichtet, besaßen Bräute[100]. Als die Mäd-

---

[93] Ebd. 75; zum Topos der Militia Christi s.o. Anm. 12.

[94] RAABE, Petrus a.O. 107 f.

[95] S.u. Anm. 111.

[96] B. DE GAIFFIER, Intactam sponsam relinquens. A propos de la vie de S. Alexis: AnalBoll 65 (1947) 157–195; L. RYDEN, Bemerkungen zum Leben des hl. Narren Symeon von Leontios von Neapolis (Uppsala 1970) 31 f.; W. CRAMER, Art. Alexios von Edessa: LThK 1 ³(1993) 381 f.

[97] J.T. LIENHARD, Paulinus of Nola and the Early Western Monasticism = Theophaneia 28 (Köln/Bonn 1977) 24–32.

[98] Constant. Lugd. vit. Germ. 1 f. (SC 112.122.124).

[99] Paul. Nol. epist. 51,2 (CSEL 29,424).

[100] Conf. 8,6,15.

chen von dem Gesinnungswandel ihrer Verlobten erfuhren, versprachen auch sie immerwährende Jungfräulichkeit[101]. Im Osten soll der Mönchsvater Amun in seiner Hochzeitsnacht den Brief des Paulus an die Korinther gelesen und über die Schwierigkeiten der Ehe geredet haben, so daß er und seine Braut weiterhin ein keusches Leben führten[102]. – Die Liebe zur Enthaltsamkeit konnte bei einzelnen Mönchen sogar Selbstkastration zur Folge haben, eine Verirrung, die die Kirche abgelehnt hat[103].

5. *Mündliche und schriftliche Werbung für die Keuschheit*

Der Lebensvollzug der Askese überhaupt und der Keuschheit im Besonderen wurde seit apostolischer Zeit wachsend durch eine Fülle praktischer Anweisungen und theoretischer Überlegungen mündlich und schriftlich gestützt. In dieser Richtung wirkten die Aussprüche der großen Mönchsväter, die kurz nach ihrem Tod gesammelt und aufgezeichnet wurden[104], und ihre Re|geln[105], ferner Mönchsviten[106] sowie Lob- und Mahnschriften zum enthaltsamen Leben. In der Großkirche des Ostens empfahlen Gregor von Nyssa und Johannes Chrysostomos

---

[101] Dies entspricht Athanas. vit. Ant. 88 (PG 26, 965C): „Wieviele verlobte Jungfrauen, indem sie Antonius nur von jenseits des Flusses sahen, blieben Jungfrauen in Christus!"

[102] Hist.Laus. 8, 1–5 (40–44 BARTELINK); Socr.hist.eccl. 4,23 (PG 67,509C–512A). Amun dachte gewiß an 1 Cor. 7. Ferner vgl. H. GÜNTER, Buddha in der abendländischen Legende? (Leipzig 1922) 249.

[103] Ebd. 252; CHADWICK, Enkrateia (o. Anm. 23) 357f.

[104] Griechische Sammlung: PG 65,71–440; SC 387; Koptische Sammlung: É. AMÉLINEAU, Histoire des monastères de la Basse-Égypte = Annales du Musée Guimet 25 (Paris 1854); dt. Ausg.: B. MILLER, Weisung der Väter (Freiburg 1965); vgl. W. BOUSSET, Apophthegmata. Studien zur Geschichte des ältesten Mönchtums (Tübingen 1923, Ndr. Aalen 1969); BECK (o. Anm. 23) 123 Anm. 3; K.S. FRANK, Art. Apophthegmata Patrum: LThK 1 ³(1993) 849.

[105] Z.B. Pachomios und seine Schüler Theodoros und Horsiesi, Basilius, Gerasimos u.a.; vgl. LECLERCQ, Monachisme (o. Anm. 23) 1813–1817. 1819–1821. 1857f. 1862–1871; Clavis PL nr. 1012. 1838–1876 (ed. E. DEKKERS, Steenbrugge [1961] und ebd. S. 556: ‚Regulae monasticae'); H.U. VON BALTHASAR, Die großen Ordensregeln ²(Einsiedeln/Zürich/Köln 1961); A. DE VOGÜÉ, Sub regula vel abbate. Étude sur la signification théologique des règles monastiques anciennes: CollOrdCistRef 33 (1971) 209–241; A. MUNDO, Études sur les anciennes règles monastiques latines (Oslo 1964); G. TURBESSI, Regole monastiche (Roma 1974).

[106] Neben Athanasius' Vita Antonii sind beispielsweise die Viten des ‚Ureinsiedlers' Paulos von Theben (3. Jh.), des Hilarion und Malchos von Hieronymus zu nennen (H. HAGENDAHL/J.H. WASZINK, Art. Hieronymus: RAC 15 [1991] 117–139, bes. 121f. 126) und sein Epitaphium Paulae; die Vita S. Martini des Sulpicius Severus; die Sammelschriften Historia Lausiaca des Palladios, die Historia monachorum, von Rufinus ins Lateinische übersetzt: PL 21, 387–462; die Historia religiosa des Theodoret von Kyrrhos; die Viten des Kyrillos von Skythopolis und zahlreiche Viten einzelner Mönchsväter und heiliger Nonnen des Ostens und Westens; ferner vgl. O. BARDENHEWER, Geschichte der altkirchlichen Literatur 4 (Freiburg 1924, Ndr. Darmstadt 1962) 16–19. 148–188; K. SUNDERMANN/M. SICHERL, Gregor von Nazianz, Der Rangstreit zwischen Ehe und Jungfräulichkeit (carm. 1,2,1,215–732) = Stud. z. Gesch. u. Kult. d. Alterums N.F. 9 (Paderborn 1991).

nachdrücklich die Jungfräulichkeit[107]. Im Westen predigten und schrieben nicht nur die Kirchenlehrer Ambrosius, Hieronymus und Augustinus über dieses Ideal, sondern auch zahlreiche Mönche und Mönchsbischöfe[108]. Abhandlungen mit dem Titel ‚De laude eremi' oder ‚Epistola paraenetica de contemptu mundi et saecularis philosophiae' können den Inhalt derartiger Traktate beleuchten[109]. Eine Bestandsaufnahme dieser Thematik würde sehr viele Titel umfassen und bis in die apostolische Zeit zurückgehen[110].

Die mündliche und schriftliche Mahnung zum enthaltsamen Leben stärkte nicht nur die Mönche in ihren täglichen Mühen, sondern verbreitete diese Lebensform als die eigentliche Hochform christlichen Wandels und der Nachfolge Christi im Volk. Asketische Praxis und asketisches Schrifttum bedingten sich so gegenseitig. Die Blüte beider umfaßte das 4. bis 6. Jahrhundert. In dieser Zeit der größten Bedrohung des Imperium Romanum haben Mönche und Nonnen die spätantike christliche Gesellschaft in einer uns heute nur schwer vorstellbaren Weise innerlich und äußerlich geprägt.

Die Grenzen zwischen Rechtgläubigkeit und Ketzerei sind bei einigen pseudoapostolischen Schriften mit geschlechtsasketischer Tendenz, wie verschiedenen Apostelakten, fließend. Einige von ihnen kommen aus enkratitischen Kreisen Syriens (2. und 3. Jahrhundert) und wurden in leicht überarbeiteter Form lange von den Christen der Großkirche gelesen. Eine ihrer Haupttendenzen war die Werbung für das ehelose Leben[111]. In Syrien ging man zeitweilig so weit, nur Ehelose zu taufen[112]. Während Schriftsteller am Rande der Großkirche, wie Priszillian, bis zur Verwerfung der Ehe gegangen sind, hat sich Hieronymus nur | mit Mühe davor gehütet; so groß war seine Begeisterung für die Jungfräulichkeit[113]. Tertullian war bei seinem Lob der Jungfräulichkeit von den enkratitischen Vorstellungen der Montanisten beeinflußt[114].

---

[107] Gregor Nyss. virg.; Bardenhewer a.O. 3 ²(1923, Ndr. 1962) 204 f.; 345 f.

[108] E. Bickel, Das asketische Ideal bei Ambrosius, Hieronymus und Augustinus: NJbKlassAlt 37 (1916) 437–474; E. Dassmann, Die Frömmigkeit des Kirchenvaters Ambrosius von Mailand. Quellen und Entfaltung = MünstBeitrTheol 29 (Münster 1965) Reg. Begierde/ Lust: Geschlechtlichkeit.

[109] Eucher. Lugd. laud. heremi: CSEL 31, 177–194; cont. mundi: PL 50, 711–726. – In der Lehre von den Hauptsünden des Mönches nimmt die Versuchung des Geschlechtstriebes einen großen Raum ein; R. Staats, Art. Hauptsünden: RAC 13 (1986) 734–770, bes. 766–768.

[110] Vgl. auch Koch (o. Anm. 23).

[111] W. Schneemelcher (Hrsg.), Neutestamentliche Apokryphen in deutscher Übersetzung 2 ⁵(Tübingen 1989) 71–81 und Reg. Enkratismus.

[112] A. Vööbus, Celibacy, a Requirement for Admission to Baptism in the Early Syrian Church = Papers of the Estonian Theological Society in Exile 1(Stockholm 1951).

[113] H. Chadwick, Priscillian of Avila (Oxford 1976) Reg. Celibacy. – Hieronymus äußert rigoristische Anschauungen vor allem in Adv. Iovinianum 1 (PL 23,211); dazu Bardenhewer (o. Anm. 107) 3,631–633; vgl. auch Adversus Vigilantium; dazu Bardenhewer a.O. 3,634 f.

[114] Exhort. cast. 10; pud. 6,1; W. Schepelern, Der Montanismus und die phrygischen Kulte (Tübingen 1929) 55–59. Dazu kam Tertullians Verwerfung der zweiten Ehe (de exhortatione castitatis, de monogamia).

6. *Angaben über die Anzahl von Mönchen*

Die bisherigen Ausführungen haben gezeigt, wie tief die Seelen vieler Christen des 4. bis 6. Jahrhunderts von dem Gedanken der Keuschheit und der Askese um Christi willen erfüllt waren. Dies führte in vielen Fällen zum ehelosen Leben im Stand eines Mönches oder einer Nonne und bei verheirateten Christen zur sogenannten Josephsehe[115]. Neben Mönchen und Nonnen wird es eine nicht unerhebliche Zahl von Sympathisanten dieser neuen geistigen Bewegung gegeben haben. Das Mittel und oft auch das Ziel all dieser radikalen Christen war die geschlechtliche Enthaltsamkeit. Die Folge mußte ein Rückgang der Geburten sein[116]. Dieser aus den zuvor mitgeteilten Tatsachen zu gewinnende Schluß würde noch an Überzeugungskraft gewinnen, wenn es möglich wäre, genauere Zahlenangaben über Mönche und Nonnen zu erlangen, um so ihren Anteil an der Gesamtbevölkerung des Imperium Romanum abschätzen zu können. Verglichen mit der modernen Bevölkerungsstatistik sind aber derartigen Schätzungen für die Antike wegen der schlechten und unsicheren Quellenlage sehr enge Grenzen gesetzt[117]. Die Geschichtsschreiber des Mönchtums haben nur selten Zahlenangaben mitgeteilt; aber selbst wenn sie es taten, ist noch nicht erwiesen, daß ihre Angabe Vertrauen verdient.

Die eine Aufgabe besteht darin, die archäologisch und literarisch bezeugten Klöster, geordnet nach den Provinzen, Ländern und großen Städten des Imperium Romanum, aufzulisten, möglichst mit Gründungsdaten und Angaben über die Dauer des Bestehens des jeweiligen Klosters, falls dies überhaupt noch möglich ist. So sind die Klöster Ägyptens, Palästinas, Syriens und Kleinasiens gut erforscht[118]. Aufgrund der Ausdehnung der einzelnen Klosteranlage, der sie begleitenden Handwerksbetriebe und der literarischen Zeugnisse über die Anzahl und die Berufe der Klosterinsassen wird es bis zu einem gewissen Grade noch möglich sein, vorsichtige Schätzungen über die Anzahl der Mönche und der Nonnen zu einer be|stimmten Zeit in einer bestimmten Provinz oder auch in einer

---

[115] J. WENNER, Art. Josephsehe: LThK 5 ²(1960) 1140f.

[116] Zu dieser in der Forschung bisher umstrittenen Frage A. DEMANDT, Rez. P. CHAUNU, Histoire et décadence (Paris 1981): Gnomon 55 (1983) 625–631, bes. 629f.

[117] Ebd.

[118] LECLERCQ, Cénobitisme (o. Anm. 23) 3129–3136: Ägypten; 3165–3175: Palästina; ferner vgl. L.R. LEFORT, Les premiers monastères pachômiens. Explorations topographiques: Muséon 52 (1939) 379–407; H.G.E. WHITE/W. HAUSER, The Monasteries of the Wâdi n' Natrûn 1–3 (New York 1926/33, Ndr. 1973); F. DAUMAS/A. GUILLAUMONT, Kellia I = Fouilles de l'Inst.Franç.Arch.Orient 18 (Le Caire 1969); M. MARTIN, La laure de Dêr al Dîk à Antinoé = Bibl. Ét. Copt. 8 (Le Caire 1971); S. SAUNERON, Les ermitages chrétiens du désert d'Esna (Le Caire 1972); C.C. WALTERS, Monastic Archaeology in Egypt (Warminster 1974); R. JANIN, Les églises et les monastères des grands centres byzantins (Paris 1975); Y. HIRSCHFELD, The Judean Desert Monasteries in the Byzantine Period (New Haven, Conn. 1992); P. GROSSMANN, Ruinen des Klosters Dair al-Balaiza in Oberägypten: JbAC 36 (1993) 171–205 und die Literatur bei KAWERAU (o. Anm. 22) LVI–LVIII.

bestimmten Stadt, wie Konstantinopel, abzugeben[119]. Auch die andere Aufgabe hat man bisweilen gesehen, nämlich die literarischen Nachweise über die Anzahl der Mönche und Nonnen zu sammeln[120]. Was aber alle diese Tatsachen für den Bestand des Römischen Reiches bedeuten, diese Frage trat bisher nur ungenügend in das Blickfeld der Forschung.

Die meisten Mönche lebten in den klassischen Ländern des Mönchtums, in Syrien/Mesopotamien, Palästina und Ägypten. Um 400 kam Palladius (um 364– vor 431), Schüler des Evagrios Pontikos, nach Ägypten. In der Umgebung von Alexandrien traf er 2000 Mönche[121]. Wie er bemerkt, bewohnten 5000 Mönche das Gebirge der Nitrischen Wüste und 600 Einsiedler die Wüste[122]. Weiter teilt er mit, daß in den Klöstern des Pachomios 7000 Mönche lebten, wobei das Hauptkloster allein 1300 von ihnen beherbergte[123]. Andere Klöster mit 200 und 300 sah Palladios dort gleichfalls. Dabei zählt er folgende Handwerker auf: 15 Zusammennäher, 7 Schmiede, 4 Zimmerleute, 12 Kamelhalter und 15 Walker[124]. In seiner Übersetzung der Pachomiosregel behauptet Hieronymus, daß sich zu den Kartagen im Hauptkloster Pbow 50 000 Mönche versammelten[125]. Die Historia monachorum hebt Oxyrhynchos hervor, wo sich innerhalb der Stadtmauer Kloster an Kloster gereiht habe und wo man bald vor den Mauern eine neue Stadt mit lauter Klöstern habe errichten müssen, um die 10 000 Mönche und die 20 000 Nonnen unterzubringen[126]. Diese Angaben bestätigt die Vita Petri Iberi:

„Dies Oxyrhynchos war aber eine große und reiche Stadt der Thebais, in welcher die Gnade Christi so sehr regierte, daß während alle [Einwohner] Christen waren, die Menge der in den umliegenden Klöstern wohnenden Mönche sich auf nicht weniger als zehntausend belief"[127].

Wie die Historia monachorum mitteilt, hörte Abba Or in einer Traumvision, wie ein Engel zu ihm sagte:

„Aus dir wird sich ein großer Volksstamm entwickeln und eine große Menge wird dir anvertraut sein"[128].

---

[119] R. Janin, La géographie ecclésiastique de l'Empire Byzantin 1. Le siège de Constantinople et le patriarcat oecuménique 3. Les églises et les monastères ²(Paris 1969) XIIIf. und passim; G. Dagron, Les moines et la ville. Le monachisme à Constantinople jusqu'au concile de Chalcédoine (451): Travaux et mémoires 4 (1970) 229–276.
[120] Z.B. Leclercq, Cénobitisme (o. Anm. 23) 3103f. Anm. 2 zu der Anzahl der pachomianischen Mönche; ferner Ders., Monachisme (o. Anm. 23) 1822f.; Lietzmann (o. Anm. 14) 140; Bacht, Vermächtnis (o. Anm. 22) 79f. Anm. 59.
[121] c. 7,1 (36 Bartelink).
[122] c. 7,2; 13,2 (38, 58 B.).
[123] c. 32,8 (156 B.).
[124] c. 32,9 (158 B.).
[125] c. 7 (68 Bacht); vgl. ebd. 79f. Anm. 49 mit zahlreichen weiteren Zahlenangaben.
[126] 5 (41–43 Festugière); Lietzmann a.O. 139f.
[127] Raabe, Petrus (o. Anm. 17) 61.
[128] 2,4 (36 Festugière).

Ähnliches wird vom Mönchsvater Apollo berichtet:

„Du wirst Vater eines großen Volkes werden"[129].

Im 5. Jahrhundert scheint sich der Schwerpunkt von Ägypten nach Palästina verlegt zu haben. Wie K. Holl betont, überstrahlte in dieser Zeit Palästina durch die Zahl und das Ansehen seiner Mönche die übrigen Provinzen[130]. Vom 4. bis 7. Jahrhundert gab es dort mehr als 130 Klöster; von ihnen waren mindestens zwanzig Lauren, also Kolonien von Einsiedlerzellen und Einsiedlerhöhlen unter der Leitung eines Mönchsvaters[131]. Nach Chariton, Euthymios d.Gr. und Gerasimos tat sich Sabas (439–532) als Erbauer hervor. Ihm wurde der Beiname ‚Erbauer einer Stadt' zuteil, weil er in den Bergschluchten Palästinas Koinobien | und Zellen von Lauren erbaut hat[132]. Um 384 kam die Pilgerin Egeria zum Sinai und traf dort viele Mönche[133]. Sulpicius Severus sah an den Ufern des Nils zahlreiche Klöster, die meistens je hundert Mönche bewohnten[134]. Wie er bemerkt, sei es bekannt, daß insgesamt in diesen Siedlungen „je zwei- und dreitausend" Mönche lebten[135]. Mönche und Mönchsbischöfe bestimmten in Palästina an den heiligen Stätten des Alten und Neuen Testaments das Bild, wie aus dem Bericht Egerias zu entnehmen ist[136]. Als Egeria auf ihren weiten Reisen in den Osten zum Heiligtum der hl. Thekla in Seleukeia in Isaurien kam, traf sie dort „zahllose monasteria von Männern und Frauen" an[137]. Ein wichtiges Dokument über die Zahl der Klöster im 6. Jahrhundert bieten die Akten des Konzils des Menas aus dem Jahr 536. Zahlreiche Mönche und Äbte der Hauptstadt, des Bistums Chalkedon und von Palästina/Syrien haben hier unterschrieben[138]. Das neue Vollkommenheitsideal der Geschlechtsaskese hat geradezu eine Massenbewegung ausgelöst, und zwar im gesamten römischen Reich, mag auch ein Ost-West-Gefälle festzustellen sein[139].

---

[129] 8,17f. (53f. Festugière): 500 Mönche sammeln sich um ihn. Beide Stellen spielen auf Gen. 12,2; 46,3 an.
[130] Enthusiasmus und Bußgewalt beim griechischen Mönchtum. Eine Studie zu Symeon dem Neuen Theologen (Leipzig 1898) 171f.; vgl. Beck (o. Anm. 23) 408–410; Hirschfeld (o. Anm. 118) a.O.
[131] R. Janin, Art. Laura: LThK 6 ²(1961) 828f.
[132] Ebd.; B. Kotter, Art. Sabas: LThK 9 ²(1964) 186f.
[133] c. 3 (CCL 175,39f.); vgl. R. Solzbacher, Mönch, Pilger und Sarazenen. Studien zum Frühchristentum auf der südlichen Sinaihalbinsel = Münsteraner Theol. Abh. 3 (Altenberge 1989) 122–143; zur Anzahl der Mönche: ‚dreistellige Zahl'.
[134] Dial. 1,10,1. 17,6 (CSEL 1, 161. 170).
[135] Dial. 1,17,6 (170).
[136] Peregr. Eg.: CCL 175, 37–90 passim. Der hohe, ja höchste Wert, den man dieser Lebensform zuschrieb, geht auch daraus hervor, daß die Gesta monachorum maiorum als normgebend unmittelbar neben der Hl. Schrift stehen (ebd. 20,13 [65]).
[137] Peregr.Eg. 23,2 (CCL 175,66); vgl. 23,4.6 (66).
[138] ACO 3,47–52; Janin, Églises (o. Anm. 118) 422–426; ferner vgl. ACO 3,33–38, 44–46 u.ö.
[139] Zum Westen s.o. S. 134f. Für unser Thema ist vor allem das Zeugnis des Heiden Zosimos 5,23,4 bemerkenswert: οὗτοι [sc. οἱ λεγόμενοι μοναχοί] δὲ γάμοις τοῖς κατὰ νόμον

7. Reaktionen

Während der christlichen Jahrhunderte der Spätantike, als das Heidentum von einer zunächst geduldeten bald mehr und mehr zu einer verfolgten Religion herabsank, konnten dem Mönchtum von dort keine ernsten Gefahren drohen. Wenn einzelne Heiden, wie im Westen Rutilius Namatianus, im Osten Eunapios und Zosimos ihre Gegnerschaft offen bekannten, so hatte dies auf die Mönchsbewegung keine Auswirkung[140]. Anders war es, als der arianisch gesinnte Kaiser Valens (364–378) die Mönche Ägyptens gewaltsam zum Militärdienst zwingen wollte. Hatte er bemerkt, daß die neue Volksbewegung dem Bestand des Reiches gefährlich werden konnte? Bei dieser Zwangsrekrutierung sollen viele Mönche zu Tode gekommen sein, weil sie sich der Aufforderung zum Militärdienst widersetzt hatten[141]. Die Flucht in das Eremitendasein hat auch das städ|tische Leben im Osten und damit die innere Verwaltung erschüttert. Deshalb ordnete Valens die Rückführung der in die Wüste zu den Mönchen geflohenen Kurialen an[142]. Der 7. Kanon des Konzils von Chalkedon (451) verbot den Mönchen ausdrücklich den Eintritt in die Armee und die Übernahme eines staatlichen Amtes[143]. Damit fielen seit der Mitte des 5. Jahrhunderts offiziell die Mönche aus, wenn es galt, den römischen Staat nach außen zu schützen und nach innen zu stärken[144].

ἀπαγορεύουσι, συστήματα δὲ πολυάνθρωπα κατὰ πόλεις καὶ κώμας πληροῦσιν ἀνθρώπων ἀγάμων. οὔτε πρὸς πόλεμον οὔτε πρὸς ἄλλην τινὰ χρείαν ἀναγκαίων τῇ πολιτείᾳ, πλὴν ὅτι προϊόντες ὁδῷ μέχρι τοῦ νῦν ἐξ ἐκείνου τὸ πολὺ μέρος τῆς γῆς ᾠκειώσαντο, προφάσει τοῦ μεταδιδόναι πάντων πτωχοῖς πάντας ὡς εἰπεῖν πτωχοὺς καταστήσαντες; vgl. den Herausgeber F. PASCHOUD (Paris 1986) 179–181. – Gregor von Nazianz spricht von Tausenden und Zehntausenden Asketen und Asketinnen auf der ganzen Erde (or. 4 = c. Iul. 1,73 [PG 35, 597AB]); ähnlich Epiphan. c. haer. 58,4,7 (GCS Epiphan. 2,361); Joh. Chrys. in Mt. hom. 33,4 (PG 57,393); Theodoret, Cyr. hist. rel. 30,4–6 (SC 257, 244–246).

[140] NÜRNBERG (o. Anm. 23) 279–281; Eunap. vit. soph. 6,11,6–8 (GIANGRANDE); Zosim. 5,23,4f. Anders lagen die Verhältnisse im persischen Reich; dazu S. GERO, Die antiasketische Bewegung im persischen Christentum: Einfluß zoroastrischer Ethik?: OrientChristAnal 221 (1983) 187–191.

[141] Hieron. chron. zJ. 375 n. Chr. (GCS Eus. 7,248): multi monachorum Nitriae per tribunos et milites caesi. Valens lege data, ut monachi militarent, nolentes fustibus iussit interfici; Oros. 7,33, 1–3 (CSEL 5, 515f.): ... vastas illas tunc Aegypti solitudines harenasque diffusas ... magna habitantium monachorum multitudo compleverat. huc tribuni et milites missi, qui sanctos ac veros milites dei alio nomine persecutionis abstraherent. interfecta sunt ibi agmina multa sanctorum ...

[142] Cod.Theod. 12,1,63 vJ. 370? 373?; vgl. BACHT (o. Anm. 22) 16.

[143] ACO 2,1,2,159; vgl. L. UEDING, Die Kanones von Chalkedon in ihrer Bedeutung für das Mönchtum und Klerus: A. GRILLMEIER / H. BACHT (Hrsg.), Das Konzil von Chalkedon 2 (Würzburg 1953) 569–676, bes. 639.

[144] Ferner vgl. P. HOFRICHTER, Die Stellung der Christen zum Staatsdienst in vor- und nachkonstantinischer Zeit: TheolPraktQuart 139 (1991) 181–191.

8. *Folgerungen und Schlußbetrachtung*

Bereits einzelne spätantike Schriftsteller haben die Gefahren der Geschlechtsaskese in ihrer Auswirkung auf die Bevölkerungszahl des römischen Reiches
erkannt. Der Südgallier Ennodius (473/474–521) hatte selbst infolge des seine
Umgebung prägenden asketischen Ideals sein Eheversprechen gelöst und war
Diakon geworden, während seine Braut den Schleier des Klosters nahm. Später
wurde er Bischof von Pavia[145]. Trotz seiner asketischen Neigungen hatte er die
Gedankenwelt des heidnischen Mythos und die Bejahung eines diesseitigen Lebens nicht ganz vergessen. In eigenartiger Weise verband er antike Sinnenfreude
und christliche Jenseitigkeit. Insgeheim trauerte er der antiken Schönheit nach.
In einem Hochzeitsgedicht läßt er Amor bei der nackten Venus über die erhabenen Gelübde jener klagen, die das Fleisch durch die neue Leidenschaft der Askese zu bändigen versuchen:

„Wir haben, Mutter, den Lohn unserer Kraft verloren. Schon tönt Cythera nirgendwo,
verlacht wird der Mythos der Amores, und nicht genügt die Nachkommenschaft für die
neugeborene Zeit. Kalt und aufbrauchend hält die Jungfräulichkeit die Glieder vieler in
Besitz. Durch eine neue Glut bezähmen erhabene Gelübde das Fleisch. Die Welt besteht
kaum aus einem zarten Namen. Die jungen Menschen ahmen die zittrigen Greise, die
Epheben die durch Alter Gebrochenen nach. Sieh, über die unermeßlichen Gefilde der
Geschlechter gibt es nur selten die Ernte der Ehe!"[146].

Am Schluß fordert Amor die Göttin auf, den Schlaf abzuschütteln: Man solle
nicht glauben, daß das Recht der Schamhaftigkeit oder ein übelratendes Gesetz
die Göttin zur Gefangenen gemacht habe[147].

Die während der Spätantike von einem Großteil der christlichen Bevölkerung
geübte Geschlechtsaseke war für den Bestand des Imperium Romanum aus verschiedenen Gründen ungünstig: Die zahlreichen Kriege mit dem alten Reichs-
feind im Osten, den Persern, mit den landsuchenden Germanen, den asiatischen
Reitervölkern, den afrikanischen Stämmen und seit dem späten 6. Jahrhundert
mit dem kriegerischen Islam kosteten viele Soldaten. Die Mönche aber entzogen
sich dem Kriegsdienst und hatten seit dem Konzil von Chalkedon geradezu ein
Recht darauf[148]. Das ehelose Leben der Mönche und Nonnen sowie die Josephs-
ehe zahlreicher für das asketische Ideal gewonnener Christen verhinderten | den
Nachwuchs. Die neue Lebensform der geschlechtlichen Askese war deshalb neben Kriegen, Hungersnöten, Seuchen, Naturkatastrophen und dem wirtschaftlichen Niedergang an der Entvölkerung des Reiches mitschuldig. Ferner hat die
Nahrungsaskese der Mönche und vieler Laien die Kräfte des Leibes so sehr ge-
schwächt, daß sie nicht mehr imstande waren, die Reichsfeinde mit der Kraft

---

[145] J. FONTAINE, Art. Ennodius: RAC 5 (1962) 398–421.
[146] Carm. 1,4,54–62 (CSEL 6,514).
[147] Ebd. V. 70–72 (515).
[148] S.o. Anm. 143.

ihrer Hände abzuwehren oder die Strapazen eines Krieges zu ertragen. Schließlich hemmte das Jenseitsideal der Asketen auch den wirtschaftlichen und technischen Fortschritt und verhinderte die Weiterentwicklung von Medizin und Naturwissenschaften. In allen Fragen, die Natur und Leben stellen, kam es den eschatologisch gestimmten Asketen mehr auf die religöse als auf die profane Antwort an. Nur selten haben deshalb auch die Kirchenschriftsteller, die als solche entweder selbst Mönche waren oder die asketische Lebensform in freierer Weise übernommen hatten und für sie in Wort und Schrift warben, mit ihrer religiösen Deutung der Naturerscheinungen die bereits von den Heiden erkannten natürlichen Ursachen verknüpft oder die von jenen geäußerten naturwissenschaftlichen Erklärungen weitergeführt. An einem selbständigen Weiterdenken der rationalen Erklärungen lag ihnen kaum etwas, da für sie das unmittelbare Wirken und Eingreifen Gottes im Mittelpunkt stand. Der Glaube an ein Wunder lag ihnen deshalb auch weitaus näher als die Annahme einer natürlichen Ursache[149]. Insofern verfiel die von den Griechen geschaffene Naturwissenschaft im Laufe der christlichen Spätantike. Die jenseitsgerichteten Christen der Alten Kirche folgten einem anderen Weg. Dieser führte aus der Welt hinaus und endete in Mystik. Daß sie sich hier mit bestimmten gnostischen Strömungen und den Neuplatonikern eng berührten, ist bekannt und zeigt die Gestimmtheit jener Jahrhunderte[150]. Dazu paßt auch, daß während der Spätantike viele das Weltende als unmittelbar bevorstehend erwartet haben[151]. Je mehr Menschen mit der Forderung des Evangeliums ernst machten: „Verkaufe alles, was du hast, und gib es den Armen!"[152], umso wenigere konnten sich um den Bestand und die Erhaltung des vorhandenen Besitzes kümmern, von einer Steigerung desselben ganz zu schweigen. Unterscheiden wir zwischen Zivilisation und Kultur, so können wir sagen, daß die asketische Bewegung zivilisationsfeindlich war und damit den wirtschaftlichen und politischen Bestand des Römischen Reiches nicht nur nicht gesichert, sondern geradezu gefährdet hat. So ist es auch eine Tatsache, daß nicht die Christen die Erkenntnisse der griechischen Medizin, Mathematik und anderer Naturwissenschaften dem Abendland übermittelt haben, sondern die Araber.

---

[149] Ein Beispiel: die Entstehung der Thermalquellen; dazu Speyer, Christentum (o. Anm. 59) 220–227. – Eine Ausnahme, die zum Überleben des Restes des alten oströmischen Reiches beigetragen hat, war die Erfindung des sogenannten griechischen Feuers; H. Diels, Antike Technik ³(Leipzig 1924) 108–111; J. Haldon/M. Byrne, A Possible Solution to the Problem of Greek fire: ByzZs 70 (1977) 91–99.

[150] Ch. Elsas, Neuplatonische und gnostische Weltablehnung in der Schule Plotins = RGVV 34 (Berlin 1975).

[151] Z.B. Hist. Aug. vit. M. Ant. Phil. 13,6 [dazu Apc. 13,13]; Celsus bei Orig. c. Cels. 7, 9; ferner vgl. B. Kötting, Endzeitprognosen zwischen Lactantius und Augustinus: HistJb 77 (1958) 125–139.

[152] Mc. 10,21 par., vgl. Zosimos (o. Anm. 139). Die sozialen Aufgaben haben hingegen auch die radikalen Christen wahrgenommen und nachdrücklicher als die Heiden in die Tat umgesetzt; Speyer, Gründer (o. Anm. 62) 1146. 1155–1162 passim; Nürnberg (o. Anm. 23).

Diese aber hatten in der Folge der Ausbreitung des Islam die Südprovinzen des oströmischen Reiches an sich gerissen. 698 fiel Karthago und damit das christliche Nordafrika.

7. Der kirchliche Heilige als religiöses Leitbild in der Kirchengeschichte*

1. Das Wesen des kirchlichen Heiligen

Die Katholische Kirche sowie die ihr nahestehenden Kirchen und christlichen Gemeinschaften sind in verschiedenem Grade und Maße an drei Faktoren gebunden: an die einzigartige Gestalt des Stifters Jesus Christus, der sich als ‚Sohn' des transzendenten Schöpfer-, Erhalter- und Erlösergottes seinen Gläubigen durch seine Person, seine Worte und Krafttaten zu erkennen gegeben hat[1]; an den Rückbezug, in dem Jesus Christus zu den religiösen Traditionen seines Volkes, des auserwählten Volkes Israel, stand, also an das Alte Testament sowie an das Frühjudentum[2], und schließlich an den kulturellen Lebensraum, in den mit dem Urchristentum die Alte Kirche eingetreten ist, die hellenistisch-römische Kultur[3]. Jesus Christus, Judentum und griechisch-römisches Altertum nebst | den angrenzenden Kulturen sind der Boden, aus dem der kirchliche Heilige erwachsen ist und der für die Mannigfaltigkeit seines Erscheinungsbildes verantwortlich ist.

Der kirchliche Heilige ist einmal Nachfolger der alttestamentlichen und frühjüdischen heiligen Menschen und zum anderen Nachfolger der numinosen oder göttlichen Menschen des antiken Heidentums[4]. Sie alle sind Träger einer religiö-

---

* Die folgenden Ausführungen bieten eine Zusammenfassung von Kapiteln eines geplanten Buches über den religiösen Ausnahmemenschen in Antike und Christentum.

[1] Religionswissenschaftlich und religionsgeschichtlich: C. COLPE, Art. Gottessohn, in: Reallexikon für Antike und Christentum (=RAC) 12 (Stuttgart 1983) 19–58. Innerkirchlich: A. GRILLMEIER, Jesus der Christus im Glauben der Kirche Bd. 1. Von der Apostolischen Zeit bis zum Konzil von Chalzedon (451), Freiburg 1979, 16–73; DERS., Art. Gottmensch III (Patristik), in: RAC 12 (1983) 312–366; ferner vgl. D. ZELLER, Die Menschwerdung des Sohnes Gottes im Neuen Testament und die antike Religionsgeschichte: DERS. (Hrsg.), Menschwerdung Gottes – Vergöttlichung von Menschen (Novum Testamentum et Orbis Antiquus, Bd. 7), Fribourg/Göttingen 1988, 141–176.

[2] M. WILOX, Jesus in the Light of his Jewish Environment, in: Aufstieg u. Niedergang d. röm. Welt 2, Bd. 25,1, Berlin/New York 1982, 131–195.

[3] Das RAC dient der Aufhellung der gegenseitigen Beziehung; bisher Bd. 1–18, Stuttgart 1950–1998; vgl. E. DASSMANN (Hrsg.), Das Reallexikon für Antike und Christentum und das F.J. Dölger-Institut in Bonn, Stuttgart 1994.

[4] S.u. S. 159–161. – Zum heidnischen Altertum: C.J. CLASSEN, Gottmenschentum in der römischen Republik, in: Gymnasium 70 (1963) 312–338 = DERS., Die Welt der Römer, Berlin 1993, 12–38; G. FOWDEN, The Pagan Holy Man in Late Antique Society, in: Journal of Hellenic Studies 102 (1982) 33–59; COLPE a.O. 28 f.; W. SCHOTTROFF, Art. Gottmensch I (Alter Orient

sen, also sakralen Autorität und damit Träger sakraler Macht[5]. In den Ursprungskulturen und auch noch in den frühen Hochkulturen sind die numinosen oder
göttlichen Menschen diejenigen, die in erster Linie die Kultur ihrer Zeit bestimmen
und gestalten. Erst auf späteren Stufen einer Hochkultur können mit ihnen nunmehr nicht mehr eindeutig magisch oder religiös bestimmte Machtträger konkur-
rieren. Die in allen Kulturen ursprünglich gegebene Einheit der Ausdrucks- und
Machtqualitäten der menschlichen Geistseele teilt sich mit der Entfaltung einer
Kultur auf verschiedene Träger auf; ja diese Tatsache dürfte überhaupt die Bedingung für das Entstehen derartiger entfalteter Kulturen sein. Hat zunächst ein
einzelner, der numinose, der göttliche Mensch, die Aufgaben des Königs, Ge-
setzgebers, Feldherrn, Priesters, Arztes, Lehrers, Erfinders wahrgenommen und
war seine Macht magisch-religiös geprägt, so zerfällt diese Einheit allmählich.
Wahrscheinlich ist dafür auch die mit der Zeit angewachsene Menge an Wissen
verantwortlich zu machen, die ein Einzelner nicht mehr allein zu verwalten |
imstande war[6]. So sehen wir, wie bereits in der homerischen Zeit Griechenlands
der Dichter-Sänger neben den König, den Gesetzgeber, den Priester und den
Arzt/Seher getreten ist. Auf einer derartigen Kulturstufe hat der göttliche Mensch
schon viel von seiner ursprünglichen Macht verloren. Erst wenn in einer Gesellschaft das religiöse Gefühl und Erleben wieder erstarken, wie dies in späthelle-
nistisch-römischer Zeit der Fall war, kann sein Einfluß wachsen.

In der christlichen Epoche zeigte sich erneut dieses Übergewicht von Religion, Magie und Theologie über die Profanwissenschaften, deren erste Blüte
vom 4. bis ins 2. Jahrhundert v. Chr. in Griechenland gedauert hat. Während der
frühen christlichen Jahrhunderte konkurrierte der christliche Heilige als Leitbild
der Christen mit seinem Rivalen, dem göttlichen Menschen des Heidentums.
Beide prägten nunmehr tiefer als alle übrigen Personen den Geist und die Gesellschaft ihrer Zeit, der Spätantike[7]. Damit wird nicht nur die annähernd wiederge-
wonnene Autoritäts- und Machtfülle der magisch-religiösen Ausnahmemenschen

---

und Judentum), in: RAC 12 (1983) 155–234; H.D. BETZ, Art. Gottmensch II (Griechisch-
römische Antike und Urchristentum), in: ebd. 234–312; P. Cox, Biography in Late Antiquity.
A Quest for the Holy Man (Transformation of the Classical Heritage, Bd. 5), Berkeley 1983;
W. SPEYER, Art. Heros, in: RAC 14 (1988) 861–877; DERS., Frühes Christentum im antiken
Strahlungsfeld (Wissenschaftliche Untersuchungen zum Neuen Testament, Bd. 50), Tübingen
1989, 369–394; DERS., Religionsgeschichtliche Studien (Collectanea, Bd. 15), Hildesheim
1995, 106–124. 193.

[5] E. FASCHER, Art. Dynamis, in: RAC 4 (1959) 415–458.

[6] SPEYER, Studien a.O. 9–27, bes. 14.

[7] P. BROWN, The Cult of the Saints (The Haskell Lectures on History of Religions, N.S. 2),
Chicago, London, 1981; DERS., Society and the Holy in Late Antiquity, London 1982, 103–
152: ‚The Rise and Function of the Holy Man in Late Antiquity'. – Ferner vgl. Santi e Demoni
nell'alto medioevo occidentale (sec. V–XI) (Settimane di Studio del Centro Italiano di Studi
sull'Alto Medioevo, vol. 26, 1/2), Spoleto 1989; A. ANGENENDT, Heilige und Reliquien. Die
Geschichte ihres Kultes vom frühen Christentum bis zur Gegenwart, München 1994; H.J.
W. DRIJVERS, History and Religion in Late Antique Syria, Aldershot 1994, 137–157: ‚The
Saints as a Symbol'.

der Ursprungs- und Frühkulturen erkennbar, sondern auch die wiederauflebende Vorherrschaft einer ihnen entsprechenden magisch-religiösen Mentalität über eine zuvor bereits mehr profan-rational bestimmte.

Der christliche und kirchliche Heilige unterscheidet sich grundsätzlich von den göttlichen Menschen des griechisch-römischen Altertums und der übrigen Natur- und Volksreligionen. Dieser Unterschied liegt in dem andersartigen Gottesverständnis der Christen begründet. Der christliche Heilige bleibt grundsätzlich in allem, was er denkt, redet | und bewirkt, auf den transzendenten Schöpfergott und dessen Sohn Jesus Christus bezogen. Sein Licht strahlt nicht wie bei jenen Menschen, den göttlichen und dämonischen Männern und Frauen, aus sich selbst. Jene konnten gleichsam wie auf einen engen Raum und kleinen Kreis beschränkte göttliche Wesen wirken; daraus folgt auch ihre innere Nähe zu dem aus sich selbst, gleichsam autonom wirkenden Zauberer. Der christliche Heilige hingegen bleibt grundsätzlich in allem, nicht zuletzt in seinem Wunderwirken, Vermittler des unverfügbaren, transzendenten und zugleich personalen Gottes. Er weiß sich in allem nur als Beschenkter und bekennt sich als Sünder, d.h. er ist sich des unendlichen Abstandes zwischen Gott und Mensch bewußt, auch wenn dieses Bewußtsein bisweilen unter mittel- und neuplatonischem Einfluß getrübt erscheinen kann[8]. Im Heidentum war bekanntlich die Grenze zwischen der Gottheit und dem religiösen Ausnahmemenschen, dem göttlichen Menschen, durchlässig und offen: Götter konnten dort zu Menschen werden und bestimmte, gleichsam erwählte Menschen zu Göttern aufsteigen[9].

Nach jüdisch-christlichem, d.h. nach alttestamentlichem und neutestamentlichem Verständnis eignet dem einen und einzigen Gott allein im Vollsinn des Wortes Heiligkeit als Wesensmerkmal: Gott allein ist der Heilige[10]. | Alle Menschen und vor allem jene Menschen, denen der eine Gott sich kundgetan und die er erwählt hat, vermögen diese Heiligkeit immer nur abgeschwächt und gebrochen widerzuspiegeln. Dies gilt für die Gottesmänner und Propheten des Alten Bundes ebenso wie für die christlichen Heiligen. Nur im Bezug auf die vollendete, unendliche Heiligkeit Gottes vermag der einzelne Christ Heiligkeit auszuprägen, wenn auch immer nur annäherungsweise.

---

[8] Zur Theorie der Vergöttlichung im Christentum (seit Iren. adv. haer. 3,19,1, SC 211,374): O. FALLER, Griechische Vergottung und christliche Vergöttlichung, in: Gregorianum 6 (1925) 405–435; É. DES PLACES, Syngeneia. La parenté de l'homme avec dieu d'Homère à la Patristique (Études et Commentaires, Bd. 51) Paris 1964, 181–212; A. SCHILSON, „Gott wird immer mehr Mensch" (D. Sölle), in: ZELLER a.O. (Anm. 1) 177–215, bes. 183 f.

[9] W. ROBERTSON SMITH, Die Religion der Semiten, deutsche Übersetzung von R. STÜBE, Tübingen 1899, Ndr. Darmstadt 1967, 30–42; J.R. FEARS, Art. Gottesgnadentum (Gottkönigtum), in: RAC 11 (1981) 1103–1159; H. WREDE, Consecratio in formam deorum, Vergöttlichte Privatperson in der römischen Kaiserzeit, Mainz 1981, zu den archäologischen Quellen; vgl. den von ZELLER (Anm. 1) herausgegebenen Sammelband.

[10] Lev. 19,2; 1 Sam. 2,2; Jes. 6,3; Joh. 17,11.17; 1 Petr. 1,5; Apc. 4,8; vgl. A. DIHLE, Art. Heilig, in: RAC 14 (1988) 1–63, bes. 26.

Insofern kann Jesus Christus auch nicht der erste christliche Heilige sein; denn er hat von seinem Wesen her unmittelbar Anteil an der unbedingten Heiligkeit des göttlichen Vaters. Alle, die Jesus Christus in seine Nachfolge berufen hat und die an ihn als den Heiland und gott-menschlichen Erlöser glauben, mögen sie in ihrem Leben zuvor sittlich und geistig noch so weit von ihm und seiner Botschaft entfernt gewesen sein, sollen diese Heiligkeit Gottes in sich nachahmen und darstellen[11].

Mit der Predigt Jesu von der religiös-sittlichen Umkehr, dem Reich Gottes und dem bevorstehenden Letzten Gericht war ein eschatologisch geprägter Ernst gegeben wie er in den antiken Religionen unbekannt war[12]. Jesu Predigt rief den einzelnen in eine radikale Lebensentscheidung für oder gegen sie und damit auch für oder gegen den Überbringer dieser Botschaft, der als der Gottmensch zugleich ‚Archetypus‘ christlicher Heiligkeit war[13]. Diese Entscheidung bestimmte über eines jeden Menschen ewiges Heil oder Unheil. Insofern war jeder an Jesus Christus Glaubende zur Nachfolge, d.h. zur Identifikation durch Glauben, Hoffen und Lieben, durch Wort und Tat mit dem Gründer aufgerufen und so zu einer | religiös-sittlich geprägten Heiligkeit nach Jesu Vorbild verpflichtet[14].

Der personal verantwortete Glaube an den Gottmenschen Jesus Christus war in der bisherigen Religionsgeschichte etwas Neues[15]. So mußte dieser Glaube auch zur Voraussetzung für die Kraft des einzelnen Heiligen werden, Wunder zu wirken[16]. Andererseits vermochte das Wunder auch den Glauben zu steigern[17]. So gründet die Heiligkeit des Einzelnen gänzlich in der Heiligkeit Jesu Christi und diese wiederum in der Heiligkeit seines göttlichen Vaters. Der Liebes- und damit der Heils- und Segensaspekt stehen deshalb im Vordergrund des Heiligkeitsideals, wie die eigentümlich christlichen Tugenden der Gottes- und Nächstenliebe, der Demut, des Mitleids und der Barmherzigkeit, der Friedfertigkeit und der Gewaltlosigkeit sowie des Verzeihens beweisen. Die Natur des Men-

---

[11] Mt. 5,48; vgl. auch E. DORN, Der sündige Heilige in der Legende des Mittelalters (Medium Aevum, Philologische Studien, Bd. 10), München 1967.

[12] Mt. 25,31–46; Lc. 12,49–56; Joh. 5,24. 28 f. u.a.; Johannes hatte in dieser Hinsicht Jesus bereits den Weg bereitet: Mt. 3,2.7–12. Vgl. auch E. GRÄSSER, Die Naherwartung Jesu (Stuttgarter Bibel-Studien, Bd. 61), Stuttgart 1973.

[13] Joh. Chrys. in Cor.1 hom. 13,3 (PG 61,110).

[14] 1 Cor. 11,1: ‚seid meine Nachahmer wie ich Nachahmer Christi bin‘; vgl. A. VON HARNACK, Die Mission und Ausbreitung des Christentums in den ersten drei Jahrhunderten Bd. 1, Leipzig ⁴1924, Ndr. o.J. um 1975, 116 Anm. 3; N. BROX, Zeuge und Märtyrer (Studien zum Alten und Neuen Testament, Bd. 5), München 1961, 249 Reg.: Jüngerschaft, Nachahmung, Nachfolge; M. HENGEL, Nachfolge und Charisma. Eine exegetisch-religionsgeschichtliche Studie zu Mt. 8,21f. und Jesu Ruf in die Nachfolge (Zeitschrift für die neutestamentliche Wissenschaft, Beih. 34), Berlin 1968.

[15] W. KINZIG, Novitas Christiana. Die Idee des Fortschritts in der Alten Kirche bis Eusebius (Forschungen zur Kirchen- und Dogmengeschichte, Bd. 58), Göttingen 1994.

[16] Mc. 9,22f.: „... Alles ist für den Glaubenden möglich"; vgl. Mt. 17,20; 21,21f.; Joh. 14,12 u.ö.

[17] Joh. 3,2; 5,36; 10,25.38; 14,11.

schen mit ihrem Hang nach Vergeltung vor allem im Bösen, wie sie sich bei vielen göttlichen Männern der antiken Volksreligionen, aber auch bei verschiedenen Gottesmännern des Alten Testaments zeigt, hat vor allem in der Spätantike mit dem erneuten Einströmen von Menschen aus Ursprungskulturen in das Imperium Romanum das von Jesus vorgelebte Heiligkeitsideal getrübt. Deshalb ist in der Spätantike auch der Typus des Fluch- oder Strafwunders reich bezeugt[18]. |

Auf die menschlichen und die göttlichen, also die natürlichen und die übernatürlichen Tugenden der Heiligen im Gegensatz zu denen einzelner göttlicher Menschen haben Kirchenschriftsteller in ihrer Auseinandersetzung mit den Nichtchristen hingewiesen[19]. Ja, dieser Gesichtspunkt der ‚heroischen' Tugendhaftigkeit gewann im Laufe der theologischen Reflexion über den kirchlichen Heiligen wachsende Beachtung, wenn auch die Berücksichtigung der charismatisch-mystischen Gaben und damit der Wunderkräfte bis heute bei den kirchlichen Heiligsprechungen nicht fehlt[20].

Neben den Vorstellungen vom göttlichen Menschen haben auch der Weise des griechischen und römischen Altertums und sein literarisches Bild auf das christliche Heiligkeitsideal eingewirkt und damit Anknüpfungen an die antike Kultur ermöglicht. Der Weise, der Philosoph, der durch Askese zu seiner Weisheit gekommen sein soll – man denke an Pythagoras und Empedokles, ja an Sokrates, Plato und seine Schüler, an Kyniker und Stoiker –, erschien vielen Christen als Vorgänger ihrer durch Sittlichkeit, Askese und Weisheit glänzenden Heiligen[21]. So finden wir vom späten dritten Jahrhundert an nach dem Grad der geistig-intellektuellen Bildung zwei Heiligkeitsideale: das mehr volkstümliche des asketischen Typus, wie es vor allem die Väter der ägyptischen, palästinensischen und syrischen | Wüste ausgeprägt haben, mit den Extremformen des Säulenstehers, Styliten, und des Narren um Christi willen[22], und zum anderen das

---

[18] W. Speyer, Art. Fluch, in: RAC 7 (1969) 1160–1288, bes. 1253–1257.

[19] Z.B. Orig. c. Cels. 3,25 (SC 136,58).

[20] H.-G. Beck, Kirche und theologische Literatur im byzantinischen Reich (Byzantinisches Handbuch, Bd. 2,1) München 1959, Ndr. ebd. 1977, 274 f.; G. Oesterle, Art. Heiligsprechung I, in: Lexikon für Theologie und Kirche (= LThK) 5²(Freiburg 1960) 142 f.; W. Schulz, Art. Heiligsprechung, in: LThK 4 ³(1995) 1328–1331, bes. 1330.

[21] K. Holl, Gesammelte Aufsätze zur Kirchengeschichte, Bd. 2, Der Osten, Tübingen 1928, 249–269, bes. 256–263; W. Völker, Das Vollkommenheitsideal des Origenes (Beiträge zur Historischen Theologie, Bd. 7), Tübingen 1930, Ndr. Nendeln, Liechtenstein 1966; ders., Der wahre Gnostiker nach Clemens Alexandrinus (Texte und Untersuchungen zur Geschichte der altchristlichen Literatur, Bd. 57), Berlin, Leipzig 1952; A.J. Malherbe, Pseudo Heraclitus, Epistle 4. The Divinization of the Wise Man, in: Jahrbuch für Antike und Christentum 21 (1978) 42–64; W. Speyer, Das christliche Ideal der geschlechtlichen Askese in seinen negativen Folgen für den Bestand des Imperium Romanum, in: Panchaia, Festschrift K. Thraede, (Jahrbuch für Antike und Christentum, Erg.Bd. 22), Münster 1995, 208–227, bes. 213 f. = oben S. 125–150.

[22] H. Delehaye, Les saints stylites (Subsidia Hagiographica, Bd. 14), Bruxelles 1923; L. Rydén, Bemerkungen zum Leben des heiligen Narren Symeon von Leontios von Neapolis (Studia Graeca Upsaliensia, Bd. 6), Uppsala 1970.

gleichsam philosophische Heiligkeitsideal, bei dem die asketischen Züge zwar nicht fehlen, aber die rationale Komponente des Erkennens und des theologischen Forschens überwiegt. Dieses Ideal finden wir bei vielen Heiligen, die aus dem rational hoch differenzierten griechisch-römischen Kulturraum gekommen sind. Man denke an die zahlreichen als Heilige geltenden griechischen und römischen Kirchenschriftsteller, vor allem an die Kirchenväter und Kirchenlehrer, die zugleich die Hüter der Orthodoxie gegenüber den Häretikern waren[23].

Ein eigenes Kapitel würden die Sichtung und kritische Betrachtung der uns heute noch zur Verfügung stehenden Quellen über den kirchlichen Heiligen erfordern. Diese Aufgabe kann im Rahmen des vorliegenden Überblicks nicht geleistet werden. Nur soviel sei bemerkt, daß nicht nur der für uns oft kaum noch erkennbare geschichtliche Heilige das Bild des Heiligen in der Öffentlichkeit bestimmt hat, sondern in gleichem, wenn nicht sogar höherem Maße die bald oder auch später nach seinem Tod verfaßte Vita. Eine Aufgabe der Theologen, Historiker, Literaturwissenschaftler und Religionswissenschaftler seit der Renaissance besteht darin, das Geschichtliche dieser Viten vom Fiktionalen und Phantastischen sowie vom geradezu Gefälschten zu sondern[24]. Diese Auf[gabe beginnt bereits bei den überlieferten Heiligennamen; denn es gibt eine Reihe ungeschichtlicher Heiliger[25]. Andererseits bleibt die Frage, ob nicht, wie der Mythos wesensmäßig zu Gott gehört, so auch die Legende zum heiligen Menschen. Wie das rational nicht entschleierbare religiöse Geheimnis Ausdruck der Gottheit ist, so auch seines Repräsentanten auf Erden. Insofern erscheint die mythisch-poetisch-symbolische und damit andeutende Aussageweise für diese Themen innerlich notwendig[26].

Überall aber, wo eine Heiligenlegende bewußte äußere Absichten und Zwecke verrät, wobei der Möglichkeit eines Nachweises aufgrund der Überlieferungslage vielfach enge Grenzen gesetzt sind, ist der Bereich des Religiösen verlassen und wir haben entweder Mischformen vor uns oder geradezu Zerrformen der echten, gewachsenen Legende. So wie es falsch ist, nur das Faktische, Geschicht-

---

[23] O. BARDENHEWER, Geschichte der altkirchlichen Literatur, Bd. 1, Freiburg ²1913, Ndr. Darmstadt 1962, 37–50; zu ihrer Geltung als auctoritates sanctorum im Mittelalter E. GÖSSMANN, Antiqui und Moderni im Mittelalter (Veröffentlichungen des Grabmann-Institutes, N.F. Bd. 23), München 1974, 14–16. – N. BROX, Art. Häresie, in: RAC 13 (1986) 248–297.

[24] An erster Stelle sind hier die Bollandisten, so genannt nach Johannes Bollandus (1596–1665), zu nennen mit den Acta Sanctorum und den Analecta Bollandiana nebst den Subsidia hagiographica: B. JOASSART, Art. Bollandisten, in: LThK 2 ³(1994) 561 f.; ferner vgl. M. VAN UYTFANGHE, Art. Heiligenverehrung II (Hagiographie), in: RAC 14 (1988) 150–183. – Zu den hagiographischen Fälschungen W. SPEYER, Die literarische Fälschung im heidnischen und christlichen Altertum (Handbuch der Altertumswissenschaft, Bd. 1,2), München 1971, Reg.: Hagiographie.

[25] SPEYER, Frühes Christentum a.O. (Anm. 8) 443 f.

[26] Zum Wesen der Legende H. ROSENFELD, Legende (Sammlung Metzler, Bd. 9), Stuttgart ⁴1982; H.P. ECKER, Die Legende. Kulturanthropologische Annäherung an eine literarische Gattung (Germanistische Abhandlungen, Bd. 76), Stuttgart 1993.

liche als die einzige Wahrheit gelten zu lassen, so ist es auch falsch, alles mythisch, legendär und poetisch Auftretende als höhere Wahrheit zu werten[27]. Wie
in der Gesamtwirklichkeit sind auch hier die Grenzen fließend, und damit ist der
unterschiedlichen Sicht der Beurteilenden ein weiter Spielraum gegeben.

2. Die Bezeichnungen für den kirchlichen Heiligen

Die außergewöhnliche Bedeutung, die der Heilige in der Kirche und den übrigen
christlichen Gemeinschaften der | Spätantike besessen hat, ergibt sich nicht zu-
letzt aus der Mannigfaltigkeit der Bezeichnungen. Dabei haben die Christen
Begriffe des Alten Testamentes für den von Gott erwählten und geliebten oder für
den frommen Menschen weiterverwendet und entsprechende Begriffe der Heiden übernommen, soweit sie mit der eigenen Vorstellung von Heiligkeit überein-
stimmten. Vor allem führten sie den Sprachgebrauch des Alten Testamentes in
Form der Septuaginta weiter. So erwähnt bereits Jesus die ‚Gräber der Propheten' und die ‚Denkmäler der Gerechten' und meint damit die Erinnerungsstätten
alttestamentlicher Heiliger[28]. Unter den ‚Gerechten' sind zugleich auch die
Frommen und damit die heiligmäßigen Menschen zu verstehen[29]. Bisweilen stehen die Begriffe ‚gerecht' und ‚heilig' ergänzend nebeneinander[30]. Der sittliche
und der rituell-kultische Aspekt der Heiligkeit sollten auf diese Weise wohl miteinander verknüpft werden.

Im engeren Sinn der Heiligkeit eines einzelnen christlichen Ausnahmemenschen hat die christliche Gemeinschaft, an erster Stelle die Kirche, die von ihr
anerkannten und verehrten Personen als ‚Heilige', ‚ἅγιοι' oder ‚sancti', bezeichnet, ein Sprachgebrauch, der bis heute lebendig geblieben ist[31]. Im Anschluß an
einen Wortgebrauch des Alten Testamentes wählten einzelne die Umschreibung
‚Knecht Gottes' und sprachen so im christlichen Sinn von ‚Knecht Jesu Christi'.

---

[27] Goethe bemerkt zu Eckermann (Gespräche mit Goethe 2. Teil, 30. März 1831) im Zusammenhang seiner Selbstbiographie: „Es sind lauter Resultate meines Lebens und die erzählten
einzelnen Fakta dienen bloß, um eine allgemeine Beobachtung, eine höhere Wahrheit zu bestätigen … Ein Faktum unseres Lebens gilt nicht, insofern es wahr ist, sondern insofern es etwas
zu bedeuten hatte."

[28] Mt. 23,29; Lc. 11,47; vgl. Mt. 27,52; dazu J. JEREMIAS, Heiligengräber in Jesu Umwelt,
Göttingen 1958; ferner vgl. Mt. 10,41.

[29] Mt. 13,43 nach Dan. 12,3 und das Beiwort ‚gerecht' beispielsweise bei Joseph (Mt. 1,19),
Zacharias und Elisabeth (Lc. 1,6), Simeon (Lc. 2,25); G. SCHRENK, Art. δίκαιος, in: Theologisches Wörterbuch zum Neuen Testament 2 (Stuttgart 1935) 191f. Der Herrenbruder Jakobus
hieß ‚der Gerechte' (Hegesippos bei Eus.hist.eccl. 2,23,4; Clem. Alex.: ebd. 2,1,3–5), ebenso
Joseph Barsabbas (Act. 1,23; Eus. hist. eccl. 3,39,9).

[30] Mc. 6,20; Act. 3,14; 1 Cor. 6,11; Apc. 22,11; O. PROCKSCH, Art. ἅγιος u.a. in: Theologisches Wörterbuch zum Neuen Testament 1 (1933) 87–97. 101–116, bes. 109 Anm. 66.

[31] H. DELEHAYE, Sanctus. Essai sur le culte des saints dans l'antiquité (Subsidia Hagiographica, Bd. 17), Bruxelles 1927, 1–73, bes. 45–57.

In dieser Bezeich|nung wie in anderen erkennen wir die christliche Heiligkeit: sie ist nie Selbstzweck, da sie stets im Dienst Gottes und des Nächsten steht. Insofern ist der Heilige jener Mensch, der das Hauptgebot Jesu in auffallender Weise lebt und gelebt hat.

Der alttestamentliche Begriff (LXX) ‚Mensch/Mann Gottes‘, ‚ἄνθρωπος τοῦ θεοῦ‘, ‚homo‘ oder ‚vir dei‘ bezeichnet vor allem seit dem 4. Jahrhundert den herausragenden Mönch. Als erste hießen so Antonius und Pachomios, wobei die Menschen sie für Wundertäter nach der Art des Elias hielten[32]. Wie fast alle übrigen Bezeichnungen für den Heiligen konnte auch diese abgeschwächt nur als Ehrenname vorkommen. Die alttestamentliche, aber auch heidnische Bezeichnung ‚Gottesfreund‘ begegnet gleichfalls im christlichen Zusammenhang der Heiligkeit[33]. Selbst der alttestamentliche und auch pagane Gottesname ‚Herr‘, ‚κύριος‘, ‚dominus‘, wird für den Heiligen zugelassen und zeigt die hohe, ja höchste Autorität, die das Volk ihm zuerkannte[34].

Da das Ideal der Heiligkeit zunehmend das Fühlen und Denken der Alten Kirche bestimmte – obwohl es immer nur wenige annähernd erfüllten –, bewirkte es auch einen inflationistischen Sprachgebrauch. Die Vorstellung der Heiligkeit erfaßte allmählich nicht nur fast alle herausragenden Personen in Kirche und christlichem Staat, so daß sich zugleich eine Art Heiligkeit der höchsten Ämter entwickelte, sondern griff über diesen Personenkreis hinaus und bemächtigte sich auch ihres Um|feldes[35]. Deshalb verschwimmen in nicht wenigen Textzeugnissen die Grenzen des Heiligen und der Heiligkeit.

---

[32] W. STEIDLE, Homo Dei Antonius. Zum Bild des ‚Mannes Gottes‘ im alten Mönchtum, in: DERS. (Hrsg.), Antonius Magnus Eremita (Studia Anselmiana, Bd. 38), Roma 1956, 148–200.

[33] Jac. 2,23; 1 Clem. Rom. 10,1; 17,2; STEIDLE a.O. 189–195; K. TREU, Art. Gottesfreund, in: RAC 11 (1981) 1043–1060, bes. 1051–1059.

[34] Syr. und arab. mâr; kopt. apa; dann folgt in der Regel der jeweilige Eigenname; DELEHAYE a.O. 59–64; W. SCHEPELERN, Der Montanismus und die phrygischen Kulte, Tübingen 1929, 130 f. – Zu Bezeichnungen des Heiligen in Ägypten und zur antiken Vorgeschichte: J. QUAEGEBEUR, Les ‚saints‘ égyptiens préchrétiens, in: Orientalia Lovaniensia Periodica 8 (1977) 129–143.

[35] DELEHAYE a.O. 4 f. 37–45; vgl. auch E. JERG, Vir venerabilis. Untersuchungen zur Titulatur der Bischöfe in den außerkirchlichen Texten der Spätantike, Wien 1970; O. HILTBRUNNER, Die Heiligkeit des Kaisers. Zur Geschichte des Begriffs sacer, in: Frühmittelalterliche Studien 2 (1968) 1–30. – Zu den zahlreichen Adjektiven, die auf den Rang und das Wesen eines heiligen Menschen hinweisen können und die zum Teil Jesus verwendet hat, wie ‚vollkommen‘, ‚glückselig‘, ‚auserwählt‘, vgl. meine geplante Monographie.

3. Der kirchliche Heilige als Nachfolger des alttestamentlichen und frühjüdischen heiligen Menschen

Wie das Neue Testament im Alten Testament wurzelt und frühjüdische Vorstellungen weiterführt, so auch der christliche Heilige. Seine Gestalt kennzeichnet die Kirche und verknüpft das alte mit dem neuen Israel. Die urchristliche Missionspredigt geht deshalb auch von den heiligen Menschen des Alten Testamentes aus und sieht in ihnen Vorläufer und Propheten Jesu[36].

Nach dem Glauben einer Gruppe der Urgemeinde war Jesus aufgrund seiner Familienzugehörigkeit mit heiligen Menschen des Alten Testamentes verwandt, so mit König David[37]. Jesus hat selbst Gottesfreunde des Alten Testamentes als Vorbilder gepriesen, wie Abel, den Propheten Zacharias und die Propheten insgesamt[38]. Die Propheten hießen deshalb auch ‚heilig‘[39]. Der Kirche erschienen die Propheten des alten Israel und die Apostel als Einheit, da die Heiligkeit sie miteinander ver|knüpfte[40]. Der Hebräerbrief preist in langer Aufzählung den Glauben einzelner heiliger Menschen von Abel bis zu den Propheten[41]. Von Beginn an sahen die Christen in den alttestamentlichen Gottesfreunden ihre geistlichen Ahnen und ihre Vorbilder. Zum Ansehen der Propheten trug der von den Christen geteilte frühjüdische Glaube, daß nicht wenige von ihnen Verfolgung und Martyrium erlitten hätten, bei[42]. Vor allem schätzten die frühen Christen die Propheten des Alten Testamentes wegen ihrer messianischen Weissagungen[43]. Wie Ignatius von Antiochien meint, lebten bereits die Propheten gemäß Jesus Christus[44].

Da die kirchliche Liturgie das Alte Testament in Form der anerkannten Septuagintaübersetzung im Gottesdienst verwendete, mußten die durch Frömmigkeit und Glauben ausgezeichneten Gestalten des Alten Bundes neben den neuen christlichen Heiligen zu Vorbildern für alle Getauften werden. Ihr Glaube, ihr Gehor-

---

[36] Act. 2,14–36; 3,13–26; 7,2–53; vgl. Hebr. 1,1.
[37] Rom. 1,3; Mt. 1,1 u.ö.; W. Speyer, Art. Genealogie, in: RAC 9 (1976) 1145–1268, bes. 1223–1235.
[38] Mt. 23,34f.; Lc. 1,70;
[39] Act. 3,21; 2 Petr. 3,2.
[40] 2 Petr. 3,2; Hist. mon. 8,47 (65 Festugière); Inschrift aus Karien: F. Halkin, Inscriptions grecques relatives à l'hagiographie, in: Analecta Bollandiana 71 (1953) 74–99, bes. 98f. In Gerasa erhielten im Jahr 464/65 die heiligen Propheten, Aposteln und Märtyrer eine Kirche: F. Halkin, in: Analecta Bollandiana 67 (1949) 107.
[41] 11, 1–40; vgl. Theodoret. Cyr. hist. rel. 1,1 (SC 234, 160).
[42] Th. Schermann (Hrsg.), Prophetarum vitae fabulosae, indices apostolorum discipulorumque Domini Dorotheo, Epiphanio, Hippolyto aliisque vindicata, Leipzig 1907, 8f. 11. 18 u.ö.
[43] A. von Ungern-Sternberg, Der traditionelle alttestamentliche Schriftbeweis ‚De Christo‘ und ‚De evangelio‘ in der Alten Kirche bis zur Zeit Eusebs von Caesarea, Halle 1913; Speyer, Genealogie a.O. (Anm. 37) 1205–1207. 1234f.
[44] Ad Magn. 8,2; vgl. Schermann a.O. 1–106.

sam, ihre Gottesfurcht, Frömmigkeit, ja Gastfreundschaft gegenüber Gott, wie bei Abraham, und ihre übrigen Tugenden mußten sie geradezu als Beispiele des christlichen religiös-sittlichen Heiligkeitsideals erscheinen lassen[45]. Deshalb konnte auch die kirchliche Liturgie die heiligen Menschen des Alten Testamentes in ihre Gebete aufnehmen und ihrer in eige|nen Festen gedenken[46]. Seit dem 4. Jahrhundert kamen viele Christen – vor allem auch des Westens – infolge der Pilgerreisen ins Heilige Land, um die Stätten der Gottesfreunde des alten Israel zu sehen und sich an diesen meist von der Legende verklärten Traditionen zu erbauen[47].

Andererseits konnte auch das in vielem andersartige Ethos einzelner heiliger Menschen des Alten Bundes nicht immer ohne Einfluß auf die christlichen Vorstellungen von Heiligkeit bleiben. Diese Wirkung ging vornehmlich von heiligen Menschen der vorprophetischen Periode aus, von Mose wie von Elias und Elisaeus. So sind zahlreiche Wunder christlicher Heiliger, vor allem der Zeit nach dem dritten Jahrhundert, im Stil alttestamentlicher Fluch- und Strafwunder geschildert[48]. Hier schlägt das urmenschliche Vergeltungsdenken wieder machtvoll durch.

Ferner malte man einzelne Typen christlicher Heiliger mit den Farben alttestamentlicher Gottesfreunde. Vorbildhaft und prägend wirkten unter anderen die jüdischen Bekenner unter König Nebukadnezar, Hananja, Mischael, Asarja sowie Daniel[49]. Dazu kamen die jüdischen Märtyrer während der Verfolgung durch Antiochos IV. Epiphanes, | wie Eleasar[50] und die Sieben Makkabäischen Brüder mit ihrer Mutter[51].

---

[45] Hebr. 11,1–40; 1 Clem. Rom. 9,3f.; 10,1–7; 11,1f.; 12,1–8; 17,1–6; 18,1.

[46] Vor allem in der Ostkirche: H. ENGBERDING, Das Fest aller alttestamentlichen Patriarchen am 3. Januar im georgischen Menäum von Dumbarton Oakes, in: Muséon 77 (1964) 297–300; J.M. FIEY, Un hymne nestorien sur les saintes femmes, in: Analecta Bollandiana 84 (1966) 77–110; zur Jerusalemer Liturgie G. KRETSCHMAR, Die Theologie des Heiligen in der frühen Kirche, in: Aspekte frühchristlicher Heiligenverehrung (Oikonomia, Bd. 6), Erlangen 1977, 77–125. 180–216, bes. 95f. Ferner vgl. E.M. LATERROUSAZ, Le culte des saints de l'Ancien Testament dans l'Église chrétienne, Paris 1948; H.I. MARROU, Les saints de l'Ancien Testament au martyrologe Romain, in: Memoriae J. Chaine, Lyon 1950, 281–290; M. SIMON, Les saints d'Israël dans la dévotion de l'église ancienne, in: Revue d'Histoire et de Philosophie Religieuses 34 (1954) 113–123; TH. BAUMEISTER, Art. Heiligenverehrung I, in: RAC 14 (1988) 96–150, bes. 102.

[47] Darüber teilen die Pilgerberichte viele Einzelheiten mit: CCL 175/76; BAUMEISTER a.O.

[48] E.C. BREWER, A Dictionary of Miracles, Philadelphia 1884, Ndr. Detroit 1966, 3–346 passim; STEIDLE a.O. (Anm. 32) 159f.; B. DE GAIFFIER, Études critiques d'hagiographie et d'iconologie (Subsidia Hagiographica, Bd. 43), Bruxelles 1968, 50–61; SPEYER, Fluch a.O. (Anm. 18).

[49] Dan. 1,6f.; 3,8–30; 6,2–28.

[50] 2 Macc. 6,18–31; 4 Macc. 5–7.

[51] 2 Macc. 7; 4 Macc. 8–18; O. PERLER, Das 4. Makkabäerbuch, Ignatius von Antiochien und die ältesten Märtyrerberichte, in: Rivista d'Archeologia Cristiana 25 (1949) 47–72; ferner Aster. Amas. hom. 10 (134–146 DATEMA). Zur späteren Zeit vgl. M. HENGEL, Die Zeloten, Untersuchungen zur jüdischen Freiheitsbewegung in der Zeit von Herodes I. bis 70 n. Chr.

Auf die Mönchsväter und ihre Schüler haben die Berichte über die Patriarchen, Mose und die Wundertäter Elias und Elisaeus großen Eindruck gemacht[52]. Wie jene nannte man die Mönchsväter nicht nur ‚Gottesmänner‘, sondern pries auch einzelne von ihnen als zweiten Moses, Salomon oder Josua[53].

In dem im Buch Exodus beschriebenen Kampf des Mose mit den ägyptischen ‚Zauberern‘ vor dem Pharao sahen einzelne Kirchenschriftsteller das Vorbild für den Kampf christlicher Heiliger in ihrem Kampf gegen das Heidentum[54]. Auch die im Alten Testament dargestellten Aufgaben vieler Gottesfreunde, die denen der göttlichen Menschen der Heiden entsprechen, wie die Aufgabe, in den Nöten des Lebens zu helfen, konnten für die Ausgestaltung des Bildes vom christlichen Heiligen nicht wirkungslos bleiben. In dieser Hinsicht setzt der Heilige gleichfalls den alttestamentlichen und frühjüdischen heiligen Menschen fort. Dies gilt vor allem für die Funktion des Heiligen als Fürsprecher | der Menschen vor Gott[55]. Hier zeigt sich gleichfalls die Kontinuität zwischen Altem Testament, Frühjudentum und Urchristentum. Schließlich gab es auch für die Aufgabe des Heiligen, Helfer im Krieg und in der Schlacht zu sein, einen Ansatz im Alten Bund: den heiligen Engel[56].

Auf die gleichsam nahtlose Verbindung zwischen dem jüdischen und dem christlichen Heiligen weisen die Frommen der Kindheitsgeschichten des Matthäus- und Lukasevangeliums sowie des Protevangeliums Jacobi hin. So verehrte die Kirche Elisabeth, Zacharias und ihren Sohn Johannes den Täufer, den Propheten Simeon, die Prophetin Anna, ferner Joachim und Anna, die angeblichen Eltern der Gottesmutter, als Gottesfreunde, Gerechte und Heilige. Wie die christliche Legende die neutestamentlichen Heiligen verklärt hat, so auch heilige Menschen des Alten Bundes[57]. Der Heilige hat demnach auch nach dem Selbstverständnis der Kirche den alttestamentlichen heiligen Menschen fortgesetzt[58].

(Arbeiten zur Geschichte des antiken Judentums und des Urchristentums, Bd. 1), Leiden, Köln [2]1976, 263–277. Heilige Frauen des Alten Testamentes sind beispielsweise im Sterbegebet der Märtyrerin Helikonis in ihren unechten Akten erwähnt: Sara, Rebekka, Rachel, Lias und Susanna: ASS Mai 6,735 Nr. 10. – Zur Hochzeitsmesse MARROU a.O. (Anm. 46) 283.

[52] STEIDLE a.O. (Anm. 32) 159–165.

[53] Theodoret. Cyr. hist. rel. 1,5 (SC 234, 168); Vita II Patric. praef. (47f. BIELER); G.G. BLUM, Rabbula von Edessa. Der Christ, der Bischof, der Theologe (Corpus Scriptorum Christianorum Orientalium, Subsidia, Bd. 34), Louvain 1969, 8. – Spuren alttestamentlicher Berichte erkennt der Leser in einzelnen Viten von Mönchsvätern; vgl. H. BACHT, Pakhôme, et ses disciples, in: DERS., Théologie de la vie monastique, Paris 1961, 45f.; DERS., Ein verkanntes Fragment der Pachomiusregel, in: Muséon 75 (1962) 12. 17.

[54] 7,8–13.

[55] R. ZORN, Fürbitte und Interzession im Spätjudentum und im Neuen Testament, Diss. Göttingen (1957); J. SCHARBERT, Heilsmittler im Alten Testament und im Alten Orient (Quaestiones disputatae, Bd. 23/24), Freiburg 1964.

[56] SPEYER, Frühes Christentum a.O. (Anm. 4) 274.

[57] DORN a.O. (Anm. 11) 21–54; zur tendenziösen Bearbeitung frühjüdischer hagiographischer Texte SPEYER, Fälschung a.O. (Anm. 24) 232–236.

[58] Cyr. Hieros. cat. myst. 5,9 (SC 126, 158).

4. Die Typen des kirchlichen Heiligen in geschichtlicher Abfolge

Die kirchlichen Heiligen folgen im Typus und damit auch in ihrer Vorbildfunktion der geschichtlichen Entfaltung der Kirche. |

a. Apostel und Jünger Jesu

Das Christentum ist als eine apokalyptisch-eschatologische Bewegung aus dem zeitgenössischen Judentum Palästinas hervorgegangen. Bestimmte Kreise, zu denen Johannes der Täufer gehörte, lebten in einer verwandten seelisch-geistigen Gestimmtheit. Diese Menschen erwarteten in Kürze das Ende der Zeitlichkeit. Auch Jesu Predigt war von dieser Naherwartung des Reiches Gottes geprägt[59]. Aus dieser Erwartung des von Gott und seinem Gesandten Jesus Christus herbeigeführten Weltendes und Weltgerichtes hat die christliche Mission ihre entscheidende Kraft und geistige Stoßrichtung gewonnen. Was der Christenfeind und Platoniker Kelsos im 2. Jahrhundert angebliche phönizische und syrisch-palästinensische Propheten seiner Zeit sagen läßt, trifft, wenn auch karikierend, auf den verkündeten Jesus Christus zu: „Ich bin Gott oder Gottes Sohn oder göttlicher Geist. Gekommen bin ich, denn schon ist der Weltuntergang da, und mit euch, ihr Menschen, ist es wegen eurer Sünden zu Ende. Ich aber will euch retten und ihr werdet mich ein andermal mit himmlischer Kraft emporsteigen sehen. Selig, der mich jetzt anbetet; auf die anderen alle werde ich ewiges Feuer werfen, auf Städte und Länder … Die mir Folgenden werde ich zur Ewigkeit bewahren"[60].

Nach dem urchristlichen Verständnis gehen die Beweise der pneumatischen Kraft und Macht von Gott und Jesus | Christus aus und werden an die Jesus-gläubigen, die Apostel und Jünger sowie Jüngerinnen, weitergegeben[61]. Die Apostel und Jünger ihrerseits waren Verkünder der neuen Botschaft, also Evangelisten und Missionare, und zugleich Führer und Hirten der ihnen folgenden

---

[59] G. KLEIN, Art. Eschatologie IV. Neues Testament, in: TRE 10 (1982) 270–299; G. MAY, Art. Eschatologie V. Alte Kirche in: ebd. 299–305; R.E. LEMER, Art. Eschatologie VI. Mittelalter, in: ebd. 305–310; N. FÜGLISTER, Die Entwicklung der universalen und individuellen biblischen Eschatologie in religionsgeschichtlicher Sicht, in: F. DEXINGER (Hrsg.), Tod, Hoffnung, Jenseits. Wien 1983, 17–40. 189–193; D. HELLHOLM (Hrsg.), Apocalypticism in the Mediterranean World and the Near East. Proceedings of the International Colloquium on Apocalypticism Uppsala, August 12–17, 1979, Tübingen ²1989.

[60] Bei Orig. c. Cels. 7,9 (SC 150, 34.36); vgl. SCHEPELERN a.O. (Anm. 34) 18 f. 154; ferner Hist. Aug. vit. Marc. Ant. Phil. 13,6: *vanus quidam, qui … ignem de caelo lapsurum finemque mundi affore diceret.*

[61] Zu Jünger, μαθηταί, als einer oder der ältesten Selbstbezeichnung der Anhänger Jesu: H. KARPP, Art. Christennamen, in: RAC 2 (1954) 1114–1138, bes. 1115f.; ferner vgl. K.S. FRANK, Vita apostolica. Ansätze zur apostolischen Lebensform in der alten Kirche, in: Zeitschrift für Kirchengeschichte 82 (1971) 145–166; BAUMEISTER a.O. (Anm. 46) 105–111.

Christusgläubigen[62]. Das Amt des Presbyters, Diakons, Episkopos, das grundsätzlich religiös-sittliche Heiligkeit erforderte, war somit im Wirken des Apostels und Jüngers Jesu angelegt.

Die in Jesus angebrochene Gottesherrschaft war bereits mit charismatischen Wirkungen verbunden: Jesus prophezeite und stellte Seele und Leib durch Exorzismus, also Kampf gegen Satan und sein Reich, Heilungswunder und Sündenvergebung wieder her[63]. Diese Kräfte gingen auf seine Jünger, die Zwölf und die Apostel, über. So gehörten die charismatischen Gaben für das ursprüngliche Verständnis vom Christsein nicht anders zur Heiligkeit als die religiös-sittliche Vollkommenheit aufgrund der Lehre Jesu. Die wunderbaren Kräfte haben sich zunächst in der Urgemeinde erhalten. Die Apostel haben sie durch Handauflegung, die Vermittlung des Heiligen Geistes, ihren Schülern übermittelt. Daß die charismatischen Kräfte in dieser Weise freigesetzt wurden, garantierte neben dem geglaubten Wirken des Heiligen Geistes auch das felsenfeste Vertrauen, das die ersten Christen dem geschichtlichen und erhöhten Jesus entgegengebracht haben[64]. |

Neben dem geschichtlich nicht weiter ableitbaren jüdisch-christlichen Urphänomen, der Erfahrung, daß der Schöpfergott in Jesus Christus wohnt und durch die von ihm erwählten heiligen Menschen wirkt, ist auch mit religionspsychologischen und religionssoziologischen Voraussetzungen und Bedingungen zu rechnen, die sich innerhalb der Religionsgeschichte und der jüdisch-christlichen Tradition mehrfach wiederholt haben[65].

Das Erlebnis des ersten Pfingstfestes hat für die Urgemeinde den Zusammenhang von religiös-sittlicher Heiligkeit und Charisma bestätigt[66]. Im Pfingsterlebnis glaubten die ersten Christen die Weissagung des Propheten Joël erfüllt: Am Ende der Zeiten wird der Geist Gottes über alles Fleisch ausgegossen. Weissagungen und Visionen werden sich im Volk ereignen[67]. Die Apostelgeschichte stellt deshalb auch die Träger der neuen Botschaft, Petrus und Johannes, Paulus und Stephanus sowie andere, als Charismatiker dar. Die weiterhin lebendige eschatologische Gestimmtheit und zugleich das Bewußtsein, durch Gnade erwählt und das heilige Volk, das wahre Israel und damit die heilige Gemeinde der

---

[62] H. VON CAMPENHAUSEN, Kirchliches Amt und geistliche Vollmacht in den ersten drei Jahrhunderten (Beiträge zur historischen Theologie, Bd. 14), Tübingen ²1963, 13–31: ‚Die Apostel‘.

[63] E. FASCHER, Jesus und der Satan (Hallische Monographien, Bd. 11), Halle 1949; K. THRAEDE, Art. Exorzismus, in: RAC 7 (1969) 44–117; W. SPEYER, Art. Gottesfeind, in: RAC 11 (1981) 996–1043, bes. 1030–1033.

[64] D. LÜHRMANN, Art. Glaube, in: RAC 11 (1981) 48–122. Mit der Differenzierung der Christen untereinander entzündete sich dieser Glaube auch an den anerkannten Heiligen als den Repräsentanten und Stellvertretern Jesu Christi.

[65] ED. MEYER, Ursprung und Geschichte der Mormonen, Halle 1912; V. LANTERNARI, Religiöse Freiheits- und Heilsbewegungen unterdrückter Völker, Neuwied/Berlin 1966.

[66] Lc. 24,48f.; Act. 1,8; 2.

[67] 3,1f.; zitiert von Petrus: Act. 2,17f.

Endzeit zu sein, haben dazu beigetragen, daß die Charismata in dieser Fülle zu
Tage traten. Ekstasen, Visionen, Auditionen, Prophetien, Zungenreden oder Glossolalie, Exorzismen, Heil-, aber auch Strafwunder kennzeichnen das Leben in
den ältesten Christengemeinden in Palästina und im griechisch-römischen Mis-
sionsgebiet[68]. Paulus erscheint | nicht nur in der Apostelgeschichte, sondern auch
in seinen Briefen als Visionär. Aufgrund seines Bewußtseins, auf wunderbare
Weise von Gott erwählt zu sein, und seiner visionären Erlebnisse weiß er, daß
Jesus seinen Gläubigen fortwährend gegenwärtig ist und die geistgewirkten Charismata spendet[69].

Die Kirche hat den ersten Christusgläubigen, den Jüngern Jesu, den Zwölf,
den Aposteln, den Siebzig Jüngern und den Jüngerinnen nicht zuletzt deshalb
einen hohen Rang an Heiligkeit zuerkannt, weil sie unmittelbar am Leben Jesu
teilgenommen haben[70]. Das Gleiche gilt auch für die Verehrung der Mutter Jesu
und seines Nährvaters Joseph.

Das Bild, das die Apostelgeschichte vom wunderbaren Wirken der Apostel mit
Einschluß des Paulus entwirft, hat nicht nur das hagiographische Bild des kirchlichen Heiligen beinflußt, wie es in den apokryphen Apostelgeschichten und den
Leben der Heiligen der Acta Sanctorum und der Analecta Bollandiana erscheint,
sondern überhaupt das Ideal christlicher Heiligkeit. Der in der Apostelgeschichte
und bei Paulus bezeugte lebende Heilige als der Charismatiker, der die Gabe der
Herzenserkenntnis oder Kardiognosie, der Prophetie, der Unterscheidung der
Geister besitzt, der als Exorzist und Wundertäter wirkt und auch die Naturmächte
zu lenken versteht, ist nicht erst eine Erscheinung der Epoche des Mönchtums,
sondern seit apostolischer Zeit nachzuweisen[71]. Nach der Apostelgeschichte |
bezeugen die älteren apokryphen Apostelgeschichten und Jünger-Kataloge die
Wertschätzung, derer sich die Jünger Jesu als Wundertäter und Charismatiker

---

[68] 1 Cor. 12,1–11; H. WEINEL, Die Wirkungen des Geistes und der Geister im nachaposto-
lischen Zeitalter bis auf Irenäus, Freiburg, Leipzig, Tübingen 1899; HARNACK, Mission a.O.
(Anm. 14) 151–170. 220–239; J. LINDBLOM, Gesichte und Offenbarungen. Vorstellungen gött-
licher Weisungen und übernatürlicher Erscheinungen im ältesten Christentum, Lund 1968.
THRAEDE a.O. (Anm. 63); G. DAUTZENBERG, Art. Glossolalie, in: RAC 11 (1981) 225–246. –
Zu Entsprechungen aus der neuzeitlichen Geschichte des Christentums: MEYER a.O.; K. HUT-
TEN, Seher, Grübler, Enthusiasten, Stuttgart [12]1982, 303–379.

[69] Gal. 1,15; 2 Cor. 3,17; 12,1–12; 1 Cor. 12,1–11; E. BENZ, Paulus als Visionär (Abhandlungen der Akademie der Wissenschaften und der Literatur Mainz, Geistes- und sozialwissen-
schaftliche Klasse 1952, 2), Wiesbaden 1952.

[70] Ephes. 3,5; W.A. BIENERT, Das Apostelbild in der altchristlichen Überlieferung: E. HEN-
NECKE / W. SCHNEEMELCHER, Neutestamentliche Apokryphen, Bd. 2, Tübingen [5]1989, 6–28;
ferner vgl. Hegesipp. bei Eus. hist. eccl. 3,32,8; Sulp. Sev. vit. Mart. 7,7 (SC 133, 268); Greg.
M. dial. 1,10,17; 2,32,2 (SC 226, 108. 228); Pass. Secundi 1 (ASS Aug. 5,795): *quia martyres
licet inter reliquos fideles primatum obtineant, tamen post apostolos secundi ordinis obtineant
dignitatem.*

[71] Anders HOLL a.O. (Anm. 21) Bd. 2,88–90. – R.A. LIPSIUS / M. BONNET (Hrsg.), Acta
apostolorum apocrypha, Bd. 1, Leipzig 1891; Bd. 2,1,1898; Bd. 2,2,1903; Ndr. Darmstadt
1959.

erfreut haben. Sie aber waren neben ihrem Meister das Vorbild eines jeden späteren Heiligen[72].

Dazu kam ein Weiteres. Die Apostel und ihre Schüler haben als Missionare im Imperium Romanum und in den angrenzenden Ländern Gemeinden gegründet. Wie die Gründer von Städten und Kolonien in der antiken Welt hohe Wertschätzung erfahren haben, so auch die christlichen Gründer von Gemeinden. Der Gründer-Apostel und seine tatsächliche oder fiktive Gründung hatten in den kirchenpolitischen Auseinandersetzungen höchste Bedeutung[73].

b. Das heilige Volk der Christen und der einzelne Heilige

Zum Kern der von den Christen übernommenen Offenbarung in Israel gehört die auf den transzendenten Gott zurückgeführte Forderung an den Menschen, heilig, d.h. Gott ähnlich, zu werden[74]. Nur bei Juden und Christen gibt es die Vorstellung eines ganzen Volkes von Heiligen, das der eine Gott durch seine Gnade erwählt und damit geheiligt hat. In Israel ist dieser Gedanke an die leibliche Nachkommenschaft Abrahams gebunden, im Christentum an die an Jesus Christus, das menschliche Abbild des himmlischen Vaters, Glaubenden und ihm in einem entsprechenden Leben Nachfolgenden[75]. Nach Heiligkeit zu streben ist demnach die niemals ganz lösbare Aufgabe | jedes einzelnen Christen[76]. Der Heiligung durch Gott, die sich in der Berufung zum Christusglauben ereignet, soll der Christ in seiner Lebensführung entsprechen. Das Ziel besteht darin, Jesus Christus, dem Spiegelbild des göttlichen Vaters, ähnlich zu werden. Wie im Alten Israel und im Frühjudentum schien dieses Ziel an die Bedingungen einer kultisch-rituellen und einer religiös-sittlichen Heiligkeit gebunden: Durch die Taufe[77] und die Teilnahme am Geheimnis des Neuen Bundes zwischen Gott und Menschen in Jesus Christus, der Eucharistiefeier, tritt der Christ in den Raum der Gnade und damit der Heiligung ein. Ein Leben bestimmt vom Glauben an den Sohn Gottes und Erlöser, von der Liebe zu Gott und dem Nächsten sowie der eschatologischen Hoffnung auf die ‚Letzten Dinge‘, Gericht, Himmel und Hölle, führt ihn zur Heiligkeit[78].

---

[72] HENNECKE/SCHNEEMELCHER a.O. 2,71–438. SCHERMANN a.O. (Anm. 42) 107–221: ‚Apostolorum discipulorumque indices‘.

[73] T.J. CORNELL/W. SPEYER, Art. Gründer, in: RAC 12 (1983) 1107–1171, bes. 1148–1155; BAUMEISTER a.O. (Anm. 46) 105–111.

[74] Lev. 11,44 u.ö.; 1. Thess. 4,3; 5,23; 1 Petr. 1,16; vgl. auch Mt. 5,48; J. ZMIJEWSKI, Art. Heiligung, in: LThK 4 (1995) 1331f.

[75] Joh. 17,17; 1 Petr. 2,9; vgl. M. SIMON, Verus Israel, Paris ²1964.

[76] Aug. retract. 1,3,4 (CSEL 36,19f.); A.-J. FESTUGIÈRE, Les moines d'Orient 1, Paris 1961, 17f.; ZMIJEWSKI a.O.

[77] Mt. 28,19; Mc. 16,16; Joh. 3,22; 4,1; Act. 2,38.41; K. RUDOLPH, Antike Baptisten. Zu den Überlieferungen über frühjüdische und -christliche Taufsekten (Sitzungsberichte der Sächsischen Akademie der Wissenschaften Leipzig, Phil.-hist. Kl. 121,4), Berlin 1981, 19f.

[78] 2 Thess. 1,10. Zu der christlichen Selbstbezeichnung: ‚die Heiligen‘ s.u. S. 166.

Der wie bei den Juden mit Heiligkeit ausgezeichneten Stand des Priesters ist erst aufgrund einer nach-neutestamentlichen Verteilung der Aufgaben innerhalb der heiligen Gemeinschaft der Christen entstanden[79]. Die ersten Christen haben sich ein geistlich verstandenes heiliges Priestertum zugesprochen[80]; denn für sie war Jesus Christus der eine Priester bzw. Hoherpriester und zugleich das eine Opfer[81]. Heiligkeit kam deshalb grundsätzlich allen | Gläubigen zu; sie waren die heilige Gemeinschaft, das Volk Gottes in Jesus Christus[82] und die heilige Kirche[83].

Sehr bald, wenn nicht schon von Beginn des Christentums an, fielen aber einzelne Christen durch außergewöhnliche geistliche Gaben, einen über das durchschnittliche Maß hinausgehenden Glauben und ein entsprechendes Tugendstreben auf. Den vielen sich grundsätzlich als Heilige fühlenden Christen traten damit einzelne heilige Menschen gegenüber. Wie die herausragenden heiligen Menschen im Alten Israel als Vorbilder wirkten, so die Heiligen im frühen Christentum, das sich schnell in der alten Welt ausbreitete und bald zu einer Volksreligion wurde, in der sich das Streben nach Vollkommenheit nur noch gebrochen und ungleichmäßig durchsetzen konnte. Damit wiederholte sich im neuen Gottesvolk der Christen eine Entwicklung, die bereits im Alten Israel zu bemerken ist. Auch hier stehen in der Zeit nach Abraham und den Seinen wenige als heilige Menschen den vielen des Gottesvolkes gegenüber.

Wenn das Alte Testament dem Volk Israel als ganzem Heiligkeit zuschrieb, so nicht zuletzt deshalb, weil in ihm heilige Menschen lebten, deren Heiligkeit nach Art der Solidarität im Segen auf das gesamte Volk ausstrahlte. Entsprechendes galt für die Kirche, das neue Israel. Die Heiligen bezeugten jeweils ihre Segenskraft durch ihre zahlreichen Heilungs- und Rettungswunder. Der Heilige steht also weder im Alten Israel noch im Christentum als ein Einzelner nur für sich wie die göttlichen Menschen, sondern bildet mit den anderen lebenden und toten Heiligen eine in Gott gegründete Gemeinschaft, die communio sanctorum[84]. |

---

[79] G. SCHRENK, Art. ἱερεύς, in: Theologisches Wörterbuch zum Neuen Testament 3 (1938) 263–265; J. SCHMID, Art. Priester III im NT, in: LThK 8 [2](1963) 743f.; C. ANDRESEN, Die Kirchen der alten Christenheit (Die Religionen der Menschheit, Bd. 29,1/2), Stuttgart 1971, 179f. – Zum griechischen und römischen Hintergrund: F. PFISTER, Art. Kultus, in: Realenzyklopädie der Klassischen Altertumswissenschaft 11,2 (Stuttgart 1922) 2106–2192, bes. 2125–2138; H. FUGIER, Recherches sur l'expression du sacré dans la langue latine, Paris 1963, 20–31: ‚sacerdos castus‘.

[80] 1 Petr. 2,5.9; Apc. 1,6; 5,10; 20,6; SCHRENK a.O. 249–251.

[81] Hebr. 9; PROCKSCH a.O. (Anm. 30) 103f.; SCHRENK a.O. 279–282.

[82] KARPP a.O. (Anm. 61) 1123f.

[83] 1 Petr. 2,9; PROCKSCH a.O. 107–110; KARPP a.O. 1118f.; F. HOFMANN, Art. Heiligkeit der Kirche, in: LThK 5 [2](1960) 128f.; M. KEHL, Art. Heiligkeit der Kirche, in: LThK 4 [3](1995) 1326f.

[84] Ephes. 2,19f.; Hebr. 12,22f.; Hilar. tract. Ps. 121,4–15 (CSEL 22,572–580); KRETSCHMAR a.O. (Anm. 46) 119–121; G.L. MÜLLER, Art. Gemeinschaft der Heiligen, in: LThK 4 [3](1995) 433–435.

In den Heiligen konnte sich die mit der Zeit schnell wachsende Menge durchschnittlicher Christen aller Alters- und Berufsgruppen auf ideale Weise wiedererkennen[85]. Da nicht wenige spätere Heilige zunächst Frevler und Sünder waren oder als solche galten, vor allem auch wegen ihrer Herkunft aus dem Heidentum, bestand für Angehörige religiös-sittlicher und sozialer Randgruppen der Christenheit die Möglichkeit, sich in einem derartigen Heiligen wiederzufinden[86]. Der Heilige war so in seinen vielfältigen Ausprägungen die Integrationsgestalt und die Identifikationsfigur der gesamten Christenheit und blieb dies bis zum Ende des Mittelalters und in den katholischen Ländern bis in dieses Jahrhundert.

c. Der Märtyrer und Bekenner

Bei den sich nach und nach differenzierenden Typen der Heiligkeit ist trotz der Eigenständigkeit des jeweiligen Typus immer und überall der Rückbezug auf Jesus als den Inbegriff der Heiligkeit zu erkennen. Sein Leiden und sein Kreuzestod blieben so das Vorbild für alle jene, die durch ihr Blut ihren Glauben an das Evangelium bezeugt haben. Der seinen Glauben bekennende, gewaltsam getötete Christ, der Märtyrer und die Märtyrerin, erscheint in den Jahrhunderten der Verfolgung durch den heidnischen römischen Staat als der herausragende Typus der Heiligkeit[87]. Der Märtyrer fehlt auch in den folgenden Jahrhunderten der Spätantike nicht[88]; wir begegnen ihm bis in unsere Gegenwart. Er schien von allen, die Jesus nach|zufolgen versuchten, als Leidender und gewaltsam Getöteter seinem Vorbild Jesu, dem leidenden Gerechten, am nächsten zu kommen[89]. Auch der Märtyrer verfügte über Charismen. So vollbrachte der Erzmärtyrer Stephanus Wunder und zeigte sich als Ekstatiker und Visionär[90]. Wunderbare Begebenheiten sollen den Tod Polykarps begleitet haben: sein Leib verbrannte nicht, und Wohlgeruch verbreitete sich[91]. Allerdings erscheint der leidende Märtyrer im allgemeinen mehr als Objekt denn als Subjekt wunderbaren Geschehens[92]. Der Märtyrer, der in seiner Passion ganz mit dem leidenden Jesus ver-

---

[85] 1 Clem. Rom. 46,1–4.

[86] DORN a.O. (Anm. 11).

[87] TH. BAUMEISTER, Die Anfänge der Theologie des Martyriums (Münsterische Beiträge zur Theologie, Bd. 45), Münster, W. 1980; DERS. a.O. (Anm. 46) 111–135.

[88] Verfolgung im Perserreich, im arianischen Vandalenreich, bei Germanen und Slaven, infolge des Bildersturms.

[89] J.H. WASZINK, Art. Biothanati, in: RAC 2 (1954) 391–394; DELEHAYE, Sanctus a.O. (Anm. 31) 32–35; BROX a.O. (Anm. 14) 232–237.

[90] Act. 6,8.15; 7,55f.

[91] Mart. Polyc. 15 (14 MUSURILLO); vgl. J. GEFFCKEN, Die christlichen Martyrien, in: Hermes 45 (1910) 481–505, bes. 501–503.

[92] HOLL a.O. (Anm. 21) Bd. 2,77 Anm.1.

schmilzt, kämpft wie dieser gegen Satan und Hölle und besitzt auch einen unmittelbaren Zugang zur göttlichen Welt[93].

Bereits während des zweiten Jahrhunderts überflügelte der Märtyrer an Wertschätzung alle übrigen Träger der Heiligkeit, nicht nur die Inhaber eines Kirchenamtes, die Presbyter und Diakone, sondern selbst die Propheten[94]. Nach der Christianisierung des Imperium Romanum und der germanischen Stämme galten Christen, vor allem Fürsten, die im Kampf gegen Heiden gefallen waren, gleichfalls als Märtyrer[95].

Auch der unerschrockene Bekenner des Glaubens gegenüber Heiden und mehr noch gegenüber den Häretikern stand im Ansehen der Heiligkeit; Volk und Kirche | ehrten ihn[96]. Als erster Bekenner galt einer späteren Zeit der Hauptmann unter dem Kreuz, dem der Name Longinus, von griechisch Longche, Lanze, gegeben wurde[97].

d. Der Prophet

Wie Visionär und Märtyrer gehörten zunächst auch Prophet und Prophetin zu den Heiligkeit ausstrahlenden Personen: Simeon und Anna[98], Agabos, Judas Barsabas und Silas[99], die vier jungfräulichen Töchter des Philippus[100], die Prophetin Ammias in Philadelphia und Quadratus[101], Hermas und Melito aus Sardes[102] oder die Missionarin Nino in Iberien[103]. Die Apokalypse spricht von zwei Propheten, die erschlagen, also zu Märtyrern wurden, und nach dreieinhalb Tagen wieder auflebten[104]. Über visionäre und prophetische Kräfte konnten auch Märtyrer verfügen[105].

---

[93] E. LUCIUS, Die Anfänge des Heiligenkults in der christlichen Kirche, hrsg. von G. ANRICH, Tübingen 1904, Ndr. Frankfurt, M. 1966, 56f.; HOLL a.O. Bd. 2,70–73.

[94] Herm. vis. 3,1,8f.; dazu N. BROX, Der Hirt des Hermas (Kommentar zu den Apostolischen Vätern, Bd. 7), Göttingen 1991, 114f.

[95] Vor allem bei den Angelsachsen; E. HOFFMANN, Die hl. Könige bei den Angelsachsen und den skandinavischen Völkern (Quellen und Forschungen zur Geschichte Schleswig-Holsteins, Bd. 69), Neumünster 1975, 23–61.

[96] ANDRESEN a.O. (Anm. 79) 180f.; B. KÖTTING, Die Stellung des Konfessors in der Alten Kirche, in: Jahrbuch für Antike und Christentum 19 (1976) 7–23.

[97] Mc. 15,39; J. MICHL, Art. Longinus, in: LThK 6 ^{2}(1961) 1138.

[98] Lc. 2,25–38.

[99] Act. 11,27f.; 21,10; 15,32; vgl. auch 13,1.

[100] Act. 21,9.

[101] Anonymer Presbyter bei Eus. hist. eccl. 5,17,3.

[102] Tertullian bei Hier. vir ill. 24.

[103] F. THELAMON, Païens et chrétiens au 4e siècle. L'apport de l',Histoire ecclésiastique' de Rufin d'Aquilée, Paris 1981, 85–122.

[104] 11,3–12; HOLL a.O. (Anm. 21) Bd. 2,80.

[105] Act. 7,55f.; Mart. Polyc. 5,2; 16,2 (6.14 MUSURILLO); Pass.Perpet. 1 (106 MUSURILLO); HOLL a.O. 2,70. 72–74. 84–87.

Den Verfall der frühchristlichen Prophetie und ihres Ansehens lösten wohl gewisse Gnostiker, wie die Markosier, aus und die Montanisten, die von Kleinasien aus schnell nach Nordafrika und dem Westen übergriffen. Der Apologet Miltiades schrieb gegen die Montanisten ein Buch mit der Spitze, daß ein Prophet nicht in Ekstase sprechen dürfe[106]. Die Frage nach echter und | falscher Prophetie beunruhigte die Kirche seit ihren Anfängen[107]. Je mehr aus der Philosophie und Rhetorenschule kommende Griechen und Römer das Lehramt der Kirche verwalteten, umso nachdrücklicher hat die Kirche Ekstase, Zungenreden und Prophetie als unvereinbar mit Kirchenzucht und rationaler Glaubensdeutung zurückgedrängt[108]. Trotzdem lebte im Christentum die apokalyptisch-eschatologische Begeisterung, aus der Visionen, Auditionen und Prophezeiungen hervorgingen, von Zeit zu Zeit wieder auf, meistens nicht ohne äußerlich verursachte Erschütterungen in Natur und Gesellschaft, wie in Zeiten der Verfolgung, bei Hungersnöten und in sozialen Krisen, bei Erdbeben, Seuchen und den Bedrohungen des Imperium Romanum, vor allem infolge der Einfälle der Barbaren[109]. Die genannten charismatischen Erscheinungen blieben dann aber auf einzelne oder auf kleinere, meist außerhalb der Großkirche stehende Gruppen beschränkt[110].

e. Der rechtgläubige Lehrer und Bischof

Noch während des ersten und zweiten Jahrhunderts entstanden zwei weitere Heiligkeitsideale: das des rechtgläu|bigen Lehrers und das des Bischofs[111]. Aufgrund der Parusieverzögerung, der Heidenmission, des Kampfes gegen die Gnostiker, der sich ausbildenden Rechtgläubigkeit und damit des Frühkatho-

---

[106] Eus. hist. eccl. 5,17,1; BARDENHEWER a.O. (Anm. 23) Bd. 1,285. Zum Montanismus SCHEPELERN a.O. (Anm. 34) 130–159.

[107] H. BACHT, Wahres und falsches Prophetentum, in: Biblica 32 (1951) 237–262; K. NIEDERWIMMER/J. SUDBRACK/W. SCHMIDT, Unterscheidung der Geister, Kassel 1972.

[108] W. LÜTGERT, Amt und Geist im Kampf. Studien zur Geschichte des Urchristentums (Beiträge zur Förderung Christlicher Theologie 15,4 f.), Gütersloh 1911; vgl. Ascens. Jes. 3,23–31; dazu P. JAY, Art. Jesaja, in: RAC 17 (1995) 764–821, bes. 792 f.

[109] S.o. Anm. 65; HUTTEN a.O. (Anm. 68).

[110] Zum Priszillianismus H. CHADWICK, Priscillian of Avila, Oxford 1976, 9 f. – Zur frühchristlichen Prophetie: WEINEL a.O. (Anm. 68) 71–109; VON CAMPENHAUSEN a.O. (Anm. 62) 195–210; LINDBLOM a.O. (Anm. 68) 162–205; G. DAUTZENBERG, Urchristliche Prophetie. Ihre Erforschung, ihre Voraussetzungen im Judentum und ihre Struktur im Ersten Korintherbrief (Beiträge zur Wissenschaft vom Alten und Neuen Testament, Bd. 104), Stuttgart 1975; J.L. ASH, JR., The Decline of Ecstatic Prophecy in the Early Church, in: Theological Studies 37 (1976) 227–252; E.E. ELLIS, Prophecy and Hermeneutic in Early Christianity (Wissenschaftliche Untersuchungen zum Neuen Testament, Bd. 18), Tübingen 1978.

[111] VON CAMPENHAUSEN a.O. 210–233; A.F. ZIMMERMANN, Die urchristlichen Lehrer (Wissenschaftliche Untersuchungen zum Neuen Testament, 2. R. Bd. 12), Tübingen 1984; U. NEYMEYR, Die christlichen Lehrer im 2. Jahrhundert (Vigiliae Christianae, Supplementum 4), Leiden 1989; E. DASSMANN, Zur Entstehung des Monepiskopats, in: DERS., Ämter und Dienste in den frühchristlichen Gemeinden (Hereditas, Bd. 8), Bonn 1994, 49–73.

lizismus verlagerten sich die Kräfte des Geistes schon bald vom Enthusiasmus zur Lehre, zum Dogma, zur Kirchenzucht und damit zur Stärkung des kirchlichen Amtes. Trotzdem blieb das Bewußtsein lebendig, daß auch der Lehrer und der Bischof in besonderer Weise der Gnadengaben Gottes teilhaftig sind. Beide galten aufgrund göttlicher Erwählung mit göttlichem Geist erfüllt. Allerdings erschien ihre Geisterfülltheit im allgemeinen weniger erfahrbar als die des Propheten. Die Legende verdeutlichte aber bisweilen auch hier[112].

Wenn die Didache dazu auffordert, „täglich das Antlitz der Heiligen zu suchen", so denkt sie wohl an die Lehrer[113]. Bei Hermas bilden die Apostel, die Bischöfe, Lehrer, Diakone, Märtyrer und die Gerechten neben den Neugetauften und Büßern die wachsende Kirche; dazu kommen die Patriarchen der Urzeit und die Propheten[114].

Je weiter Rechtgläubigkeit und Ketzerei seit dem späten ersten Jahrhundert in der Auseinandersetzung um das richtige Glaubensverständnis auseinandertraten, umso wichtiger erschien der heilige Lehrer als Zeuge der apostolischen | Tradition und als Garant der Wahrheit[115]. So beruft sich Polykrates aus Ephesos um 190 im Streit um den Termin des Osterfestes auf die in Kleinasien begrabenen Heiligen als Tradenten echter Überlieferung[116]. Die Vorstellung vom heiligen Lehrer, der zugleich als geistig-geistlicher Vater aufgefaßt wird, geht auf Paulus zurück[117]. Dieser Gedanke erhielt durch die später neu hinzutretenden Begriffe des Kirchenlehrers und des Kirchenvaters eine Steigerung mit langer Nachwirkung[118]. In den theologischen Streitigkeiten arbeiteten die Lehrer mehr und mehr mit dem ‚Beweis der Väter‘[119]. Vincentius von Lerin (gest. vor 450) spricht zusammenfassend von den heiligen Vorfahren und Vätern und meint mit ihnen die rechtgläubigen Lehrer der Vergangenheit[120]. Zu seiner Zeit bildeten die Heiligen bereits einen eigenen Stand in der Kirche[121].

---

[112] Wunder der Inspiration: zu Ambrosius vgl. Paulinus Mediolanus, Vita S. Ambrosii 3, hrsg. von M. PELLEGRINO, Rom 1961, 52 f.; P. COURCELLE, Recherches sur S. Ambroise, Paris 1973, Taf. VIf. XII. XIV. XVII. XXIV. XXXV. XXXVII; – zu Gregor I: BREWER a.O. (Anm. 48) 109; P. EWALD, Die älteste Biographie Gregors I, in: Historische Aufsätze, Gedenkschrift G. Waitz, Hannover 1886, 47–54; – zu Isidor v. Sevilla: Vita Isid. 3 (ASS April. 1, 331f.). – Zum Taubenwunder bei einer Bischofswahl: F. SÜHLING, Die Taube als religiöses Symbol im christlichen Altertum (Römische Quartalschrift für christliche Altertumskunde, Suppl. H. 24), Freiburg 1930, 42–51.

[113] 4,2; KRETSCHMAR a.O. (Anm. 46) 195 Anm. 44a.

[114] Vis. 3,5; sim. 9,15,4.

[115] ANDRESEN a.O. (Anm. 79) 172; BROX, Häresie a.O. (Anm. 23) 277 f.

[116] Bei Eus. hist. eccl. 5,24,2–5; dazu KRETSCHMAR a.O. 191–193 Anm. 41.

[117] H. EMONDS, Art. Abt, in: RAC 1 (1950) 45–55, bes. 50 f.

[118] BARDENHEWER a.O. (Anm. 23) 1,46–50.

[119] W. SPEYER, Art. Florilegium, in: LThK 3 (³1995) 1330 f.

[120] Comm. 2,3 (3 JÜLICHER).

[121] Commonitorium, hrsg. von A. JÜLICHER ²(Tübingen 1925, Ndr. Frankfurt 1968) Reg.: ‚sancti‘.

Als sich im frühen zweiten Jahrhundert der Einzelbischof als Leiter der kirchlichen Gemeinden durchsetzte – Ignatius von Antiochien ist dafür der erste Zeuge –, knüpfte sich sehr bald an den Inhaber des bischöflichen Amtes, der den einen Gott in der Gemeinde vertrat, das Ansehen persönlicher Heiligkeit[122]. So stieg seine Bedeutung als die eines ausgezeichneten Trägers von Heiligkeit. Gerade in den Verfolgungen des zweiten und dritten Jahrhunderts waren die Bischöfe als die Führer der Gemeinden dem Zugriff des heidnischen Staates ausgesetzt. Viele von ihnen wurden verhaftet und starben als Märtyrer oder blieben wegen ihres Bekennermutes im Ge|dächtnis der Mitchristen. Ihr Wirken galt auch als Kampf gegen den Satan, der bald den Kult der Götter und des Herrschers, bald die Irrtümer der Ketzer gegen die Kirche Christi aufzubieten schien. Viele Bischöfe verteidigten als Prediger und Schriftsteller den wahren Glauben. Dieses Wächteramt der Glaubensauslegung und Glaubensverteidigung beanspruchten allerdings auch die Bischöfe der Schismatiker und Häretiker. So verehrte das christliche Volk viele Bischöfe bereits zu deren Lebzeiten als seine anerkannten Hirten und Lehrer.

Ferner gewann das Bischofsamt als heiliges Amt noch dadurch an Glanz, daß viele Asketen und Charismatiker zu dieser Ehre gelangten, wie Ignatius von Antiochien, Cyprian von Karthago, Gregor der Wundertäter von Neocaesarea, Martin von Tours, Paulinus von Nola, Germanus von Auxerre, Caesarius von Arles, die heiligen Mönchsbischöfe des Ostens, Rabbula von Edessa, Jakobus von Nisibis, und viele andere[123].

Der Märtyrerbischof Cyprian, der selbst mystische Erlebnisse hatte, mußte nicht nur einmal gegen eine, wie er glaubte, falsche Charismatikerin ankämpfen, sondern sich auch gegenüber Mitchristen verteidigen, die an seinen Visionen zweifelten[124]. Er war damals in Nordafrika nicht der einzige Bischof, der Visionen empfing[125]. Viele der zuvor genannten Bischöfe galten bereits zu Lebzeiten als Wundertäter[126]. Nach dem Tod verehrte das Volk einen derartigen Bischof gerne auch als Patron seiner Stadt[127]. |

Gerade die kirchlichen Spitzenämter entwickelten eine Tendenz, charismatisch gedeutet zu werden. An sie als die höchsten kirchlichen Würden knüpften sich die Vorstellungen einer göttlichen Erwählung[128]. So kam es noch in der

---

[122] DASSMANN a.O. (Anm. 111).

[123] G.G. BLUM, Rabbula von Edessa. Der Christ, der Bischof, der Theologe (CSCO, Subsidia, Bd. 34), Louvain 1969, 41.81–94; A.M. ORSELLI, L'idea e il culto del santo patrono cittadino nella letteratura latina cristiana (Studi e Ricerche, N.S. Bd. 12), Bologna 1965, 120–124.

[124] Ep. 75,10 (CSEL 3,2,816–818); 66,10 (734); A. HARNACK, Cyprian als Enthusiast, in: Zeitschrift für die neutestamentliche Wissenschaft 3 (1902) 177–191.

[125] Ebd. 189.

[126] Athanas. ep. ad Drac. 9 (PG 25, 533A); LUCIUS a.O. (Anm. 93) 415–419.

[127] Seit dem 6. und 7. Jh. belegt; ORSELLI a.O. 97–119.

[128] E. FASCHER, Art. Erwählung, in: RAC 6 (1966) 409–436.

Spätantike und dann im Frühmittelalter zu einer Ausweitung der Heiligkeitsvorstellung auf die Inhaber der Bischofs-, Patriarchen- und Abtswürde[129].

f. Der Asket und Mönch

Die im ersten und zweiten Jahrhundert ausgebildeten Typen der Heiligkeit, vor allem der Gründer, der Lehrer und der geistliche Vater, blieben auch im Zeitalter des organisierten Asketentums lebendig. Wie für alle übrigen Formen kirchlicher Heiligkeit war Jesus auch für die Asketen Ausgangs- und Bezugspunkt ihres religiös-sittlichen Verhaltens. Vorbildhaft und zur Nachahmung auffordernd waren Jesu Lösung von seiner Familie, sein Aufenthalt in der Wüste und die dort bestandenen Versuchungen Satans, sein Zusammenleben mit den Tieren und schließlich seine Passion, die der Asket nach dem Zeitalter der blutigen Verfolgungen nur spiritualisiert vollziehen konnte. Ferner gaben Jesu eheloses Leben und sein Wort von den Eunuchen um des Himmelreiches willen der asketischen Bewegung Richtung[130].

Die Geschlechtsaskese oder Jungfräulichkeit wird im Verlauf der Entfaltung der Alten Kirche zu einer zentralen | christlichen Tugend und zwar für Männer und Frauen[131]. Gewiß hat zu einer derartigen Wertschätzung dieses Heiligenideals die Jungfrauengeburt in den Kindheitsgeschichten bei Matthäus und Lukas beigetragen[132]. Heiligkeit schien vielen Christen gerade an die Bedingung der Jungfräulichkeit geknüpft zu sein[133]. Nach einem Wort der Apokalypse nehmen die jungfräulichen Asketen den höchsten Rang an Heiligkeit ein[134]. Während der Verfolgungszeit machte der Märtyrer dem Asketen diesen ersten Rang im Bewußtsein des christlichen Volkes noch streitig. Nach dem Sieg des Christentums betonte man zunächst noch die Gleichwertigkeit beider Formen der

---

[129] H. FUHRMANN, Über die Heiligkeit des Papstes, in: Jahrbuch der Akademie der Wissenschaften Göttingen 1980 (1981) 28–43; ferner LUCIUS a.O. 410–419.

[130] Mt. 19,10–12; K. NIEDERWIMMER, Askese und Mysterium. Über Ehe, Ehescheidung und Eheverzicht in den Anfängen des christlichen Glaubens (Forschungen zur Religion und Literatur des Alten und Neuen Testamentes, Bd. 113), Göttingen 1975, 54–58; ferner vgl. LUCIUS a.O. 337–409; SPEYER, Christliches Ideal a.O. (Anm. 21); ferner P. BROWN, The Body and Society. Men, Women and Sexual Renunciation in Early Christianity, New York 1988, deutsche Übersetzung München, Wien 1991.

[131] A. VON HARNACK, Lehrbuch der Dogmengeschichte, Bd. 2, Tübingen ⁴1909, Ndr. Darmstadt 1964, 10 f. spricht sogar von der „spezifischen christlichen Tugend und dem Inbegriff aller Tugenden".

[132] H. VON CAMPENHAUSEN, Die Jungfrauengeburt in der Theologie der alten Kirche (Sitzungsberichte der Heidelberger Akademie der Wissenschaften, Phil.-hist. Kl. 1962, 3).

[133] A. VÖÖBUS, Celibacy, a Requirement for Admission to Baptism in the Early Syrian Church, Stockholm 1951; DERS., History of Asceticism in the Syrian Orient 1.2 (CSCO, Subsidia, Bd. 14. 17), Louvain 1958/60, 1, 69–83; 2, 257 f; B. BONIFACINO, Significato dei termini santo, santità, santificare nelle Demostrazioni di Afraate il sapiente persiano, in: Studi e Ricerche sull' Oriente cristiano 1,1 (1978) 67–78; 1,2 (1978) 17–38, bes. 25–33. 36–38.

[134] 14,4 f.; HOLL a.O. (Anm. 21) Bd. 2,69; vgl. 1 Joh. 2, 16.

Heiligkeit[135]. Bald aber überstrahlte der Asket alle übrigen Formen. Hier dürfte zwischen dem im 4. Jahrhundert aufblühenden Kult der jungfräulichen Gottesmutter und dem Heiligkeitsideal der Geschlechtsaskese eine engere Verbindung bestehen[136].

Wie sehr auf das Ideal asketischer Heiligkeit hellenistische, frühjüdische, gnostische und manichäische Einflüsse eingewirkt haben, ist schwer abzuschätzen; auszuschließen sind sie keinesfalls[137].

Heilige Jungfrauen waren die vier prophetischen Töchter des Evangelisten Philippus[138]. Polykrates beruft | sich auf die Gräber zweier dieser Jungfrauen in Hierapolis und Ephesos und nennt sie in einem Atemzug mit Philippus, dem Lieblingsjünger Johannes sowie zahlreichen Märtyrerbischöfen[139]. Die Schätzung der Jungfräulichkeit als Heiligkeitsideal beweisen auch die vor 200 n. Chr. entstandenen apokryphen Acta Pauli et Theclae[140]. Nach der Legende ist Thekla nicht den Märtyrertod gestorben; vielmehr haben Wunder sie vor ihm bewahrt[141]. Ihre Heiligkeit schien vor allem in ihrer Jungfräulichkeit begründet.

Obwohl die Enkratiten die geschlechtliche Enthaltsamkeit gegen die Ehe ausspielten, hat die Kirche an dem Heiligkeitsideal der Jungfräulichkeit für Asketen beiderlei Geschlechts festgehalten. Nach dem Glauben der meisten Theologen und auch des Volkes führte die Geschlechtsaskese geradlinig zur Heiligkeit. Zahlreiche Zeugnisse und Heiligenlegenden sprechen von der Bewahrung der Jungfräulichkeit in der Ehe oder von der Aufgabe eines Verlöbnisses[142]. Nach anderen Zeugnissen des Ostens zogen heilige Jungfrauen Männer- oder Mönchskleider an, um unerkannt bis zu ihrem Tod unter Mönchen zu leben[143]. |

---

[135] Schol. 37 zu Joh. Clim. grad. 4, 696A (PG 88, 741B).

[136] Von Campenhausen, Jungfrauengeburt a.O.; Th. Klauser, Art. Gottesgebärerin, in: RAC 11 (1981) 1071–1103.

[137] U. Bianchi (Hrsg.), La tradizione dell' enkrateia. Motivazioni ontologiche e protologiche, Roma 1985; Speyer, Christliches Ideal a.O. (Anm. 21) 209–223 und u. S. 177 Anm. 172.

[138] Act. 21,9.

[139] Bei Eus. hist. eccl. 5,24,2–5; vgl. 3,31,3; P. Corssen, Die Töchter des Philippus, in: Zeitschrift für die neutestamentliche Wissenschaft ²(1901) 289–299.

[140] AAA 1, 235–272 Lipsius/Bonnet; vgl. ebd. XCIV–CVI; W. Schneemelcher, in: Hennecke/Schneemelcher a.O. (Anm. 70) 2, 200–202.

[141] G. Strecker, Art. Entrückung, in: RAC 5 (1962) 461–476, bes. 474f.

[142] Zur Enthaltsamkeit in der Ehe: Stellensammlung: PL 74, 425 A-D. 506: soror; B. De Gaiffier, Intactam sponsam relinquens, in: Analecta Bollandiana 65 (1947) 157–195: zum ‚Alexios-Motiv' Rydén a.O. (Anm. 22) 31f.; H.J.W. Drijvers, Die Legende des hl. Alexius und der Typus des Gottesmannes im syrischen Christentum, in: M. Schmidt /C.F. Geyer (Hrsg.), Typus, Symbol, Allegorie bei den östlichen Vätern und ihren Parallelen im Mittelalter (Eichstädter Beiträge, Bd.4), Regensburg 1982, 187–217. 368–372, bes. 187–193. 203–207; ferner vgl. Athanas. vit. Anton. 88 (PG 26, 965C).

[143] H. Günter, Buddha in der abendländischen Legende?, Leipzig 1922, 242–247; M. Delcourt, Le complexe de Diane dans l'hagiographie chrétienne, in: Revue de l'Histoire des Religions 153 (1958) 1–33; E. Patlagean, L'histoire de la femme déguisée en moine et l'évolution de la sainteté féminine à Byzance, in: Studi Medievali 3. Ser. 17,2 (1976) 597–623; M. Delcourt/K. Hoheisel, Art. Hermaphrodit, in: RAC 14 (1988) 649–682, bes. 680.

Eine weitere Form, das Ideal der Jungfräulichkeit heroisch zu leben, war das scheinbare Zusammenleben von Asket und Asketin[144]. Die Kirche hat mit diesem Brauch, der oft zum Fall der Asketen führte, bald gebrochen. Das seit dem frühen vierten Jahrhundert aufkommende koinobitische Mönchtum kennt nur nach Geschlecht getrennte Häuser.

Die Grundlage des asketisch-mönchischen Heiligkeitsideals ist die Absage an die Welt[145]. Origenes beschreibt dieses Ideal folgendermaßen: „Wenn jemand sich selbst Gott weiht, sich nicht in weltliche Beschäftigungen verstrickt, damit er dem gefalle, dem er sich anheimgegeben hat, wenn jemand sich von den übrigen fleischlich lebenden Menschen und ihren weltlichen Aufgaben gänzlich abwendet, indem er nicht das Irdische, sondern das Himmlische sucht, so wird er verdientermaßen heilig genannt"[146]. Asket und Asketin versuchen das natürliche Leben durch ein pneumatisches zu ersetzen. Sie fliehen die Bindung an Familie und Gemeinschaft[147]; sie eilen in die Einsamkeit von Wüsten und Einöden, um dort als Einsiedler zu beten und zu büßen[148]. Mit diesem Leben ist der Verzicht auf Besitz verbunden[149]. Die Asketen schränken alle natürlichen Bedürfnisse ein oder unterdrücken sie. Dazu dienen ihnen Fasten, Schlafentzug, Abtötung der Sinnlichkeit und Verzicht auf Hygiene[150]. Sie | vernachlässigen ihr Äußeres[151] und verzichten in den Einöden bisweilen auf alle Kleidung, wie Maria von Ägypten, Onuphrios und andere[152].

Die heiligen Mönche fielen durch ihren Ernst auf, der eschatologisch begründet war; sie lachen nicht, sondern weinen[153]. In Syrien heißen sie später die

---

[144] H. ACHELIS, Virgines subintroductae, Leipzig 1902.

[145] Lc. 14,33; Joh. Cass. conl. 3,6 (SC 42, 145); M. ROTHENHAEUSLER/PH. OPPENHEIM, Art. Apotaxis, in: RAC 1 (1950) 558–564.

[146] In Lev. hom. 11,1 (PG 12, 529D–530A).

[147] E. DASSMANN/G. SCHÖLLGEN, Art. Haus II (Hausgemeinschaft), in: RAC 13 (1986) 801–905, bes. 884 f.

[148] Ephrem, Brief an die ‚Bergbrüder' bei Edessa (C. KAYSER, in: Zeitschrift für kirchliche Wissenschaft und kirchliches Leben 5 [1884] 252) mahnt jedoch, daß ein derartiger Aufenthalt allein nicht ausreiche, jemanden zu heiligen.

[149] A. BIGELMAIR, Art. Armut II (freiwillige), in: RAC 1 (1950) 705–709; A. SOLIGNAC, Art. Pauvreté chrétienne II, in: Dictionnaire de Spiritualité 12 (1984) 634–647, bes. 639–647.

[150] VÖÖBUS a.O. 2, 258–269; 275–278; J. JÜTHNER, Art. Bad, in: RAC 1 (1950) 1134–1143, bes. 1141 f.

[151] Sulp. Sev. vit. Mart. 9,3; 10,2 (SC 133, 272); Greg. M. dial. 4,14 (SC 265, 54–58) zur hl. Galla.

[152] F. NAU, Les anachorètes et s. Paul de Thèbes, in: Revue de l'Orient chrétien 10 (1905) 409–417, bes. 410. 412. 414; H. KOCH, Quellen zur Geschichte der Askese und des Mönchtums in der alten Kirche (Sammlung ausgewählter kirchen- und dogmengeschichtlicher Quellenschriften, N.F. Bd. 6), Tübingen 1933, 118–120; weitere Beispiele P. PEETERS: Analecta Bollandiana 47 (1929) 138–141; H. DELEHAYE, Un groupe de récits utiles à l'âme: Annuaire de l'Institut de Philologie et d'Histoire Orientales de l'Université de Bruxelles, T. 2 = Mélanges J. BIDEZ, Bruxelles 1934, 255–266; zu einer indischen Parallele: F.F. SCHWARZ, Invasion und Résistance, in: Grazer Beiträge 9 (1980) 86.

[153] Theodoret. Cyr. hist. rel. prol. 7 (SC 234, 136); BARDENHEWER a.O. (o. Anm. 23) Bd. 4,

‚Trauernden'[154]. Heiterkeit galt in diesen Kreisen als Zeichen, das auf fehlende Heiligkeit zurückschließen ließ[155]. Deshalb verharrt der heilige Asket auch in Schweigen[156]. Ein weiteres Ziel der asketischen Heiligkeit war es, die natürlich gegebenen Altersstufen zu überwinden[157]. Die Asketen wendeten Bußübungen von einer Härte an, wie sie in der Antike unerhört waren, wenn auch gewisse Parallelen zur Lebensweise der Kyniker, der Brahmanen und Gymnosophisten bestanden[158]. Einzelne von ihnen gönnten sich bei Tag und Nacht keine Ruhe[159]. Andere | verharrten, wie die Eremiten, Reklusen und Styliten, in völliger Ruhe und Abgeschiedenheit oder im Stehen bei Tag und Nacht und bei jeder Witterung[160]. Andere ketteten sich an und umgürteten sich mit schweren, eisernen Fesseln[161].

Eine recht eigenartige Form der Buße und der Selbstverleugnung erscheint im Typos des Narrs um Christi willen[162]. Bei dieser Form der Selbstdemütigung und der Apathie gingen einzelne so weit, sich sogar nackt in der Öffentlichkeit zu zeigen[163]. Andere versuchten innerhalb einer asketischen Gemeinschaft bis zu ihrem Tod völlig unerkannt zu bleiben[164].

1924, Ndr. 1962, 352; vgl. P.W. VAN DER HORST, Chaeremon. Egyptian Priest and Stoic Philosopher (Études Préliminaires aux Religions Orientales dans l'Empire Romain, Bd. 101), Leiden 1984, 18: frg. 10.

[154] Mt. 5,4; A. ADAM, Grundbegriffe des Mönchtums in sprachlicher Sicht, in: Zeitschrift für Kirchengeschichte 65 (1953/54) 209–239, bes. 224.

[155] Greg. M. dial. 3,14,10–14 (SC 260,310–314).

[156] P. TOLDO, Leben und Wunder der Heiligen im Mittelalter, Die Bußen der Heiligen, in: Studien zur Vergleichenden Literaturgeschichte 2 (1902) 87–103, bes. 92; G. MENSCHING, Art. Schweigen, in: Religion in Geschichte und Gegenwart 5 (1961) 1605f.

[157] CH. GNILKA, Aetas spiritalis. Die Überwindung der natürlichen Altersstufen als Ideal frühchristlichen Lebens (Theophaneia, Bd. 24), Bonn 1972, 135–147.

[158] S. MORENZ, Ein koptischer Diogenes. Griechischer Novellenstoff in ägyptischer Mönchserzählung: DERS., Religion und Geschichte der alten Ägypter, Köln, Wien 1975, 603–606.

[159] H. VON CAMPENHAUSEN, Die asketische Heimatlosigkeit im altkirchlichen und frühmittelalterlichen Mönchtum, Tübingen 1930; B. KÖTTING, Peregrinatio religiosa. Wallfahrten in der Antike und das Pilgerwesen in der alten Kirche (Forschungen zur Volkskunde, Bd. 33–35), Münster, W. ²1980, 302–307; VÖÖBUS, History a.O. (Anm. 133) 2, 269–271; E. DUCKETT, The Wandering Saints, London 1959.

[160] VÖÖBUS a.O. 2,271–275; DELEHAYE, Stylites a.O. (Anm. 22); B. KÖTTING, Art. Styliten, in: LThK 9 (1964) 1128f.

[161] W. SPEYER, Art. Gürtel, in: RAC 12 (1983) 1232–1266, bes. 1259f.

[162] TOLDO a.O. 89–93; GÜNTER, Buddha a.O. (Anm. 143) 255–257; S. HILPISCH, Die Torheit um Christi willen, in: Geist und Leben. Zeitschrift für Aszese und Mystik 6 (1931) 121–131; DERS., Die Schmach der Sünde um Christi willen, in: ebd. 8 (1933) 289–299; J. SIMON: Analecta Bollandiana 49 (1931) 422; ebd. 53 (1935) 205; RYDÉN a.O. (Anm. 22).

[163] Zu Sarapion Sindonios vgl. Palladius, Historia Lausiaca 37, 14–16, hrsg. von G.J. BARTELINK, Verona 1974, 192; zu Symeon Salos vgl. RYDÉN (Anm. 22) 96–98; zu Johannes Kolobos vgl. E. AMÉLINEAU, Histoire des monastères de la Basse-Egypte, Annales du Musée Guimet, T. 25) Paris 1894, 337; vgl. E. LUCIUS, Das mönchische Leben des 4. und 5. Jahrhunderts, in: Theologische Abhandlungen. Festgabe H.J. Holtzmann, Tübingen 1902, 121–156, bes. 132. 138.

[164] W. BOUSSET, Der verborgene Heilige, in: Archiv für Religionswissenschaft 21 (1922) 1–17. Vorbild war wohl Jesus mit seinem Messiasgeheimnis (nach Mc.). – Zu anderen extremen

Wie die Märtyrer so sahen sich auch die heiligen Asketen als Streiter Gottes und Nachahmer Jesu[165]. Ihre Entsagung und ihr Gehorsam entsprachen dem Wort des Paulus über Christi Selbsterniedrigung und seinen Gehorsam bis zum Tod am Kreuz[166]. Der heilige Mönch wollte so als ein zweiter Christus leben. Er kämpfte gegen die Begierden und Leidenschaften seines Leibes und seiner Seele, die, wie er annahm, von Dämonen verursacht waren[167]. Ein derartiger | Kampf erforderte ähnlichen Mut und entsprechende Ausdauer wie der Kampf der Märtyrer. So entstand die Überzeugung, die Askese sei ein unblutiges Martyrium[168].

Die Mönche begründeten den Rang ihrer Heiligen weiter mit dem Hinweis auf ihr engelgleiches Leben[169]. Wie die Engel vor Gott ewig stehen und sein Lob singen, so die Mönche. Hierin dürfte auch der letzte Sinn für die zunächst so fremdartig anmutende Form der harten Askese der syrischen Säulensteher liegen[170].

Während in der Verfolgungszeit nur kleinere Gruppen vor allem in Syrien und Mesopotamien das asketische Ideal entfaltet haben, hat diese Form heiligen Lebens nach dem Sieg des Christentums alle Stände der spätantiken Gesellschaft von Ägypten bis Äthiopien und Mesopotamien, von Armenien und Georgien bis Spanien, Gallien und Irland ergriffen[171]. Die Durchschnittschristen der Volkskirche haben die Asketen bestaunt und als Vorbilder anerkannt. Viele pilgerten aus dem Westen in die Ursprungsländern des Mönchtums, Ägypten, Palästina, Syrien und Mesopotamien, um die heiligen Asketen zu sehen, zu hören und ihren Rat einzuholen. Die Aussprüche der Mönchsväter und die Erzählungen über ihr Leben hatten beim christlichen Lesepublikum bis weit ins Mittelalter größten Erfolg. Der Asket erreichte so aufgrund seiner religiös-sittlichen Leistungen und

---

Lebensformen aufgrund einer wörtlich genommenen Befolgung einzelner Jesusworte vgl. Lucius, Anfänge a.O. (Anm. 93), 145.
[165] Speyer, Christliches Ideal a.O. (Anm. 21), 208f.
[166] Phil. 2,8.
[167] Adam a.O. (Anm. 154). Lucius, Anfänge a.O. (Anm. 93) 350–369; Toldo a.O. (Anm. 156) 2,329–353: ‚Die Heiligen und die Teufel‘; Rydén a.O. (Anm. 22) 85f.
[168] Seit Clemens von Alexandrien zu belegen; Völker, Gnostiker a.O. (Anm. 21) 559–579; ders., Vollkommenheitsideal a.O. (Anm. 21) 175–180; Hier. ep. 108,31,1 (CSEL 55, 349); ferner Toldo a.O. (Anm. 156) 2,87–98; Delehaye, Sanctus a.O. (Anm. 31) 109–121; E.E. Malme, The Monk and the Martyr. The Monk as the Successor of the Martyr (Washington, D.C. 1950); Ders. The Monk and the Martyr: B. Steidle (Hrsg.), Antonius Magnus Eremita (Studia Anselmiana, Bd. 38), Roma 1956, 201–228; Baumeister, Heiligenverehrung a.O. (Anm. 46) 136–139.
[169] Steidle a.O. (o. Anm. 32) 173–176; S. Frank, Angelikos Bios. Begriffsanalytische und begriffsgeschichtliche Untersuchungen zum ‚engelgleichen Leben‘ im frühen Mönchtum (Beiträge zur Geschichte des alten Mönchtums und des Benediktinerordens, Bd. 26), Münster, W. 1964.
[170] Adam a.O. (o. Anm. 154) 224–228 zu barkjama, dem ‚Stehenden‘. Wie es Asketinnen gab, so auch weibliche Säulenheilige vgl. H. Delehaye, Les femmes stylites: Analecta Bollandiana 27 (1908) 391f.
[171] Speyer, Christliches Ideal a.O. (Anm. 21).

seiner damit oft verbundenen charis|matischen Gaben eine Ausnahmestellung, die ihm in der Kirche und im christlichen Staat Einfluß und Macht sicherte. Die Mönche des späten dritten Jahrhunderts und der Folgezeit, über die zahlreiche Augenzeugen, wie Athanasius, Theodoret von Cyrus, Cyrill von Skythopolis, Palladius, Rufinus, Hieronymus, Sulpicius Severus, Johannes Cassianus und Johannes von Ephesos, Geschichtliches, oft mit Legendärem vermischt, berichten, setzen das Heiligkeitsideal frühchristlicher Randgruppen, wie der Enkratiten, fort und versuchen es noch zu überbieten. Einflüsse von den zur Heterodoxie neigenden asketischen Gemeinschaften in Syrien und Ägypten, bestimmter Judenchristen und Gnostiker sind noch nachzuweisen[172].

Geschichtliche Berichte bezeugen für die Mönchsväter die bekannten charismatischen Fähigkeiten: die Gabe der Krankenheilung, der Dämonenaustreibung, der Herrschaft über die Tiere und die Naturmächte, ferner außergewöhnliches Erkennen und Wissen, die Unterscheidung der Geister, prophetischen Geist, Ekstasen mit Visionen und Auditionen und Nahrungslosigkeit[173]. Der heilige Mönch erschien so als ein neuer Prophet und Apostel[174]. Dieses Heiligkeitsideal bestimmte auch die folgenden Jahrhunderte bis weit ins Mittelalter[175].

Einzelne Mönche des Ostens wirkten als Gründer und Lehrer. Ihre Worte galten bereits zu Lebzeiten als vom Heiligen Geist eingegeben. Die Apophthegmata patrum | oder Verba seniorum blieben für ihre Schüler durch die Jahrhunderte nicht weniger maßgebend als die Regeln einzelner Ordensgründer[176]. Die fast inspiriert-kanonische Geltung zeigt sich nirgendwo deutlicher als in der sogenannten Engelsregel des Pachomios[177]. Aber auch die Regula S. Benedicti erlangte als gleichsam Heilige Schrift bei den ‚Söhnen' des Heiligen höchstes Ansehen[178].

---

[172] NIEDERWIMMER a.O. (Anm. 130) 158–169.

[173] K. HOLL, Enthusiasmus und Bußgewalt beim griechischen Mönchtum. Eine Studie zu Symeon dem neuen Theologen, Leipzig 1898, Ndr. Hildesheim 1969, 138–191; LUCIUS, Anfänge a.O. (Anm. 93) 378–390; VÖÖBUS, History a.O. (Anm. 133) 2, 307–315; FRANK, Bios a.O. 111–119; P. CANIVET, Le monachisme syrien selon Théodoret de Cyr (Paris 1977) 117–145.

[174] HOLL, Enthusiasmus a.O. 183–185; FRANK, Bios a.O. 4–8.

[175] F. GRAUS, Volk, Herrscher und Heiliger im Reich der Merowinger. Studien zur Hagiographie der Merowingerzeit, Prag 1965; F. PRINZ (Hrsg.), Mönchtum und Gesellschaft im Frühmittelalter (Wege der Forschung, Bd. 312), Darmstadt 1976; Hagiographie cultures et sociétés IVe–XIIe siècles. Actes du colloque Nanterre-Paris, 2–5 mai 1979, Paris 1981; S. KAPLAN, The Monastic Holy Man and the Christianization of Early Solomonic Ethiopia (Studien zur Kulturkunde, Bd. 73), Wiesbaden 1984, 70–90.

[176] K.S. FRANK, Art. Apophthegmata Patrum: LThK 1 ³(1993) 849.

[177] W. SPEYER, Bücherfunde in der Glaubenswerbung der Antike (Hypomnemata, Bd. 24), Göttingen 1970, 15.

[178] Vgl. noch die späte Darstellung des hl. Benedikt in Neresheim. Sein Regelbuch trägt hier die Aufforderung: *Ausculta, o fili, praecepta magistri.* Der Lehrer und der an Gottes Stelle sitzende geistliche Vater bilden eine Einheit: Pro Neresheim, Sonderausgabe 500 Jahre Benediktinerabtei Neresheim (1995) Abb. S. 43 gegenüber.

g. Der Herrscher

Die dem christlichen Kaiser zugeschriebene Heiligkeit beruhte auf dem verbreiteten Glauben an seine Erwählung durch Gott[179]. Hier wirkten der Gedanke des Alten Testaments vom heiligen König, dem ‚Gesalbten des Herrn‘, sowie die in den Menschheitskulturen verbreitete Vorstellung vom Gottkönig[180] weiter.

Erst im Mittelalter kam der Glaube an die Heiligkeit eines Adels- und Königsgeschlechtes auf. Verbindungen bestehen zum Glauben der Germanen an die Abkunft ihrer Könige von den Göttern. Die Heiligkeit eines einzelnen Königs konnte auf seine Nachkommen ausstrahlen[181]. Dies ist die bekannte Vorstellung von der Solidarität im | Segen[182]. Auf diesen geistigen Voraussetzungen beruht die für Frankreich und England seit dem 11. Jahrhundert reich bezeugte Überlieferung, die besagt, daß die Könige dieser Länder Heilwunder vollbracht haben[183]. In der fühmittelalterlichen Hagiographie begegnet der König bereits oft als Heiliger[184].

5. Ausblick auf die Aufgaben und Wirkungen

Um ein einigermaßen abgerundetes Bild des kirchlichen Heiligen als des maßgebenden Menschen im christlichen Zeitalter zu zeichnen, sind ferner seine Aufgaben und Wirkungen im Leben des einzelnen Gläubigen, der Kirche und des christlich gewordenen Staates zu beleuchten, ein Thema, das am Schluß dieses Überblicks nur noch angedeutet werden kann.

Die Heiligen übernahmen teils unmittelbar, teils in abgewandelter Weise Aufgaben, deren Erfüllung die frommen Heiden von ihren Göttern, Heroen und göttlichen Menschen sowie den Weisen, den Philosophen, erwartet haben. Da aber die christliche Botschaft in einem bisher unerhörten Maße die personale Verant-

---

[179] FEARS a.O. (Anm. 9) 1132–1155.

[180] 1 Sam. 24,7; 2 Sam. 1,14; Ps. 105,15 u.ö.; FEARS a.O. 1112–1114; ferner P. DWORAK, Gott und König, Diss. Bonn 1938.

[181] K. HAUCK, Geblütsheiligkeit, in: Liber floridus. Mittellateinische Studien. Festschrift P. LEHMANN, St. Ottilien 1950, 187–240; GRAUS, Volk a.O. (Anm. 175) 313–334; K. BOSL, Der ‚Adels-Heilige‘. Idealtypus und Wirklichkeit, Gesellschaft und Kultur im merowingerzeitlichen Bayern des 7. und 8. Jahrhunderts, in: Speculum historiale. Festschrift J. SPÖRL, Freiburg, München 1965, 167–187 = PRINZ a.O. (o. Anm. 175) 354–386; A.V. STRÖM/H. BIEZAIS, Germanische und Baltische Religion (Die Religionen der Menschheit, Bd. 19), Stuttgart 1975, 266–272.

[182] SPEYER, Genealogie a.O. (Anm. 37) 1203–1205.

[183] M. BLOCH, Les rois thaumaturges. Étude sur le caractère surnaturel attribué à la puissance royale, particulièrement en France et en Angleterre (Strasbourg/Paris 1924). Bereits im Altertum begegnet der Herrscher als Wunderheiler (Pyrrhus, Vespasian, Hadrian); vgl. G. DELLING, Antike Wundertexte (Kleine Texte für Vorlesungen und Übungen, Bd. 79), Berlin 1960, 7–9.

[184] GRAUS, Volk a.O. (Anm. 175) 390–433.

wortung verlangte – denn jeder wirkt als Einzelner in eigener Entscheidung sein ewiges Heil oder Unheil –, mußten die einzelnen Heiligen in einem weit höheren Maß auf diesem Weg des Glaubens, der Hoffnung und der Liebe zu Helfern und Schützern des einzelnen Menschen werden. Hier führte das Christentum eine Entwicklung weiter, die bereits in alttestamentlicher Zeit und im Frühjudentum angelegt war: Der Heilige in | seiner Aufgabe, Fürsprecher des Einzelnen bei Gott zu sein[185]. Die Heiligen können zu ihren Lebzeiten und nicht weniger auch nach ihrem Tod vor allem als Nothelfer im Leben und im Sterben der Gläubigen verstanden werden und zwar als Nothelfer des Einzelnen, der Stände und Berufe, einer Stadt, eines Landes und der Kirche. Das Mittelalter hat diese Nothelferfunktion der Heiligen sehr differenziert ausgebildet.

So haben sich seit dieser Zeit verschiedene konkrete Aufgabenbereiche herausgebildet: Der Heilige als Arzt für Leib und Seele und als Helfer gegen Katastrophen in der Schöpfungsordnung, die die Theologen auf den Einfluß der gefallenen Engel zurückgeführt haben. Deshalb kämpften die Heiligen auch gegen die Schadensmagie und das Heidentum, das insgesamt als Ausdruck dämonischer Mächte verstanden wurde. Ferner galten die Heiligen als Führer zu einem religiös-sittlichen Leben im Sinne des Evangeliums. Das Volk rief ihre Hilfe auch in Rechtsstreitigkeiten an. Seit Konstantin griffen einzelne Heilige in die Auseinandersetzungen zwischen Charisma und kirchlichem Amt einerseits und weltlicher Macht andererseits ein. Seit dem 4. Jahrhundert verehrte das Volk viele Heilige als Patrone und Verteidiger von Stadt und Land, wobei es vor allem den Gebeinen der Heiligen eine helfende und schützende Kraft zuschrieb. Seit derselben Zeit traten Heilige als Schützer und Helfer der Berufe auf. Während des Mittelalters war der Heilige als Patron ein zentrales Leitbild, dem es nachzueifern galt.

6. Schlußbetrachtung

In den Heiligen der Alten Kirche spiegeln sich die Mentalitäten und Zeiten der Spätantike und des Mittel|alters. Die Heiligen sind so mannigfaltig wie ihre geistig-seelische und ihre leibliche Herkunft. Die antiken Hochkulturen und Frühkulturen haben in ihnen ihre Spuren hinterlassen. Trotz allem ererbten griechisch-römischen Intellektualismus – viele Heilige des Imperium Romanum haben die antike Rhetoren- und Philosophenschule durchlaufen und sind tief vom Bildungsheidentum geprägt – sind die Heiligen doch ähnlich wie ihre zeitgenössischen Konkurrenten, die homines religiosi der führenden Philosophenschulen, des Platonismus und Neupythagoreismus, von einem tiefen Erleben der bösen Geister und deren Wirken erfüllt. Die Wunder der Heiligen und der Wunderwettstreit mit heidnischen Wundertätern beruhen auf einer gemeinsamen gei-

---

[185] Siehe oben Anm. 55.

stig-seelischen Gestimmtheit und entsprechendem Erleben. Daher stehen sich bisweilen – phänomenologisch betrachtet – die geschichtlichen göttlichen Menschen, die Theurgen und Zauberer und die christlichen Heiligen sehr nahe, näher jedenfalls, als es die theologisch-dogmatische Betrachtung zugeben konnte[186].

Je nachdrücklicher und tiefer sich der heutige Betrachter von seiner so verschiedenen Erlebniswelt aus mit diesen vergangenen Zeiten und dem sie wohl von allen Menschentypen am nachhaltigsten prägenden Typus des Heiligen beschäftigt, umso fremdartiger und geheimnisvoller werden ihm jene Zeiten und jene Ausnahmemenschen erscheinen. In dem schwindenden oder besser gesagt bereits geschwundenen Kontinuum zwischen spätantik-mittelalterlicher und gegenwärtiger Geistigkeit liegt vielleicht die wesentliche Bedingung für die heutige Krise des Menschen, die zugleich auch eine Krise gegenüber seiner Vergangenheit ist. Zu den bis in das 18., ja stellenweise bis in das 19. Jahrhundert wohl am meisten die Geistesgeschichte des Abendlandes formenden Gestalten gehören die Heiligen der Kirche. Insofern | verlieren sie heute von Tag zu Tag mehr ihre durch so lange Kulturräume bewährte Prägekraft. Die Schere zwischen ihrer Erlebniswelt und der des heutigen Menschen scheint zu groß geworden zu sein.

Abkürzungen

AAA   Acta apostolorum apocrypha, hrsg. von R.A. Lipsius/M. Bonnet, Bd. 1–2,2, Leipzig 1891/1903, Ndr. Darmstadt 1959.

ASS   Acta Sanctorum, Paris 1643ff., 1863ff.

CCL   Corpus Christianorum, Series Latina, Turnout/Paris 1953ff.

CSCO   Corpus Scriptorum Christianorum Orientalium, Paris 1903ff.

CSEL   Corpus Scriptorum Ecclesiasticorum Latinorum, Wien 1866ff.

LThK   Lexikon für Theologie und Kirche, 2. Aufl., Freiburg i. Br. 1957–1967; 3. Aufl. 1993ff.

PG   Patrologia Graeca, 167 Bde., Paris 1857–1866.

PL   Patrologia Latina, 217 Bde., Paris 1841–1864.

RAC   Reallexikon für Antike und Christentum, Stuttgart 1941ff.

SC   Sources Chrétiennes, Paris 1941ff.

TRE   Theologische Realenzyklopädie, Berlin/New York 1976ff.

---

[186] SPEYER, Frühes Christentum a.O. (Anm. 4) 176–192, 496.

8. Der Bibeldichter Dracontius als Exeget des Sechstagewerkes Gottes

Einführung

Seit dem Aufkommen des Hellenismus mit seinen großen Büchersammlungen in Alexandrien und Pergamon war die Mentalität der Gebildeten und der Künstler rückwärts gewendet[1]. Die Träger der Bildung und der Kultur empfanden sich in dieser Epoche als Angehörige einer Niedergangszeit und blickten voller Sehnsucht auf die vergangenen Jahrhunderte ihrer Kultur zurück, denen sie ursprüngliche Schöpferkraft und Größe zuerkannten. So entstanden die Stilformen des Klassizismus, Attizismus und Archaismus und bestimmten mehr und mehr in der römischen Kaiserzeit Literatur und bildende Kunst[2]. Während die Altgläubigen ihre ererbte Kultur nur zu erhalten und zu verteidigen versuchten und infolge des Sammelns des Alten und des Wiederholens des bereits Gedachten weithin unfruchtbar blieben, wetteiferten ihre christlich gewordenen Rivalen untereinander darin, die neuen christlichen Inhalte mit den künstlerischen Gestaltungen und Formen ihrer Vorväter zu verbinden und so etwas Neues zu schaffen. Die kulturelle Herkunft und das kulturelle Erbe der Antike bestimmten so auch die christlichen Jahrhunderte der Spätantike und waren die Voraussetzung für das Weiterleben antiken Bildungsgutes im christlichen Mittelalter.

Die tragenden Pfeiler der antiken Kultur hießen Mythos, Myth-Historie und Geschichte. Diese Formen einer zunächst mündlichen, später schriftlichen Überlieferung sollten der jeweiligen Lebenswirklichkeit seelisch-geistiges Fundament vermitteln. Für die antiken Hochkulturen, angefangen von Babylon und Ägypten, gilt die unausgesprochene Überzeugung, daß nur die Vergangenheit, nur die Toten und ihre Werke die Gegenwart und das Leben garantieren. Der Kult der Toten und die Hochschätzung des Alten sichern und bestimmen für dieses Empfinden das Leben der jeweiligen Gegenwart[3]. So ist hier alles auf Gedenken und

---

[1] R. PFEIFFER, Geschichte der klassischen Philologie. Von den Anfängen bis zum Ende des Hellenismus (Reinbek b. Hamburg 1970) 114–337.

[2] E. NORDEN, Die antike Kunstprosa vom 6. Jh. v. Chr. bis in die Zeit der Renaissance 1/2 [3](Leipzig 1915, Ndr. Darmstadt 1981).

[3] A.E. JENSEN, Mythos und Kult bei Naturvölkern [2](Wiesbaden 1960) 363–370; K. MEULI, Gesammelte Schriften 1/2 (Basel/Stuttgart 1975) Reg. ‚Ahnen, Schöpfer der geltenden Ordnung'. Zu Rom F. BÖMER, Ahnenkult und Ahnenglaube im alten Rom = ArchRelWiss Suppl.-Bd. 1 (Leipzig 1943). – Plato Phil. 16c; Cic.Tusc.1,26: auctoribus quidem ad istam sententiam

Erinnern und auf das Denkmal, das monumentum, angelegt[4]. Der gesamte priva-
te und öffentliche Kult, nicht zuletzt auch die Feste, wie das Neujahrsfest oder die
Gründungsfeste der Städte, dienten diesem Gedenken; denn nur in der immer
erneut vorgenommenen und neu erlebten sinnlich-geistigen Vereinigung mit den
mythischen und myth-historischen Anfängen vermochten Griechen und Römer
ihre jeweilige Gegenwart zu meistern und mit innerer Sicherheit in die noch
offene Zukunft zu blicken[5]. Ausdruck dieses | rückschauenden Erlebens ist auch
die weltordnende Denkform der Genealogie, die jeweils das Gegenwärtige mit
dem Vergangenen und den idealen Anfängen gleichsam biologisch verknüpft[6].
Trotz der seit dem 5. Jh. v. Chr. in Athen entstehenden philosophisch-wissen-
schaftlichen Aufklärung und des mit ihr eingeleiteten Aufschwungs rein logisch
und profan betriebener Wissenschaften hat die religiöse Tradition weiterhin die
Gesamtkultur in ihrer Tiefe bestimmt. Ja, diese Prägung wurde während des Hellenismus und der Kaiserzeit infolge des Einströmens der vorderorientalischen,
ägyptischen und jüdisch-christlichen Religionen sogar noch verstärkt.

Alle Kulturen des Mittelmeergebietes verehrten die Anfänge von Welt und
Kultur als göttlich gewirkt. Ob wir die Mythen und Myth-Historien der innerkosmischen Religionen oder die Heilsgeschichte des Judentums und des Christentums betrachten, immer geht es um die von einer Gottheit begründeten anfänglichen Ordnungen, auf denen das Leben der Gemeinschaft der jeweiligen
konkreten Gegenwart beruhte. In diesen Kreis der herausragenden und die Folgezeit bestimmenden Überlieferungen gehören bei den Griechen die Theo- und
Kosmogonien sowie die Gründungsmythen der Städte, bei den Römern die Traditionen über Aeneas, Romulus und Numa Pompilius, bei den Juden die Erzählungen von der Welt- und Menschenschöpfung und dem Sündenfall sowie dem
Werden des Gottesvolkes und bei den Christen die Frohe Botschaft von Jesus
dem Christus und seiner Stiftung, der Kirche.

[sc. animos remanere post mortem] … uti optimis possumus … et primum quidem omni anti-
quitate, quae quo propius aberat ab ortu et divina progenie, hoc melius ea fortasse, quae erant
vera, cernebant (vgl. M. POHLENZ z.St. [Stuttgart 1957, Ndr. Amsterdam 1965] 56 f.); Ps.Aug.
quaest.test. 114,24 (CSEL 50,314): sed pagani antiquitatis causa verum se tenere contendunt,
quia ,quod anterius est', inquiunt, ,falsum esse non potest', quasi antiquitas aut vetus consuetudo praeiudicet veritati. Vgl. auch P. PILHOFER, Presbyteron kreitton. Der Altersbeweis der
jüdischen und christlichen Apologeten und seine Vorgeschichte = Wiss.Unters. z. NT 2.R.39
(Tübingen 1990) 17–141.

[4] Mnemosyne, die Göttin der Erinnerung, war die Mutter der Musen; vgl. E. BARMEYER,
Die Musen. Ein Beitrag zur Inspirationstheorie = Humanist. Bibliothek R.1,2 (München 1968)
120–124.

[5] In dieser Hinsicht unterscheidet sich das aus dem Judentum hervorgegangene Christentum
nicht von den antiken Religionen. Man denke an die große Bedeutung der Patriarchenüber-
lieferungen oder Mosetraditionen für die Geschichte Israels oder an die Worte Jesu beim letzten
Abendmahl: ,Tut dies zu meinem Gedächtnis' (Lc.22,19) sowie des gesamten kirchlichen
Kultes, der weithin in Erinnerung der Heilsgeschichte und der großen Toten der Kirche, der
Heiligen, besteht. Ferner vgl. H. GÖRGEMANNS, Art. Anfang: RAC Suppl.Bd.1 (1985) 401–448.

[6] W. SPEYER, Art. Genealogie: RAC 9 (1976) 1145–1268.

Die Mitteilungen über die göttlich gestifteten Grundlagen des Lebens und der Geschichte des eigenen Volkes bzw. des neuen übernationalen Volkes der Gläubigen bei den Christen konnten gegebenenfalls mit dem Lobpreis auf die Segen stiftende Gottheit verschmelzen. Der Hymnus konnte aber auch als eigenständige literarische Form derartigen Überlieferungen vorausgehen oder folgen. Beispiele hiefür sind die sogenannten homerischen und orphischen Hymnen sowie bestimmte Psalmen des Alten Testaments. Das Entscheidende ist, daß die Menschen dieser Kulturen des Altertums nicht anders konnten, als die Götter als Gründer und Ordner ihrer Wirklichkeit im Lied zu feiern[7].

Dabei waren die maßgeblichen Ereignisse der Vergangenheit, da von Göttern oder Gott gewirkt, der Zeit entrückt; denn sie bestimmten gleicherweise Gegenwart und Zukunft. Insofern mußte der Dichter als Poeta divinus oder inspiratus, der zugleich Repräsentant und Lehrer der Gemeinschaft war, in der er wirkte, sich immer neu dem Anspruch der Gottheit stellen und als ihr Prophet und Herold auftreten. Wenn er sprach, verlor die Zeit ihren profanen, verfallenden, ihren nichtenden Charakter. Sie blieb gleichsam stehen und erhöhte sich zur festlichen, zur heiligen Zeit, in der sich das Göttliche dem Menschen offenbarte. Deshalb erscholl das Lied von den göttlich gewirkten Anfängen zunächst im Kult, beim Fest. Erst allmählich entstand durch einen Bewußtseins- und Mentalitätswandel aus diesem sakralen Zusammenhang ein neuer: aus Religion wurde Kunst, aus Mythos und Ritus Geschichte, aus rückwärtsgewandter Prophetie gelehrte Dichtung und Dichterlesung. |

Blicken wir von hier auf die seit dem 4. Jh. n. Chr. reichlich bezeugte christliche Bibeldichtung, so zeigt sich auch in ihr die zuvor beschriebene für die antiken Kulturen insgesamt geltende Struktur. Die Bibeldichtung kann als eine Metamorphose der älteren kosmo-theogonischen Dichtung und der paganen Myth-Historie verstanden werden. Die entscheidenden, da sinnstiftenden Inhalte der eigenen Tradition waren auch für die aus dem Judentum kommenden Christen die Anfänge, die Anfänge ihrer Religion und darüber hinaus die Anfänge der Welt und des Menschen. Keine innerkosmischen Mächte wurden für diese Anfänge beansprucht, wie die Götter der Griechen, sondern der personhaft erlebte welt-unabhängige Schöpfer-, Erlöser- und Erhalter-Gott. So gehören zu den Höhepunkten der jüdisch-christlichen Offenbarung der Bericht über die Erschaffung der Welt und des Menschen durch Gott, über den Sündenfall, über den Gottesbund mit Noë, Abraham und Mose. Wie die Israeliten ihre Anfänge heilig gehalten und sie im Pentateuch textlich reich ausgestaltet haben, so die Christen den Anfang ihres Glaubens: die Präexistenz und das Werden Jesu Christi und den Beginn seiner Kirche[8]. Die Bücher des Pentateuch, vor allem Genesis und Exo-

---

[7] T.J. CORNELL/W. SPEYER, Art.Gründer: RAC 12 (1983) 1107–1171.

[8] Vgl. Joh.1,1 und die Stammbäume Jesu bei Mt.1,1–17 und Lc.3,23–38; dazu W. SPEYER, Frühes Christentum im antiken Strahlungsfeld = Wiss.Untersuchungen zum NT 50 (Tübingen 1989) 202–219.

dus, bei den Israeliten, die Evangelien und die Apostelgeschichte bei den Christen sind die grundlegenden, den Anfängen gewidmeten Schriften. Sie alle haben in der paraphrasierenden und deutenden christlichen Bibeldichtung ihr Echo gefunden[9].

Wenn die Anfänge mit göttlicher Weihe umgeben sind, so reichen sie in das Göttliche und damit in das Erhabene. Die Griechen verwendeten für einen darzustellenden erhabenen Inhalt als Versmaß meist den Hexameter. Nach einer Überlieferung galt der ,göttliche' Orpheus als sein Erfinder[10]. Daß der Hexameter der für göttlich-erhabene Inhalte geeignete rhythmische Ausdruck war, wußte man bis in die Spätantike[11]. Im Gegensatz zu den Griechen hat der Verfasser des Buches Genesis für den Inhalt des Sechstagewerks Gottes, des Hexaemeron, Prosa verwendet. Daß er seinen Stil aber dem Thema anzupassen vermochte, läßt selbst noch die griechische Übertragung der Septuaginta ahnen, wie bereits der unbekannte Verfasser der Schrift ,Vom Erhabenen' erkannt hat[12].

Mit dem 4. Jahrhundert beginnt zwischen Heiden und Christen der Endkampf um die kulturelle Vormacht. Um das kunstästhetische Defizit aufzufüllen, das die aus der Antike kommenden Christen ebenso wie ihre altgläubigen Gegner hinsichtlich der Bibel empfanden, bemühten sich einzelne Dichter, diese für die Mission fundamentale Literatur poetisch | zu bearbeiten und so den Idealen der antiken Formkultur anzunähern. Was die Apologeten des 2. und 3. Jahrhunderts und die ihnen folgenden Theologen Alexandriens, des griechischen Ostens und des lateinischen Westens versucht haben, nämlich das griechische abstrakte Denken mit der konkreteren Botschaft der Bibel zu verschmelzen, das versuchten die christlichen Bibeldichter vor allem des lateinischen Westens seit dem 4. Jahrhun-

---

[9] Vgl. S. GAMBER, Le livre de la ,Genèse' dans la poésie latine au Ve siècle (Paris 1899); F.E. ROBBINS, The Hexaemeral literature. A study of the Greek and Latin commentaries on Genesis, Diss. Chicago 1912; P. LANGLOIS, Art. Dracontius: RAC 4 (1959) 250–269; K. THRAEDE, Art. Epos: RAC 5 (1960) 983–1042, bes. 1022–1031; K. SMOLAK, Die Stellung der Hexaemerondichtung des Dracontius (laud. dei 1,118–426) innerhalb der lateinischen Genesispoesie: Antidosis, Festschr. W. Kraus: Wien. Stud. Beih. 5 (Wien 1972) 381–397; R. HERZOG, Die Bibelepik der lateinischen Spätantike. Formgeschichte einer erbaulichen Gattung 1 (München 1975); D. KARTSCHOKE, Bibeldichtung. Studien zur Geschichte der epischen Bibelparaphrase von Juvencus bis Otfrid von Weissenburg (München 1975); K. SMOLAK, Die Bibel als Dichtung: Litterae Latinae 33 (1978/79) 17–32; C. MOUSSY in seiner Ausgabe des Dracontius 1 (Paris 1985) 42–98.

[10] O. KERN, Orphicorum Fragmenta (Berlin 1922, Ndr. Dublin/Zürich 1972) 31 test. 106.

[11] Vgl. Marius Plot. art.gramm. 3,3 (Gramm. Lat. 6,502 KEIL): heroicum metrum et Delphicum et theologicum nuncupatur, heroicum ab Homero, qui hoc metro heroum facta composuit, Delphicum ab Apolline Delphico, qui primus hoc usus est metro, theologicum ab Orpheo et Musaeo, qui deorum sacerdotes cum essent, hymnos hoc metro cecinerunt.

[12] Ps.Longin.subl.9,9; vgl. E. NORDEN, Das Genesiszitat in der Schrift vom Erhabenen. Postum hrsg. von J. STROUX = Abhandl. d. Deutsch.Akad.d.Wiss. Berlin, Kl. f. Sprachen, Lit. u. Kunst 1954, 1 (Berlin 1955) = E. NORDEN, Kleine Schriften zum Klassischen Altertum (Berlin 1966) 286–313; H.-J. HORN, Fiat Lux. Zum kunsttheoretischen Hintergrund der ,Erschaffung' des Lichtes in Haydns Schöpfung: Haydn-Studien 3 (1974) 65–84, bes. 73–78.

dert in ähnlicher Weise. Sie bemühten sich aber außerdem noch um die Aufnahme der antiken poetischen Form. So bot sich ihnen als Versmaß der zum epischen
Stil passende Hexameter an, um das Sechstagewerk Gottes oder die Evangelien
und die Apostelgeschichte ästhetisch angemessen wiederzugeben.

Die christliche Epik scheint die Entwicklungsgeschichte der antik-römischen
Epik zu wiederholen. Am Anfang stehen in beiden, die fast 600 Jahre voneinander getrennt sind, wörtliche Übertragungen. So sind der älteste Bibeldichter im
Westen, Iuvencus (um 330), oder Cyprianus Gallus und Sedulius, von gleicher
Art wie Livius Andronicus und Naevius. Erst in einem zweiten Anlauf gelingt die
freie Bearbeitung: bei den Christen durch Marius Victorius, Alcimus Avitus und
dem aus senatorischer Familie stammenden katholischen Dichter Blossius Aemi-
lius Dracontius aus Karthago zur Zeit der dortigen Herrschaft der arianischen
Vandalen (Ende des 5. Jh.) und zuvor bei den Römern durch Ennius.

Die Konkurrenz zwischen Christen und Altgläubigen förderte die Entfaltung
der spätantiken Kultur. Heidnische Theologen wie Porphyrios bemühten sich,
den Heiligen Schriften der Juden und Christen heidnische an die Seite zu stellen[13], und christliche Dichter versuchten, die berühmten Dichtungen der Altgläubigen durch poetische Paraphrasen ihrer Heiligen Schriften zu verdrängen
und für ihren Glauben bei den Gebildeten zu werben. Die Begabteren unter ihnen,
wie Dracontius, begnügten sich nicht mit der reinen Versifikation von Offenba-
rungstexten, sondern versuchten, die Lektüre dieser Texte durch episch-er-
zählende, lehrhafte, moralphilosophische, hymnische, panegyrische, lyrische,
beschreibende und sogar autobiographische Partien, die im bunten Wechsel einander folgen, anziehender zu gestalten. In dieser Technik der Buntheit erweist
sich der spätantike Kunstgeschmack. Wie in diesen Jahrhunderten Exzerpt, Florilegium, Enzyklopädie, Katalog und Epitome die Literatur bestimmen, so auch
die bunte Mischung der literarischen Gattungen.

Mögen sich Christen und Altgläubige bis weit in das 5. Jahrhundert gegenseitig
befehdet haben, so zeigt diese Epoche doch ebensooft eine seelisch-geistige Nähe
und Verbundenheit dieser beiden um die Macht in der Kultur ringenden geistigen
Bewegungen. Hatte die frühere Forschung und nicht zuletzt auch noch Franz
Joseph Dölger (1879–1940) mehr auf die Auseinandersetzung geachtet und deshalb die Unterschiede zwischen Antike und Christentum in den erhaltenen Zeugnissen betont, so zeigt sich heute mehr das Bestreben, Ähnlichkeiten und Gleich-
heiten der miteinander rivalisierenden Mächte herauszuarbeiten[14]. Dabei kann die
Analyse bestimmter Abschnitte des Bibelepos des Dracontius De laudibus dei zei-

---

[13] De philosophia ex oraculis haurienda: A. SMITH, Porphyrius, Fragmenta (Stuttgart/Leip-
zig 1993) 351–407; vgl. auch die Oracula Chaldaica und die ‚Tübinger Theosophie‘ (ERBSE).
[14] TH. KLAUSER, Franz Joseph Dölger 1879–1940. Sein Leben und sein Forschungsprogramm ‚Antike und Christentum‘ = JbAC Erg.Bd. 7 (1980); G. SCHÖLLGEN, Franz Joseph
Dölger und die Entstehung seines Forschungsprogramms ‚Antike und Christentum‘: JbAC 36
(1993) 7–23. Andererseits J. FONTAINE, Christentum ist auch Antike: JbAC 25 (1982) 5–21;
vgl. SPEYER, Frühes Christentum a.O. (o. Anm. 8) 1–6.

gen, daß der Dichter nicht immer verstanden hat, Antikes und Jüdisch/Christliches überzeugend in Beziehung zu setzen[15]. Was auch für andere christliche Schrift- | steller zutrifft, gilt ebenso in diesem Fall: Die Begegnung der aus so verschiedenen geistigen Voraussetzungen erwachsenen Bewegungen, der Antike und des Christentums, führte in der Spätantike oft zu widersprüchlichen Lösungen. Bis zu einem gewissen Grade ist hierfür bei Dracontius wie auch bei anderen christlichen Dichtern das so übermächtig beeindruckende Erbe der paganen Dichtungstradition verantwortlich zu machen, dem sich die Christen nicht zu entziehen vermochten. Die suggestiven Formulierungen, die Dracontius vor allem bei Lukrez, Vergil, Ovid und Manilius las, bestimmten den nachgeborenen christlichen Dichter oft in einem derartigen Maße, daß er mehr antik als christlich fühlte und schrieb und Widersprüche zu seiner Vorlage, der Heiligen Schrift, nicht beseitigte[16].

De laudibus dei

Dracontius wollte in seinem Gedicht De laudibus dei in drei Büchern eine Art Weltgedicht schreiben. Das große Thema kreist um den Inhalt aller Religion: Der Mensch und seine Wirklichkeit stehen unter der geheimnisvollen göttlichen Macht von Fluch und Segen[17]. So lauten die ersten beiden Verse:

Qui cupit iratum placidumve scire tonantem,
hoc carmen, sed mente, legat, dum voce recenset[18].

Der erzürnte und der gnädige Gott der jüdisch-christlichen Offenbarung wird wie Zeus/Jupiter als Donnerer vorgestellt, d.h. als der gewaltigste Machtträger dieser Wirklichkeit: Die Himmelsgötter erscheinen meist auch als Gewittergötter. Blitz und Donner aber gelten im Altertum als die größten wahrnehmbaren Manifestationen von Macht[19].

---

[15] Hervorgehoben seien folgende Ausgaben: F. AREVALO, Romae 1791 mit Erklärungen = PL 60,595–932. 1033–1104; F. VOLLMER: MGH AA 14 (1905) [= editio maior]; DERS.: PLM 5 (1914) [= editio minor]; F. CORSARO, Catania 1962; C. MOUSSY/C. CAMUS vol. 1/2: Paris 1985/88; vgl. ebd. 131–136 den kritischen Überblick über die bisherigen Ausgaben.

[16] Vgl. W. SPEYER, Kosmische Mächte im Bibelepos des Dracontius: Philologus 132 (1988) 275–285 = DERS., Religionsgeschichtliche Studien = Collectanea 14 (Hildesheim, Zürich, New York 1995) 141–162.194.

[17] Vgl. SPEYER, Frühes Christentum a.O. (o. Anm. 8) Reg.: Ambivalenz, Fluch, Segen, Zorn der Gottheit.

[18] Der zweite Vers betont den christlichen Geist der Innerlichkeit. Die innere Gesinnung bei der Gottesverehrung hebt der Dichter verschiedentlich hervor (1,569; 3,91); vgl. Prosp. epigr. 6 (PL 51,501): De vera laudatione; Auson. ephem. 3,1 (8 GREEN). Grundlage war wohl Jesu Wort bei Mt.6,7. – Zum stillen Lesen im Altertum NORDEN, Kunstprosa a.O. (o. Anm. 2) 1,6. Nachträge 1–3; J. BALOGH, Voces paginarum: Philologus 82 (1927) 84–109. 202–240; R. SCHOLES/ R. KELLOG, The Nature of Narrative (New York 1966) 165–177.

[19] Tonans als Synonym für deus stellt Dracontius gern an den Schluß des Hexameters. Wie sehr dieses Wort als außerchristlich zu bewerten ist, zeigt laud.dei 1,19: ex arce dei, de sede

Der Dichter wendet sich wie alle antike Dichtung an einen anderen, der hier freilich in der Anonymität des unbestimmten ‚qui cupit' verborgen bleibt. Er denkt dabei nicht nur an den christlichen Leser, wie seine Bemerkung im dritten Buch lehrt[20]. Allen Menschen will er Wissen und Erkenntnis Gottes vermitteln[21]. Dracontius beabsichtigt also mehr, als nur ein Preislied zu singen. Sein Ziel teilt er mit seinem philosophischen Gegner Lu|krez: beide wollen das erkannte Wesen der Wirklichkeit den Menschen mitteilen[22]. Für Dracontius ist aber Gott die Ursache der Wirklichkeit, diese Werk Gottes[23]; wer also den Schöpfer erkannt hat, der hat sich selbst und alle Dinge um sich begriffen. Mit diesem Grundgedanken wird Dracontius zu einem Antipoden des Lukrez. Zugleich aber reiht er sich in die Tradition des antiken Lehrgedichtes ein.

Der Lehrgehalt des Gedichtes wird näher durch die beiden Eigenschaften bestimmt, die dem einen weltunabhängigen Gott zugeteilt werden. Der Gott des Dracontius ist nicht philosophisch entrückt, sondern erscheint menschlich nahe als deus iratus und deus placidus[24]. Daß diese beiden Aspekte auch die Tiefenstruktur der Wirkweise der antiken Gottheiten ausmachen, muß man sich gegenwärtig halten, um zu erkennen, wie nah sich in dieser grundsätzlichen Überzeugung Altgläubige und Christen standen[25]. Diese beiden Aspekte göttlichen Wirkens, Zorn und Gnade/Segen, werden als die Leitgedanken behandelt, die im ganzen Werk das Weiterschreiten der oft unterbrochenen Handlung bewirken. Sie kennzeichnen neben der Verknüpfung von Gott und Schöpfung die innerlichere Beziehung von Gott und Menschheit und schließlich von Gott und dem Dichter selbst.

In den Versen 3–117 trägt der Dichter Hauptgedanken und theoretische Voraussetzungen des Werkes vor: Gott straft nicht sofort, sondern warnt zunächst

---

tonantis (3,240 ex arce tonantis). Hier greift der Dichter auf die altrömische Vorstellung des Iuppiter Capitolinus zurück (F. BÖMER im Kommentar zu Ov.fast.2,69f. [Heidelberg 1958] 87; vgl. ebd. 6,349; W. SPEYER, Art. Gewitter: RAC 10 [1978] 1107–1172, bes. 1122). Bei den christlichen Dichtern ist das Wort tonans seit Iuvencus 2,795 (CSEL 24,77) u.ö. gebräuchlich (dazu J. DE WIT im Kommentar [Diss. Groningen 1947]) und diente der Steigerung des Pathos.

[20] 3,251–261: sed si forte legat haec carmina nostra profanus, / quem lateat lex sancta dei, ne incredulus extet, / impendat quid pura fides … Um den heidnischen Leser anzusprechen, hat Dracontius so zahlreiche Beispiele aus der griechischen und römischen Geschichte mitgeteilt (laud.dei 3,257–467; vgl. auch 3,496–523).

[21] E. NORDEN, Agnostos Theos, Untersuchungen zur Formengeschichte religiöser Rede (Leipzig 1923, Ndr. Darmstadt 1974) 87–95.

[22] Lucr.1,25f.

[23] Laud.dei 1,23: rerum causa deus.

[24] Im Epos bevorzugt Dracontius meist pius vor placidus. Eine Betrachtung der pietas dei bei Dracontius und den Christen wird zeigen können, daß deus pius und die pietas dei der jüdisch-christlichen Gottesvorstellung angehören (Vulg. 2 Par. 30,9; Iud. 7,20; Eccl. 2,13; Apc. 15,4). Im Thes.Ling.Lat. s.v. deus/dea, epitheta: 5,914 findet sich für deus pius kein Beispiel. Die aus dem Heidentum vorliegenden Belege zeigen orientalischen, genauer semitischen Einfluß: CIL 3,7954; dazu A. BETZ: Festschr. C. Daicoviciu (Edit. Academiei rep. pop. Romine 1960) 34–36; ferner Ps.Apul.Ascl.41.

[25] S.o. Anm. 17.

den Sünder. Gerade daraus gewinnt Dracontius die Berechtigung, den Schöpfungsbericht der Genesis dichterisch darzustellen. Daß Gott nicht von ungefähr zürnt, sondern lieber die Menschen bewahren will, soll die Schöpfungsgeschichte zeigen.

Das Wesen und Wirken Gottes deuten V. 3 f. an:

Agnoscet quem templa poli, quem moenia caeli
auctorem confessa suum veneranter adorent[26].

Statt des von Dracontius in De laudibus dei bevorzugten auctor hätte man creator erwartet[27]. Wahrscheinlich liegt bei dieser Wortwahl eine Absicht vor: Dracontius wollte wohl auf den altgläubigen Leser Rücksicht nehmen und ihn erst allmählich in die christlichen Glaubenswahrheiten einführen[28].

In den V. 3–11 spricht der Dichter über das jetzt herrschende Verhältnis zwischen Kosmos und Gott, anschließend über die Beziehung von Menschenwelt und Gott (V. 11–20)[29]. Das Motiv des Gehorsams der Dingwelt wird in Buch 2,339–359 fast invektivisch ge|gen den Ungehorsam der Menschen 2,360–368 ausgespielt. Diese doppelte Blickrichtung zum Kosmos und zum Menschen hin beherrscht nicht weniger als das Motiv der ira und pietas dei das Gedicht.

Nach den Ausführungen über den Kosmos (V. 3–11) wendet sich der Dichter in einer stilistisch zum Vorhergehenden analogen Substantivreihe[30], die in den vielsagenden Doppelausdruck ira potestatum, trux indignatio regum (V. 17) ausläuft, zur Menschenwelt zurück. Dieser Vers und die Fülle der aufgezählten seinsfeindlichen Kräfte, das an den Anfang dieses Abschnittes gestellte miseris (V. 11), die Schlußstellung von tristia, saeva (V. 18) offenbaren bereits am Anfang des Gedichtes die Seelenlage des von den Vandalen und ihrem König Gunthamund

---

[26] Zu V. 3: templa poli: Der Begriff gehört der römischen Auguralsprache an; vgl. Varr. ling.7,6 f. – moenia caeli: Thes.Ling.Lat. 8,1328,74 f.; Hil.Gen.78 (CSEL 23, 234). Zu V. 4: Vgl. 2,212: auctorem confessa suum in ähnlicher Umgebung. Wie beim Titel der augustinischen Confessiones hat auch hier confiteri die Doppelbedeutung von bekennen und preisen; vgl. P. Courcelle, Recherches sur les confessions de St.Augustin (Paris 1950) 13–20. Der Gedanke, daß Gott aus seinen Werken zu erkennen ist, wird bereits hier deutlich (vgl. Xenoph.mem. 4,3,13 f.; Cic.Tusc.1,70).

[27] Vgl. Camus a.O. (o. Anm. 15) im Kommentar zur Stelle. Die Bezeichnung creare begegnet im ersten Buch selten: V. 117. 137. 688. Die Schöpfung aus dem Nichts erwähnt erst ausdrücklich 2,200 f.; vgl. 2,(59).230: solo sermone creantur = 3,531 (vgl. Görgemanns a.O. [o. Anm. 5] 414 f.).

[28] S.o. Anm. 20.

[29] Die Verse 5–8 mit ihren Asyndeta sind nicht so willkürlich aufgebaut, wie es zunächst scheinen könnte. Dracontius übernimmt vielmehr eine antike Unterscheidung zwischen μετάρσια und μετέωρα, über die Achilles c.32 (E. Maass [Hrsg.], Commentariorum in Aratum reliquiae [Berlin 1898] 68) unterrichtet.

[30] Reihen asyndetischer Substantive hat bereits Ennius gebildet, z.B. ann. 240 f. Skutsch; sat. 5 Vahlen. Lukrez folgte ihm: z.B. 6,529 (vgl. laud.dei 1,6); 5,675 (laud.dei 2,215). Bei Dracontius darf jedoch auch nicht der Einfluß der Psalmen übersehen werden: Ps. 148,7 (Vulg.): laudate dominum … ignis grando nix glacies spiritus procellarum.

bedrängten Dichters. Diese Stimmung wird im Verlauf besonders des zweiten Buches bis zu dem gequälten Gebet am Ende des dritten Buches weiterwirken. Dadurch gewinnt das Werk eine persönliche Nähe, welche die bisweilen etwas schematische Darstellung, vor allem in den zahlreichen Katalogen, vergessen läßt.

Alles, so sagt Dracontius, was dem Menschen zustößt, kommt von Gott. Dieser teilt aber nicht Freudiges und Schmerzliches planlos aus, sondern nach dem Verdienst der Menschen (V. 12; 2,427 segregat omnipotens merita pro moribus orbis). Der Dichter leidet zwar unter den harten Schlägen Gottes, empfindet ihn aber nicht nur als deus iratus. Er glaubt aus der Geschichte der Menschheit zu wissen, daß Gott versöhnbar ist. Die pietas wird zwar V. 20 scheinbar nur beiläufig genannt, tatsächlich aber beherrscht sie von V. 29 an das gesamte erste Buch. V. 30 erklärt, was unter dem deus pius zu verstehen ist: er straft nicht sogleich nach der Beleidigung durch den Menschen, sondern warnt. Diese Warnungen werden im Folgenden inhaltlich und zeitlich geordnet vorgeführt. Auf den großen Katalog der Vorzeichen aus der Natur (V. 35–88), den Dracontius im Anschluß an die römische historische und epische Tradition des Prodigienkataloges gestaltet und mit einem neuen Sinn versehen hat, ist hier nicht näher einzugehen [s. unten S. 207–219].

Den Abschluß dieses einführenden Teils bildet der Gedanke: Gott warnt und rettet den büßenden Sünder (V. 89–98), sowie das Gegenbild: der plötzlich strafende Gott (V. 99–108). Das letzte Wort aber hat der deus misericors (V. 109–114)[31]. Um diese Ansicht zu begründen, stellt der Dichter im Anschluß an das Buch Genesis die Schöpfungsgeschichte dar (Überleitung: V. 115–117).

Mit der dichterischen Bearbeitung des Sechstagewerkes steht Dracontius innerhalb einer längeren Tradition, die nur zu einem Teil uns noch zugänglich ist. Erhalten sind der Cento der Proba (um 360), die Alethia des Claudius Marius Victor(ius), eines Rhetors aus Massilia (Anfang des 5. Jh.), der Heptateuchos des Cyprianus Gallus (Anfang des 5. Jh.?), und die 204 Verse In genesin ad Leonem papam eines Hilarius. Verschollen ist das Werk des Prudentius, von dem Gennadius berichtet[32]. Derselbe Gennadius nennt ein gleichfalls verlorenes Hexaemeron-Gedicht Salvians[33]. Beide Werke kann Dracontius benutzt haben, so wie er andere Gedichte des Prudentius mehrfach nachgestaltet hat. |

Die Art, wie Dracontius das Sechstagewerk Gottes bearbeitet hat, kann am besten durch Vergleich mit dem biblischen Bericht aufgezeigt werden. Diesen hat Dracontius zweifellos in der Gestaltung der Vulgata gekannt. Keinesfalls hat

---

[31] Vgl. E. RAPISARDA, Il poeta della misericordia divina, I. L'unità del mondo religioso di Draconzio: Orpheus 2 (1955) 1–9; ähnlich bereits zuvor E. PROVANA, Blossio Emilio Draconzio, Studio biografico e letterario = Mem.Real.Acc.d.Scienze di Torino, Ser.2, Tom. 62 (Torino 1912) 23–100, bes. 24.

[32] Vir.ill.13.

[33] Ebd. 67.

er nur aus den zuvor erwähnten dichterischen Bearbeitungen geschöpft, wenn er auch gewiß in Einzelheiten von ihnen beeinflußt ist[34].

In seiner Darstellung des Schöpfungsberichtes kann als Gerüst für die ersten fünf Tage die Schöpfungsgeschichte, wie sie im Priesterkodex (Gen.1,1–2,4a) niedergelegt ist, unschwer wiedererkannt werden. Für die Erschaffung des Menschen am sechsten Tage folgt er dem Jahwisten, da dieser ausführlicher berichtet (2,4b–3,24).

Das Verhältnis des Dichters zum alttestamentlichen Text schwankt ziemlich stark. Nie ist er nur Übersetzer, wie Cyprianus Gallus; er entfernt sich aber auch nicht so weit wie Hilarius, bei dem zum Beispiel die einzelnen Tage nicht geschieden sind. Oft entnimmt Dracontius dem Bibeltext auch nur eine Anregung.

Der erste Schöpfungstag (V. 118–137)

Im Gegensatz zu seinen beiden Vorgängern Marius Victorius und Cyprianus Gallus läßt Dracontius die ersten beiden wuchtigen Sätze des Priesterkodex-Berichtes der Genesis außer Acht. Anstatt die Schöpfung des Lichtes wiederzugeben, begnügt er sich mit der Feststellung, daß der erste Schöpfungstag dem Licht gehörte und damit zugleich die Finsternis vernichtet wurde:

V. 118 Prima dies [= Ov.epist.11,114; AL 488,1R.] nam lucis erat, mors una tenebris.

Hier verzichtet der Dichter darauf, seine Vorlage genau zu spiegeln; denn nach der Genesis hat Gott durch seine Schöpfung des Lichts die Finsternis nicht aufgehoben, sondern sie in seine Schöpfung einbezogen: Licht und Finsternis erscheinen wie Tag und Nacht aufeinander bezogen und geradezu angewiesen. Der christliche Dichter hingegen will, wie sein Hymnus auf das Licht und die weiteren Verse zeigen[35], das geschaffene Licht bereits für das göttliche Licht, also für Gott selbst beanspruchen. In dieser Lichtverehrung schlägt die platonisch-neu-

---

[34] Eine eigene Prüfung benötigt die Frage, wieweit er von den Kommentaren zum Hexaemeron abhängt; zu dieser Literatur vgl. J.C.M. VAN WINDEN, Art.Hexaemeron: RAC 14 (1988) 1250–1269. Augustinus, de Genesi ad litteram, zwischen 401–415 verfaßt, ist Marius Victorius, Hilarius und Dracontius wohl nicht bekannt geworden; vgl. aleth. 1,78–84 (CCL 128,132) mit Aug.Gen.ad litt. 2,1 (CSEL 28,2,32f. 34); vgl. ebd. 1,19; 2,9 (28f. 46).

[35] V. 129–133: Et bene constituit mundi primordia lucem / clarus ubique Deus nunquam maculabilis auctor, / quem non obscurant quacumque ex parte tenebrae / nec celantur ei quaecumque obscura geruntur. / Initium factis lucem dat lucis origo (3,1: lucis origo); vgl. Orig. princ.1,1; Ambr.hex. 1,9,33 (CSEL 32,1,34f.). Vgl. R. BULTMANN, Zur Geschichte der Lichtsymbolik im Altertum: Philologus 97 (1948) 1–36; D. BREMER, Hinweise zum griechischen Ursprung und zur europäischen Geschichte der Lichtmetaphysik: ArchBegrGesch 17 (1973) 7–35; DERS., Licht als universales Darstellungsmedium: ebd. 18 (1974) 185–206; J. DILLON, The Golden Chain. Studies in the Development of Platonism and Christianity (Aldershot, Hampshire 1990) Nr. 22: Looking on the Light. Some Remarks on the Imagery of Light in the First Chapter of Origen's Peri archôn.

platonische Vorstellung einer Identität zwischen dem Vielen der Schöpfung und dem Einen, der Gottheit, durch. Gott ist hier nicht mehr transzendent gedacht und steht nicht zu seiner Schöpfung nur in einem analogen Verhältnis, sondern Gott und seine Schöpfung, die verdichtet unter dem Lichtaspekt erscheint, sind abbildhaft aufgefaßt. So steht hier der christliche Dichter der antiken, genauer neuplatonischen Auffassung näher als der jüdisch-christlichen Offenbarung; denn auch die unmittelbar aus den Händen des Schöpfers hervorgegangene Schöpfung, also die Schöpfung, die noch nicht | vom Fall der Engel und der Ursünde der Stammeltern befleckt ist, darf nach christlicher Auffassung nicht als mit Gott identisch betrachtet werden. Wenn Gott licht ist (V. 130: clarus ubique Deus ...), dann trifft diese Aussage auf dem Hintergrund der Offenbarung nur bedingt, genauer nur analog zu; denn Gott ist ebenso dunkel und wohnt im Dunkel, wie er licht ist und im Lichte wohnt. Aber selbst alle Schöpfungswirklichkeiten, angefangen von Licht und Finsternis, von Tag und Nacht, vermögen auch in ihrer Gesamtheit nicht Gott abzubilden, sondern nur auf sein unergründliches Geheimnis zu verweisen. Gottes transzendente Eindeutigkeit ist nicht von der unter Vieldeutigkeit stehenden Schöpfungswirklichkeit einzuholen. Gegen diese durch die Offenbarung gegebene Voraussetzung hat Dracontius mit vielen aus der Antike kommenden christlichen Denkern verstoßen. So atmet seine Wiedergabe der Schöpfungstat Gottes am ersten Tag mehr neuplatonischen als biblischen Geist.

Ferner hat Dracontius sich nicht mit der Schwierigkeit auseinandergesetzt, daß die Schöpfung des Lichtes in der Genesis zeitlich vor der Schöpfung der eigentlichen Lichtträger, der Sonne und der anderen Gestirne, ausgesagt ist[36]. Wenn er wenig später diesen Widerspruch nur erwähnt: V. 136 quae [sc. lux] solis praevenit iter lumenque coruscum[37], so will er damit nicht etwa Kritik üben. Man darf daraus aber auch nicht auf eine völlige Unbekümmertheit um naturwissenschaftliche Richtigkeit oder Wahrscheinlichkeit des wiedergegebenen biblischen Berichtes schließen. Dracontius hat nicht anders als Marius Victorius auch eigene naturwissenschaftliche Kenntnisse eingearbeitet und andere, entgegengesetzte, bekämpft.

---

[36] Ambr.hex.1,7,26 (CSEL 32,1,25) sah den Unterschied und versuchte ihn zu erklären; vgl. hex.1,9,35; 4,1,1; 4,3,8 (37. 111. 116). Er geht seinerseits auf Basil.hex.hom. 6,2 (SC 26,330–334) zurück; vgl. K. Gronau, Poseidonios und die jüdisch-christliche Genesisexegese (Leipzig 1914) 22.

[37] Hierher gehört schon V. 122: lux gratia solis (vgl. 2,3,39: sol lux clara dies). In V. 677 ist die Verknüpfung von Tag (Licht) und Sonne besser, wenn auch die doppelte Aufzählung überrascht: Sonne 674–677; Tag 677f. Der Verfasser des Carm. de resurr. 127–132 (71f. Waszink) ist von Dracontius abhängig. Auch er unterscheidet zwischen sol und lux: V. 130–132.

Der zweite Schöpfungstag (V. 138–148)

Der Bericht der Genesis 1,6–8 war mit den naturwissenschaftlichen Anschauungen der Antike schwer zu vereinen. Ist doch der Kreislauf des Wassers von den Griechen früh entdeckt worden[38]. Der Bibelbericht enthält diese Erkenntnis noch nicht. Er unterscheidet zwischen Wassern auf der Erde und über der Himmelsfeste, die unverbunden nebeneinander bestehen[39].

Dracontius entnimmt der Genesis für seine Gestaltung der Erzählung des zweiten Schöpfungstages das Wort caelum. Er zieht so Gen.1,1 mit 1,8 zusammen. Dabei übergeht er die wichtige Aufgabe des Himmels, Scheide zwischen den beiden Wassern zu sein, und verweilt nur bei den Wassern oberhalb des Himmels (V. 139–148)[40]. Wenn er außerdem die ignes aetherii erwähnt, so geht er über seine biblische Vorlage hinaus[41]. Er greift damit auf | die antike Lehre von den vier Elementen zurück, die auch Kirchenschriftsteller übernommen haben[42].

Den Himmel selbst hat auch Ambrosius als feurige Region aufgefaßt: vom zweiten Tag: quis igitur dubitet quod ignitus aether et magno fervens vapore inflammaret atque exureret omnia ...[43]. Demgemäß spricht Marius Victorius zum zweiten Schöpfungstag von axibus ... calidis[44]. Auch hier ist die Substanz des Himmels gemeint. Die Sonne und die Sterne, die am vierten Tag erschaffen wurden, sind noch nicht in Betracht gezogen.

Mit dieser antiken Vorstellung versucht Dracontius den aus anderen Voraussetzungen erwachsenen Bericht der Bibel von der Wasserregion über dem Firmament zu verbinden[45]. Dasselbe Problem hat Ambrosius in Auseinandersetzung mit anderen Theorien zu lösen versucht[46]. Daß Feuer und Wasser friedlich mit-

---

[38] Als Entdecker dieser meteorologischen Erscheinung gilt Anaximander (W. CAPELLE, Art. Meteorologie: RE Suppl. 6 [1935] 315–358, bes. 329). Dracontius scheint sie gleichfalls zu kennen: laud.dei 1,607–610; vgl. Lucr.5,261–272; Anth. Lat. 718,6 RIESE.

[39] Versuche, die Worte der Bibel zu verteidigen: Basil.hex.hom. 3,7f. (SC 26,222–234); Ambr.hex. 2,3,11 (CSEL 32,1,49f.); Aug.Gen.ad litt. 2,4,5 (CSEL 28,2,36–39).

[40] Vulg.Gen.1,7: quae [sc. aquae] erant super firmamentum.

[41] Thes.Ling.Lat. s.v. aetherius: 1, 1153, 24–30.

[42] Gegen die Lehre des Aristoteles vom Aether als fünftem Element, die aber nicht auf den Peripatos beschränkt blieb (W. SPOERRI, Späthellenistische Berichte über Welt, Kultur und Götter = Schweizer.Beiträge z. Altertumswiss. 9 [Basel 1959] 100 Anm. 16 und 187f.), richtet sich Ambrosius hex. 1,6,23f. (CSEL 32,1,21–23). Dieser geht auf das Hexaemeron des Basilius zurück, der seinerseits stoisches Gut verarbeitet hat (GRONAU a.O. [o. Anm. 36] passim). – aether verwendet Ambrosius im Sinn von Feuer, z.B. hex. 2,3,13 (52,22f.); vgl. auch J.H. WASZINK, Art. Aether: RAC 1 (1950) 150–158, bes. 152f.; zum feurigen Aether GRONAU a.O. 80 Anm. 1; vgl. Ov.met. 1,26: ignea convexi vis et sine pondere caeli/emicuit.

[43] Hex. 2,3,13 (52,22); vgl. 1,6,20 (17,8): et in caelo cum sit ignitus et micans fulgentibus stellis polus ... Auf die Geschichte dieser Ansicht kann hier nicht eingegangen werden; vgl. Cic.nat.deor. 2,41; A.S. PEASE im Kommentar zu Cic.nat.deor. 1,33; Aug.Gen. ad litt. 2,3 (CSEL 28,1,36).

[44] Aleth. 1,68 (CCL 128,132).

[45] Vgl. laud.dei 2,217: unda super caelos tibi supplicat.

[46] Hex. 2,3,12 (50).

einander verweilen, betont Dracontius ebenso wie Ambrosius, nur daß bei dem Dichter einer Zweiheit des Wassers über und unter dem Firmament eine Zweiheit des Feuers entspricht[47]. Den Gedanken einer concordia discors in der Verbindung von zwei oder mehr Elementen hat Horaz, epist.1,12,19, mit ebendiesen Worten in der lateinischen Dichtung heimisch gemacht[48]. Er begegnet auch bei christlichen Dichtern und Schriftstellern[49]. Nicht also ist es der Gedanke als solcher, der bei Dracontius Beachtung verdient, sondern es sind die näheren Angaben über jene Einheit der feindlichen Elemente. V. 144 heißt es: Beide Elemente begnügen sich mit ihrem Gebiet und übertreten ihre Grenzen nicht: limitibus contenta suis. So könnte man glauben, sie seien räumlich voneinander geschieden und Erde und Meer vergleichbar, solange diese in ihrem Bereiche verweilen. Da bringt aber V. 148 eine Überraschung: non discreta quidem, sed nec permixta morantur [sc. ignes et aqua]. Dieser Satz scheint logisch unbefriedigend zu sein: was nicht vermischt ist, ist getrennt; was vermischt ist, aber ungetrennt. Eine weitere Möglichkeit scheint ausgeschlossen zu sein. Zur Erklärung kann auch Ambrosius nicht viel beitragen, da er nur allgemein von einer Mischung der vier Elemente spricht[50].

Man könnte vielleicht auf die stoischen Angaben über Mischungen hinweisen: Erforderlich ist eine Mischung, in der die Qualitäten der verbundenen Substanzen erhalten bleiben. | Dafür besaßen die Stoiker die beiden Begriffe μίξις und κρᾶσις[51]. Niemals aber wird als Beispiel die Mischung von Feuer und Wasser genannt, da die Erfahrung hierfür eben keinen Anhaltspunkt bietet. Schwerlich dürfte man annehmen, Dracontius habe übertreibend vom Miteinander von Feuer und Wasser gesprochen, während er in Wahrheit an die Verbindung der Haupteigenschaften der beiden Elemente, Feuchtigkeit und Wärme, dachte. Darüber schreibt ausführlich im Anschluß an Varro Laktanz[52].

Schließlich könnte man geneigt sein, die Schwierigkeit mit einer Tilgung von V. 148 zu beseitigen. Für die Annahme, daß ein Vers von fremder Hand einge-

---

[47] Die Eintracht der Elemente wird auch sonst gepriesen: satisf. 59f.; laud.dei 2,193–197; 3,3: pax elementorum [sc. Deus]; vgl. Ov.met. 1,21f.

[48] Vgl. Ov.met. 1,433: discors concordia; Manil. 1,141f. (von Paul.Nol. carm. 8,20 [CSEL 30,21] benutzt); Sen.nat. 7,27,4 (Thes.Ling.Lat. s.v. concordia: 4,85,75–77. 87,30f.; s.v. concors: ebd. 91,32–34; vgl. Spoerri a.O. [o. Anm. 42] 103 Anm. 5; Ders., Zu Diodor von Sizilien 1,7f.: MusHelv 18 [1961] 63–82, bes. 65).

[49] Z.B. Orient.comm. 1,601–606 (19 Rapisarda); Merob.poet. 190f. (MGH AA 14,18); Rust.Help.benef. 5f. (134 Corsaro); Boeth.cons. 2 m. 8, 1–4; dazu J. Gruber im Kommentar (Berlin/New York 1978) 227f.; ferner vgl. Novatian. trin. 2,1 (10) (CCL 4,13): et in concordiam elementorum omnium discordantes materias sic connectens [sc. deus], ut ex disparibus elementis ita sit unus mundus ... solidatus, ut nulla vi dissolvi possit ...

[50] Hex. 1,6,20 (17).

[51] Vgl. M. Pohlenz, Die Stoa 1 (Göttingen 1948) 72; 2 (1949) 41.

[52] Inst.2,9,19 (CSEL 19,1,145): ignis quidem permisceri cum aqua non potest, quia sunt utraque inimica et si comminus venerint, alterutrum quod superaverit conficiat alterum necesse est, sed eorum substantiae permisceri possunt: substantia ignis calor est, aquae umor ...

schoben sei, könnten sprechen: die logisch befremdliche Formulierung; der Widerspruch zu V. 144–147; ferner, daß V. 148 weder nach vorn – hier setzt der Dichter mit dem dritten Tag neu ein – noch nach rückwärts verbunden zu sein scheint. Ein Hinweis auf laud.dei 2,193–197 kann jedoch den sachlichen Widerspruch mildern helfen:

> foedere concordi, quia vis, elementa tenentur
> tam longe conexa mora. sic iuncta ligantur,
> 195 ut disiuncta tamen concordi lite probentur.
> si disiuncta fiant, solvetur machina rerum,
> si coniuncta forent, omnis natura periret.

Auch hier soll in den Versen 196 f. das Ineinander der Elemente geklärt werden, das weder in den Begriff des Auseinander noch des Zusammenseins aufgeht. Dracontius sucht die herakliteische παλίντροπος ἁρμονία zu beschreiben. Diese ist aber ihrem Wesen nach paradox; daher der logische Widerspruch, der nur Ausdruck eines sachlichen Widerspruchs sein soll.

Beachtung verdient auch in V. 145 f.: glaciemve … aquae. Wie kommt der Dichter gerade auf diesen dem Feuer am meisten entgegengesetzten Aggregatzustand des Wassers? Ein Hinweis auf die von Empedokles herrührende Lehre von der Beschaffenheit des Himmels vermag vielleicht die Erklärung zu bringen: Empedokles behauptet, der Himmel sei eisartig[53]. Diese Theorie hat Basilius neben anderen aufgeführt[54]; Sie begegnet auch in der lateinischen christlichen Literatur[55]. Während aber in diesen Zeugnissen die Substanz des Himmels als kristallartig beschrieben wird, scheint Dracontius diese Eigenschaft auf das Wasser über dem Firmament übertragen zu haben. |

Der dritte Schöpfungstag (V. 149–179)

In diesem Abschnitt folgt Dracontius eng dem biblischen Bericht, da er nichts Wesentliches ausläßt. Indem er aber mit den biblischen Angaben naturphilosophisches Wissen der Antike verbindet, verstrickt er sich auch in Widersprüche.

---

[53] VS 31 A 1.51; vgl. GRONAU a.O. (o. Anm. 36) 75–77.

[54] Hex.3,4 (SC 26,208). Die bei Basilius erwähnte Entstehung des Kristalls war auch Dracontius bekannt: laud.dei 1,712 f.: qui scit, quo nitidus crystallus ventre creatus,/ candida materies, glacies imitatur aquarum. Es fällt auf, daß hier glacies aquarum aus 1,145 f. glaciem … aquae aufgenommen ist. Die Verknüpfung mit den Anschauungen über die Substanz des Firmamentes scheint dadurch bestätigt zu werden.

[55] Vgl. Rufin.Clement.1,27,3 (GCS Pseudoklementinen 2,24): iam vero aqua, quae erat intra mundum, in medio primi illius caeli terraeque spatio, quasi gelu concreta et crystallo solidata distenditur; vgl. Novatian.trin.8,7 (CCL 4,24): cuncta desuper crystallo contegente, id est caelo omnia operiente, quod in firmamentum de aquarum fluente materia fuerat Deo iubente soli datum, ut glacies robusta aquarum terram pridem contegentium dividens medietatem dorso quodam pondera aquae superioris corroboratis de gelu viribus sustineret. Über diese Theorie fehlt im Thes.Ling.Lat. s.v. gelu, glacies ein entsprechender Vermerk.

Im Anschluß an den gallischen Dichter Hilarius oder eine uns verlorene Vorlage bietet er darüberhinaus eine Erweiterung, indem er die verschiedenartigen geologischen Strukturen und Formationen der Erde und der Erdoberfläche in ihrem Werden beschreibt (V. 156–166)[56]. Im anschließenden Katalog der Pflanzen und Bäume wahrt er antikes Kolorit. Er führt drei berühmte Pflanzen des Mittelmeergebietes an, die als Geschenk der Götter galten: Olive (Athene), Lorbeer (Apollon) und Weinrebe (Dionysos). Dracontius war für sinnliche Empfindungen sehr empfänglich. So hebt er hier V. 175–179 die Wohlgerüche und Düfte hervor.

Das Paradies (V. 180–205)

Mit der Ekphrasis des Paradieses an dieser Stelle, zwischen der Darstellung des dritten und des vierten Schöpfungstages, setzt Dracontius den Leser in Erstaunen. Weder die biblische Erzählung (Gen.2,8–14) noch die erhaltenen poetischen Schilderungen des Hexaemeron konnten Dracontius zu dieser Änderung bewegen[57]. In der Hexaemeronliteratur scheinen nur das Buch der Jubiläen und die von ihm abhängigen Schriften diese Anordnung zu befolgen[58]. Die Beschreibung des Paradieses wirkt zunächst wie ein selbständiger Abschnitt des Gedichtes, der nur zufällig diesen Platz innehat. Auch wenn das überlieferte interea in V. 180 est locus interea diffundens quattuor amnes mit Vollmer und Camus gegen die varia lectio in terra zu halten wäre[59], so bliebe das Wort eine allgemeine Überleitungsformel, die keine konkrete Verbindung herstellt[60]. Auch von V. 205, dem Endvers dieser Beschreibung des Paradieses, führt zur anschließenden Darstellung des vierten Tages keine Verknüpfung. Dennoch aber ist es sicher, daß die Paradiesesbeschreibung die Stelle, die sie nach dem Zeugnis der Handschriften

---

[56] Vgl. W. Speyer, Die Erschaffung von Meer und Erde. Gen. 1,9 f.13 und Dracontius, De laudibus dei 1,149–166: Liebe zum Wort. Festschrift P.L. Bernhard (Salzburg 1993) 55–65 = Ders., Studien a.O. (o. Anm. 16) 152–162.

[57] Vgl. die der biblischen Vorlage treu bleibenden Wiedergaben bei Proba cento 161–169 (CSEL 16,1,578 f.); Cypr.Gall.Gen. 50–63 (CSEL 23,3); Mar.Victor.aleth. 1,224–304 (CCL 128,137–140).

[58] C.2,7. Vgl. Georg. Sync.: Bonner Corpus 1,5,6 f.; Georg.Cedren.: Bonner Corpus 1,8,4; vgl. H. Rönsch, Das Buch der Jubiläen (Leipzig 1874, Ndr. Amsterdam 1970) 278. 302.

[59] Für die Lesart in terra sprechen die von Vollmer z.St. angeführten Parallelen: Lact. Phoen.1 (Anth.Lat. 485a): est locus in primo felix oriente; Sidon.carm. 2,407 (1,19 Loyen): est locus Oceani (beide Dichter sprechen von einem mythischen Ort, dem Hain des Phönix, dem Garten der Aurora); Carm. de pascha (CSEL 3,3,305) 1: est locus ex omni medius ... orbe (vgl. Ov.met. 12,39). Alle Formulierungen gehen aber auf Enn.ann.20 Skutsch zurück: est locus Hesperiam quam mortales perhibebant (vgl. O. Skutsch z.St. [2][Oxford 1986] 178). Die Parallelen bieten jeweils eine nähere Ortsangabe, die bei Dracontius höchstens in der Apposition V. 183 gefunden werden könnte: hortus in orbe Dei cunctis felicior hortis. Vgl. Aug.Gen. ad litt. 8,1 (CSEL 28,1,229).

[60] Vgl. Vollmer, Index s.v. und F. Bömer im Kommentar zu Ov.fast. 3,41 (Heidelberg 1958) 144.

innehat, auch nach dem Willen des Dichters einnehmen sollte: Das Fehlen jeglichen Getiers[61] stimmt damit überein, daß Gott die Tiere erst | am fünften und sechsten Tag ins Leben gerufen hat. Außerdem scheint auch V. 197 den Platz vor dem vierten Schöpfungstag nahezulegen: de flamine molli / frondibus impulsis inmobilis umbra vagatur. Dieses ungewöhnliche Oxymoron hat der Dichter hier gewiß nicht ohne Bedacht verwendet[62]. Die Genesis unterscheidet zwischen dem von Gott geschaffenen Licht und der Sonne. Wie sie betont, gab es das Licht nicht nur ohne die Sonne, sondern bereits vor ihr. Erst mit der Erschaffung der Sonne also wurde der Schatten möglich, der mit dem Sonnenlaufe weiterrückt, d.h. eine umbra mobilis. Vor der Erschaffung der Sonne bleibt der Schatten, den das Laub wirft, unbeweglich, da es keine weiterrückende Lichtquelle gibt. Der Schatten bewegt sich aber dennoch auf und ab, wenn der Wind das Laub bewegt[63]. Fast

---

[61] Der Dichter hat sich durch die Umstellung der Paradiesesepisode in Widersprüche verwickelt. So hat er alle Tiere, ja sogar die Vögel aus dem Paradies verwiesen: laud. dei 1,454–458: praeterea solis datus est locus ille duobus: / deliciis hominum tantum constructus opacis / nec placidas sustentat aves [gerade die Vögel gehören zum Paradies, wie die altchristliche Kunst beweist: H. LECLERCQ, Art. Paradis: DACL 13,2 (1938) 1586–1590 Abb. 9701f.; vgl. auch ebd. 1595 Anm. 7], non ore cruentas, unguibus armatas nescit perferre volucres, / omne genus pecudum nescit, genus omne ferarum; vgl. auch 1,356–358: Die Tiere sind nicht bei Adam, er sieht sie in der Ferne und fragt sich, warum sie nicht bei ihm seien. In Genesis 1,26. 28. 30 macht Gott den Menschen zum Herrn über die gesamte unbelebte und belebte Schöpfung. Nach Gen. 2,19 führt Gott die Tiere zu Adam, damit er sie benenne (vgl. Cypr.Gall.Gen. 42–44; Mar.Victor.aleth. 1,337–343). Wenn es bei Dracontius laud.dei 1,412f. heißt nam totum quod terra creat, quod pontus et aer / protulit [also auch die Vögel], addictum vestro quo iure manebit, so ist dies nicht zu verstehen, wenn die Tiere nicht im Garten Eden leben (vgl. auch Carm. de resurr. 53 [56 WASZINK] iusque dedit [sc. deus] volucrum). Auch in den Beschreibungen der Goldenen Zeit oder des Ortes der Seligen gehören zumindest die Vögel dazu (Tib. 1,3,60; Ov.met. 15,99–103; Claudian. carm. 10,62–64; vgl. schon Empedokles: VS 31 B 130). Eine Erklärungsmöglichkeit für die eigenartige Abweichung bei Dracontius könnte in Folgendem gesehen werden: Dracontius hat aus Lukrez einzelne Wendungen übernommen und setzt sich im Hexaemeron mit ihm auseinander (Diese bisher nicht genügend beachtete Rezeption müßte gesondert untersucht werden). Bei Lucr. 5,982–987 bedrohen die wilden Tiere das Leben der Urmenschen und machen ihnen ihr Lager streitig. In der antiken Kulturentstehungslehre, die Lact.inst. 6,10,15 (CSEL 19,2,516) vorträgt (ebenso bei Plat. Protag. 322 b 1–6; dazu SPOERRI, Berichte a.O. [o. Anm. 42] 157f. 221; DERS., Diodor a.O. [o. Anm. 48] 79–81), sind die wilden Tiere der Grund, Städte und befestigte Plätze anzulegen. In ihrer Negativität wirken sie kulturfördernd. Indem Dracontius dazu ein Gegenbild schaffen wollte, hat er rigoros sämtliche Tiere aus dem Paradies ausgeschlossen. – Ein weiterer Widerspruch liegt in den Versen 1,417–426 vor, wo Dracontius von einem Wechsel von Tag und Nacht im Paradies spricht. Das Paradies erschien Altgläubigen und Christen als ein Ort der Lichtfülle (Carm. de resurr. 189. 193–195. 197. 245 WASZINK; Apc.Petr. 15 [2⁵, 576 SCHNEEMELCHER]; Apc.Paul. 51 [2⁵, 673 SCHNEEMELCHER]; Theophil. ad Autol. 2,19; Iuvenc. 2,651f. [CSEL 24,71]). Dracontius hat hier anachronistisch Züge des späteren Lebens der Menschen, nachdem sie Gott auf die von ihm verfluchte Erde verjagt hatte, auf ihr Dasein im Paradies übertragen (vgl. Lucr. 5,972–981; Manil. 1,66–71; Stat.Theb. 4,282–284; vgl. E.K. RAND, Founders of the Middle Ages [New York 1928, Ndr. 1957] 202 Anm. 36; CAMUS a.O. z.St.).

[62] Auson.epist. 24,85f. (229 GREEN) tum nemus umbris/mobilibus schildert einen Garten.

[63] Man darf in diesem Vers wohl kaum eine Anspielung auf die südöstliche Lage des Paradieses (Mar.Victor.aleth. 1,224f. [CCL 128,137]) sehen, wo die Sonne im Zenit stille zu stehen

das Gleiche meint V. 184 fructus inest anni, cum tempora nesciat anni, der auf V. 199 ver ibi perpetuum communes temperat auras (185 sub vere perenni) vorauszuweisen scheint. Wenn der Dichter V. 189–199 erklärt, die Wirkungen von Sommer und Winter hätten keinen Einfluß auf den Garten Eden, so konnte er den antiken Topos des Ewigen Frühlings[64] im Göttergarten noch tiefer begründen. Die Jahreszeiten, vor allem die drei Zeiten Sommer, Herbst und Winter, die gegenüber dem uranfänglichen Frühling der glücklichen ewigen Urzeit[65] eine Verschlechterung sind, bedeuten zugleich die Vergänglichkeit. Dracontius hat in seinem Gedicht Satisfactio 251–254 im Hymnus auf die Macht der Zeit des Wechsels der vier | Jahreszeiten ausdrücklich gedacht[66]. Die Abfolge der Jahreszeiten wurde durch die Sonne möglich; diese soll ihren Lauf aber erst am vierten Schöpfungstag begonnen haben. War der Garten Eden älter, so gehörte er in eine gleichsam vorzeitliche Sphäre. Dracontius scheint nämlich gemäß Vulg.Gen.1,14 et sint [sc. luminaria] in signa et tempora et dies et annos angenommen zu haben, daß erst am vierten Tage mit dem Werden der Sonne die Zeit begonnen habe. Was anders kann sonst V. 232f. bedeuten: sub vere novo, sub tempore primo, / sub tirone die veterana in saecla parato?[67] Daß ein Denker wie Augustinus sich nicht bei dieser naiven Übernahme der biblischen Vorlage beruhigt, beweisen seine fast erregten Fragen: quis non videat, quam obscure positum sit quarto die coepisse tempora, quasi superius triduum sine tempore praeterire potuerit? quis igitur animo penetrat, quomodo illi tres dies transierunt, antequam inciperent tempora, quae quarto die dicuntur incipere …?[68] Ambrosius versteht unter den tempora,

---

scheint und am Mittag für kurze Zeit keinen Schatten wirft: Sen.Herc.f. 885: et qua sol medium tenens umbras corporibus negat; Lucan. 9,528–530. 10,302–306; Ambr.hex. 4,5,22f. (CSEL 32, 1,129): ubi fulget iudicium sicut meridies ubi umbra non cernitur … dies magni sine umbra sunt (im eschatologischen Zusammenhang). Wenn GAMBER a.O. (o. Anm. 9) 110 behauptet, Dracontius habe wie Alcimus Avitus das Paradies in Indien gesucht, so hat ihn dazu wohl laud.dei 1,178 verleitet.

[64] Vgl. laud.dei 1,553f. ab horto / perpetui floris; WASZINK zu Carm. de resurr. 240f.

[65] Deswegen hat man im Altertum geglaubt, die Welt sei selbst im Frühling entstanden: Verg.georg. 2,336–342; Pervig.Ven. 1 (= Anth.Lat. 191,1 SHACKLETON BAILEY; dazu L. CATLOW, Pervigilium Veneris = Coll. Latomus 172 [Paris 1980] 55). Den Gedanken übernimmt Ambr.hex. 1,4,13 bei der Deutung von Gen. 1,1 (Vulg.). Noch bei Dante, Inferno 1,38 und Chaucer 15,193f. findet man diese Vorstellung.

[66] Vgl. Ov.met. 15,199–213 innerhalb der Beschreibung der Macht der Zeit.

[67] Damit ergibt sich ein Widerspruch zu V. 124f. lux et primordia mundi (Ov.met. 15,67; Anth.Lat. 725,24 R.) … lux magni temporis index. Mit dem Licht entsteht die Zeit, da das Licht das erste sichtbare Werk Gottes ist (V. 126 lux opus Auctoris primum; vgl. V. 133 initium factis lucem dat lucis origo). Erst die sichtbare Welt unterliegt nach dichterischer Auffassung der Zeit; dazu Mar.Victor.aleth. 1,24–36 (CCL 128, 130f.); CAMUS a.O. (o. Anm. 15) zu laud.dei 1,125.

[68] Gen.ad litt. 2,14 (CSEL 28,1,53f.); vgl. Gen.c.Manich. 1,14 (PL 34,183); ferner Macrob. Sat. 1,8,7 ex quo intellegi volunt [sc. physici], cum chaos esset, tempora non fuisse, siquidem tempus est certa dimensio quae ex caeli conversione colligitur, dazu SPOERRI, Berichte a.O. (o. Anm. 42) 87; E. SYSKA, Studien zur Theologie im ersten Buch der Saturnalien des A. Th. Macrobius = Beiträge z. Altertumskunde 44 (Stuttgart 1993) 60f. Anm. 39.

die die Genesis nennt, die vier Jahreszeiten[69]. Von hier aus gesehen, hat also Dracontius nicht unpassend die Beschreibung des zeitlosen Paradiesesgartens gerade an diese Stelle des Hexaemeron eingefügt.

Innerhalb der Laudes dei schildert der Dichter in anderem Zusammenhang noch einmal das Paradies: 2,442–463. Beide Darstellungen ergänzen sich wechselseitig: im Hexaemeron ist es mehr eine Ortsbeschreibung, die in sich ruht und kaum über sich hinausweist[70]; im zweiten Buch steht die Schilderung des Verlustes der goldenen Zeit des Paradieses im Mittelpunkt. Wiederholungen fehlen fast ganz[71]. Beide Abschnitte unterscheiden sich auch formal: im ersten Buch schlichte Beschreibung, Ekphrasis; im zweiten Buch Modus des Irrealis.

Nicht ohne Rücksicht auf seine altgläubigen Leser, die der Dichter im ersten Buch ansprechen und gewinnen will, verwendet Dracontius Gedanken und Formeln der antiken Ekphrasis der goldenen Zeit, der Inseln der Seligen, fabulöser Gärten, sei es des Vogels Phoenix oder anderer gleichsam göttlicher Wesen. Hier ist der Dichter vor allem darum besorgt, mehr pagane als jüdisch-christliche Farben zu verwenden[72]. So verzichtet er auch im Gegensatz zu Cyprianus Gallus und Marius Victorius darauf, die vier Paradiesesflüsse aufzuzählen und ihren Lauf zu beschreiben[73]. Auch nennt er hier noch nicht den Lebensbaum[74]. Neben den Darstellungen der aurea aetas hat er das Laktanz zugeschriebene Phoe- | nixgedicht benutzt[75]. Wie dieses Gedicht vielleicht selbst durch Bibelstellen angeregt wurde, so scheint es seinerseits auf Bibeldichtungen gewirkt zu haben[76]. Andererseits zeigt die Ekphrasis des Paradieses verschiedene gemeinsame Züge mit der Topik des sogenannten Locus amoenus[77].

---

[69] Hex. 4,5,21 (CSEL 32,1,127); vgl. Cypr.Gall.Gen.18 (CSEL 23,1): tempora quae doceant [sc. sol, luna, stellae] varios mutanda per ortus.

[70] Nur 1,180: diffundens quattuor amnes wird 1,349 f. wieder aufgenommen: sic puros fontibus amnes / quattuor undisonis stringenti gurgite ripas / ire … miratur [sc. Adam]; vgl. Prud. cath. 3,105; WASZINK zu Carm. de resurr. 239.

[71] Vgl. aber 1,202 Honig vom Baum und 2,448 Honig vom Dornstrauch; dazu WASZINK zu Carm. de resurr. 233.

[72] B. GATZ, Weltalter, goldene Zeit und sinnverwandte Vorstellungen = Spudasmata 16 (Hildesheim 1967).

[73] Gen. 54–63; aleth. 1,275–304.

[74] Anders Cypr.Gall.Gen. 52f.; Mar.Victor.aleth. 1,264–267; Alc.Avit.carm. 1,310–319 (MGH AA 6,2,211); doch vgl. laud.dei 1,415. 448.

[75] Vgl. laud.dei 1,653–655; Romul. 5,116; 10,104–109. Für Alc.Avit.carm. 1,238–244 (209), der innerhalb der Paradiesesbeschreibung den Vogel Phoenix erwähnt, haben J. HUBAUX/ M. LEROY, Le mythe du Phénix = Bibl. de la Fac. de Philos. et Lettr. de l'Univ. de Liège 82 (Liège/Paris 1939) 65 mit Recht Einfluß des Laktanz festgestellt.

[76] HUBAUX/LEROY a.O.56 f. verhalten sich gegenüber dieser Annahme sehr reserviert; vgl. M. SCHUSTER, Der Phönix und der Phönixmythos in der Dichtung des Lactantius: Comment. Vindobon. 2 (1936) 66 f.

[77] E.R. CURTIUS, Europäische Literatur und lateinisches Mittelalter [5](Bern/München 1965) 202–206; vgl. mit Dracontius Asmenius: Anth.Lat. 635 RIESE.

Der vierte Schöpfungstag (V. 206–233)

Die Gliederung von Vulg.Gen.1,16 fecitque Deus duo luminaria magna: luminare maius, ut praeesset diei, et luminare minus, ut praeesset nocti, et stellas haben in gleicher Weise Cyprianus Gallus, Marius Victorius und Dracontius bei aller Verschiedenheit im Einzelnen beibehalten[78]. Für den weiteren Aufbau seiner Beschreibung hat der Dichter sich durch Marius Victorius anregen lassen. So entsprechen einander: das Sternenheer und seine Ordnung: laud.dei 1,216–220 – aleth. 1,103–107, wo weniger die Ordnung als vielmehr die Schönheit der Sternenwelt gewürdigt ist; die Sterne und die Sonne: laud.dei 1,221–226 – aleth. 1,108–111; die Sonne und ihr Schöpfer: laud.dei 1,227–231 – aleth. 1,112f. Während Marius Victorius aleth. 1,100f., wahrscheinlich abhängig von Lukrez[79], die Möglichkeit, daß der Mond eigenes Licht ausstrahlt, gleichberechtigt zuläßt[80], entscheidet sich Dracontius für die richtige Erklärung: cuius [sc. solis] ab igne suo lunam iubet ire secundam (V. 211)[81].

Wie Hilarius Gen.81f. spielt Dracontius auf die Mondphasen an[82]. Im Gegensatz zu der antiken komplizierten Zählweise des Monats – vor allem in Rom nach den drei Fixpunkten der Kalenden, Nonen und Iden – war den christlichen Schriftstellern die Zählung der Monatstage aus dem Alten Testament vertraut[83]. Dieser Abschnitt soll Gott als den gewaltigen Ordner der Sternenwelt preisen. Die Auffassung der Welt und der Wirklichkeit als eines Kosmos hat sich seit den Griechen immer wieder am Sternenhimmel entzündet.

V. 217 nomina iussit: Nach der Genesis 1,5.8.10 gibt Gott an den drei ersten Schöpfungstagen dem Geschaffenen einen Namen. Die Sterne werden dabei al-

---

[78] Gen. 15f.; aleth. 1,96–107; Ambrosius spricht mehrfach in dieser Reihenfolge von den genannten Gestirnen: hex. 4,1,1; 4,4,12 (CSEL 32,1,110. 118) u.a.

[79] 5,575f.; vgl. 5,705 (Mar.Victor. a.O. bestätigt die Lesart des Laurentianus 31 gegen O und Q); vgl. auch aleth. 1,102 mit Lucr. 5,713f.

[80] Vgl. Aët. 2,28,1 (H. Diels, Doxogr. Gr. 358); A.S. Pease zu Cic.nat.deor. 2,103.

[81] Vgl. Aët. 2,28,5 (Diels, Doxogr.Gr. 358); Ambr. hex. 4,27. 8,32 (115. 138); Drac. Romul. 10,148f.

[82] V. 215: quae [sc. luna] numero est crescente brevis, sed plena minore ist so zu verstehen, daß numero [sc. dierum] crescente die Tage 14–28 des Monats bedeuten und minore [sc. numero dierum] die erste Hälfte des Monats; vgl. Claudius, de luna: Anth.Lat. 723,12f.: tunc minor es, cum plena venis; tunc plena resurgens,/cum minor es: crescis semper, cum deficis orbe. Luna und mensis werden als identisch angesehen und erscheinen abwechselnd als gedachtes Subjekt. Andererseits sind sie dadurch unterschieden, daß die Monatstage kontinuierlich von 1–28 steigen, die Mondphasen aber in vierzehntägigem Zyklus steigen und fallen. Der Vollmond wird am 14.Tag des Monats angesetzt: Aug.Gen. ad litt. 2,15 (CSEL 28,1,56f.). Wächst der Monat vom 14.–28. Tage, so nimmt der Mond ab. Nimmt dieser zu, so wächst zwar der Monat auch, aber seine Tage sind noch gering. So entspricht minore [sc. numero dierum] dem vorausgehenden numero crescente.

[83] Vgl. Thes.Ling.Lat. s.v. mensis: 8,748,42–45; Ambr.hex. 4,7,30 (135); Aug.Gen. ad litt. 2,15 (57).

lerdings nicht ausdrück|lich genannt. Nach Genesis 2,19 trägt Gott Adam auf, die Tiere zu benennen[84]. – Tempora distribuit (V. 218) verallgemeinert den biblischen Bericht (Gen. 1,16.18) ähnlich wie Ambrosius: fecit ergo solem et lunam et stellas et praestituit illis mensuras temporum[85].

Der fünfte Schöpfungstag (234–254)

Auch bei der Darstellung der Ereignisse des fünften Schöpfungstages ist Dracontius der Einteilung und der Reihenfolge des Genesisberichtes gefolgt: Vulg.Gen. 1,20: producant aquae reptile animae viventis, et volatile super terram sub firmamento caeli. Dasselbe Kompositionsschema bieten Cyprianus Gallus und Marius Victorius[86]. Wie bei der Erzählung der Ereignisse des dritten Tages versucht Dracontius das Werden der geschaffenen Lebewesen nachzuzeichnen (V. 235–237).

Das abschließende Stück des ersten Abschnittes (V. 238–240) hat das Leben der Fische im Meer zum Inhalt. Hier ist Dracontius wohl einer Schilderung über Delphine oder Wale verpflichtet. Sehr nahe steht Ovid.met. 3,686 in der Episode von den in Delphine verwandelten Tyrrhenern: et acceptum patulis mare naribus efflant[87]. Anders ließe sich schwerlich die mißbräuchliche Verwendung von nares statt branchiae für die Atmungsorgane der Fische erklären: V. 240 perflabant naribus undas[88].

Mit V. 241 terrigenis[89] factura cibos post cuncta creandis, der die Ekphrasis unterbricht, gewinnt der Dichter den Übergang zur Darstellung der weiteren Ereignisse dieses Tages, der Geburt der Vögel. Während Marius Victorius zu zeigen versucht, wie die Vögel, im Wasser gezeugt, allmählich aus dem nassen Element hervortauchen und die freie Luft gewinnen, hat dies Dracontius mit

---

[84] Lucr. 5,1041–1043 vertritt dazu die Gegenposition: proinde putare aliquem tum nomina distribuisse / rebus ... desipere est.

[85] Hex. 4,4,12 (118).

[86] Gen. 19 f.; aleth. 1,114–133; Hilarius, Gen. 110 nennt nur die Vögel außerhalb des zeitlichen Zusammenhangs; Proba cento 95–98 stellt nur das Werden der Vögel dar.

[87] Vgl. Thes.Ling.Lat. s.v. efflo: 5,2,190,10–14.

[88] Die Kiemenatmung der Fische im Gegensatz zur Lungenatmung von Delphin und Wal war dem ausgehenden Altertum bekannt; vgl. Ambros.hex. 5,4,11 (148) im Anschluß an Basil. hex. 7,1 (SC 26,396). Das Wort branchia (selten: Thes.Ling.Lat. 2,2163,68–83) verwendet Auson.Mos. 266 (123 GREEN) auch im Hexameter.

[89] Terrigena, lateinisches Übersetzungslehnwort von griechisch γηγενής, bezeichnet den Menschen als Geschöpf der Erde (Plat.pol. 271 a 5 u.ö.; Cens. 4,11; W. SPEYER, Art. Gigant: RAC 10 [1978] 1247–1276, bes. 1248). Laud.dei 1,333 wird diese antike, auch von Lukrez nachdrücklich betonte Herleitung des Menschen (5,1411. 1427) ablehnen: ast hominem non terra parit. Die Christen haben dieses Wort nicht selten benutzt (Tert. adv. Marc. 2,12; Prud. perist. 14,82; Hil. evang. 71 [CSEL 23,272]), wobei sie damit aber nur die causa materialis ausdrücken wollten: Gott hat den Menschen aus Erde gemacht (Gen. 2,7; 3,19. 23; 1 Cor. 15,47 f.; vgl. auch Hier. in Ier. 6,38 [CCL 74,336]).

wenigen Worten abgetan: V. 242 exilit inde volans gens plumea laeta per auras[90].
Er hat die Darstellung seines Vorgängers vielmehr durch ein Spiel mit Farben
übertrumpfen wollen, das er in dem Katalog V. 246–254 entfaltet. Dracontius war
ähnlich wie Ovid sowie Claudian und anders als der abstraktere Marius Victorius
ein Augenmensch. So hat er für Farbwerte eine große Vorliebe, die sich in dem
Vogelkatalog auswirken konnte. Quellen seiner Ekphrasis waren Laktanz, de ave
Phoenice[91] und Claudian, Phoenix[92]. Mit seiner fast naiv zu nennenden Freude
an der Farbigkeit der Welt steht Dracontius ganz in seiner Zeit[93]. Vor dem Katalog fügt er aber noch einen Deutungsversuch für das frohe Singen der Vögel ein:
V. 245 et puto conlaudant dominum meruisse creari. Die laudes dei aus der
Schöpfung nehmen einen größeren Abschnitt des zweiten Buches ein[94]. Auch
hier wird das Lob der Vögel vermerkt[95]. Der Preis, den die unvernünftige Natur
für Gott anstimmt, ist bei den Christen zu einem Gemeinplatz erstarrt. Den Ge-
nesiskommentar des Ambrosius, vor allem das fünfte Buch, be|herrscht ganz der
Gegensatz: Ordnung in der unvernünftigen Natur, die Gott lobt, und Unordnung
in der Welt der Menschen, die Gott nicht achten.

Der sechste Schöpfungstag (V. 255–555)

War bei der Darlegung der Ereignisse des jeweiligen Tages bisher in den tragenden Gedanken stets eine Beziehung zwischen Genesis und Dracontius aufzeig-
bar, so hört dies zunächst beim Bericht des sechsten Tages auf; ihn hat Dracontius
weitgehend selbständig ausgeführt. Die dichterische Paraphrase der Ereignisse
dieses letzten Schöpfungstages nimmt den größten Teil des poetischen Hexaemeron ein. Damit sprengt der Dichter aber die Harmonie seiner Bearbeitung.

Auf einen Anstoß, den die Verse 255–269 bieten, macht bereits die Bearbeitung des Hexaemeron des Dracontius durch den Bischof Eugenius von Toledo
aufmerksam[96]. Diese Schwierigkeit besteht darin, daß Dracontius beim sechsten
Tag das Entstehen der Pflanzen und Vögel zu wiederholen scheint, obwohl er
bereits darüber an gebührender Stelle gesprochen hatte. Diesen Anstoß versuchte
F. Vollmer so zu erklären, daß Dracontius das bisher auf dem Festland Geschaf-

---

[90] Vgl. laud.dei 2,385: agmina … volucrum quae protulit unda.
[91] Anth.Lat. 485 a, 125–142.
[92] Carm.min. 27,17–22.
[93] CURTIUS a.O. (o. Anm. 77) 198: „Erst die Spätantike sucht wieder das Bunte, aber es ist
die Buntheit des Kaleidoskops."
[94] Ebd. 2,211–244. Hier bestehen Ähnlichkeiten zu dem Hymnus Te deum laudamus (zu
diesem B. ALTANER / A. STUIBER, Patrologie [8][Freiburg 1978] 391).
[95] Laud.dei 2,237f.
[96] Er hat V. 255 sexta in: ipsa dies geändert (MGH AA 14,37). Zu seiner Bearbeitung vgl.
P. LANGLOIS, Notes critiques sur l'Hexameron de Dracontius et sa recension par Eugène de
Tolède: Latomus 23 (1964) 807–817.

fene zusammenfasse[97]. Eugenius habe Dracontius mißverstanden, den Abschnitt
noch zum fünften Tag gerechnet und deshalb zwei Verse hinzugedichtet, um den
nun nötig gewordenen neuen Einsatz des sechsten Tages zu kennzeichnen[98].
E. Provana aber, zwar gleichfalls vom Mißverständnis des Eugenius überzeugt,
widerspricht Vollmer, indem er meint, V. 255–269 gebe keine Rekapitulation,
sondern schildere den Zustand der Welt am sechsten Tage[99]. Diese Lösungen
dürften nicht befriedigen.

Vers 255 f.: sexta dies folium ramis et floribus herbas/evomit entpricht im
Aufbau den übrigen Eingangsversen zu den Beschreibungen des jeweiligen Tages[100]. Zu vergleichen sind vor allem V. 149: tertia … lux edidit aequor und V. 234:
addit quinta dies … animalia … profundi. So scheint Dracontius unmißverständlich vom Werden der Pflanzen und der Vögel zu sprechen. Weder wiederholt er
bereits Gesagtes, noch verweist er auf vorhandene Lebewesen. Daraus folgt: Der
Abschnitt V. 255–269 widerspricht dem vorhergehenden Teil; denn dort war das
Werden der Pflanzen zum dritten, das Werden der Vögel aber zum fünften Schöp-
fungstag erzählt. Demnach muß der Abschnitt, den sicher der Dichter ge|schrie-
ben hat, einem anderen Kompositionsplan angehören, gemäß dem nicht das
Werden aller Dinge – in Übereinstimmung zur Genesis – entsprechend den sechs
Tagen geschildert war. Ein derartiger Plan, die Reihenfolge der Tage und der
geschaffenen Wesen nicht streng nach der biblischen Überlieferung beizubehal-
ten, ist nicht so neuartig, wie man zunächst annehmen könnte. Auch der Cento
der Proba hat mit dem chronologischen Prinzip der Bibelvorlage gebrochen[101].
Diese Darstellung unterscheidet sich von Dracontius, weit mehr aber von der
biblischen Vorlage. Der mögliche Einwand, Proba habe als Dichterin eines Cento
diese Unstimmigkeit gegen ihren eigentlichen Willen zulassen müssen, scheint
wenig angebracht, da sie aus Vergil auch eine andere Version hätte entnehmen
können. Auch Hilarius hält sich nicht streng an die Chronologie der Genesis,
wenn er die Vögel nach den Landtieren aufzählt (V. 110). Marius Victorius und
Cyprianus Gallus folgen hingegen dem Bibeltext enger. Beim Bericht von der
Erschaffung des Menschen weicht aber auch Marius Victorius ab. Reflektierend
gibt er über sein Verhältnis zum Bibeltext Rechenschaft, wenn er 1,144–146
sagt:

---

[97] A.O. (o. Anm. 15) in seiner Editio maior 36 z.St.; vgl. auch J.F. Irwin, Liber I Dracontii
de laudibus dei with Introduction, Text, Translation, and Commentary, Diss. Philadelphia (1942)
z.St.

[98] V. 155 f. seiner Bearbeitung (MGH AA 14,37); vgl. F. Vollmer in seiner Editio minor:
Poet.Lat.Min. 5 (Leipzig 1914) zu laud.dei 1,272.

[99] A.O. (o. Anm. 31). Eine Rekapitulation ist ausgeschlossen, da es sinnwidrig ist, die Schöpfung der Vögel, die gerade erzählt wurde, nach zwei Versen zu wiederholen (V. 257–269).

[100] Evomere im Sinne von ,hervorbringen': Thes.Ling.Lat. 5,2,1072,53–57; Colum. 8,15,3:
ne possit [sc. solum] herbas evomere.

[101] V. 95–102. 107.

hinc iam fas mihi sit quaedam praestringere, quaedam
sollicito trepidum penitus transmittere cursu,
mutata quaedam serie transmissa referre.

Der Abschnitt der Laudes dei 1,255–269 erweist sich demnach als ein ehemals selbständiges Stück. Wie hier nicht genauer dargelegt werden kann, enthält das Bibelepos des Dracontius noch weitere Stellen, die darauf schließen lassen, daß der Dichter sein Werk für eine Veröffentlichung nicht mehr durchgearbeitet hat. Aus der Darlegung der Ursache für das Werden der Vögel (V. 267–269) spricht ein naturphilosophisches Interesse des Dichters:

sed cum discordent inter se elementa coacta,
fetibus eductis concordant unda vel ignis:
unda creat[102] volucres, producit flamma volucres.

Der Sinn dieser Verse kann einmal aus der antiken Ideengeschichte und zum anderen aus dem Schöpfungsbericht erhellt werden. Bei der Aufzählung der antiken Theorien über die Herkunft der Lebewesen hat Lukrez Gedanken griechischer Naturphilosophen übernommen, die behaupten, daß Wasser und Feuer das Leben der Lebewesen verursacht haben[103]. Im fünften Buch seines Lehrgedichtes spricht er zweimal von diesen Urstoffen:

V. 797f.: multaque nunc etiam existunt animalia terris
           imbribus et calido solis concreta vapore.
V. 805f.: tum tibi terra dedit primum mortalia saecla.
           multus enim calor atque umor superabat in arvis.

Demnach erzeugen drei Elemente, Erde, Wasser und Feuer, das Leben. Enger als mit dieser Anschauung berührt sich Dracontius mit Varro: igitur causa nascendi duplex: ignis et aqua. ideo ea nuptiis in limine adhibentur, quod coniungi⟨tur⟩ hic, et mas ignis[104], quod ibi semen, aqua femina, quod fetus ab eius humore …[105]. Dracontius wird aber diese Varro|stelle nicht unmittelbar benutzt haben, sondern in der erweiterten Wiedergabe durch Laktanz[106].
   Vom Schöpfungsbericht der Genesis her erhält V. 268f. noch eine andere Färbung. Unda bedeutet hier soviel wie Wasser, Meer. Aus ihm ließ Gott Fische und Vögel hervorgehen, so wie es zuvor laud.dei 1,242 hieß: exilit inde [sc. e freto] volans gens plumea …. Ignis/flamma ist dann wohl als das Feuer gedacht, mit dem Gott das Erschaffene wärmt und hegt: laud.dei 1,24 igne creata fovet.

---

[102] Vgl. Ambr.hex. 5,3,7 (145): aqua igitur animat et creat; Mar.Victor.aleth. 1,115. 123: liquor genitalis.
[103] Dazu kritisch Aristot.gen.anim. 2,3,736 b 33–737 a.
[104] Vgl. laud.dei 2,629f.: algente vapore/germinis extinctus cecidit genitalibus ignis.
[105] Ling. 5,61.
[106] Inst. 2,9,19–22 (CSEL 19,1,145); vgl. Thes.Ling.Lat. s.v. aqua: 2,360,70–361,1; Cens. 4,8: et effecisse [sc. membra] solidi hominis materiam igni simul et umori permixtam.

Der anschließende größere Abschnitt (V. 270–328) ist nur zu einem kleinen Teil (V. 270–291) eine Umschreibung der Genesiserzählung (Vulg.1,24), die von der Schöpfung der iumenta, reptilia und bestiae spricht[107]. Die übrigen Verse 292–328 haben ein anderes Ziel, das als Theodizee zu bezeichnen ist.

Im ersten Teil veranschaulicht der Dichter die allgemeine Aussage der Genesis (1,24) vom Werden der Landtiere durch Individualisierung. Verglichen mit den verschiedenen lateinischen Versionen des Bibeltextes folgt auch dieser Abschnitt der Vulgata. Die Heilige Schrift zählt drei Tiergattungen auf: iumenta (Vulgata: H) bzw. quadrupes-quadrupedia[108] (Vetus Latina: L), reptilia (H) bzw. serpentes, repentia (L) und bestiae (H, L). Für diese drei Gattungen gibt der Dichter Beispiele, wobei er die Schlangen zuletzt bespricht (V. 287–291)[109]. Aus den anderen Gattungen zählt er abwechselnd zahme und wilde Tiere auf[110].

Auffallenderweise schildert Dracontius die Tiere meist so, als sei der Sündenfall bereits eingetreten. Könnten V. 276 pecus utile belli, eine Übernahme aus Statius Theb. 7,66, und V. 278 simplicitas ovium fraudes passura luporum ähnlich wie V. 241 als vorausweisende Andeutungen verstanden werden, so geht das für V. 277 impia terribiles producit terra leones und V. 279 et raucos timuit discurrens damma molossos nicht an. Der Dichter hat hier das antike Bild der Terra mater mit dem der Terra noverca vertauscht[111]. Das gleiche Kolorit tragen die anschließenden Verse: Das Leben der Tiere ist geschildert, wie es seit der Verfluchung der Erde durch Gott geworden ist (vgl. Gen. 3,17f.).

Eine aufschlußreiche Parallele zu diesem Abschnitt der Laudes dei bietet Manilius in seiner Beschreibung Libyens. Dieses nordafrikanische Land galt im Altertum als reich an verheerenden Wesen: astron. 4,662–669: |

huc varias pestes diversaque monstra ferarum
congessit bellis Natura infesta futuris.

---

[107] Gen. 1,25: bestias, iumenta, omne reptile. Zu laud.dei 1,272: ni pascenda daret tellus iumenta per agros und damit zur Terra mater-creatrix-Vorstellung bei Dracontius vgl. SPEYER, Mächte a.O. (o. Anm. 16) 276.

[108] Diesem Wortlaut folgen Ambrosius und Augustinus in ihren Hexaemeron-Kommentaren; vgl. auch Cypr.Gall.Gen. 22 (CSEL 23,2): quadrupedumque greges.

[109] Aug.Gen. ad litt. 3,11 (75) nennt sie gleichfalls an letzter Stelle. Er unterscheidet zwischen pecora, bestiae und serpentes.

[110] Laud.dei 1,272–274 Rinderherden; 275 Hirsch; 276 Pferd; 277 Löwe; 278 Schaf – Wolf; 279 Hund – Reh. Die breit ausgeführte Darstellung des Ebers beschließt den Katalog (280–283). Mit V. 284f.: promitur omne genus pecudum, genus omne ferarum wird dieser Abschnitt deutlich abgeschlossen, während mit V. 287 der Teil über die Kriechtiere folgt, für die repräsentativ die Schlange steht. Deshalb kann V. 286: instar montis habens incedit bestia moles ursprünglich nicht diesen Platz eingenommen haben. Gemeint ist der Elephant (CAMUS a.O. [o. Anm. 15] z.St.). V. 286 kann am besten vor V. 283 nach der Eberbeschreibung seinen Platz finden. Durch den gleichen Versbeginn: promitur (V. 284. 287) wird die Verwirrung entstanden sein. Die Verse 284f. waren zunächst übersprungen, später nachgetragen worden, dann jedoch an die falsche Stelle gerückt.

[111] Von der Natura als noverca sprechen Plin.nat. 7,1; Quint.inst. 12,1,2; zur Sache GRONAU a.O. (o. Anm. 36) 154.

horrendos angues habitataque membra veneno
et mortis pastu viventia, crimina terrae,
et vastos elephantas habet, saevosque leones
in poenas fecunda suas parit horrida tellus
et portentosos cercopum ludit in ortus
ac sterili peior siccas infestat harenas ...[112].

Dracontius scheint die Astronomica gekannt zu haben und aus ihnen Motive für sein Bild der Terra impia verwendet zu haben. Mit dieser seiner Darstellung widerspricht er Genesis 1,31[113], aber ebenso auch den antiken Schilderungen der aurea aetas. Für die glückliche Urzeit war es gerade bezeichnend, daß Löwen mit Lämmern friedlich zusammenlebten[114]. Dagegen entspricht die eherne Zeit, das Zeitalter Jupiters, wie es Vergil, georg. 1,129–132 schildert, diesen Versen der Laudes dei. Dracontius beginnt also bereits hier, seine Theodizee vorzubereiten, indem er das Werden der Tiere so darstellt, als ob sie bereits mit dem Fluch Gottes beladen geschaffen seien, so wie sie dem Menschen nach dessen Sündenfall begegnen.

Schlußbetrachtung

Aus dem bisher über den Umgang des Dracontius mit dem Schöpfungsbericht der Genesis Mitgeteilten, das sich im Einzelnen noch vertiefen und auch auf seine breite Schilderung der Erschaffung der Stammeltern und ihres Lebens im Paradiese ausdehnen ließe (V. 329–555), können wir folgende Schlüsse ziehen:
Dracontius ist mehr bemüht, die antike Dichtungstradition und damit den literarischen und kulturellen Erwartungshorizont seiner altgläubigen Leser zu berücksichtigen, als das Offenbarungswort unverändert zu seinem Recht kommen zu lassen. Der Wucht der wenigen, bedeutungsschweren Verse des biblischen Schöpfungsberichtes zeigt er sich nicht gewachsen. Er weicht aus, indem er unter Anleihe an Gedanken und Formulierungen antiker Dichter dem Rhetorischen, dem Zierlichen, dem Sensualistischen und somit der ästhetischen Wirkung sowie geistreichen Wendungen den Vorrang einräumt. Die Erhabenheit der biblischen Vorlage löst sich so in der Umdichtung auf. Nicht unbeeinflußt von den Theorien der antiken Naturphilosophen versucht Dracontius in Rücksicht auf seine Leser

---

[112] Vgl. Hor.carm. 1,22,15f.; Sen.Med. 681f.; Lucan. 9,619–733. Nachklang bei A. von Haller, Die Alpen V. 315f.:
Wahr ist's, daß Libyen uns öfter Neuheit gibt
und jeden Tag sein Sand ein frisches Untier sieht.
[113] Schon früh haben christliche Schriftsteller die Ursache des Bösen in der heutigen Welt auf die Ursünde der Stammeltern zurückgeführt (vgl. Theophil. ad Autol. 2,17; Prud.ham. 216–249; Hil.Gen. 175–179 [CSEL 23,238]; Drac.laud.dei 2,242–261. 225).
[114] Vgl. Empedocl.: VS 31 B 130; Verg.ecl. 4,22; Hor.epod. 16,33.51; Ov.met. 15,99–103; Lact.inst. 7,24,7f. (CSEL 19,2,660): Tierfriede im himmlischen Paradies.

die Mitteilungen der Genesis im Einzelnen rational anschaulicher wiederzugeben. Dabei verstrickt er sich bisweilen in Widersprüche. Durch die Vermischung
von Inhaltswiedergabe und Deutung erfüllt Dracontius weder die Aufgabe eines
Kommentators noch vermag er die Botschaft des heiligen Textes immer voll zu
erhalten. Insofern erweist er sich als Epigone, der weder die jüdisch-christliche
Theologie schöpferisch weiterzuführen vermag, noch auch ein christliches Welt-
gedicht zu gestalten | weiß. Sein Verdienst bleibt so eingeschränkt und ist von
einer eher vordergründigen Didaktik und Apologetik nicht zu trennen. Wird man
diese seine didaktisch-apologetischen Ziele auch nicht verkennen, so darf man
sie doch in ihrem Wert nicht überschätzen.

Am meisten dürfte noch seine persönliche Haltung beeindrucken. In einer
Zeit, als die arianischen Vandalen die katholischen Römer bedrängten, hielt Dra-
contius standhaft an seinem Bekenntnis fest. Als der Dichter aufgrund seiner
Beziehungen zu Ostrom in den Verdacht des Hochverrates kam und von König
Gunthamund eingekerkert wurde, hat er auch im tiefen persönlichen Leid an
Gottes Liebe und Barmherzigkeit nicht gezweifelt. Anders als Boethius, dessen
Leben manche Parallele aufweist, ließ sich der nordafrikanische Dichter nicht
von der Philosophie trösten, sondern von der jüdisch-christlichen Offenbarung,
der Bibel.

9. Die Vorzeichen im Bibelgedicht des Dracontius

1. ,Der erzürnte oder sanfte Donnerer'

Soweit unsere schriftliche, mündliche und monumentale Überlieferung reicht, zeigt sie, daß der Mensch der Ursprungs- und Hochkulturen die Wirklichkeit der Welt zunächst magisch-religiös erlebt und verarbeitet hat. Eine Trennung von Heilig und Profan erfolgte erst auf einer späteren und abgeleiteten Bewußtseinsstufe[1]. Die Menschen der Frühzeit erlebten die sinnenhafte und auch die seelisch-geistige Wirklichkeit als erfüllt und bestimmt von einer oder vielen geheimnisvoll erscheinenden numinosen Mächten. Zu jeder Stunde und an jedem Ort empfanden sie diese Macht, diese Mächte als das Ineinander und Auseinander zweier das Ganze der Welt bestimmenden gegensätzlichen Wirkweisen, einer heilvollen, segensmächtigen und einer unheilvollen, fluchbringenden[2]. In allen Erscheinungen der Wirklichkeit konnte dieser Doppelaspekt, diese Ambivalenz von Segen und Fluch zum Ausdruck kommen; denn die frühen Menschen sahen die numinose Urmacht, das Heilige, in jeder Erscheinung der Welt am Werke. Da sich aber letztlich keine Erscheinung dieser raum-zeitlichen Wirklichkeit, ja selbst nicht einmal Leben und Tod als eindeutig in ihrem Heils- und Unheilsaspekt bestimmen lassen, beherrschte die Unsicherheit der Ambivalenz des Numinosen in Segen und Fluch Welt und Mensch. Trotzdem vermochten die Menschen für sich eine gewisse Eindeutigkeit von Segen und Fluch zu erzielen, indem sie versuchten, das, was sie für Segen hielten, für sich zu gewinnen, und das, was sie als Fluch deuteten, von sich abzuwehren. Magie und der Kult waren ihre Mittel, Heil und Segen zu erlangen und andererseits Unheil und Fluch abzuwenden. |

Da die Menschen erkannten, daß sich das Weltganze in einem rhythmischen Auf und Ab von Werden und Vergehen, von Wachsen und Abnehmen befindet, erkannten sie das die Welt beherrschende Gesetz des Ausgleichs, der Waage und

---

[1] M. ELIADE, Das Heilige und das Profane. Vom Wesen des Religiösen (Hamburg 1957); C. COLPE, Art. Sacred and the Profane, the: The Encyclopedia of Religion 12 (New York/London 1987) 511–526; A. DIHLE, Art. Heilig: RAC 14 (1988) 1/63; C. COLPE, Art. heilig (sprachlich): Handbuch regilionswissenschaftlicher Grundbegriffe 3 (1993) 74–80; Art. Das Heilige: ebd. 80–99.

[2] SPEYER, Frühes Christentum, Reg. ,Ambivalenz', ,Fluch', ,Segen'; DERS., Studien, Reg. ,Ambivalenz', ,Fluch', ,Segen'.

damit der Vergeltung: Schuld fordere Sühne, damit die gestörte Waage des Ganzen wieder ins Gleichgewicht komme. Dieses Gesetz nahmen sie auch für ihr Verhältnis zu der heiligen Macht an. Glaubten sie, infolge eines unbewußten und unbeabsichtigten oder eines bewußten und beabsichtigten Vergehens die heilige Macht beleidigt zu haben[3], so erwarteten sie von deren Seite eine Strafe. Dieser Glaube an einen Automatismus zwischen menschlichem Frevel und göttlicher Vergeltung beherrscht die Volksreligionen der Antike und hat seine Spuren auch bei Juden und Christen hinterlassen[4]. Er stimmt im Grundsätzlichen mit der in allen Religionen vorfindbaren Grundkonzeption des Numinosen, des Heiligen, überein. Segen und Fluch der heiligen Macht schienen freilich zunächst weitgehend willkürlich über die Menschen zu kommen. Erst infolge der Entdeckung des sittlichen Handelns im zwischenmenschlichen Bereich ethisierte man auch die Gottesvorstellung, so daß der Gott zum Garanten der Gerechtigkeit wurde: Gemäß dem sittlichen oder unsittlichen Verhalten des einzelnen Menschen und gemäß dessen Solidaritätszugehörigkeit in Familie, Stamm und Volk schickte er dem Einzelnen und seiner Gemeinschaft Segen und Fluch. In dieser Hinsicht war auch bei aller übrigen Unterschiedenheit zu Judentum und Christentum ein Gespräch zwischen den Volksreligionen und den beiden Offenbarungsreligionen möglich.

Ein Beispiel für dieses unbewußt-bewußt vollzogene Gespräch bietet der katholische römische Dichter der Vandalenzeit Blossius Aemilius Dracontius (2.H. 5. Jh.)[5]. In seinem Bibelgedicht ‚De laudibus dei‘ in drei Büchern sieht er die Geschichte der Menschheit auf der Grundlage der Darstellung der Genesis im Spannungsfeld zwischen dem schuldig gewordenen Menschen und dem erzürnten und zugleich gnädigen Schöpfer- und Erhaltergott. Gleich das Thema des Epos weist auf die Ambivalenz der jüdisch-christlichen Gottesvorstellung hin, wenn der Dichter vom ‚erzürnten oder sanften Donnerer‘ spricht[6]. Unter dem Doppelaspekt des von Gott ausgehenden Heils und Segens sowie | Unheils und Fluchs deutet der Dichter das Geschick der Menschheit und der Erde. Von dieser Mitte und diesem Wirklichkeitsgrund beschreibt er im Anschluß an die Genesis

---

[3] K. LATTE, Schuld und Sünde in der griechischen Religion: Archiv f. Religionswiss. 20 (1920/21) 254/98 = DERS., Kleine Schriften (München 1968) 3–35.

[4] SPEYER, Frühes Christentum 254–263. 499.

[5] MOUSSY 7–31.

[6] Laud. dei 1,1f.: qui cupit iratum placidumve scire tonantem,/hoc carmen, sed mente legat, dum voce recenset. *Tonans* als Synonym für *deus* verwendet Dracontius mit Vorliebe am Hexameterschluß; in den Laudes dei steht dieses Wort am häufigsten im ersten Buch (neunmal); im zweiten Buch begegnet es zweimal, im dritten nur dreimal; dazu kommt satisf. 149. Wie sehr dieses Wort als außerchristlich empfunden wurde, zeigt laud. dei 1,19 *ex arce dei, de sede tonantis* und 3,240 *ab arce tonantis*. Hier knüpft der Dichter an die römische Vorstellung des Iuppiter Capitolinus an; vgl. laud. dei 3,240 mit Ovid, fast. 6,349 *arce tonantis*. Bei den christlichen Dichtern ist das Wort *tonans* seit Iuvencus 2,795 gebräuchlich; vgl. auch W. SPEYER, Art. Gewitter: RAC 10 (1978) 1107–1172, bes. 1153f.

die Unheils- und Heilsgeschichte der Menschheit. Zorn und Gnade Gottes bilden das Leitmotiv, das im ganzen Werk das Weiterschreiten der oftmals unterbrochenen Handlung bewirkt. Dieses Leitmotiv bestimmt neben dem gleichfalls angetönten Verhältnis von Gott und Schöpfung das innerliche Verhältnis von Gott und Menschheit und schließlich von Gott und dem Dichter selbst.

2. *Der Fluchaspekt der heiligen Macht in der antiken Auffassung der Vorzeichen*

Der Gedanke vom Zorn oder vom Fluchaspekt der heiligen Macht, der Gottheit, ist ein Grundgedanke der griechischen Religion und bei den Römern vor allem seit republikanischer Zeit[7]. Als warnendes und erschreckendes Anzeichen eines unmittelbar bevorstehenden oder bereits hereingebrochenen Fluchzustandes deuteten Griechen und Römer bestimmte ungewöhnliche und unverständliche Vorkommnisse in der äußeren Wirklichkeit, in der Natur. Diese waren die sogenannten Terata der Griechen und die *prodigia, portenta, ostenta, monstra* der Römer[8]. Vor allem die Römer haben nicht zuletzt aufgrund ihrer magisch-religiös bestimmten Furcht vor den Mächten der Wirklichkeit sehr sorgfältig auf alle Unterbrechungen des gewöhnlichen Ganges der Naturerscheinungen geachtet, die Vorzeichen schriftlich gesammelt und aus einem religiösen Gesamtzusammenhang heraus gedeutet. Diese Aufzeichnung und Erklärung nehmen einen wesentlichen Teil ihrer Geschichtsschreibung ein, begonnen mit der Pontifikalchronik, den Annales maximi bis hin | zu den Annalisten, den Geschichtsschreibern und den mit ihnen wetteifernden epischen Dichtern[9].

---

[7] Vgl. Non. 3, 701 LINDSAY: prodigia deorum minae vel irae; H. KLEINKNECHT, Laokoon: Hermes 79 (1944) 66–111; DERS., Art. ὀργή: Theol. Wörterbuch z. Neuen Testament 5 (1954) 383–392: ‚Zorn im klassischen Altertum‘; SPEYER, Fluch; DERS., Frühes Christentum, Reg.: ‚Zorn der Gottheit‘.

[8] Vgl. Cic. div. 1,93; nat. deor. 2,7 PEASE; C. THULIN, Prodigium, portentum, ostentum, monstrum: Commentationes philologicae in honorem J. Paulson (Göteborg 1905) 194–213; aus der reichhaltigen Literatur seien genannt: WÜLCKER; F. LUTERBACHER, Der Prodigienglaube und Prodigienstil der Römer = Beilage zum Jahresbericht Gymnasium Burgdorf [2](1904, Ndr. Darmstadt 1967); STEINHAUSER; P. STEIN, ΤΕΡΑΣ, Diss. Marburg (1909); FISCHBACH; O. WEINREICH, Omina- und Prodigien-Kataloge im älteren römischen Epos: Studies presented to D.M. Robinson 2 (St. Louis, Miss. 1953) 1147–1154 = DERS., Ausgewählte Schriften 3 (Amsterdam 1979) 324–331; R. BLOCH, Les prodiges dans l'antiquité classique = Collection Mythes et Religions 46 (Paris 1963); W. HÜBNER, Dirae im römischen Epos = Spudasmata 21 (Hildesheim/New York 1970) Reg.: ‚Prodigium‘. C. ZINTZEN, Art. Prodigium: KlPauly 4 (1972) 1151–1153; BERGER, bes. 1432. – Zur Nachwirkung: R. SCHENDA, Die deutschen Prodigiensammlungen des 16. und 17. Jahrhunderts: Archiv f. Gesch. d. Buchwesens 4 (1962) 638–710.

[9] FISCHBACH 5–62; Zu den römischen Geschichtsschreibern: H. KRÖGER, Die Prodigien bei Tacitus, Diss. Münster W. (1940); E. DE SAINT-DENIS, Les énumérations de prodiges dans l'oeuvre de Tite Live: Revue de Philologie 16 (1942) 126–142; E. AUMÜLLER, Das Prodigium bei Tacitus, masch. Diss. Frankfurt M. (1948); P.L. SCHMIDT, Iulius Obsequens und das Pro-

Zwischen dem römischen und dem griechischen Vorzeichenglauben bestehen bedeutende Unterschiede. Am wichtigsten dürfte wohl dieser sein, daß die Griechen niemals zwischen Staats- und Privatprodigium unterschieden haben. Damit fielen die Polis und der Staat als Stütze des Glaubens weg. Auch war bei den Griechen der Prodigienglaube früh der Kritik ausgesetzt[10]. So wurde er zum Glauben des niederen Volkes; erst durch die Stoiker erhielt er neuen Auftrieb[11]. Für die römische Religion vor allem der Republik ist die Überzeugung charakteristisch, daß die Prodigien sühnbar sind, d.h., die Römer glaubten, den Zorn der Götter durch Riten und Kulte erneut in Huld verwandeln zu können.

Eine Geschichte des Prodigienwesens in Rom hat Wülker zu schreiben versucht[12]. Mit weiter Belesenheit hat er alle bei den Geschichtsschreibern und sonstigen Prosaschriftstellern genannten Staatsprodigien zusammengestellt und ausgewertet. Dabei schloß er von der Häufigkeit der Prodigienaufzeichnungen auf den Glauben an die religiöse Bedeutung der Vorzeichen. Die Entwicklung verläuft so, daß der Höhepunkt dieses Glaubens in der Zeit der großen Erschütterung im zweiten Punischen Krieg liegt, während der Niedergang schon im zweiten vorchristlichen Jahrhundert beginnt. Zur Zeit der Germanenkriege flackert der Prodigienglaube noch einmal auf, in augusteischer[13] und nachchristlicher Zeit erlischt er fast gänzlich[14].

Alle die von Wülker gesammelten Prodigien sind nach römischem Glauben jeweils Zeichen des göttlichen Zornes. Ihm kann man entfliehen, wenn die drohenden Vorzeichen beachtet und gesühnt werden. Mit der Sühnung, der *procuratio prodigiorum*, wird die gestörte Ordnung zwischen der römischen Bürgergemeinde und ihren Göttern wiederhergestellt[15]. Diese ursprüngliche | religiöse Auffassung der Prodigia gerät seit dem Einfluß der griechischen Aufklärung ins Wanken, stirbt aber nicht gänzlich ab, wie die wenigen Staatsprodigien beweisen, die man später noch beobachtet und gesühnt hat.

---

blem der Livius-Epitome = Abh. d. Akad. d.Wiss.u. Lit. Mainz 1968, 5; Th. Köves-Zulauf, Reden und Schweigen. Römische Religion bei Plinius Maior = Studia et Testimonia Antiqua 12 (München 1972) 166–314; B. Manuwald, Cassius Dio und Augustus = Palingenesia 14 (Wiesbaden 1979) Reg. 316: ‚Cassius Dio – Prodigien'.

[10] Il. 12,237–240; vgl. Steinhauser 15 Anm. 2.

[11] Ebd. 15f.; M.P. Nilsson, Geschichte der griechischen Religion 1³ = Handb. d. Altertumswiss. 5,2 (München 1967) 166f.

[12] Bes. 70f.; auf seine Arbeit geht P. Händel, Art. Prodigium: RE 23,2 (1959) 2283–2296, bes. 2295 zurück.

[13] Von 36 v. Chr. bis 42 n. Chr. ist nur eine einzige staatliche Prodigiensühnung überliefert: zum Jahre 16 v. Chr. (Cass.Dio 54,19,7; Obseq. 71).

[14] Hier sind nur noch für 9 Jahre Staatsprodigien bekannt, dagegen aus vorchristlicher Zeit für 161 Jahre; dazu Wülkers Übersicht 86–92.

[15] Vgl. G. Wissowa, Religion und Kultus der Römer = Handb. d. Altertumswiss. ²(München 1912) 390f. und Ders., Vestalinnenfrevel: Archiv f. Religionswiss. 22 (1923–1924) 201–215, bes. 207f.

Befragen wir neben den Geschichtsschreibern auch die römischen Dichter, so zeigen sich neue Tatsachen. Die ursprüngliche religiöse Deutung, nach der die Prodigien erkennbare und sühnbare Warnzeichen der Götter sind, ist Cicero in seinem Epos ‚De consulatu suo' ganz geläufig[16]. Von der Muse läßt er sich loben, die Warnzeichen der Götter im Jahre 63, dem Jahre der Catilinarischen Verschwörung, erkannt und erfolgreich gesühnt zu haben. Cicero vertritt hier allerdings nur äußerlich diese altrömische Auffassung. Was er tatsächlich über die Prodigien gedacht hat, sagt er im 2. Buch von De divinatione. Aber diese skeptische Haltung des Akademikers Cicero haben die meisten der späteren Dichter ebensowenig übernommen wie den alten Prodigienglauben. Für Vergil gilt Folgendes: Neben der Laokoongeschichte, die erst als Prodigium aufgefaßt ihren wahren Sinn enthüllt, stehen die Prodigia am Grab des Polydoros und die Vorzeichen, die Dido widerfahren. All diese Prodigia sind nicht mehr Warnungen besorgter Götter um ihre Schützlinge, sondern Zeichen eines unentrinnbar sich vollziehenden Geschicks. Die Menschen vermögen sie gar nicht mehr richtig zu deuten. So verstehen die Trojaner gerade den Tod des Laokoon falsch und gehen deshalb infolge der Aufnahme des Pferdes noch schneller zugrunde[17]. Bei Lucan enthalten die großen Prodigienkataloge gleichfalls Schreckenszeichen eines Schicksals, das unversöhnbar bleibt. Ähnlich zu werten sind die Stellen bei Ovid und Silius Italicus[18]. Bei diesen Dichtern sind die Vorzeichen nicht nur Mittel des pathetischen Stils. Man glaubte vielmehr noch an sie, aber deutete sie gemäß einer Welt, die ohne Götter gedacht wurde (Ovid, Lucan). – Der Glaube an die Prodigien ging auch in den folgenden Jahrhunderten nicht unter. Freilich fehlen für das 2. und 3. Jahrhundert Beweise.

Im 4. Jahrhundert regt sich neues Interesse: Neben dem unbedeutenden Iulius Obsequens, der die Prodigien im altrömischen Sinn aus Livius auflistet, | steht Claudian. Er übertrifft in der Menge seiner Prodigienkataloge alle Dichter vor ihm. Seinem schwankenden philosophischen und religiösen Bekenntnis gemäß[19] kommen bei ihm die religiöse und auch die aufklärerische Deutung der Prodigien

---

[16] Nach der uns zur Verfügung stehenden, schlechten Überlieferung ist er der erste römische Dichter, der einen Prodigienkatalog aufgenommen hat. Begründet hat diesen Brauch wohl Ennius. FISCHBACH 11–18 hat diese Ansicht, die auch aus allgemeinen Erwägungen, z.B. Darstellung des zweiten Punischen Krieges, wahrscheinlich ist, zu beweisen versucht. Oder ist Naevius vorangegangen? Die Fragmente geben dafür allerdings keinen Anhaltspunkt.

[17] B. GRASSMANN-FISCHER, Die Prodigien in Vergils Aeneis = Studia et Testimonia Antiqua 3 (München 1966) 106–119; dazu A. WLOSOK: Gnomon 45 (1973) 245–249; M. MASSENZIO, Art. prodigium: Enciclopedia Virgiliana 4 (Roma 1988) 292–294.

[18] Met. 15,780–800; Pun. 5,59–76; dazu FISCHBACH 65.67. Silius gibt 8,622–655 eine abgewandelte Anschauung wieder: Obwohl mitleidsvolle Götter die Vorzeichen senden, verstehen die Menschen sie nicht. Das Schicksal ist stärker und steht über den Göttern (Sil. 9,543; FISCHBACH 68f.).

[19] Vgl. in Ruf. 1(3) 1–24. Zu Claudians Glauben W. SCHMID, Art. Claudianus I: RAC 3 (1957) 152–167, bes. 158f.

vor[20]. Aber Claudian geht noch weiter und erweist sich auch auf diesem Gebiet als Neuschöpfer. Während Wülker ausgehend von dem altrömischen Prodigienbegriff, behauptet, ein ‚gutes‘ Prodigium sei ein Widerspruch in sich selbst[21], lehrt uns Claudian eine Fülle glückverheißender Vorzeichen kennen[22]. In diesem Zuge seines Schaffens dürfte sein griechisches Erbe offenkundig werden. Gab es ja nach griechischem Glauben kein Vorzeichen, das seinem Wesen nach Glück oder Unglück bedeuten müsse[23]. Claudian hat hiermit Schule gemacht[24]. Nur vereinzelt treten auch in der römischen Literatur vor Claudian günstige Vorzeichen auf[25].

3. Die Prodigien bei Dracontius

Dracontius konnte für seine christliche Deutung der Vorzeichen bei den römischen Dichtern wenig oder nichts finden. Wollte er überhaupt Vorzeichen beibehalten, so gab es zwei Möglichkeiten: entweder knüpfte er an die Auffassung anderer christlicher Schriftsteller an, oder er nahm die altrömische Prodigientraditon in abgewandelter Form wieder auf.

Die christlichen Dichter vor Dracontius haben sich nur selten über Prodigien geäußert. Wichtig dürfte Prudentius sein (ham. 467–70):

quo tantum auxilii per prodigialia signa
effudit Dominus, populum dum forte rebellem
servat ope immerita, vinclis dum subdita colla
solvit et Aegyptum virga serpente coercet? |

Unter den *prodigialia signa* versteht Prudentius offensichtlich die Plagen, mit denen Gott den Pharao schlug[26]. Äußerlich haben die Wunderzeichen, die Moses in Ägypten vollbringt, große Ähnlichkeit mit den römischen Prodigien[27]. Der

---

[20] Dem alten Glauben huldigt er beispielsweise adv. Eutrop. (18) 1–23, dem späteren in Ruf. 1(3), 123–128; vgl. Fischbach 69.

[21] 1; vgl. ebd. 37; Händel a.O. (o. Anm. 12) 2284 f. meint, *prodigium* sei zwar ein neutraler Begriff, der aber im allgemeinen eine Deutung auf Günstiges ausschließe.

[22] IV cons. Hon. (8) 170–192; de cons. Stil. 1(21), 84–88; de laude Seren. (carm. min. 30) 70–82; de rapt. Pros. 2(35), 228–231.

[23] Vgl Steinhauser 23. Glück verheißende Zeichen bei Xenoph. anab. 3,2,9; hell. 4,7,4.

[24] Vgl. Sidon. carm. 2, 102–114 (133).

[25] Wülker 1 Anm. 1 hatte auf Liv. 42, 20,4 und Serv. zu Verg. Aen. 5,638: ecce prodigium de bono hingewiesen; ferner Plin. nat. 11,179 (zur vermutlichen Quelle F. Münzer, Beiträge zur Quellenkritik der Naturgeschichte des Plinius [Berlin 1897] 245). – Accius bei Cic. nat. deor. 3,68 faßt das prodigium im Sinne des τέρας auf (vgl. A. St. Pease zur Stelle).

[26] Vgl. Exod. 4,21 (Vulg.): vide ut omnia ostenta, quae ponui in manu tua, facias coram Pharaone; 7,3: et multiplicabo signa et ostenta, wo die Septuaginta τὰ σημεῖα ... τὰ τέρατα schreibt; 11,10; entsprechend Act. 7,36.

[27] Verschiedene der ägyptischen Plagen berühren sich ihm Wesen nach mit oft vorkommenden römischen Vorzeichen: Exod. 7,17–25: die Verwandlung von Wasser in Blut; die entspre

Bedeutungsgehalt ist aber keineswegs gleich. Warnzeichen sind es wohl, die Gott dem Pharao gibt; aber jener kann sie nicht erkennen. Da Gott das Herz des Ägypterkönigs verstockt macht[28], vermag der Pharao die drohende Vernichtung, die mit jedem Zeichen näher auf ihn zukommt, nicht angemessen einzuschätzen und noch weniger zu sühnen.

Dracontius hätte unschwer anstatt der römischen Prodigien diese alttestamentlichen anführen und sie seinen Absichten anpassen können. Spricht er doch auch laud. dei 2,794–818 innerhalb einer katalogartigen Partie, in der er die Strafe Unbußfertiger schildert, vom Untergang des Pharao und seiner Truppen im Roten Meer. Aber nicht nur die alttestamentlichen Vorzeichen hat er beiseite gelassen[29], sondern er hat auch darauf verzichtet, prodigienartige Erscheinungen im Neuen Testament in seine Aufzählung einzubeziehen. Zu denken ist hier neben den Vorzeichen für das Weltende[30] vor allem an die wunderbaren Ereignisse bei Christi Tod, von denen die Synoptiker berichten[31]. Wie Laktanz bezeugt, haben die Christen sie als Prodigia aufgefaßt[32]. Dabei spricht er von der Verstocktheit der Juden, die ihre Schuld am Tode Christi trotz der wunderbaren Geschehnisse nicht eingesehen haben[33].

Nur Dracontius scheint den antik-römischen Prodigienkatalog mit christli- | cher Deutung zu verbinden. Wie bereits bemerkt, konnte der Dichter mit dem Sinngehalt, den er seinem Katalog zuwies, auf die ursprüngliche altrömische Deutung vom Zorne der Götter zurückgreifen. Die gewandelte Gottesvorstellung verlangte aber eine veränderte Vorstellung von den Prodigia. In altrömischer Zeit waren es Warnzeichen, von schreckenden Gottheiten gegeben. Jetzt aber wurden sie zu Warnzeichen eines liebenden Gottes. Hatten die Römer zuvor zahlreiche

---

chenden römischen Belge bietet WÜLKER 13. – Exod. 9,3: Seuchen bei Tieren. – Exod. 9,9 f. bei Menschen; vgl. WÜLKER 22. – Exod. 9,19–34: Hagelschlag; vgl. WÜLKER 10; W. SPEYER, Art. Hagel: RAC 13 (1986) 314–328, bes. 315 f. 321. – Exod. 10,4 f. 19: Heuschreckenplage; vgl. WÜLKER 22; M. WEBER, Art. Heuschrecke: RAC 14 (1988) 1231–1250, bes. 1236–1238. 1242 f.

[28] Vgl. A. HERMANN, Das steinharte Herz: JbAC 4 (1961) 77–107.

[29] Vgl. auch Joël 3,3 f.; zitiert Act. 2, 19 f.: Zeichen vor dem Gerichtstag Gottes.

[30] Mt. 24,29; Mc. 13,24 f.; Lc. 21, 25 f.; vgl. Lact.inst. 7,16,8; 7,17,2.4; epit. 66,5.9.

[31] Mt. 27,45; Mc. 15,33; Lc. 23,44 f. Dracontius hat sich diese Szene nicht entgehen lassen, bringt sie aber erst laud. dei 2, 527–534.

[32] Inst. 4,19,1–6.

[33] Ebd. 6: cum haec facta essent, ne prodigiis quidem caelestibus [ebd. 2: gemeint sind Erdbeben und die plötzliche Sonnenfinsternis; vgl. epit. 40,10] facinus suum intellegere quiverunt. Auch sonst redet Laktanz von Prodigien, meint aber mit diesem Ausdruck dann die heidnischen; inst. 2,7,7 nennt er sie neben *somnia, auguria* und *oracula*, inst. 2,13,11 heißt es, die Ägypter hätten infolge der Prodigia ihren Göttern monströse Gestalten verliehen (vgl. Prud. c. Symm. 1,451 f.: horrificos quos prodigialia cogunt / credere monstra deos). In der epit. 23,7 spricht Laktanz von den Dämonen, die durch Prodigia die Menschen dazu verführen, daß sie glauben, die Götterbilder besäßen göttliche Kräfte. Dabei denkt er wohl an die Vorzeichen der schützenden, weinenden oder blutenden Götterbilder (dazu WÜLKER 13 f.; H. FUNKE, Art. Götterbild: RAC 11 [1981] 659–828, bes. 723–727).

Sühnepraktiken angewendet, die sich schnell abnutzten, so war die Sühne jetzt in das Innere des Menschen verlegt, als Reue und Buße für persönliche Sünden.

Gleichwohl blieben Prodigia in einer Welt, in der Gott liebender Vater war, fragwürdig. Dies nicht so sehr in ihrer Beziehung zu dem Menschen, den sie zur Umkehr bringen sollen, als vielmehr in sich selbst, müssen doch die Wesen, an denen sie offenbar werden, leiden. Das hat Dracontius gesehen und er versucht deshalb diese wundersamen Dinge in sich selbst zu rechtfertigen. Er verbindet also mit dem Katalog der Prodigien Gedanken, die einer Theodizee nicht allzu ferne stehen[34]. Damit hat er sich von seinen antiken Vorbildern losgesagt. Dort sollte die Prodigienhäufung einen epischen oder geschichtlichen Ereignisablauf deuten, Dracontius aber verwendet sie theologisch[35].

Kehren wir zur Betrachtung des Textes selbst zurück, so wird deutlich, wie – nach den überlieferten Versen zu urteilen – der Dichter seine Absicht, die Prodigien als solche zu verteidigen, nur bedingt durchgesetzt hat. Die Frage stellt sich, ob dies an der Überlieferung des Textes liegt, oder ob der Dichter sein Werk nicht in der erwünschten Weise hat ausarbeiten können. Da es in De laudibus dei sehr ausgefeilte Abschnitte gibt, möchte man dem Dichter nicht gerne Flüchtigkeiten unterschieben. Nicht nur dürften Überlieferungsschäden manche Unebenheiten verschuldet haben, sondern der Dichter scheint selbst nicht mehr alle Spuren der Nichtvollendung seines Gedichtes getilgt zu haben.

Den Hauptgedanken des ersten Hauptteiles, daß Gott nie sogleich straft, sondern zuvor warnt, nimmt Dracontius wenige Verse später wieder auf[36]. Den Beginn macht das schreckliche Vorzeichen der Mißgeburt, das allerdings auch bei höheren Tieren begegnet[37]. Der Mitteilung dieser Tatsache folgen Reflexionen in Form von Selbsteinwürfen oder Einwendungen eines gedachten Interlocutors. Hier zeigt der Dichter seine antik-rhetorische und zugleich seine theologische Schulung. In V. 48 dürfte Dracontius mit seiner Reflexion begin|nen: er versucht diesem Vorzeichen in seinem Wesen einen Sinn abzugewinnen: sic peccata parant horrenda in germina partus. F. Vollmers Deutung, nach der dieser Vers einem Interlocutor gehöre, ist weniger wahrscheinlich. Erst V. 49, den Vollmer dem Dichter beläßt, kommt der Einwurf des Interlocutors: „Was hat denn das Kind vor seiner Geburt schon gesündigt?"[38] Dracontius faßt seine allgemeine Antwort

---

[34] Vgl. zur Theodizee bei Dracontius laud. dei 1, 292–328.

[35] Hingegen zeigt Romul. 8,71–77 den Dichter ganz in der antiken Tradition stehend.

[36] Vgl. laud. dei 1,29–31: ac pietas quia sancta Dei virtute modesta est, / clade repentina nunquam punire nocentes assumat: poenam cohibet poenamque minatur … mit V. 40–42: ne lateant mortale genus quaecumque propinquent, / praemonet ante pius quam ⟨mittat⟩ tanta pericla, / prodigiis signisque docens elementa fatigat [sc. Deus]. Was unter *elementa fatigat* zu verstehen ist, klären die Verse 43–55: es sind die Teile der Welt, der Schöpfung, die unter den Vorzeichen leiden.

[37] Zum Gegensatz *bipedes-quadrupedes*: Thes. Ling. lat. 2,2003,30f.; Prud. c. Symm. 2,816f.

[38] Es ist natürlicher, dem Interlocutor die unwillige Frage zuzuteilen als dem Dichter. Der erste Teil von V. 50: non fuit infantis facinus, der m.E. zur Antwort des Dichters gehört, ent-

von V. 48 genauer: V. 50f.: Das Kind ist gewiß unschuldig, aber die Eltern werden getroffen und büßen für eine erst zukünftige Schuld[39]. Die Schwierigkeit der Frage führt den Dichter zu einer vorsichtigen (V. 50: forte) und gesuchten Formulierung[40]. Die folgenden unwilligen Fragen (V. 52–55) dürfte wieder der Interlocutor vorbringen. Er fragt nach der Gerechtigkeit Gottes, der die unvernünftigen Lebewesen[41] und die unbeseelte Natur durch die sich an ihnen vollziehenden *monstra* quält, obwohl sie nicht gesündigt haben, sondern nur die Menschen warnen sollen. Nach V. 55 fällt nun auf, daß nicht wie vorher V. 49 der Dichter eine passende Antwort zu geben versucht, sondern der Text zwar mit einem begründenden *nam* einsetzt[42], dann aber ein ganz unerwarteter Gedanke folgt: Der Schlaf mahnt durch so viele Vorzeichen[43]. An dieser Stelle sind möglicherweise mehrere Verse ausgefallen, in denen der Dichter dem Interlocutor geantwortet und vielleicht bereits V. 56 vorbereitet hat.

Die überlieferte Reihenfolge der Verse 58/59 ist mit F. Vollmer zu vertauschen: |

V. 59   quodque hominis mala lingua tacet, fera belua piscis
   58   cornipes effatur, pecudes volucresque loquuntur:
   60   despiciunt proprii generis servare figuras,
   61   contra naturam dum turpia membra rebellant.

Der Dichter dürfte hier nicht an die sonst öfter in ähnlichem Zusammenhang bezeugten Offenbarungsstimmen aus dem Mund von Tieren denken[44]. Vielmehr scheinen *effatur* und *loquuntur* metaphorische Bedeutung zu haben. V. 60f. spre-

---

spricht genau der Absicht der Frage laud. dei 2,320: nam quae tam parvis fecisset culpa reatum? Die stillschweigende Antwort soll lauten: nulla culpa; vgl. Prosp. carm. de prov. 43f. (6 MARCOVICH): quid pueri insontes, quid commisere puellae / nulla quibus dederat crimina vita brevis? Diese und ähnliche Fragen (bis V. 86 [8 MARCOVICH]) faßt Prosper zusammen: talia cum facilis vulgi spargantur in aures, / quam multis rudibus lingua maligna nocet! Der Gedankengang bei den beiden christlichen Dichtern entspricht sich.

[39] VOLLMER gibt diese Verse dem Interlocutor. Vgl. auch Joh. 9, 1–3. – Bei Vergil hingegen haben derartige Vorzeichen nichts mit persönlicher Schuld zu tun; sie zeigen nur die *inclementia divom* (Aen. 2, 602) an; vgl. KLEINKNECHT, Laokoon a.O. (o. Anm. 7) 91 Anm. 2.

[40] *poenam capere* hat sonst den Sinn von *punire*, hier aber für *puniri*: Thes. Ling. lat. 3, 323, 64f.

[41] V. 52: quid fera, quid pecudes, quid peccavere volucres? Das Trikolon der Tierarten gehört zum epischen Sprachgut: vgl. laud. dei 2, 237; J.H. WASZINK zu Carmen ad Flav. Fel. de resurrectione mortuorum et de iudicio Domini = Floril. Patrist. Suppl. 1 (Bonn 1937) 59 zu V. 68; Maxim. eleg. 5, 110.

[42] Statt *nam* wird *iam* besser zu lesen sein (H. FUCHS, Basel). *nam* hat, wie schon F. VOLLMER, ed. maior index s.v. geklärt hat, bei Dracontius neben begründender Bedeutung kopulative und sogar adversative (vgl. laud. dei 1,62).

[43] Ungewöhnlich ist, daß der Dichter die Träume zu den Vorzeichen rechnet. Lact. inst. 2,7,7 nennt die Träume neben *prodigia*. F. AREVALOS Konjektur *corvus* löst die Schwierigkeit nicht (PL 60, 687). Zudem verwechselt er in seiner Anmerkung Zeichen, die zu den Prognostica gehören, mit Prodigien.

[44] FISCHBACH 107; W. SPEYER, Art. Himmelsstimme: RAC 15 (1991) 286–303, bes. 287f. Die entgegengesetzte Erklärung bei MOUSSY/CAMUS 249 z. St.

chen eindeutig von der gestörten naturgegebenen Gestalt dieser Lebewesen: Die
Mißgeburten im Tierreich weisen unmißverständlich auf heimliche Frevel bei
den Menschen hin und ‚sprechen‘ diese offen aus. Darauf folgt der Komet, der in
antiken Prodigienkatalogen oft begegnet[45]. Der rote, feuerglänzende Komet galt
im Altertum als Bringer oder als Bote von Unglück, so von Tod, vor allem des
Herrschers, von Feuer, Krieg, Aufruhr, Hunger, Seuchen, Unwetter, Dürre und
Erdbeben[46]. Bei Dracontius bringt er andere Wirkungen hervor: Die Mütter gebären Ungeheuer[47]; das Wasser färbt sich blutigrot; heißer Regen, wohl Blut-
regen, fällt[48]; die Erde bringt blutige Ähren hervor[49] und Veilchen und Lilien
blühen rot. Die blutrote Farbe besitzt deutlichen Ambivalenzcharakter: bald ist
sie Lebens-, bald wie hier Todesfarbe[50].

Nach den Vorzeichen auf der Erde folgen die Vorzeichen aus dem Inneren der
Erde, näherhin aus dem Reich der Schatten (V. 69–75)[51]. Den Übergang zu den
Prodigien an den Gestirnen (V. 76–81) bildet das Vorzeichen des unterirdischen
Donners. Dieses Zeichen brachte der Volksglaube mit Ereignissen in | der Unter-
welt in Verbindung[52]. Den ungewöhnlichen Erscheinungen an Sonne, Sternen
und Mond folgt das Zeichen der Austrocknung des Meeres, wohl als Folge des
Mondeinflusses gedacht (V. 80 f.). Damit ist das Ende des Katalogs erreicht. Eine
Gruppe von sieben Versen, auf die noch näher einzugehen sein wird, beschließt
diesen Mittelteil des ersten Hauptstückes (V. 82–88).

Die Übersichten Fischbachs über die Prodigienreihen bei den römischen Dichtern erlauben den Schluß, daß Dracontius nur Lucan ausgiebiger benutzt hat[53].

---

[45] FISCHBACH 113.
[46] W. GUNDEL, De stellarum appellatione et religione Romana = RGVV 3,2 (Gießen 1907)
141–147; DERS., Art. Kometen: RE 11,1 (1921) 1143–1193, bes. 1147–1149. – Nur selten verkündet ein Komet Glück; vgl. GUNDEL, De stellarum a.O. 147–149; DERS., Kometen a.O. 1149 f.; D.
KORZENIEWSKI, Hirtengedichte aus neronischer Zeit (Darmstadt 1971) 87 zu Calp. ecl. 1,78–83.
[47] matres ist wohl, da die menschliche Mutter bereits V. 47 genannt war, als Muttertier zu
deuten (vgl. Thes. Ling. lat. 8, 445, 6–31). Mit monstra sind vielleicht doppelgeschlechtige
Wesen gemeint: Cic. div. 1,98 PEASE: ortus androgyni nonne fatale quoddam monstrum fuit?
[48] Vgl. A. ST. PEASE zu Cic. div. 1,98: cum fluvius Atratus sanguine fluxit? quid? cum saepe
lapidum; sanguinis non numquam … imber defluxit?; FISCHBACH 114–116.
[49] Zu V. 66: sanguine puniceas … aristas Liv. 22,1,10; 28,11,2; zu den Pflanzenprodigien
Plin. nat. 17, 241–245.
[50] Vgl. A. HERMANN, Art. Farbe: RAC 7 (1969) 358–447, bes. 408 f.
[51] V. 69: tertia sors Erebi mit betont antikem Kolorit: ähnlich laud. dei 3,414 f.; vgl. Manil.
1,155: tertia sors; Ov. met. 8,171 (jeweils mit anderer Bedeutung); Ov. fast. 4,584; Ps. Tib.
3,5,22. – Ebenso V. 73: Herculeos … furores; dazu V. DE VIT, Totius latinitatis onomasticon 3
(Prati 1859/87) s.v. Herculeus Nr. 10; den Ausdruck Herculeos … furores kann Lucan vermittelt
haben: 1,576 f. qualem … horruit Alcides viso iam Dite Megaeram. Anders laud. dei 2,536–551
über Christi Abstieg in die Hölle; vgl. auch J. KROLL, Gott und Hölle. Der Mythos vom Des-
censuskampf = Studien der Bibliothek Warburg 20 (Leipzig/Berlin 1932, Ndr. Darmstadt 1963).
[52] Medea vermag den Boden brüllen und die Toten aus den Gräbern herausgehen zu lassen
(Ov. met. 7, 206; vgl. Verg. Aen. 6,256; Lucan. 3,418).
[53] Für V. 45 f. ist Lucan. 1,589–591 Vorbild; für V. 47 Lucan. 1,562 f. Sachlich entsprechen
sich: Mißgeburten V. 45–47 ~ Lucan. 1, 562 f. Bei FISCHBACH fehlt in seinem nach Sachgrup-

In der Schlußgruppe verdienen die Verse 85–88 Beachtung: ostentis ventura monens [sc. natura], ut pectore laeto,/si bona sunt ventura, bonis nos ante fruamur,/si mala portendant, liceat placara precando/naturae caelique Deum post saecla manentum. Hier erwähnt der Dichter unvermutet auch günstige Prodigia, ohne daß er jedoch den Ausdruck *bona prodigia* oder ähnliches gebraucht. Nicht von ungefähr vermeidet Dracontius diesen Ausdruck, wenn er ihn V. 86 umschreibt: si bona sunt ventura, während er für die negativen Vorzeichen einen Ausdruck verwendet, der der Bezeichnung *prodigium* nahesteht: V. 87 si mala portendant[54]. Das römische Empfinden dafür, daß *prodigia* eigentlich nur Unheilvolles verkünden, hindert den christlichen Dichter, von *prodigia bona* oder ähnlichem zu sprechen; denn die Römer haben selten Vorzeichen positiv bewertet[55]. Andernfalls hätte man ihnen im Gegensatz zu den *prodigia sinistra* Dankriten widmen müssen. Solche aber hat es anscheinend nicht gegeben. Diese Tatsache ist aufschlußreich für die ursprünglich düster gestimmte Religion der Römer[56].

Schließlich ist noch darüber zu sprechen, warum Dracontius nicht Vorzei- | chen aus dem Alten oder Neuen Testament zusammengestellt hat. Seine Umdeutung des altrömischen Prodigienglaubens muß ein besonderes Ziel verfolgt haben. Dieses dürfte wahrscheinlich in seinem Missionseifer liegen. Der Dichter wollte mit seinem Epos vor allem auch auf außerchristliche Kreise wirken[57]. Wie er aber im ersten Buch überhaupt mit eigentümlich Christlichem sparsam ist, so bekundete er auch hier seinen Willen, das, was ihm in der antiken Glaubenswelt gehaltvoll erschien, aufzunehmen oder umzudeuten. Da er mit altgläubigen Lesern rechnet, gibt er am Beginn seines Werkes gleichsam eine *captatio benevolentiae*, indem er an die römische Tradition des Prodigienkatalogs anknüpft.

---

pen gegebenen Verzeichnis der Vorzeichen (101–118) ein Abschnitt über Mißgeburten (vgl. Iuv. 13, 64 f.; Claud. in Eutr. 1 [18], 1; 2(20), 42 f.). – Totenerscheinungen: V. 69–75 ~ Lucan. 1, 570. 580–583; vgl. Fischbach 106 f. – Sonnenfinsternis V. 76 f. ~ Lucan. 1, 540–544; vgl. Fischbach 101 f. – Sterne am Tage V. 77 ~ Lucan. 1, 535–537; vgl. Fischbach 116 f. – Mondfinsternis V. 79 ~ Lucan. 1, 537–539. – Auch das in der Überlieferung dem irischen Bischof Patricius zugeschriebene Gedicht Anth. Lat. 791 Riese unterscheidet V. 1–3 zwischen *prodigia*, die Schlechtes, und solchen, die Gutes vorauskünden: plurima mira malum signantia signa futurum/sive bonum dederat clemens deus, arbiter orbis,/ut terreret eos, quos illa videre volebat. Eine gegenseitige Beeinflussung scheint ausgeschlossen.

[54] Für *prodigium* (V. 42) verwendet Dracontius als sinnverwandte Begriffe: *signa* (V. 39. 42. 55), *praesagia* V. 56, *ostenta* V. 85; vgl. Thulin a.O. (o. Anm. 8) und A. St. Pease zu Cic. nat. deor. 2,7: *prodigia*.

[55] S.o. S. 212.

[56] Hierin unterscheidet sich griechisches Empfinden vom römischen. Xenophon berichtet anab. 3,2,9 und hell. 4,7,4 vom Dank an die Götter für glückverheißende Vorzeichen; vgl. Steinhauser 21 Anm. 10.

[57] Laud. dei 3,251 f. sed si forte legat haec carmina nostra profanus, quem lateat lex sancta dei, ne incredulus extet … Nur aus diesem Grunde hat er auch so viele Beispiele berühmter Männer und Frauen aus der griechischen und römischen Geschichte zusammengestellt (3, 257– 467. 496–523).

4. Theologische Schlußfolgerung (V. 89–114)

Mit dem wirkungsvoll an die Spitze gestellten Satz V. 89: nemo ferire volens se praemonet ante cavendum[58] leitet Dracontius seine Deutung ein: Der warnende Gott ist zugleich der liebende[59]. Für die Absichten des ersten Buches ist hier bezeichnend, daß der Dichter nicht etwa auf die berühmten Gleichnisse des Neuen Testaments, die das Verhältnis Gottes zum reuigen Sünder behandeln, anspielt. Gott warnt und rettet den büßenden Sünder, lautet die Überzeugung des Dichters (V. 89–98). Das Gegenbild ist der plötzlich strafende Gott (V. 99–108)[60]. Stilistisch sind die Verse 103–108 besonders sorgfältig gestaltet. Ohne daß der plötzliche Einbruch des Zornes Gottes unmittelbar mit einer Naturgewalt verglichen würde, liegt der Ausdrucksweise doch der Vergleich mit einem herabrollenden Felsbrocken oder einem Sturzbach[61] zugrunde[62]. Abschließend kehrt der Dichter | zum barmherzigen Gott zurück (V. 109–114). Dieser hat für ihn das letzte Wort[63].

Nach der allgemeinen Darlegung über das Verhältnis von Mensch und Gott, das mit den Vorstellungen von Sünde, Bekenntnis oder Verstocktsein auf Seiten des Menschen und von Verzeihung oder Verdammung auf Seiten Gottes erfaßt wurde, geht der Dichter dazu über, nicht etwa eine Fülle locker miteinander verknüpfter Einzelbeispiele als Beweis vorzutragen, wie später im dritten Buch, sondern anhand der Geschichte der Schöpfung von Erde und Menschheit Gottes Güte darzustellen[64].

---

[58] Vermutlich ist Lukrez berücksichtigt: 6, 408–410 si nec opinantis autem vult [sc. Iuppiter] opprimere igni,/cur tonat ex illa parte, ut vitare queamus …? Diesen Abschnitt scheint Dracontius laud. dei 2,496–500 vor Augen gehabt zu haben: Gott schleudert die Blitze, um die Menschen zu warnen. Lukrez hingegen sieht in dem wahllosen Einschlagen der Blitze nur ein Spiel des Zufalls. Ähnlich spricht Caecilius bei Minucius Felix 5,9; vgl. J. BEAUJEU z. St. ²(Paris 1974) 79f.

[59] Vgl. Prosp. epigr. 75,9 qui terret, parcit (PL 51,521). Ähnliche Gedanken wie bei Dracontius auch in epigr. 4 de patientia dei (500).

[60] Den unbußfertigen Sünden vor der Sintflut ist der Abschnitt laud. dei 2, 369–434 gewidmet.

[61] *ab excelsis – impete terribili – gravis ingruit ira – recidente ruina – ingruat – graviori pondere frangens.*

[62] Bilder fehlen in De laudibus dei fast ganz (vgl. die bildhaften Vergleiche 2, 487–495). Auch im Lehrgedicht des Lukrez, das Dracontius benutzt hat, treten Bilder verglichen mit ihrer Häufigkeit in den epischen Gedichten ziemlich zurück. Ihre Anwendung hängt vom literarischen Genos ab. Die Orestis tragoedia des Dracontius in Hexametern bietet zahlreiche Vergleiche und Bilder.

[63] Vgl. E. RAPISARDA, Il poeta della misericordia divina, I. L'unità del mondo religioso di Draconzio: Orpheus 2 (1955) 1–9; ähnlich bereits zuvor E. PROVANA, Blossio Emilio Draconzio, Studio biografico e letterario = Mem. Real. Accad. d. Scienze di Torino, Ser. 2, 62 (Torino 1912) 23–100, bes. 24.

[64] Vgl. W. SPEYER, Der Bibeldichter Dracontius als Exeget des Sechstagewerkes Gottes: G. SCHÖLLGEN/C. SCHOLTEN (Hrsg.), Schriftinterpretation in Antike und Christentum. Festschrift E. Dassmann = JbAC Erg. Bd. 23 (1996) 464–484 = oben S. 181–206.

Literaturverzeichnis

BERGER, K., Hellenistisch-heidnische Prodigien und die Vorzeichen in der jüdischen und christlichen Apokalyptik: ANRW 23,2 (Berlin/New York 1980) 1428–1469.

FISCHBACH, K.-A., Prodigienhäufung im römischen Epos, Diss. Tübingen 1947.

MOUSSY, C./CAMUS, C. (Hrsg.), Dracontius, Oeuvres 1/2 (Paris 1985/88).

SPEYER, W., Frühes Christentum im antiken Strahlungsfeld = Wissenschaftliche Untersuchungen zum Neuen Testament 50 (Tübingen 1989).

SPEYER, W., Art. Fluch: RAC 7 (1969) 1160/1288.

SPEYER, W., Religionsgeschichtliche Studien = Collectanea 15 (Hildesheim 1995).

STEINHAUSER, K., Der Prodigienglaube und das Prodigienwesen der Griechen, Diss. Tübingen (1911).

VOLLMER, F. (Hrsg.), Fl. Merobaudis reliquiae, Blossii Aemilii Dracontii carmina, Eugenii Toletani episcopi carmina et epistulae: MGH AA 14 (Berlin 1905, Ndr. ebd. 1961).

WÜLKER, L., Die geschichtliche Entwicklung des Prodigienwesens bei den Römern. Studien zur Geschichte und Überlieferung der Staatsprodigien, Diss. Leipzig (1903).

10. Über die Uneindeutigkeit des Barbarischen

Gemäß dem geistigen Erbe des Abendlandes bezeichnen die Wörter Barbarisch/ Barbarei und Kultur ein Gegensatzpaar, das aus einem Unwert- und einem Wertbegriff besteht. Wer diese Wörter hört, soll den Gegensatz von Unmenschlich/ Inhuman und Menschlich/Human mitempfinden und damit sich zugleich auch der geschichtlichen Bedingungen erinnern, unter denen dieses Begriffspaar steht. Die heute verbreitete, aber bereits im Altertum ausgesprochene Meinung zielt in die Richtung, daß der Mensch infolge allmählich entfalteter Rationalität und mit ihr verbundener theoretisch-philosophischer Aufklärung die ursprüngliche Wildheit seines halbtierischen Ursprungs verlernt habe[1]. Not, Nutzen und Erfahrung hätten diese Wandlung hervorgebracht[2]. Von der Höhe der griechisch-römischen und der neuzeitlich abendländischen Hochkultur blicken einzelne scheinbar selbstsicher und froh auf die dunklen Anfänge der Menschheit zurück, die ihnen dann nur noch als überwundene, weit zurückreichende horrenda primordia erscheinen können[3]. Ob aber und wie die beiden Vorstellungen, Barbarei und Kultur, aufeinander bezogen sind, sollen die folgenden Überlegungen zu klären versuchen.

Nach dem von den Griechen grundgelegten Verständnis sind mit der Vorstellung des Barbarischen folgende Charakteristika verbunden[4]: eine tierähnliche Lebensweise, die sich in Wildheit, Raserei und | Wut äußert; Gefühllosigkeit, Grausamkeit, Gesetzlosigkeit, Maßlosigkeit, Raublust; dazu kommen Mängel auf geistigem Gebiet. Der Barbar galt nach dem fremdenfeindlichen Bild des Altertums als Inbegriff allen sittlichen Fehlverhaltens: Ihn zeichneten aus: Habsucht, Begehrlichkeit, Verschlagenheit, Treulosigkeit, Meineidigkeit, Anmaßung, Stolz, Hochmut, Zorn, Menschenfeindlichkeit und Zügellosigkeit. Dem Barbaren fehlten Hygiene und Stil. Dieses Bild des Barbarischen hielt sich von den

---

[1] Vgl. Lucr. 5,925–1010; dazu C. Bailey im Kommentar 3 (Oxford 1947, Ndr. ebd. 1963) 1472–1474; Diod. 1,8; dazu W. Spoerri, Späthellenistische Berichte über Welt, Kultur und Götter = Schweizerische Beiträge zur Altertumswiss. 9 (Basel 1959) 132–163, bes. 132–134. 152–156; H. Schwabl, Art. Weltalter: RE Suppl. 15 (1978) 783–850, bes. 833–835; B. Manuwald, Der Aufbau der lukrezischen Kulturentstehungslehre = Abh. d. Akad. d. Wiss. u. d. Lit. Mainz 1980, 3; K. Kubusch, Aurea Saecula: Mythos und Geschichte. Untersuchung eines Motivs in der antiken Literatur bis Ovid = Studien zur klassischen Philologie 28 (Frankfurt, M. 1986) 59–69.
[2] Spoerri a.O. 144–148.
[3] Tac. Germ. 39,2.
[4] W. Speyer/I. Opelt, Art. Barbar: Reallexikon f. Antike u. Christentum (= RAC) Suppl.-Bd. 1 (1992) 811–895, bes. 838f.

Anfängen Griechenlands, von der Ilias Homers, bis in die christliche Spätantike und ging in den Vorstellungskanon der europäischen Kultur ein[5]. Daß es aber bereits im griechisch-römischen Altertum neben diesem negativen Bild des Barbaren auch ein positives gegeben hat, wird für das Folgende noch wichtig werden.

Der wohl weiteste Horizont, der menschliches Vorstellen und Denken bestimmt, ist durch das Begriffspaar Identität und Differenz gegeben. Der Grund hierfür liegt im Einzelmenschen als einem in sich zentrierten, auf Eigenes verwiesenen Wesen. Als Individuum und als Person ist der Mensch jeweils eine punktuelle, mit sich identische Größe und steht der Andersartigkeit und Mannigfaltigkeit der nicht-ichhaften Welt gegenüber.

Kulturgeschichtlich konkretisiert sich das Begriffspaar Identität und Differenz in den Vorstellungen des Eigenen und des Fremden. Das Eigene ist hierbei die Identität in der jeweiligen Kultur, an der der konkret Einzelne teilhat. In den geschichtlichen Koordinaten des geographisch-klimatischen Lebensraumes und der jeweiligen Zeit/Epoche wird die Interaktion zwischen dem Einzelnen und seinem unmittelbaren Kulturverband wirksam. Beide Größen wirken aufeinander und gestalten in der Zeit das generationsmäßig bestimmte kulturelle Kontinuum von Familie/Sippe, Stamm, Volk und Nation. Insofern durchdringen sich auch im einzelnen Menschen und seiner Gemeinschaft Synchronizität und Diachronizität, Zeitgenossenschaft und Geschichtlichkeit.

Innerhalb des gegliederten Zeitraumes der Geschichte erscheinen zwei Charakteristika, die das innere Leben der Gemeinschaft einer Epoche bestimmen und spiegeln: ein jeweils anerkannter Wertekanon und ein entsprechender, seelisch-geistiger Ausdruck, der Stil. Der Stil durchdringt und durchformt alle Kulturleistungen einer Epoche; er prägt die jeweilige Gemeinschaft in ihrem Vorstellen, Bewerten und Schaffen, er prägt ihre Sprache ebenso wie ihre Religion und Kunst, selbst auch ihre politischen und wirtschaftlichen Formen. Der Stil entsteht aus den unbewußten und bewußten Kräften der Geistseele des Einzelnen und der Kollektivseele seiner Sprach- und Kulturgemeinschaft; deshalb ist er auch nur bedingt rational erklärbar und ableitbar. Mit dem Entstehen eines Stils und aufeinander folgender Stile stehen wir bereits inmitten | der geschichtlichen, epochenmäßig gegliederten Zeit der differenzierten Hochkulturen.

Die Kultur ist gegenüber der Gesamtwirklichkeit – antik gesprochen: der Natur, jüdisch-christlich gesprochen: der Schöpfung –, aus der der Mensch kommt und der er zugleich relativ, nicht absolut gegenübersteht, eine abgeleitete, zweitrangige Größe. Der Mensch ist in der Welt grundsätzlich dem Ganzen nachgeordnet und bleibt insofern auf das Ursprünglichere, auf die Gesamtwirklichkeit, auf Natur und Schöpfung, verwiesen. Insofern vermag er weder im eigentlichen Sinn des Wortes autonom zu sein, noch auch etwas vollkommen Neues zu schaffen. Vielmehr ist die Kultur als die menschengemäße Umgestaltung, Metamor-

---

[5] Ebd. 884–887.

phose, der Natur zu verstehen[6]. Halten wir an dieser Deutung des Verhältnisses von Kultur und Gesamtwirklichkeit fest, so kann das Gegensatzpaar Barbarei und Kultur nicht auf eine unvermittelt bleibende Antithese oder einen fundamentalen Gegensatz verweisen; denn da beide Vorstellungen letztlich der Natur als dem übergreifenden Ganzen angehören, können sie nur Spiegelungen und Entsprechungen der Gesamtwirklichkeit sein. Daß aber aufeinander verwiesene und aufeinander bezogene Gegensätze die Gesamtwirklichkeit bilden und formen, lehrt die Erfahrung. Daß diese Gegensätze ferner in sich selbst nicht eindeutig sind, sondern jeweils in geheimnisvoller Weise aneinander teilhaben und damit bei aller Verschiedenartigkeit doch aufeinander bezogen, ja angewiesen sind, kann an allen Gegensatzpaaren, vornehmlich aber an dem das menschliche Dasein so tief bestimmenden Gegensatz von Leben und Tod aufgewiesen werden[7].

Gilt die Ambivalenz in den die Gesamtwirklichkeit gründenden polaren Mächten als erwiesen, dann kann auch die vom Menschen gestaltete Wirklichkeit, also seine Kultur, nicht frei von Ambivalenz sein, d.h. seine Kultur muß Barbarisches mitenthalten sowie die Barbarei bereits Kulturelles in sich birgt.

Um die beiden Vorstellungen weiterem Verständnis zu erschließen, werden wir das Barbarische dem Chaotischen, die Kultur aber dem Kosmischen zuordnen[8]. Chaos und Kosmos sind für die | nicht von der Offenbarung erleuchtete, nur auf sich selbst gestellte Vernunft Kategorien der Gesamtwirklichkeit und letzte Aussagen über diese. Sie enthalten gemäß ihrer Möglichkeit, also potentiell, alles dem Wesen und der Zeit nach Spätere und weiter Differenzierte. Die Gesamtwirklichkeit aber als das alles Umfassende, mithin auch alle Polaritäten und Gegensatzpaare – von Leben und Tod bis hin zu Kultur und Barbarei – Umgreifende, ist für das natürliche Verstehen die Einheit von allem[9]. Deshalb können sich auch Chaos und Kosmos in der Gesamtwirklichkeit nicht als dualistisch vorzustellendes Urgegensatzpaar gegenüberstehen, sondern müssen aneinander teilhaben[10]. Sie kön-

---

[6] Bereits antike Denker haben den Anfang der Kultur in der Möglichkeit, Feuer zu bereiten, gesehen (SPOERRI a.O. 141f. 156). Die älteste Bereitung des Feuers mit Hilfe zweier Hölzer ahmt den Geschlechtsakt nach; vgl. H. HOMMEL, Vesta und die frührömische Religion: Aufstieg u. Niedergang d. röm. Welt 1,2 (Berlin/New York 1972) 397–420, bes. 407f. 411–413; W. PÖTSCHER, Hestia und Vesta. Eine Strukturanalyse: Athlon. Festschrift F.R. Adrados (Madrid 1987) 743–762.

[7] W. SPEYER, Töten als Ritus des Lebens: s.o. S. 15–49.

[8] F. LÄMMLI, Vom Chaos zum Kosmos. Zur Geschichte einer Idee = Schweizerische Beiträge zur Altertumswiss. 10 (Basel 1962); H. SCHWABL, Art. Weltschöpfung: RE Suppl. 9 (1962) 1433–1582.

[9] Heraclit.: VS 22 B 50: „Haben sie nicht mich, sondern den Sinn (Logos) vernommen, so ist es weise, dem Sinn gemäß zu sagen, alles sei eins"; vgl. B 10; W. SPEYER, Religionsgeschichtliche Studien = Collectanea 15 (Hildesheim 1995) 60. 192 zum Uroboros-Symbol für den in der Einheit gebundenen ‚Ewigen Kreis'.

[10] Zum Dualismus C. COLPE: Göttingische Gelehrte Anzeigen 222 (1970) 1–22; U. BIANCHI, Plutarch und der Dualismus: Aufst. u. Niederg. d. röm. Welt 2,36,1 (Berlinl/New York 1987) 350–365; W. SPEYER, Frühes Christentum im antiken Strahlungsfeld = Wissenschaftliche Untersuchungen zum Neuen Testament 50 (Tübingen 1989) Reg.: ‚Dualismus'.

nen so wenig aufeinander verzichten und ohne einander sein wie die Gegensatzpaare Leben und Tod, Licht und Finsternis, Sommer und Winter, Männlich und
Weiblich. Das Gesetz der Entsprechung und Komplementarität bindet sie alle
aneinander. Alle diese Gegensätze bleiben als Paare stets aufeinander bezogen
und deshalb in einer uns nur erahnbaren Tiefenschicht miteinander verbunden.
Streiten kann man nur über die Qualität und den Grad ihres Anteils im jeweils
anderen. Insofern ist innerhalb der Menschheitsgeschichte danach zu fragen, wie
weit der Anteil der Kultur einer bestimmten Epoche ins Barbarische reicht und
wie stark das Barbarische in der jeweiligen Kultur wirksam ist.

Beachten wir, daß hier ein Sonderfall eines allgemeinen Gesetzes der Gesamtwirklichkeit vorzuliegen scheint, das sowohl für die Natur als ganze als auch für
die Seele des Menschen Gültigkeit besitzt, dann werden wir allen Versuchen mit
Zurückhaltung begegnen, die darauf zielen, das Barbarisch-Chaotische vollständig auszugrenzen. Bei derartigen ‚Verdrängungen' wird dann das Barbarisch-
Chaotische im Leben aller und des Einzelnen nur umso heftiger zurückschlagen.
Dafür bietet die abendländische Kulturgeschichte genügend Beispiele: klassische
und klassizistische Epochen mit ihrer übergroßen Liebe zu Harmonie und Ausge-
wogenheit haben bereits den Keim in sich, in Manierismus, Barock, Naturalismus,
Expressionismus bis hin zu Dadaismus und damit auch ins Gewalttätige, Unge-
gliederte, Chaotische umzuschlagen. Zuviel Kosmos vermag eine Kultur auf die
Dauer nicht auszuhalten. Nur die Einbindung der stets verborgenen, aber vorhandenen Chaosmächte kann diese leben- und damit kulturfördernd nutzen. Ohne sie
würde das Leben dahinwelken, wie dies | bestimmte Epochen der abendländischen
Kultur zeigen. Man denke beispielsweise an die Nazarener und den Jugendstil.

Dieses Gesetz ließe sich auch im Leben und Werk einzelner Künstler und
Heiliger nachweisen. Leonardos Karikaturen, Goethes ‚Walpurgissack'[11] und
die Versuchungen der Heiligen – Athanasius' Leben des hl. Antonius als ein
Beispiel von vielen – zeigen, wie sehr das Barbarisch-Chaotische zum Ganzen
eines jeweiligen künstlerischen Werkes und zum Leben eines Vollendeten gehört, also auch zu einer Kulturepoche, die diesen Namen verdient. Der Dämonenglaube, der alle Religionen in verschiedenen Graden bestimmt, auch die so
klassisch anmutende der Griechen, ist Ausdruck dieser Wirklichkeits- und Lebenskraft. Die Gorgo und ihre Schwestern, die Stymphalischen Vögel, Kerberos,
die Sphinxe, Sirenen, Kyklopen und viele andere dämonische Wesen, wie Keren,
Ephialtes, Erinys sind Vergegenwärtigungen jener chaotisch-barbarischen Wesen, die den Rand der geistigen Welt der Griechen in archaischer und klassischer
Zeit bevölkert haben[12].

---

[11] A. Schöne, Götterzeichen, Liebeszauber, Satanskult. Neue Einblicke in alte Goethe-
texte (München 1982) 107–230.

[12] J. ter Vrugt-Lentz, Art. Geister (Dämonen) B II. Vorhellenistisches Griechenland:
RAC 9 (1976) 598–615; O. Böcher, Dämonenfurcht und Dämonenabwehr = Beiträge zur
Wiss. vom Alten u. Neuen Testament 90 (Stuttgart 1970).

Während der Mensch im allgemeinen das Eigene weniger unter dem Doppelaspekt der Ambivalenz von Chaotisch-Kosmisch erlebt – umhegt und trägt doch
das von Natur geschenkte Gefühl der Eigenliebe das Eigene –, trifft dies weit
weniger auf das Fremde zu. In allen frühen Menschheitsperioden erscheinen das
Fremde und der Fremde unter der polaren Spannung von Abstoßen und Anziehen. Die Menschen der magisch-religiösen Epoche der Frühzeit haben deshalb
alles Fremde und nicht zuletzt den fremden Menschen als ambivalent wirksam
erlebt: Sie empfanden ihn als Träger einer geheimnisvollen Macht, die zwischen
Unheilvoll und Heilvoll, zwischen Fluch und Segen zu schwanken schien[13].
Ebenso schwankend waren deshalb die Reaktionen, die der Fremde, der Barbar,
hervorrief. Keineswegs mußte er deshalb immer als Feind erscheinen. Im Alt-
lateinischen bezeichnet hostis den Fremden und nicht wie später in eingeschränk-
ter Weise den Fremden als Feind[14].

Wenn die Sprache in hervorragendem Maße den Menschen zum Menschen
macht, wenn durch die Sprachbeherrschung der einzelne Mensch sich in seiner
Familie, seinem Stamm und Volk sowie seiner Kultur als zu Hause, also im Eigenen, erlebt, so mußte ihm am Fremden vor allem dessen andersartige und unverständliche Sprache auf[f]allen. Diese Unverständlichkeit und damit das Fremdar-
tige des nicht zur eigenen Kultur gehörenden Unbekannten bezeichnet bei den
Griechen das lautmalende Wort ‚barbaros‘. Es ahmt die unverständlich klingen-
den Worte der Fremden nach und ist vom eigenen Standpunkt her als Bezie-
hungswort zu verstehen: Der Fremde bringt unverständliche Laute hervor[15]. Das
Wort konnte deshalb auch Tierlaute bezeichnen: Der Fremde rückte damit in die
Nähe von Wesen, die in ihrem eigentümlichen Sein dem Menschen weithin unbekannt waren, da mit ihm nur entfernt verwandt. Deshalb kommt die griechische und römische Beschreibung des Barbarischen und des Barbaren oft nicht
ohne einen Rückverweis auf das Tier und dessen Lebensweise aus. Ferner kam
der Fremde aus einem unbekannten Raum. Alles Unbekannte löste aber im Zeitalter der Unio magica Angst aus. Damit lag der Weg zu einer Dämonisierung des
Fremden über das Tier, das wegen seiner Fremdartigkeit oft als dämonisch-chao-
tisch erlebt wurde, und über den fremden Raum, das chaotische Draußen, offen.
Von der Erscheinung des Fremden und der mit ihm verbundenen, angstaus-
lösenden Andersartigkeit konnte man so leicht zu der Vorstellung des Chaotischen gelangen. So wurde der Fremde als Barbar nicht selten zum Fremden als
dem Träger von Chaos und damit zum Feind des Kosmos, der Lichtgottheit, der
eigenen Religion, Kultur und Stadt. Innerhalb der Menschheit war so eine Spal-
tung offen zu Tage getreten: Das Eigene erlebte man als Kultur, das Fremde als

---

[13] O. Hiltbrunner /D. Gorce /H. Wehr, Art. Gastfreundschaft: RAC 8 (1972) 1061–
1123, bes. 1061–1064: ‚Freund-Feind Ambivalenz‘.
[14] Varro ling. lat. 5,3; Hiltbrunner a.O. 1062f.
[15] Sumerisch ‚barbar‘, semitisch-babylonisch ‚barbaru‘; altindisch ‚barbara-‘; vgl. H. Frisk,
Griechisches etymologisches Wörterbuch 1 (Heidelberg 1960) 219f.

Barbarei. Die Vorstellung der Kultur als Kosmos und alles Fremden, Barbarischen als Chaos gründet im jeweiligen Erleben: Der Frieden gehört zum Kosmos, der Krieg hingegen zum Chaos. Vornehmlich begegneten die Menschen der vor- und frühgeschichtlichen Zeit fremden Menschen im Krieg. So mußte sich von hier den Bezeichnungen ‚Barbaren‘ und ‚Barbarisch‘ für ‚die Fremden‘ und ‚das Fremde‘ eine negative Bedeutung geradezu aufdrängen.

Die Griechen, die mehr als andere Völker die Barbarenvorstellung entfaltet haben, erlebten, als sie nach den Wanderungen ihrer indogermanischen Vorväter auf den Boden der weiblich geprägten alteingesessenen Mittelmeervölker zu Griechen geworden waren, zunächst alle fremden Völker als barbarisch[16]. Bald aber lernten sie zu unterscheiden und erkannten in Ägyptern und Persern gleichberechtigte Träger fremdsprachiger Kulturen und zwar von Hochkulturen. Die negativ geprägte Barbarenvorstellung schränkten sie nunmehr weitgehend auf unterentwickelte Völker ein, auf Ursprungskulturen, auf die früher von der Forschung als Primitivkulturen bezeichneten Gesellschaften. Sie erkannten zunächst nicht, | daß diese Ursprungskulturen ihnen im Grunde gar nicht so fremd und feindlich sein konnten, waren sie doch selbst, d.h. ihre Vorfahren, aus einer derartig barbarisch erscheinenden Ursprungskultur hervorgegangen. So bemerkten sie erst allmählich, daß das Barbarische einen Teil ihres eigenen Selbst ausmachte und – zwar modifiziert und verwandelt, psychologisch ausgedrückt, sublimiert – in ihrer eigenen Kultur anwesend war. Bereits alte griechische Mythen zeigen diesen Entwicklungsweg. War nicht das mythische Zeitalter unter dem Gott Kronos eine Epoche wilder Gesetzlosigkeit und des Kannibalismus, und brachte nicht erst der Olympier Zeus Gerechtigkeit und Gesetz? Hatte nicht Demeter mit ihrer Gabe des Getreides das Verzehren rohen Fleisches, die Omophagie, aufhören lassen und die Gesetze der Ackerbaukultur, unter anderem die Ehe, gestiftet und die Sicherheit des Bodenbesitzes garantiert?[17] Berichteten nicht andere Mythen von unerhörten Freveln alter Zeit, von Freveln, wie sie im Athen eines Solon unbekannt waren? Man denke an König Tereus, Philomele und Prokne-Aëdon, an die Thyesteische Mahlzeit und die Ödipodeische Umschlingung, den Inzest.

Aber konnte nicht jederzeit auch in der von Gesetz und Sitte bestimmten Kultur das urtümlich Barbarisch-Wilde wieder aufbrechen? Ares und seine Schwester Eris weisen als derartige dämonisch-chaotische Kräfte auf diesen Wirklichkeitsbereich. Zeigte sich nicht das Barbarisch-Chaotische von Zeit zu Zeit, vor allem in außergewöhnlicher Lage, wie in Kriegszeiten oder bei Aufständen und

---

[16] W. Speyer, Die Griechen und die Fremdvölker. Kulturbegegnungen und Wege zur gegenseitigen Verständigung: Eos 77 (1989) 17–29 = unten S. 231–243; A. Dihle, Die Griechen und die Fremden (München 1994).

[17] Zu Zeus H. Lloyd-Jones, The Justice of Zeus (Berkeley, Los Angeles, London 1971); A. Dihle, Art. Gerechtigkeit: RAC 10 (1978) 233–360, bes. 236–240 zu Hesiod. – Zu Demeter Schwabl, Weltalter a.O. (o. Anm. 1) 831f.

im Bürgerkrieg oder zur Zeit einer Seuche, wie der Pest? So erkannten einzelne Griechen, daß das Barbarische nicht nur das Fremde und außerhalb des Eigenen Angesiedelte war, sondern einmal zu ihrer eigenen Kultur gehört hatte und noch immer gehörte. Deshalb mußten sie mit dem Barbarischen mindestens als geschichtlichem Durchgang und als begleitendem Schatten in der eigenen Kultur rechnen und umgehen lernen.

Solange sich die griechische Kultur in einem inneren Gleichgewichtszustand befand, konnte sie mit dem Barbarischen leben, ohne daß dieses in ihr sprengend wirkte. Eine ernste Gefährdung trat erst zu jenem Zeitpunkt ein, als die griechische Hochkultur ihre Blüte, ihre ‚akmé‘, überschritten hatte und als sich in ihr Dekadenzerscheinungen einstellten. Dies war der Fall, als die griechische Polis nach dem Peloponnesischen Krieg während des 4. Jahrhunderts v. Chr. religiös und kulturell zerfiel und ihre politische Vormacht an Makedonien verlor. Zur selben Zeit traten in Griechenland Philosophen auf, die heute als ‚Aussteiger‘ aus der Kultur zu bezeichnen wären: die Kyniker. Diese | entdeckten die fremden Ursprungskulturen, also barbarische Kulturen, als Ideal, nach dem sich die eigene Kultur richten sollte, um wieder ihr Maß zu finden[18]. So entstand der Lobpreis der Kyniker auf den weisen Skythen Anacharsis und das einfache Leben einzelner Völker des Nordens. Der Überdruß der eigenen Spätkultur führte so bereits im 4. Jahrhundert v. Chr. ähnlich wie im verfeinerten 18. Jahrhundert zu einer Neubewertung des Barbarischen und des Barbaren. Die Kyniker entdeckten den angeblich von der Hochkultur noch nicht verdorbenen und verbildeten ‚edlen Wilden‘. Dieser wurde das neue Ideal, nach dem sich die ihrer eigenen Kultur müde gewordenen Angehörigen der griechischen Hochkultur sehnten. Alles Barbarische erschien nunmehr nur noch als kraftvoll, als unverbildet und gesund; die eigene Kultur aber, die sich in Verfeinerung und psychologischem Verstehen mehr und mehr auslebte und kraftlos geworden war, erlebten viele als dekadent und geradezu als zerstörungswürdig.

Dazu kam ein Weiteres: Mit der sich differenzierenden Entfaltung der Wissenschaften im Zeitalter des Aristoteles und Alexanders fühlten viele bald einen seelischen Mangel. Das viele Wissen nährte nicht den ganzen Menschen. So trat die Wissenschaft der Griechen des Hellenismus zur Weisheit in Gegensatz. Diese Weisheit glaubten die Griechen in ihren eigenen barbarischen Anfängen oder bei den Barbaren zu finden. Als Weiser galt ihnen seit langem der thrakische Sänger Orpheus. Von da an suchten sie die Weisheit aber auch bei den persischen Magoi, den indischen Gymnosophisten und den Schreibern der Hieroglyphen. Auf diese Weise entstand in Griechenland der neue Wertbegriff der Barbarenphilosophie, eine Vorstellung, die die zeitgenössischen Angehörigen dieser Fremdkulturen

---

[18] Speyer / Opelt a.O. (o. Anm. 4) 825 f.; ferner vgl. A. Riese, Die Idealisierung der Naturvölker des Nordens in der griechischen und römischen Literatur, Programm Städtisches Gymnasium Frankfurt, M. (1875); K. Trüdinger, Studien zur Geschichte der griechisch-römischen Ethnographie, Diss. Basel (1918) 133–146: ‚Völkeridealisierung‘.

willig aufgriffen, um so für die eigene Kultur bei den Ihren und bei den Griechen zu werben[19]. Phönizier und Juden traten in den Kreis der weisen Barbaren ein und zählten ihre angestammte religiöse Weisheit gleichfalls zu den Zeugnissen der Barbarenphilosophie. Da die Griechen des Hellenismus das eigene diskursiv-rational gewonnene Kulturerbe weithin als Last erlebten, suchten sie ihr Heil in einer Verjüngung mit Hilfe der Barbarenphilosophie. Der alte Unwert des Barbarischen wurde zum neuen Wertbegriff.

Das Ursprüngliche, Archaische, das die entfaltete Hochkultur noch als roh und undifferenziert beurteilt hatte, erschien nunmehr den | Spätgeborenen der Hochkultur als das Kraftvolle und in die Zukunft Weisende. Viele flohen aus dem analysierenden Denken ins Erleben und versuchten der Mentalität der Frühkulturen teilhaftig zu werden. Insofern schloß sich bereits in der hellenistischen Epoche der griechischen Kultur ein Kreis: Das Ende der griechischen Hochkultur berührte wieder ihren Anfang und hoffte, sich wie Phoenix aus der eigenen Asche erheben zu können[20].

Diese Neubewertung des Barbarischen, die die Griechen seit dem 4. Jahrhundert v. Chr. vorgenommen haben, beobachten wir auch verschiedentlich in der europäischen Kulturgeschichte. Jeweils sehnt sich eine Spätkultur nach der Kraft, der Jugendlichkeit, der Ungebundenheit des Anfangs, des barbarischen Anfangs. So weisen der Manierismus des 1. Jahrhunderts n. Chr. und des 16. Jahrhunderts barbarische Züge auf[21]. In der Epik des Lukan, in den Tragödien des Seneca werden wie in der Kunst des 16. Jahrhunderts exzessive Todesarten, Gewalttätigkeiten aller Art und finstere Themen einseitig bevorzugt. Standen bei Vergil Olymp und Unterwelt, im Mittelalter Himmel und Hölle einander noch ziemlich ausgewogen gegenüber, so scheinen nunmehr die Chaosmächte, unter ihnen die dämonischen und menschlichen Gottesfeinde, allein die Phantasie zu beschäftigen. Nach allen klassischen und klassizistischen Epochen drängt das Barbarisch-Wilde an die Oberfläche. Auf Vergil folgte das dunkle Bürgerkriegsepos des pessimistischen Lukan, auf Raffael der gedrückte Giulio Romano, auf F. Boucher und J.H. Fragonard die wilden Phantasien F. Goyas und die dämonische Traumwelt

---

[19] F. SCHAEFER, Quid Graeci de origine philosophiae a barbaris ducenda existimaverint secundum Laertii Diogenis prooemium exponitur, Diss. Leipzig 1877; SPEYER/OPELT a.O. 826–829.

[20] J.J. BACHOFEN, Das Mutterrecht 1 (1861, Kritische Neuausgabe Basel 1945 = Gesammelte Werke 2) 48 bemerkt: „Die Geschichte bestätigt vielfach die Beobachtung, daß die frühesten Zustände der Völker am Schlusse ihrer Entwicklung wieder nach der Oberfläche drängen. Der Kreislauf des Lebens führt das Ende von neuem in den Anfang zurück"; vgl. K. MEULI, Nachwort: ebd. 1112f. und o. Anm. 9.

[21] E. BURCK, Vom römischen Manierismus. Von der Dichtung der frühen römischen Kaiserzeit = Libelli 327 (Darmstadt 1971); W. HOFMANN, Zauber der Medusa. Europäische Manierismen. Ausstellung Wien 3. April–12. Juli 1987 (Wien 1987); I. FRINGS, Odia fraterna als manieristisches Motiv. Betrachtungen zu Senecas Thyest und Statius' Thebais = Abh. d. Akad. d. Wiss. u. d. Lit. Mainz 1992, 2.

J.H. Füsslis. Wenn nach der ungemein verfeinerten Musik der Spätromantik und des Jugendstils die Zwölftonmusik oder Stücke wie das ‚Allegro barbaro‘ von Béla Bartók erscheinen, so zeigt dies nicht nur den Umbruch eines Stils und einer Epoche, sondern den bewußten Willen, durch die Beschwörung der Kräfte des Archaisch-Ungeschlachten und des Urtümlich-Gewalttätigen einer Krise zu entkommen, der Krise einer sich auflösenden, überfeinerten Kultur, die sich in ihrer Spätphase befand. Gerade das 20. Jahrhundert hat versucht, sich mit Hilfe der Ausdruckskräfte von Ursprungskulturen zu verjüngen. Ob man das Werk P. Gaugins betrachtet oder die Plastik der Klassischen Moderne mit ihren Anleihen bei den Stämmen Afrikas, Ozeaniens oder der alten Mittelmeerkulturen, über|all begegnen Versuche, das Grobe, Wilde und Archaische der als dekadent empfundenen Gegenwart entgegenzustellen[22]. Um zu erschrecken, anzuklagen und sich Aufmerksamkeit zu verschaffen, griffen und greifen Künstler auf das Barbarische der eigenen Kultur oder fremder Ursprungskulturen zurück. So wurde und wird aus dem Unwert des Barbarischen ein Wert. Ein Umprägen der Münze in dieser Weise ist aber nur möglich, wenn die Vorstellung des Barbarischen nicht nur eindeutig negativ besetzt ist.

Damit berühren wir zugleich die Frage nach der Eindeutigkeit oder vielmehr Bedingtheit eines jeden sogenannten Fortschrittes in der Kultur. Sie kann hier zwar nicht erörtert werden[23], aber die Richtung, in der die Antwort auf diese Frage zu suchen ist, dürfte bereits erkennbar sein: So wenig eindeutig wie das Barbarische ist auch jeder gewonnene sogenannte Kulturfortschritt. Die Ambivalenz durchzieht die gesamte Wirklichkeit und so auch die Geschichte des menschlichen Geistes, seiner sogenannten Siege und seiner sogenannten Niederlagen.

Die hier mitgeteilten Überlegungen kann wohl auch eine Einsicht der Tiefenpsychologie bestätigen helfen. Die Tiefenpsychologie versucht den Menschen als Ganzen zu verstehen; sie beschränkt sich nicht auf eine Teilsicht der menschlichen Geistseele. Insofern entspricht sie der kulturgeschichtlichen und kulturphilosophischen Ganzheitsbetrachtung des hier vorgelegten Versuchs. Nach der Auffassung C.G. Jungs sind Unbewußtes und Bewußtes, Schatten und Tagesbewußtsein des Ichs miteinander zu versöhnen. Der Schatten des Ichs ist im Sinne der vorliegenden Betrachtung mit dem Chaotischen und gewissermaßen auch mit dem Barbarischen verwandt.

In diesem Zusammenhang darf auch an den in ähnlicher Weise nur scheinbaren Gegensatz von Apollinisch und Dionysisch erinnert werden. Wie nach einem

---

[22] R. EDERER, Die Grenzen der Kunst. Eine kritische Analyse der Moderne (Wien, Graz, Köln 1982) 113–123: ‚Hochbewußte Rückkehr zum Primitiven als geglaubte ‚Urgrund‘-Erneuerung‘.
[23] F. LÄMMLI, Homo Faber. Triumph, Schuld, Verhängnis? = Schweizerische Beiträge zur Altertumswiss. 11 (Basel 1968); K. THRAEDE, Art. Fortschritt: RAC 8 (1972) 141–182; A. KEHL /H.I. MARROU, Art. Geschichtsphilosophie: RAC 10 (1978) 703–779, bes. 748–752; SCHWABL, Weltalter a.O. (o. Anm. 1) 827–840.

Ausspruch Heraklits Hades und Dionysos, der Todes- und der Lebensgott, ein und dieselbe Gottheit sind[24], so ist auch die Macht, die Kosmos und damit Begrenzung bewirkt, Apollon, mit dem Gott der sprengenden Ekstase, Dionysos, in einer letzten, geheimnisvoll bleibenden Seinsschicht verbunden. Deshalb vermag die Kultur nur durch die Integration des Chaotisch-Barbarischen – psychologisch ausgedrückt: des Aggressiven – zu bestehen, nicht aber durch dessen | Ausgrenzung und Verdrängung. Da dies jedoch auf Spätstufen einer Hochkultur immer weniger gelingt, wächst der Todeskeim zu Auflösung und zu Zersetzung: Das Chaotisch-Barbarische verselbständigt sich zunehmend, und anstatt die alten kosmosbildenden Kräfte, wie die Institutionen mit ihren überlieferten Werten, zu stärken, vernichtet es sie[25]. Insofern weisen die Zeichen der Gegenwart auf das Ende einer altgewordenen Kultur hin[26] und vielleicht auf den Anfang einer neuen, nunmehr weltumspannenden Kultur, die aber durch viele äußere und innere Erschütterungen wird gehen müssen, bis sie erneut auf einer weiteren Spiralwindung der Geschichte die Einbindung des Barbarischen erreichen kann.

---

[24] VS 22 B 15.

[25] Eine eigene Frage bildet das Verhältnis, in dem der Kitsch zum Barbarischen steht (vgl. G.F. HARTLAUB, Art. Kitsch: Religion in Geschichte u. Gegenwart 3³[1959] 1625 f.). Der Kitsch erscheint in Spätphasen einer Hochkultur und ist ein Zeichen einer nicht mehr gelungenen Integration der auf Idealität angelegten seelischen Kräfte. Wahrscheinlich gehört er zu den Bedingungen für das Heraustreten des Gewalttätig-Agressiven und Barbarischen bzw. zu dessen Begleiterscheinungen.

[26] R. GUARDINI, Das Ende der Neuzeit (Würzburg 1950).

11. Die Griechen und die Fremdvölker

Kulturbegegnungen und Wege zur gegenseitigen Verständigung*

Das angezeigte Thema kann in einem Vortrag nur nach Art einer Skizze umrissen werden. Eine genauere Ausführung würde wohl mehr als nur einen stattlichen Band füllen und beinahe einer Kulturgeschichte der Griechen des Altertums gleichkommen. – Unter dem Begriff ‚Griechen' ist das auf einzigartige Weise begabte und kulturschöpferische Volk des Altertums, und zwar in seinen herausragenden geistigen Repräsentanten von Homer bis in die römische Kaiserzeit zu verstehen. Der Begriff ‚Fremdvölker' soll in erster Linie die sogenannten antiken Primitivkulturen bezeichnen, mit denen die Griechen im Laufe ihrer Geschichte bekannt geworden sind. Dem Begriff der Primitivkultur scheint ein Werturteil anzuhaften, obwohl ihm eigentlich nur eine beschreibende, also wertneutrale Funktion zukommen sollte. Als solcher bezeichnet er junge, noch unentwickelte Kulturen, Ursprungskulturen, Frühkulturen. Die Griechen lernten im Zeitalter ihrer Koloniegründungen, aber auch noch später, vor allem in der Folge des Siegeszuges Alexanders in den Osten, derartige Primitivkulturen kennen, so im Norden die Thraker, Skythen und Geten, im Süden nordafrikanische und arabische Stämme, im Osten zahlreiche Völkerschaften, die zwischen Persern und Indern lebten, im Westen Völkerschaften Italiens, die Kelten und die Germanen.

Früh sind Griechen aber auch Hochkulturen begegnet. Die mythisch-sagenhafte Überlieferung vom thebanischen König Kadmos, der die phönizischen Buchstaben nach Griechenland gebracht haben soll, ist ein frühes Zeugnis der Kulturbegegnung mit den Phöniziern. Die mythischen Erzählungen von Danaos und seinem Zwillingsbruder Aigyptos und vom Aufenthalt der Io aus Argolis in Ägypten bezeugen die frühe Bekanntschaft mit dem Land am Nil[1]. Seit dem 6. Jh. v. Chr. trafen die Griechen Ioniens auf Lyder und Perser. Als | Stammvater der Perser galt Perses, der Sohn des argivischen Helden Perseus. Im Zeitalter Alexanders des Großen weitete sich der Blick nach Osten und nach Westen: Indien, die Juden und die Römer traten in den Gesichtskreis der Griechen des Mutterlandes[2].

---

* Vortrag, gehalten am 19. Mai 1987 an der Universytet Jagiellonski, Kraków. – Mein Dank gilt herzlich den Professoren Romuald Turasiewicz und Jósef Korpanty.
[1] S. Morenz, Die Begegnung Europas mit Ägypten. Mit einem Beitrag von M. Kaiser über Herodots Begegnung mit Ägypten, Zürich 1969.
[2] A. Momigliano, Alien Wisdom. The Limits of Hellenization, Cambridge 1975, deutsche

Einzelne der zuvor genannten Frühkulturen, wie die keltische und germanische, hätten sich zu Hochkulturen entfalten können, wären sie nicht mitten in ihrer Entwicklung von einer bereits bestehenden Hochkultur vernichtet oder überformt und umgewandelt worden. Damit ist ein wichtiger Grund für die Tatsache genannt, daß nicht jede völkische und sprachliche Gemeinschaft der Geschichte bis zur Blüte einer Hochkultur gelangt ist. Die Niederlage im Kampf gegen einen militärisch mächtigeren und überlegenen Feind kann dafür der ausschlaggebende Grund sein. Man denke an die Kelten Galliens zur Zeit Caesars und seiner Nachfolger oder an die Vandalen in Nordafrika in ihrem vergeblichen Kampf gegen Byzanz. Mit der militärischen Niederlage muß nicht immer die kulturelle Überfremdung durch die Siegermacht verknüpft sein. Beispiele hierfür bieten im Altertum die Griechen selbst sowie die Juden. Weder verloren die Griechen Ioniens unter persischer Herrschaft ihre eigene Kultur, noch die Griechen insgesamt nach ihrer Unterwerfung durch die Römer. Die Juden behaupteten ihre Religion und ihre Sitten unter der Herrschaft altorientalischer Könige, der Seleukiden und der Römer. Griechen und Juden gehören aber aufgrund ihrer seelisch-geistigen Widerstandskraft eher zu den Ausnahmen unter den Völkern des Altertums. Beide weisen durch diesen Charakterzug auf ihr eigentümliches Wesen hin, nämlich auch unter negativen politischen Bedingungen einzigartig kulturschöpferisch zu bleiben. Im Grundsätzlichen ihres Wesens weisen sie Züge auf, die nicht weiter erklärbar und ableitbar sind. Beide Völker treten gleichsam als zwei Urphänomene in der antiken Welt auf. Ihre Wirkung hält bis heute an. Entsprechendes gilt auch für das Volk der Römer – aber wohl in etwas abgeschwächter Weise.

Der militärische und politische Sieg über ein anderes Volk konnte bisweilen sehr überraschende Folgen für den Sieger haben. Während die Römer durch ihre Siege über Kelten und Karthager in ihrem eigenen Wesen nicht tiefergreifend verändert wurden, hatte ihr Sieg über die Griechen gänzlich andere Folgen. Der militärische und politische Sieg wurde zu einer Niederlage für ihre bis dahin geltende Kultur: Ab dem Ende des 3. Jh. v. Chr. wurde Rom mehr und mehr zu einer griechisch-hellenistisch geprägten Stadt: „Die Sklavin Griechenland versklavte den römischen Sieger und hat ins bäuerliche Latium ihre Künste gebracht", wie Horaz treffend erkannt und formuliert hat[3]. Auch die über Westrom siegenden Germanenstämme verloren weitgehend ihre angestammte Kultur. In beiden Fällen wurde die militärisch siegreiche, aber geistig | unterlegene Kultur von der besiegten Kultur umgeformt: Aus der Kultur der etruskisch-latinisch-italisch geprägten Römer entstand die neue doppelsprachige, griechisch-römische Mischkultur, und aus den germanischen Frühkulturen der Spätantike ging die neue Kultur des Frühmittelalters hervor, die geistig von den mediterranen Kulturmächten, der griechisch-römischen und der jüdisch-christlichen, gestaltet ist.

Ausgabe München 1979. Vgl. die von C. CLEMEN herausgegebene Sammlung: Fontes historiae religionum ex auctoribus graecis et latinis collecti, I–VI, Bonn 1920–1936.
[3] Hor. *epist.* II 1, 156f.; vgl. Heraclid. Pont. fr. 102 WEHRLI.

Betrachten wir die kriegerischen Zusammenstöße der Völker insgesamt, so stellen wir fest, daß unter kulturellem Blickpunkt einmal bei der besiegten Nation die Opfer größer sind, ein andermal bei der siegreichen Nation. Die Neuschöpfung einer Kultur oder ihre Metamorphose, bei der Bewahrung und Erneuerung sich gegenseitig durchdringen, kostet Opfer, Opfer an Menschenleben und Opfer an bisher geltenden Überzeugungen und Wertsetzungen. Trotz dieser Erschütterungen, die durch die kriegerischen und kulturellen Zusammenstöße der antiken Völker verursacht wurden – wenn nicht gerade aufgrund dieser Erschütterungen – sind im Altertum jeweils neue schöpferische Kräfte entbunden worden, die zu neuen Kulturen geführt haben: Aus der Begegnung der Griechen mit den orientalischen Kulturen im Zeitalter Alexanders und der Diadochen entstand der Hellenismus, aus der Begegnung der Römer mit der griechisch-hellenistischen Kultur ging eine neue Literatur in römischer Sprache hervor, und aus der so schmerzhaften Begegnung der mediterranen Spätantike mit den Germanen und den Arabern wurde das christliche Mittelalter nach Jahrhunderten des Kulturzerfalls gleichsam wie nach langen Wehen geboren.

Vielleicht können wir aufgrund der Lehren, die aus der Kulturgeschichte zu ziehen sind, eine Voraussage für die Zukunft unserer heutigen Kultur wagen. Als Voraussetzung müssen wir dabei annehmen, daß die Gesetze, unter denen geschichtliches Geschehen bisher stand, auch für die Zukunft gelten. Zunächst dürfen wir wohl die Hoffnung hegen, daß innerhalb der jetzt lebenden Völker aller Kulturstufen noch genügend geistig-seelische Reserven lebendig sind, die eine Metamorphose der heute die Welt bestimmenden europäisch-amerikanischen Kultur, die bereits viele Zeichen der Auflösung in sich trägt, ermöglichen. Selbst militärisch unterlegene Völker können über diese Kraft der Erneuerung innerhalb einer anderen Kultur verfügen, wie die Griechen und die Juden unter Roms Herrschaft bewiesen haben; denn die Kultur der römischen Kaiserzeit ist griechisch-hellenistisch geprägt und die Kulturen der Spätantike und des Mittelalters jüdisch-christlich. Wie die Geschichte weiterhin lehrt, gibt es keine neuen Kulturen ohne die tiefgreifendsten Erschütterungen der älteren. Diese Erschütterungen erleben wir täglich. Eine neue weltumspannende Kultur, die vielleicht wesentlich von den Völkern der sogenannten ‚Dritten Welt‘ getragen sein wird, bedarf noch einer langen Vorbereitungszeit, ehe sie ans Licht treten kann, wie der Vergleich mit den Epochen des Hellenismus und der Spätantike zu lehren vermag.

Die vielfältigen Kulturmischungen, Synkretismen und kulturellen Metamorphosen der Antike wären nicht möglich gewesen, wenn nicht in sich | relativ fest strukturierte kulturelle Gestaltungen vorausgegangen wären. Griechen, Juden und Römer besaßen zunächst ein festumrissenes eigenes Wesen. Sie waren fast wie menschliche Einzelwesen „geprägte Formen, die lebend sich entwickeln", um mit Goethe zu sprechen. Sie erschienen gleichsam als große organische und geistig-seelische Gebilde mit der Kraft der Selbstbestimmung und Selbstbehauptung, aber auch mit der Kraft, auf Fremdes schöpferisch zu antworten, durch

Aufnahme und Einschmelzen oder durch Ablehnung und Abstoßung fremder Kultureinflüsse. So haben Griechen, Juden und Römer ganz neue Möglichkeiten und Dimensionen der Seele und des Geistes erschlossen: Die Griechen begründeten Philosophie und Wissenschaft, die Juden den Glauben an den einen transzendenten Schöpfer-Erhalter- und Erlöser-Gott, und die Römer schufen durchdachte Rechtssysteme und bewiesen einen eigentümlichen Sinn für Ordo in Staat und Gesellschaft.

Alle drei Völker der Antike sind aber zugleich mit vielen Wurzeln in dem Erdreich verankert, aus dem alle menschlichen Kulturen erwachsen, mögen diese zu Hochkulturen aufgestiegen oder auf der Stufe der Ursprungskultur stehen geblieben sein. Zu diesem allgemein-menschlichen Erbe dürfte die magische Auffassung des Fremden und damit der Angehörigen bisher unbekannter Kulturen gehören[4]. Die Menschen der vorgeschichtlichen Bewußtseinsstufe und damit der magischen Mentalität erlebten jeden Fremden als den Träger einer Macht, deren Wirkung unheilvoll oder heilvoll sein konnte. Je nachdem wurde der Fremde behandelt. Keineswegs mußte nur eine feindliche Einstellung ihm gegenüber herrschen. Im Altlateinischen bezeichnet *hostis* den Fremden und nicht in eingeschränkter Weise den Fremden als Feind[5]. Der Fremde wirkt für den magisch die Wirklichkeit Erlebenden wie alles Geheimnisvolle in ambivalenter Weise: Als Träger von Segens- und von Fluchmacht. Der Fremde konnte so gleichsam als ein Gott oder als ein Dämon erscheinen. Nur Gleichgültigkeit ihm gegenüber kam für diese frühe Erlebnisstufe nicht in Betracht. Diese Auffassung vom Fremden hat ihre Spuren auch in den Entwicklungsstufen des griechischen Geistes hinterlassen. Die Griechen haben die Stufen des frühen magischen Denkens, der magisch-religiösen Anschauungen verhältnismäßig schnell durchlaufen. Wenn es zutrifft, daß sie den Menschen als geistiges Wesen erstmals bewußt erkannt haben und zum Begriff des reinen Geistes, des Logos, vorgedrungen sind[6], dann werden wir bei ihnen auch eine ganz neue, bisher nicht dagewesene Einschätzung von Fremdkulturen antreffen. Wenn wir hier von den Griechen sprechen, so meinen wir in erster Linie die geistigen und sittlichen Führer und Erzieher des Volkes, die Dichter, Denker, Gesetzgeber und Redner, also all jene, die vor allem in Ionien, Attika, in Unteritalien und Sizilien in Wort und Schrift auf der Agora, im Theater und in den für | griechische Erziehung und Bildung so typischen Gymnasien die Menschen aller Altersstufen erreicht und auf sie eingewirkt haben.

Die Beweglichkeit des Geistes, die die griechischen Stämme zunächst insgesamt, auch den Stamm der Dorer, ausgezeichnet hat, zeigte sich unter anderem darin, daß die Griechen wie kein anderes Volk des Altertums sich frei im geogra-

---

[4] O. HILTBRUNNER, Gastfreundschaft, Reallexikon für Antike und Christentum (=RAC) VIII (1972), S. 1061–1064: zur Freund-Feind Ambivalenz.

[5] Varro, ling. lat. V 3.

[6] B. SNELL, Die Entdeckung des Geistes. Studien zur Entstehung des europäischen Denkens bei den Griechen[4], Hamburg 1975.

phischen Raum bewegt haben. Als Seefahrern begegnen wir ihnen in den ältesten Literaturdenkmälern, der *Ilias* und der *Odyssee*. Die Mythen von Herakles' Wanderungen in den Osten, Westen und Norden Europas bestätigen dies nicht weniger als Zeugnisse geschichtlicher Zeit. Während die meisten Völker der antiken Mittelmeerkulturen nach ihrer Seßhaftwerdung in ihrem Stammesverband verblieben sind, treffen wir Griechen als Kolonisten im gesamten Mittelmeergebiet, am Schwarzen Meer ebenso wie in Italien, auf Sizilien, in Gallien, Spanien und Nordafrika[7]. Als Söldner stehen sie im Dienste von Pharaonen, und als Seefahrer gelangen sie über die Säulen des Herakles hinaus. In dieser Hinsicht fanden sie vor allem in den Phöniziern Rivalen. Aber das Interesse der Phönizier galt fast ausschließlich dem Handel und dem aus ihm zu ziehenden Gewinn. Anders das der Griechen: Ihre Weltläufigkeit war mehr ein sichtbarer Ausdruck für die Lebendigkeit ihres Geistes, für ihre Wißbegier und einen wachen Sinn für Beobachtung.

Unter den Wahrnehmungsvermögen erkannten sie dem Auge den Primat zu. „Die Ohren sind für die Menschen unzuverlässigere Zeugen als die Augen", betont der weitgereiste Geograph, Ethnograph und Geschichtsschreiber Herodot[8]. Um 450 bis 430 bereiste dieser wohlhabende Ionier Sizilien, Unteritalien, Libyen, Ägypten, Phönizien, die Küsten Kleinasiens, die Nord- und Südküste des Schwarzen Meeres und das Perserreich mit den Hauptstädten Babylon und Susa[9]. Weshalb aber reiste Herodot in diese Länder? Wegen der sinnlichen und der geistigen Schau, ein Motiv, das Herodot selbst als Grund für die Reisen des athenischen Gesetzgebers Solon angibt: Solon sei zum Pharao Amasis gereist und darauf zu Kroisos. Kroisos aber habe ihn als Weisen, der auf seinen Reisen zu seinen Einsichten gelangt sei, geschätzt: „Athenischer Fremder, so spricht Kroisos zu Solon, zu uns ist über dich viel Kunde wegen deiner Weisheit und deiner Reisen gedrungen, daß du philosophierend in viele Länder gelangt bist um der Schau willen"[10]. Die Reisen der phönizischen Händler waren zweckgebunden, die Reisen der griechischen Weisheitslehrer, der Sophisten und ihrer Schüler – zu ihnen gehört auch Herodot –, dienten vor allem der sinnlichen und geistigen Betrachtung von Welt und Mensch. Mit dieser Betrachtung der Welt und der Kulturen war Wißbegier oder wissenschaftliche Neugier verbunden, ein geistiges Streben, das bis heute die den Griechen folgenden Wissenschaftler beherrscht und nach einem Vorspiel im Altertum | erst jetzt wieder aufgrund der bedrohlichen Nebenwirkungen in Frage gestellt wird[11]. Die griechischen Weisheitslehrer und

---

[7] T.J. Cornell, Gründer, RAC XII (1983), S. 1107–1145; W. Leschhorn, Gründer der Stadt (= Palingenesia 20), Wiesbaden 1984.

[8] Herodot. I 8, 2.

[9] O. Regenbogen, Herodot und sein Werk, Kleine Schriften, München 1961, S. 57–100.

[10] Herodot. I 29 f.

[11] H. Fuchs, Enkyklios Paideia, RAC V (1962), S. 365–398, bes. 368 f., 385; vgl. auch Sen. epist. 88; N. Brox, Zur Legitimität der Wißbegier, Das antike Rom in Europa = Schriftenreihe der Universität Regensburg XII (1986), S. 33–52.

Reisenden waren weltoffen. Sie kamen nicht, um zu missionieren oder materiellen Gewinn von ihren Reisen heimzubringen, sondern sie wollten die fremden Kulturen kennenlernen, seien diese Hoch- oder Ursprungskulturen.

Während andere Völker des Altertums im Fremden oft nur den Feind sehen konnten, Toleranz ausschließlich gegen ihre Stammes- und Volksangehörigen übten und alle Fremden mit Mißtrauen, oft auch mit Haß und Verachtung betrachteten, haben viele Griechen, geprägt durch ihre philosophisch eingestellten Lehrer und Erzieher, nach und nach eine verständnisvollere Einstellung gefunden, eine Einstellung, die sogar so weit gehen konnte, daß ein fremdes Volk, noch dazu eine Primitivkultur als Vorbild aufgestellt werden konnte. So erscheinen die Griechen als das erste Volk in der Geschichte, das bewußt und aus Überzeugung Toleranz gegenüber fremden Völkern geübt hat. Was andere Völker nur nach Jahrhunderten schmerzlicher Erfahrungen gelernt haben, das scheinen viele Griechen bereits aufgrund ihrer Weltoffenheit mitgebracht zu haben.

In der *Ilias* und *Odyssee* ist diese Haltung bereits grundsätzlich erkennbar. Diese Epen gehen auf Dichter der Westküste Kleinasiens und der ionischen Inseln zurück. Die Ionier waren wohl der am meisten weltoffene Stamm der Griechen. Die Herausforderung, sich mit einer bedeutenden Kultur, der lydischen, zu messen und auseinanderzusetzen, entband Kräfte, die in dieser Weise die Dorer des Binnenlandes nicht entfalten konnten. Die Ionier entwickelten so einen Sinn für das harmonische Verhältnis von Realität und Idealität und damit für Humanität. Diese Humanität zeigen die *Ilias*-Dichter in der Darstellung der Trojaner, der Feinde der Griechen, die sie niemals dämonisieren. Vielmehr werden dem einzelnen trojanischen Helden die gleichen Charaktereigenschaften zugebilligt wie den achäischen Helden. Ein unvergängliches Denkmal edler Gesinnung ist das Gespräch zwischen dem tiefgebeugten trojanischen König Priamos und dem siegreichen Achill bei Hektors Leichnam[12]. Die hellenistischen Sänger beschreiben auch das feindliche Troja nicht als eine barbarische, sondern als eine griechische Stadt. Die Götter dieser Stadt sind Götter, die auch die Griechen verehren: Athena, Aphrodite, Apollon und Poseidon. Hier zeigt sich bereits die später immer wieder geübte *interpretatio Graeca*: Die Griechen deuten die ihnen zunächst fremden Götter der Feinde als eigene. Damit schlagen sie eine Brücke zu einem ersten Verstehen. Nur wenn im Fremden Eigenes entdeckt wird, gelingt eine Verständigung. |

Aus dieser Tendenz, fremde Völker zu verstehen, sind auch die Konstruktionen der frühgriechischen genealogischen Schriftsteller erwachsen. Diese Genealogen verknüpften alle ihnen bekannten Völker durch verwandtschaftliche Abhängigkeit miteinander[13]. Lange vor den Überlegungen und Forderungen der kynischen

---

[12] Il. XXIV 468–674.
[13] Zum Folgenden W. Speyer, Genealogie, RAC IX (1976), S. 1145–1268, bes. 1156–1160, 1209 f.

und stoischen Philosophen, die von der Einheit des Menschengeschlechts sprachen, haben die Genealogen seit Hesiod Stammväter der griechischen und der
ihnen bekannten benachbarten Völker angenommen und sie alle in einen einzigen grandiosen Völkerstammbaum eingefügt. In dieser Hinsicht kommen ihnen
in der alten Welt nur die Israeliten nahe, wie das Buch Genesis mit seinen auf das
erste Menschenpaar zurückgeführten Genealogien der damals bekannten Völker
beweist. Die griechischen Genealogen des 7. und 6. Jh. drückten durch die Völker-
stammbäume ihr Verständnis für die Zusammengehörigkeit aller Menschen auf
der ihnen bekannten Erde aus und stellten so ein erstes völkerkundliches System
auf. So kennt bereits Hesiod Latinos als Stammvater der Latiner. Latinos aber
galt ihm als Sohn des Griechen Odysseus. Ferner nennt Hesiod Arabos als den
Stammvater der Araber. Arabos aber wird als Sohn des griechischen Gottes Hermes gedacht. Entsprechendes gilt für Aigyptos und Perses, die Stammväter der
Ägypter und Perser. In diesen Konstruktionen offenbart sich der griechische Sinn
für die Grundtatsache, daß Trennung und Getrenntes gegenüber der ursprünglichen
Einheit zweitrangig sind. Die philosophische Annahme einer Allverwandtschaft,
der συμπάθεια τῶν ὅλων, ist hier bereits für ein besonderes Gebiet vorweg-
genommen. Eine derartige Grundeinstellung konnte nicht ohne Folgen für den
Umgang mit den Fremdvölkern insgesamt und den einzelnen Angehörigen dieser
Völker bleiben.

Bereits einzelne Schriftsteller der Antike hatten die psychologische Wahrheit
erkannt, daß Ferne, sei sie zeitlicher oder räumlicher Art, mit einer Tendenz zur
Verherrlichung verbunden ist[14]. Die Vorstellung einer idealen Gesellschaft und
vollkommener Menschen am Anfang der Menschheitsgeschichte begegnet erstmals im Mythos der Goldenen Zeit in Hesiods *Werken und Tagen*[15]. Entsprechend dieser Vorstellung, die weit älter als Hesiod sein dürfte, kannten die Dichter
der *Ilias* sogenannte heilige Völker außerhalb der griechischen Welt und der den
Griechen aus der Anschauung bekannten Fremdvölker. Jene heiligen Völker lebten nach den Vorstellungen der homerischen Sänger gleichzeitig mit den Helden
der *Ilias* am Rande der Erde und zwar in der Nähe der Göttersitze. Die räumliche
Nähe zu einem noch eben geographisch erahnbaren Götterland schien Beweis
und Grund dafür, daß die Bewohner dieser Länder Freunde und Lieblinge der
Götter sein mußten. Als derartige Völker begegnen in der *Ilias* die Hippemolgen,
Galaktophagen und | Abier[16]. Im Zusammenhang lauten die Verse: „Zeus blickte
weg auf das Land der rossetummelnden Thraker, der nahekämpfenden Myser
und der herrlichen Hippemolgen, Galaktophagen und Abier, der gerechtesten
Menschen"[17]. Gewiß liegen dieser Aufzählung, die von Bekanntem zu verklärt

---

[14] Tac. ann. I. 47: „maior e longinquo reverentia".
[15] Hes. erg. 108–126; B. Gatz, Weltalter, goldene Zeit und sinnverwandte Vorstellungen (=
Spudasmata 16), Hildesheim 1967.
[16] Il. XIII 5 f.; Chr. Danoff, Abioi, Der Kleine Pauly I (1967), S. 14.
[17] Il. XIII 4–6.

Unbekanntem aufsteigt, also von der Realität zur Idealität, gewisse konkrete Erfahrungen zugrunde. Obwohl die Griechen unter den Thrakern viel zu dulden hatten, erhalten diese kein abwertendes Beiwort. Das Adjektiv ‚rossetummelnd‘ beschreibt nur und folgt aus der Beobachtung, der θεωρία. Spätere Geschichtsschreiber, wie Ephoros und Poseidonios, suchten die Hippemolgoi und die Abioi im Norden Europas und sahen in ihnen skythische Nomaden[18]. Dies ist bereits eine Entmythisierung. – Ein anderes heiliges Volk, das Spätere gleichfalls im Norden ansiedelten, waren die Hyperboreer. Sie sollten jenseits des Boreas, des Nordwindes, wohnen. Ihr Land galt als paradiesisch: Apollon komme von Delphi zu ihnen und halte sich zeitweise bei ihnen auf[19].

Neben die genannten mythischen Völker, die als Gottesfreunde am Rande der Erde wohnten, treten weitere, wie die Hesperiden und die Makrobioi[20]. Alle aufgezählten Völker werden zwar als Menschen betrachtet – im Gegensatz etwa zum Volk der Kyklopen, der Kentauren und auch der Amazonen, die man sich wohl als doppelgeschlechtige Wesen und nicht als Frauen vorgestellt hat –, sie sollen der irdischen Realität angehören, aber sie tragen doch auch wieder Züge jenseitiger Wesen in sich. Das trifft auf die Hesperiden oder die Phäaken zu, die ohne Steuer und Ruder windschnell das Meer durchfliegen[21].

Die ältesten Nachrichten der Griechen über Fremdvölker sind zu einem beträchtlichen Teil Aussagen eines magischen Erlebens der Wirklichkeit. Derartige Aussagen sind oft ambivalent. Neben den segensvollen Fremdvölkern stehen deshalb auch unheil- und verderbenbringende. Die *Odyssee* kennt einzelne fluchbringende Fremdvölker: Odysseus trifft auf ein Land der Menschenfresser, auf die Insel der götterverachtenden Kyklopen, auf die menschenfressenden Laistrygonen und die Lotosesser, also auf unheilige und gottesfeindliche Völker[22]. Die für den Fremden nach magisch-religiösem Erleben charakteristische ambivalente Wesensart zeigt sich demnach auch in den Nachrichten der *Odyssee* von guten und bösen, von menschen- und götterfreundlichen sowie von menschen- und götterfeindlichen Völkern. Odysseus trifft auf positiv und negativ gekennzeichnete Völker, die noch weit|gehend der mythischen Stufe des Bewußtseins angehören. In der griechischen Frühzeit, als *Ilias* und *Odyssee* entstanden, wirkt das Phantastisch-Ideale noch tief auf die Vorstellungswelt der damaligen Menschen ein. So stehen am Anfang der griechischen Literatur mythische Völker gleichberechtigt neben geschichtlich bekannten, wie sie der Schiffskatalog der *Ilias* auf-

[18] Ephorus bei Strab. VII 3,9 = F Gr Hist 70 F 42; Posidonius bei Strab. VII 3,3 = fr. 45 Theiler.
[19] H. v. GEISAU, Hyperboreioi, Der Kleine Pauly II (1967), S. 1274f.
[20] DERS., Hesperiden, ebd. S. 1117f; H.W. HELCK, CHR. DANOFF, Makrobioi, ebd. III (1969), S. 922.
[21] H. v. GEISAU, Phaiakes, ebd. IV (1972), S. 689f.
[22] Od. IX 105–566; X 80–132; IX 82–104.

führt[23]. Der Sakralisierung des ältesten Menschengeschlechts, des Geschlechts der Goldenen Zeit bei Hesiod, entspricht die Sakralisierung weit entfernter Völker durch Homer. Diese Tatsache ist von weitreichender Bedeutung; denn die Sakralisierung, die mit einer Idealisierung von Fremdvölkern parallel geht, ist nicht auf die bisher genannten, nur dichterisch beschriebenen Völker beschränkt geblieben, sondern hat ihre Spuren sogar in den antiken Darstellungen geschichtlicher Völker hinterlassen. Aus späterer Zeit gilt hierfür als das bekannteste Beispiel die *Germania* des Tacitus. Griechische Schriftsteller haben mit idealisierenden Farben auch die Skythen, Inder, Äthiopier und andere Völker dargestellt.

Die Vorstellungen über fremde Völker wurden ferner durch die Theorien griechischer Denker und Dichter über die menschliche Urzeit mitgeprägt. In Hesiods Werken und Tagen steht die Geschichte vom Goldenen Geschlecht am Anfang der Menschheitsgeschichte neben der Erzählung von Prometheus und seinem Raub des Feuers[24]. Die aitiologische Erzählung vom Feuerraub setzt aber einen elenden, fast tierähnlichen Urzustand der Menschen voraus. Dieses Nebeneinander zweier grundsätzlich verschiedener Erklärungen der Menschheitsgeschichte, einer Verfallstheorie und einer Fortschrittstheorie, erstmals in ein- und demselben Werk, entspricht zwei verschiedenen Denkweisen Hesiods[25]. Hesiod drückt beide Theorien über die Anfänge der Menschheit mythisch aus. Die Fortschrittstheorie ist durch das Bild vom Feuerraub des Prometheus noch mythisch eingekleidet, trägt aber bereits den Keim der Rationalisierung in sich. Nur ein geschichtlich-perspektivisch bereits entfaltetes Bewußtsein und eine zum Logos tendierende Geistigkeit konnten bis zu dieser Anschauung vordringen. Damit eröffnete sich einzelnen griechischen Kulturforschern eine erstaunliche Einsicht. Sie erkannten eine Übereinstimmung der Sitten und Verhaltensweisen der ihnen benachbarten Primitivkulturen mit den Sitten und Verhaltensweisen der urzeitlichen Menschen und damit zugleich jener Menschen, von denen sie selbst als Angehörige eines Kulturvolkes abstammten. Ihre fortschreitende rationale Durchdringung der Wirklichkeit mußte damit auch all jene älteren halbmythischen Stammbäume der Völker verwerfen, nach denen Götter am Anfang von Völkern, Stämmen und Adelsgeschlechtern | standen. Vielmehr zeigten sich ihnen die Anfänge aller Hochkulturen, auch der eigenen, im Licht der noch um sie lebenden Naturvölker. Sie begriffen den Wandel der Kulturen und fanden den Begriff des kulturellen Fortschritts[26]. Wie im 5. Jh. v. Chr. Demokrit, der Sophist Kritias und später Epikur und sein römischer Verehrer Lukrez ausführten, war

---

[23] Il. II 484–760.

[24] Hes. erg. 47–52 im Vergleich zu erg. 108–126.

[25] Die ‚Genesis' bietet eine gewisse Entsprechung mit vertiefter Verknüpfung und Begründung: Paradiesischer Zustand, Verlust des Paradieses, sodann Ackerbaukultur als Anfang der sich höher entwickelnden menschlichen Kultur. Zu Entartung und Fortschritt A. Kehl, Geschichtsphilosophie, RAC X (1978), S. 703–752, bes. 748–752.

[26] K. Thraede, Fortschritt; ebd. VIII (1972), S. 141–161; Kehl, a.O. S. 751 f.

die früheste Stufe der Menschheitskultur gleichsam tierhaft. Sie sprachen deshalb von einer tierähnlichen Lebensweise jener Menschen. Dieser Urstufe der Menschheitskultur wurde nun jene Kulturstufe der Fremdvölker gleichgesetzt, die nach dem entfalteten Kulturbewußtsein der Griechen des 5. und der folgenden Jahrhunderte v. Chr. weit unter ihnen zu stehen schienen, also die der Primitivkulturen der Geten und Skythen oder der arabischen Stämme am Roten Meer. Damit erkannten diese Forscher sozusagen die Vergangenheit des eigenen Volkes im primitiven Fremdvolk wieder. Auf diese Weise war eine neue Perspektive für die Betrachtung und Bewertung fremder Völker gegeben. Statt zu verurteilen und zu verhöhnen, begannen einzelne zu verstehen. Die Grundlage für eine wissenschaftliche, vorurteilslose Betrachtung der Völker war gelegt worden. Die Früchte zeigten sich in der Schule des Aristoteles und bei späteren Ethnographen.

Andererseits wirkte auch die alte mythische Vorstellung von der paradiesischen Urzeit in der wissenschaftlichen Betrachtung weiter, wie Poseidonios zeigt[27]. Die beiden einander entgegengesetzten Deutungen der menschlichen Urzeit blieben nicht ohne Folgen auf die Vorstellung von den Primitivkulturen. Klischeehafte Bilder vom ‚glücklichen und guten Wilden' und vom ‚armen und kulturlosen Primitiven' waren geboren und beherrschten den von den Griechen abhängigen europäischen Geist bis in dieses Jahrhundert[28].

Eine umfassende Darstellung des Themas ‚Die Griechen und die Fremdvölker' müßte sich in weitere Richtungen bewegen: Einmal müßten die politischen und wirtschaftlichen Begegnungen zwischen beiden Größen untersucht werden. Dazu gehörte beispielsweise die jeweilige Gründungsgeschichte der zahlreichen Kolonien rings um das Mittelmeer und die Frage nach der Vermischung mit der Fremdbevölkerung dieser Regionen. In einem zweiten Anlauf wären die kulturellen Beziehungen zwischen Griechen und Fremdvölkern darzulegen. Aus diesem zweiten, nicht minder großen Themenkreis sei ein Kapitel näher beleuchtet:

Bisher habe ich bewußt einen Terminus vermieden, der jedem sogleich bei dem angekündigten Thema auf der Zunge liegt: den Barbarenbegriff[29]. Dieser | vielschichtige Begriff bedarf einer Klärung. Über die Schwierigkeit, die antike Zeugnisse über Fremdvölker dem modernen Leser entgegensetzen, ist bereits mittelbar einiges mitgeteilt worden, so über den Sinn einzelner mythisch gefärbter Aussagen. Ferner ist auf die tendenziöse Anwendung rhetorischer Topoi als

---

[27] Posidonius bei Sen. epist. 90 = fr. 448 THEILER; vgl. K. REINHARDT, Poseidonios Nr. 3; RE XXII 1 (1953), Sp. 558–826, bes. 805–808, der auf die Besonderheit von Poseidonios' Begriff der Goldenen Zeit hinweist; G. PFLIGERSDORFFER, Fremdes und Eigenes in Senecas 90. Brief an Lucilius, Aspekte der Kultursoziologie. Festschrift M. Rassem, J. STAGL (Hrsg.), Berlin 1982, S. 303–326.

[28] A.O. LOVEJOY/G. BOAS, Primitivism and Related Ideas in Antiquity, Baltimore 1935, Ndr. New York 1973, 287–367: ‚The Noble Savage in Antiquity'.

[29] Zum Folgenden W. SPEYER/I. OPELT, Barbar, Jahrbuch für Antike und Christentum X 1967, S. 251–290.

weiteres Hindernis hinzuweisen. Daß die Barbaren wie die wilden Tiere leben, ist ein oft bezeugtes Klischee. Aufgrund der Tatsache, daß die Antike die künstlerische Gestaltung als hohen, oft höchsten Wert für die Abfassung einer Schrift angesehen hat, konnte die geschichtliche Wahrheit der künstlerischen Wirkung zum Opfer fallen. Beobachtungen, die für ein Volk zutreffen, wurden unbekümmert auf ein anderes übertragen. Sodann wirken in unsere Quellen mannigfaltige Tendenzen sowie positive und negative Vorurteile hinein. Für jede antike Nachricht über Fremdvölker ist deshalb die Frage nach dem Realitätswert zu stellen. Eine Entscheidung hierüber wird nicht immer möglich sein. Auf diese methodischen Vorfragen kann hier nur hingewiesen und vor vorschnellen Schlußfolgerungen aus den erhaltenen Quellen gewarnt werden[30].

Das lautmalende Wort βάρβαρος bezeichnet einen Menschen, der unverständliche Laute hervorbringt. Dieses Wort begegnet nicht nur im Griechischen, sondern auch im Altindischen, Sumerischen und Semitisch-Babylonischen. Da mit ihm vor allem auf den unverständlichen Klang abgezielt wurde, konnten auch Tierlaute damit bezeichnet werden. Barbarensprachen konnten deshalb mit Tierlauten verglichen werden. Unverständlichkeit und Fremdheit sind zusammengehörige Begriffe. Für die Griechen, die so sehr dem Wort zugetan waren, stand die Sprache im Mittelpunkt der Begegnung mit dem Fremden. Die Sprache wird so als Brücke von Mensch zu Mensch erkennbar. Wo die Verständigung fehlt, wo Sprachlosigkeit herrscht, da beginnen Mißtrauen, Aggression, Streit, Haß, Kampf und Mord. In der Sprachfähigkeit liegt eine Möglichkeit eines Verstehens unter den Menschen. Die Griechen haben sich bemüht, fremde Sprachen zu erlernen und fremde Literaturen zu übersetzen. So ließen vor allem die Ptolemäer in Alexandrien Übertragungen aus dem Ägyptischen und Phönizischen anfertigen[31]. Die Griechen erwiesen sich damit als lernbegierig. Sie gingen gleichsam in die Schule fremder Völker und suchten dort Belehrung. Im Zeitalter des Hellenismus, als ein Ausgleich der bestehenden Kulturen stattfand, haben die Angehörigen alter Hochkulturen, wie Perser, Ägypter und Juden, die Griechen in einem größeren Ausmaß zu ihren Schülern gestempelt als dies von der neueren Forschung bestätigt werden konnte. Wie Th. Hopfner gezeigt hat, erstarkte in dieser Epoche trotz des politischen Niedergangs das kulturelle Selbstgefühl der Orientalen[32]. So erklärten | die Ägypter alle bedeutenden Philosophen von Thales bis zu Platon zu ihren Schülern. In gleicher Weise verfuhren die Juden in hellenistischer Zeit. Hier hatten ihnen die Griechen aber selbst vorgearbeitet. Mindestens seit Hekataios und Herodot bewunderten viele Griechen die uralte religiöse Weis-

---

[30] Vgl. z.B. E. Norden, Die germanische Urgeschichte in Tacitus Germania, ³Leipzig 1923, Ndr. Darmstadt 1959.

[31] W. Speyer, Angebliche Übersetzungen des heidnischen und christlichen Altertums, Jahrbuch für Antike und Christentum XI/XII 1968/1969, S. 26–41.

[32] Th. Hopfner, Orient und griechische Philosophie = Der Alte Orient, Beiheft 4, Leipzig 1925.

heit bestimmter Barbarenvölker. Der Sieg der griechischen Waffen über die orientalischen Hochkulturen im Zeitalter Alexanders veranlaßte geistig führende
Angehörige dieser Kulturen, den Griechen ihre Kultur durch Schriften in griechischer Sprache zu erschließen. Viele gebildete Griechen kamen in dieser Zeit zu
dem Schluß, daß die Ursprünge aller Kultur im Orient zu suchen seien. So war
der Schritt nicht mehr weit, die griechische Kultur zum Ableger der orientalischen Kulturen zu stempeln. Tatsächlich ist die Beeinflussung der Griechen
durch den Orient in den letzten fünfzig Jahren immer deutlicher ins Blickfeld der
Forschung gerückt. Griechische Schriftsteller haben diese Abhängigkeit ihrer
eigenen Weisen betont. Damit wurde sogar ein Vorrang in der religiösen Weisheit, aber auch in der Wissenschaft fremden Kulturvölkern zuerkannt. Das Thema der Barbarenphilosophie ist in der griechisch-römischen Überlieferung weit
verzweigt und zieht sich bis zu den Kirchenschriftstellern hin[33].

Waren es hier die fremden Hochkulturen, die sich einer besonderen Schätzung
durch die griechische Kultur- und Wissenschaftsgeschichtsschreibung erfreuten,
so ist auch eine Primitivkultur als leuchtende Beispielfigur aufzuweisen, die von
den Griechen als ein Idealbild aufgestellt wurde. Dies waren die Skythen mit
ihrem Weisen Anacharsis[34]. Je mehr sich die griechische Kultur in ihrer Zivilisation verfeinerte, umso mehr wiesen einzelne griechische Kritiker dieser Entwicklung auf die Einfachheit und Unverdorbenheit der Sitten von Naturvölkern
in der Umgebung der Griechen hin. Die Legende vom unverdorbenen, einfachen
und natürlich lebenden Barbaren Anacharsis, der die verfeinerten griechischen
Sitten tadelt, gehört vielleicht bereits ins 5. oder sogar schon ins 6. Jh. v. Chr. Der
Geschichtsschreiber Ephoros zählte ihn zu den Sieben Weisen. Die Kyniker haben den Namen des Skythen Anacharsis benutzt, um unter seiner Maske und mit
seiner Autorität ihre Kultur- und Zivilisationskritik besser verbreiten zu können.
So verherrlicht der Skythe Anacharsis im neunten ihm unterschobenen Brief den
Naturzustand der Menschen, als allen alles gemeinsam war. Einer seiner angeblichen Aussprüche hat den Sinn: Die Menschen sind nicht nach Sprache und
Abstammung zu beurteilen, sondern nach ihrem Charakter. Als ein Grieche ihm
seine barbarische Herkunft vorwarf, habe er geantwortet: „Mir ist mein Vaterland Schimpf, du aber deinem Vaterland." Das Ansehen des skythischen Weisen
wurde vor allem in der Kaiserzeit (2. Jh. n. Chr.) durch die Skythendialoge Lukians,
Anacharsis, Scytha und Toxaris, auch in nachchristlicher Zeit wachgehalten.

Die Verherrlichung des einfachen Lebens, der Bedürfnislosigkeit führte in
hellenistischer Zeit zu einer Neuentdeckung der Werte der Frühkulturen: | Der
Leitsatz der Kyniker lautete: Die menschliche Natur ist unverdorben, verdorben
ist nur der Mensch der Kultur. Der 28. Brief unter dem Namen des Kynikers

---

[33] Speyer/Opelt a.O. S. 258 f., 267, 269–271.
[34] Zum Folgenden ebd. 257; vgl. A. MacC. Armstrong, Anacharsis the Scythian, Greece
and Rome XVII 1948, S. 18–23.

Diogenes von Sinope beschämte die Griechen: In Wahrheit seien sie die Barbaren und nur sogenannte Hellenen, die Barbaren aber nur dem Namen nach Barbaren. Die Tendenz, Fremdvölker zu idealisieren, die bereits bei Homer erkennbar war, durchzieht die unter kynischem Einfluß stehende Ethnographie und betraf folgende Primitivkulturen: neben den Skythen die Britannier, die Korsen, die Äthiopier und später die Germanen[35].

Bis zur hellenistischen Epoche hatte der Barbarenbegriff verschiedene Bedeutungen und Wertungen erhalten. Wenn Verdeutlichungen fehlten, wie hinsichtlich des Geschlechts, der Seele, der Natur, der Sprache, gab darüber nur der Zusammenhang Aufschluß. Das Wort konnte vielerlei bezeichnen: denjenigen, der eine andere Sprache sprach, den Nichtgriechen, den Fremden und Ausländer, den Landesfeind, vor allem den Perser. Aischylos hat die Perser, gegen die er selbst bei Marathon und Salamis gekämpft hat, in seiner gleichnamigen Tragödie ungemein taktvoll dargestellt und die Gemeinschaft in Denken und Fühlen zwischen ihnen und dem eigenen Volk herausgearbeitet. Seine *interpretatio Graeca* der Perser ist an vielen Stellen der Tragödie zu erkennen. – Das Wort Barbar konnte ferner den kulturlosen Wilden, den Ungebildeten, Dummen – auch den ungebildeten Griechen –, den Angehörigen eines fremden Kulturvolkes und seltener den hellenisierten Ausländer bezeichnen.

Wie aus den beigebrachten Zeugnissen zu entnehmen ist, haben bereits größere Kreise der Griechen dank ihrer Dichter, Geschichtsschreiber und Ethnographen, ihrer Denker und Gelehrten zu einem differenzierten Bild der fremden Völker und Kulturen gefunden. In diesen Mitteilungen, Urteilen und Bemerkungen spricht sich eine bestimmte, charakteristische Anlage der geistig führenden Griechen aus: Sie versuchten, Reales und Ideales zu einer Harmonie zu verbinden, das Gemeinsame und damit das Allgemeine nachdrücklicher als das Trennende bei den Menschen zu sehen und sich grundsätzlich mehr vor blindem Haß gegen ein fremdes Volk als vor dessen Bewunderung zu hüten. Die geistigen Repräsentanten Griechenlands haben dieses Verhältnis an Rom und dessen Tochterkulturen weitergegeben. Mag auch die politische Wirklichkeit Roms und seiner Erben vielfach gänzlich anders ausgesehen haben, wie die Griechen selbst in der Epoche der römischen Expansion in das östliche Mittelmeer schmerzlich verspüren mußten, so blieb das von einzelnen Griechen gefundene grundsätzlich Neue, das sie im Verhältnis der eigenen Kultur zu fremden Kulturen entdeckt haben, unaufgebbarer Besitz eines Humanismus, der auf diesen Namen Anspruch erheben möchte.

---

[35] Speyer/Opelt a.O. 257.

12. Kulturwandel und Wanderungen in Europa*

Eine nachdenkenswerte Überzeugung des ursprünglichen und mythenbildenden Bewußtseins im religiös-magischen Zeitalter lautet: Jedes Ende berührt einen Anfang, jeder Tod verweist auf neues Leben. Als Sinnbild für das Ineinander und Miteinander von Ende und Anfang, von Vergehen und Werden galt in der Antike die Schlange Uroboros: sie hält in ihrem Mund ihr Schwanzende und war damit das Sinnbild des die Gesamtwirklichkeit umschließenden ewigen Kreises, der ewigen Wiederkehr des Gleichen[1]. Die Frage, ob sich dieser wohl in allen frühen Kulturen nachweisbare Gedanke für die Bestimmung unserer Gegenwart und Zukunft fruchtbar machen läßt, gerade im Hinblick auf die Anzeichen des Endes einer Epoche, wenn nicht sogar eines Zeitalters, in diesem 20. Jahrhundert, ist hier zu stellen. Die Antworten darauf werden heute widersprüchlich ausfallen, da viele Menschen nicht mehr an verbindliche Kriterien der Wahrheitsfindung glauben, so daß ihnen die Phänomene der Geschichte mehr und mehr vieldeutig werden. Eine Übereinstimmung in Fragen der ‚Ortsbestimmung der Gegenwart' erscheint so weithin kaum möglich[2].

Überblicken wir den Gang der Menschheitsgeschichte, die dem Angehörigen und Betrachter eines nachmythischen, eines historischen Weltbildes nur noch als

---

* Überarbeitete Fassung eines Vortrags beim Symposion des ORF Wien: 3.–7.10.1993: „Migration und Kulturwandel. Die neue Völkerwanderung – Was wird aus Europa?"
[1] Vgl. Claud.carm. 22,427f.; Macrob.Sat. 1,9,11f.; E. Norden, Agnostos Theos. Untersuchungen zur Formengeschichte religiöser Rede (Leipzig/Berlin 1913, Ndr. Darmstadt 1956) 247–250 mit der Vignette aus einer griechischen alchemistischen Handschrift; zu ihr M.P. Nilsson, Geschichte der griechischen Religion 2[3] = Handbuch der Altertumswissenschaft 5,2,2 (München 1974) 499f. Anm. 7; 502 und Taf. 6,3; J. Assmann, Zeit und Ewigkeit im alten Ägypten = Abh. d. Heidelberger Akad. d. Wiss., phil.-hist. Kl. 1975, 1, 30–36; A. Stükkelberger, Bild und Wort. Das illustrierte Fachbuch in der antiken Naturwissenschaft, Medizin und Technik = Kulturgeschichte d. antiken Welt 62 (Mainz 1994) 121 Anm. 70; Abb. 60. – Zum Gedanken des Ewigen Kreises vgl. E. von Lasaulx, Studien des classischen Alterthums (Regensburg 1854) 17–44, bes. 26f.; J. Campbell, The Hero with a Thousand Faces. The Basic Myth of Human Life and Culture = Bollingen Series 17 (New York 1949, deutsche Ausgabe Frankfurt, M. 1953, Ndr. 1978) 254–260; B.L. van der Waerden, Das Große Jahr und die ewige Wiederkehr: Hermes 80 (1952) 129–155; M. Eliade, Der Mythos der ewigen Wiederkehr (Düsseldorf 1953); H. Schwabl, Weltalter: Realenzyklopädie der klassischen Altertumswissenschaft Suppl. 15 (1978) 783–850, bes. 840–845: ‚Weltperioden, Weltuntergang und Erneuerung'.
[2] A. Rüstow, Ortsbestimmung der Gegenwart 1/3 (Elzenbach/Zürich/Stuttgart 1950/57); vgl. auch R. Guardini, Das Ende der Neuzeit (Würzburg 1950).

Linie, nicht mehr als Kreis erscheint[3], so zeigt sich innerhalb der Hoch|kulturen des Mittelmeerraumes ein von der Tradition und Sitte bestimmter Zusammenhang geistiger Vorstellungen und Wertsetzungen, die letztlich alle in religiös-magischen Voraussetzungen gründen. So bindet dieses vorderasiatisch-europäisch zu nennende Zeitalter, das sich von den Reichen Babylons und Ägyptens bis zu den Kaiserreichen vor dem Ersten Weltkrieg erstreckt, der Gedanke des Herrschers, der als Abkomme oder als Erwählter des höchsten Gottes, des den Kosmos schaffenden Himmelsgottes galt[4]. Das Ansehen des sakral erlebten und gedeuteten Herrschers, das dieser durch seine Taten als Gesetzgeber, Führer und Wohltäter zu rechtfertigen hatte, bestimmte bis an die Schwelle dieses Jahrhunderts die unangefochtene Bindung von Altar und Thron und schuf die sakral überformte gemeinschaftsbildende und kulturelle Einheit der europäischen Staaten mit ihrem Einflußbereich in den übrigen Kontinenten[5]. Den Weg zu einer letzten Aufgipfelung dieser Vorstellung im 19. Jahrhundert zum französischen, österreichischen, deutschen Kaiser, zum russischen Zaren und dem Commonwealth der englischen Krone – Königin Victoria ließ sich zur Kaiserin von Indien ausrufen – bilden die Herrschafts-Translationen und Kultur-Metamorphosen seit den ältesten Hochkulturen des Vorderen Orients[6].

Bei diesen Herrschaftsübertragungen von einer Kultur auf eine andere, die stets mit tiefgreifenden Wandlungen vor allem bei den Trägern der Kulturen verknüpft waren – an den Niedergang des einen Volkes schloß sich mit Überschichtungen, Mischungen, zuweilen auch mit Vertreibung und Sklaverei bis hin zum Völkermord der Aufstieg eines anderen an –, ist deutlich eine Kulturdrift von Osten nach Westen zu bemerken[7]. Der geschichtliche Weg führte von den Reichen der Babylonier, Assyrer, Perser, Alexanders des Großen und seiner Nachfolger, der Diadochen, auf dem Boden der Länder des Vorderen Orients mit Einschluß Ägyptens zum westlichen Erben, dem Imperium Romanum der Cäsaren. In der Spätantike verzweigte sich der Weg: Das Imperium Romanum zerfiel in einen griechisch bestimmten Teil mit der neuen Hauptstadt Byzanz / Konstantinopel und einen lateinischen Teil mit der ursprünglichen Hauptstadt Rom. Infolge

---

[3] R. HÄUSSLER, Tacitus und das historische Bewußtsein = Bibliothek d. Klass. Altertumswissenschaft NF 2,9 (Heidelberg 1965); zur Diskussion über die zyklische und die lineare Zeitvorstellung in Antike und Christentum vgl. die Literatur bei W. SPEYER, Religionsgeschichtliche Studien = Collectanea 15 (Hildesheim 1995) 192.

[4] E.O. JAMES, The Worship of the Sky-God. A Comparative Study in Semitic and Indo-European Religion = Jordan Lectures 6 (London 1963); J.R. FEARS, Gottesgnadentum (Gottkönigtum): Reallexikon für Antike u. Christentum (=RAC) 11 (1981) 1103–1159.

[5] In diesen Vorstellungen verlief das aussagekräftige Gespräch zwischen dem deutschen Kaiser Wilhelm II. und Papst Leo XIII. im Mai 1903, mitgeteilt von B. VON BÜLOW, Denkwürdigkeiten 1 (Berlin 1930) 611–615.

[6] Eine erste geschichtsmächtige Reflexion darüber bietet der Prophet Daniel 7 f.; vgl. die Exegese der Kirchenväter; dazu W. SPEYER: Arcadia 10 (1975) 91–94; ferner W. GOEZ, Translatio Imperii (Tübingen 1958).

[7] VON LASAULX a.O.

der mehr und mehr erfolgreich zum Mittelmeer vordrängenden Germanen und der Kulturmischung auf dem Boden des Imperium Romanum gelangte der vorderorientalische Gedanke des Weltreiches und der | Weltherrschaft über das byzantinisch geprägte Ravenna des Ostgotenkönigs Theoderich nach Aachen, in die bevorzugte Pfalz Karls des Großen, später nach Wien und Paris, nach Westminster/London und in den nördlichen Osten nach Moskau, in das sogenannte dritte Rom[8].

Der im Frühmittelalter beginnenden sprachlichen und kulturellen Differenzierung der Länder Europas versuchte die Römische Kirche entgegenzusteuern, indem sie die Einheit des christlichen Glaubens sprachlich durch das Lateinische und organisatorisch durch das monarchische Prinzip sowie den Codex iuris canonici aufrechtzuerhalten versuchte, ohne diese Maßnahmen auf die Dauer immer erfolgreich durchsetzen zu können. Die zentrifugalen Kräfte wurden zu stark. Einmal zeigte sich die alte Schwäche des Imperium Romanum wiederum darin, daß seine beiden Sprachen und Kulturen, die östliche/griechische und die westliche/lateinische, trotz Verwandtschaft nicht zu verschmelzen waren. So blieben im Hochmittelalter und in der Neuzeit der lateinische Katholizismus und die griechisch-slawische Orthodoxie voneinander getrennt. Die Reformatoren des 16. Jahrhunderts aber bauten auf die Nationalsprachen und siegten im nördlichen Europa. Seitdem zerfiel Europa in die südlichen katholisch-romanischen und die nördlichen reformiert-germanischen Länder.

Ferner zeigte sich bei allen Ansprüchen der einzelnen Konkurrenten auf den Weltherrschaftsanspruch, daß sich die einzelnen Nationen Europas bereits zu sehr von ihrer gemeinsamen Mutter, dem Imperium Romanum, entfernt hatten und sich gegenseitig in Schach hielten, so daß seit dem Mittelalter kein Kaiser, König oder Zar imstande war, seinen Anspruch auf Alleinherrschaft durchzusetzen. Mit dem Ausgang des Mittelalters siegte der sprachliche und kulturelle Pluralismus; er schuf den Nationalismus, der Europa in diesem Jahrhundert an den Rand des Abgrundes geführt hat. Diesen Nationalismus gilt es jetzt sowohl gefühlsmäßig als auch gedanklich zu überwinden. Eine Hoffnung bricht bereits auf: Die wirtschaftliche Verflochtenheit der europäischen Völker und die nur gemeinsam zu bewältigende Abwehr der durch Technik, Wirtschaft und Bevölkerungswachstum bedingten Belastungen des Naturhaushaltes weisen auf eine sich anbahnende neuartige übernationale Einheit Europas. Ein zwar nicht mehr unter einem sakral verstandenen Herrscher, durch Sprache und Kultur weithin geeintes Europa wie im Imperium Romanum seit Augustus, aber doch ein zivilisatorisch vereintes Europa mit Einschluß Rußlands, beginnt täglich mehr Gestalt anzunehmen.

Die Frage bleibt, ob in dieser gegenwärtigen Lage noch von einer übergreifenden europäischen Kultur zu sprechen ist oder nicht vielmehr von einer aus Europa

---

[8] H. SCHAEDER, Moskau das dritte Rom [2](Darmstadt 1957).

hervorgegangenen und bereits alle Völker und Kulturen der Erde überformenden Zivilisation, die gekennzeichnet ist durch eine technische Struktur und die Menschheit prägende | nachkulturelle zivilisatorische Leitbilder. Die Uniformität der technisch und nicht mehr handwerklich erstellten Erzeugnisse wirkt auf die Seelen der Menschen zurück. Das Kennwort für diesen neuen Typus menschlicher Gemeinschaft lautet: die Massen-, Konsum-, Freizeit- und Erlebnisgesellschaft. Somit dürften wir an einer seelisch-geistigen Zeitenwende stehen. Ob sie sich als so folgenreich herausstellen wird wie die Wende von der Jäger- und Sammlerkultur zur Ackerbaukultur, der Grundlage der mediterranen Hochkulturen, wird erst das dritte Jahrtausend lehren.

Die Hochkulturen des Mittelmeerraumes, vor allem die griechisch-römische und die mittelalterliche, sind wesentlich durch wandernde Völker und ihre Mischung mit der Bevölkerung einer älteren Hochkultur entstanden. In dem geistesgeschichtlich erkennbaren Zusammenhang der Hochkulturen von Babylon bis zum Europa des frühen 20. Jahrhunderts liefen die Veränderungen, die zur Bildung von Epochen führten, stets in den Bahnen von Herrschaftsübertragungen und kulturellen Umwandlungen nach Art von Metamorphosen; denn die jeweilige Gemeinschaft und der jeweilige Staat blieben bei aller erkennbaren Veränderung von einer einzigartigen kulturbildenden Kraft beherrscht: von der Religion. In der Religion gründen die gewachsenen Formen staatlichen Lebens und die gesellschaftlichen Zustände nicht anders als Sitte, Recht und Kunst. Die heutige Sehnsucht vieler Menschen nach einer Erneuerung von Religion, Moral und Kunst rührt daher, daß ebendiese Kulturmächte bereits von Technik, Wirtschaft und Bürokratie und nicht zuletzt vom Leistungssport an den Rand des Bewußtseins des überwiegenden Teils der europäischen Bevölkerung abgedrängt sind und von Tag zu Tag mehr ihre einstige Geltung und ihre Prägekraft verlieren. Entsakralisierung wurde zum Kennzeichen der heutigen Industrie- und Konsumgesellschaft[9]. Die Entsakralisierung unserer Gegenwart hat bereits sämtliche Bereiche des Menschen und damit ihn selbst erfaßt. Geburt, Hochzeit und Tod, Zeiten, in denen in allen Ursprungs- und Hochkulturen die religiöse Empfindung, der sensus numinis auflebte, sind heute trivialisiert wie die ehemals als heilige Zeiten erlebten Feste und die früheren heiligen Orte. Der Sinn aber für das Heilige, auch für den heiligen Menschen, war der Ausgang aller höheren Gesittung, aller höheren Formen menschlichen Gestaltens[10]. So dürfte die Frage erlaubt sein, ob wir bei dem Umbruch in diesem Jahrhundert noch von einer Metamorphose innerhalb der Geschichte von Kulturen sprechen dürfen und nicht vielmehr von einer Mutation, die ein ‚nachkulturelles‘ Zeitalter beginnen läßt: Aus einem Ende ent-

---

[9] H. Mühlen, Art. Entsakralisierung: Lex. f. Theol. u. Kirche 3 ³(1995) 685 f.; vgl. auch den mehr historisch bestimmten Begriff der Säkularisierung: H.-H. Schrey (Hrsg.), Säkularisierung = Wege d. Forschung 424 (Darmstadt 1981).

[10] Vgl. Speyer a.O. (o. Anm. 3) XI–XIX.

stünde dann zwar auch in diesem Fall etwas Neues, schwerlich aber eine neue Kultur im Sinne der bisher bekannten Kulturen. |

Zu den Voraussetzungen der folgenden Überlegungen gehört die Überzeugung, daß der Mensch in allem, was er schafft, nie seine Abkunft aus der Natur oder besser der Schöpfung Gottes – jüdisch-christlich gesprochen – verleugnen kann. Herkunft aber bedeutet Zukunft. So folgen alle Kulturleistungen mit Einschluß der technischen Errungenschaften von der Feuergewinnung bis zu den Flugkörpern der einzigartigen Lehrmeisterin Natur[11]. Wie der Mensch nicht die Bedingungen seines eigenen Seins voll zu durchschauen vermag, so wird er auch niemals dazu imstande sein, die Bedingungen seiner Kulturleistungen voll zu durchleuchten. Für die Beschreibung und Deutung kultureller Vorgänge gilt der methodologische Grundsatz, daß man diese, weil sie in Analogie zu Vorgängen der Natur stehen, nur durch Vorstellungsmodelle, die aus der Natur gewonnen sind, annähernd verdeutlichen kann. Insofern ist der Kulturphilosoph und Kulturhistoriker berechtigt, beispielsweise von der Zeugung und Geburt einer Kultur zu sprechen oder von Wachsen, Blüte und Greisenalter, von Entfaltung und Entartung oder von Wiedergeburt, rinascita, renaissance[12]. Im Anschluß an Gedanken von Aristoteles, Dürer und Goethe wird er eine Morphologie der Kultur bieten und die Kultur dabei stets auf dem Hintergrund der Natur sehen. In diese Richtung weist nicht zuletzt auch die Etymologie des Wortes Kultur hin: cultura, von colere, bedeutet zunächst Pflege und Bearbeitung des Ackers – mit dem Anbau des Getreides, der Gabe der Göttin Demeter, begann für die Griechen alle höhere Kultur[13] –, sodann Pflege der Seele und des Geistes. Natur aber ist als Inbegriff von Leben, von Werden, Sein und Vergehen eine Größe geheimen und offenbaren Wesens zugleich. In dieser Ambivalenz ihres geheimnisvollen Wesens verweist sie auf ihre Heiligkeit. Die Kultur aber und ihre Werke vergegenwärtigen und deuten diese Heiligkeit der Natur oder der Schöpfung Gottes.

Wie der einzelne Mensch aufgrund seiner Gene eine unableitbare und unerrechenbare neue Ganzheit ist, aus den zunächst getrennten und darauf verschmolzenen mütterlichen und väterlichen Erbanlagen gespeist, und sich in der Zeit, dieser rätselhaften Größe, in Auseinandersetzung mit seiner Umwelt zu dem bildet, was er dann im Vollbesitz seiner geistigen und leiblichen Kräfte als geistig-sittliche Persönlichkeit darstellt, so verhält es sich auch bei den Völkern als den Gestaltern bestimmter Sprachen und Kulturen. Die Völker sind gleichsam ins Große gedachte Individuen. Auch sie sind von Erbanlagen bestimmt; auch sie müssen sich wie der einzelne Mensch mit den Eindrücken und Herausforderungen ihrer klimatisch/geographischen und geistigen Umwelt auseinan-

---

[11] Vgl. ebd. 69 f. 193.

[12] G.B. LADNER, Pflanzensymbolik und der Renaissance-Begriff: A. BUCK (Hrsg.), Zu Begriff und Problem der Renaissance = Wege der Forschung 204 (Darmstadt 1969) 336–394.

[13] SCHWABL a.O. (o. Anm. 1) 830 f.; SPEYER a.O. 61–64.

dersetzen[14]. | So schaffen sie im Ineinander von Notwendigkeit und Freiheit, von Unbewußtheit und Bewußtheit jeweils eine gleichsam individuelle Kultur. Völker, die durch Verwandtschaft und/oder durch ihre Geschichte in einer älteren umfassenden Kultur wurzeln, sind wie Söhne oder Töchter der gleichen Eltern. So wurzeln die heutigen europäischen Nationalkulturen in dem einen Mutterboden des griechisch-römischen Altertums. Von einem griechisch-römischen Altertum können wir seit dem Sieg der Römer über die Karthager und seit ihrer Expansion in den griechischen Osten und darüber hinaus sprechen. Seit dem zweiten und ersten Jahrhundert v. Chr. umfaßte das Imperium Romanum nicht nur Römer und Griechen, sowie zahlreiche Völker von Rand- und Ursprungskulturen, sondern auch Hochkulturen, wie die syrisch-phönizisch-karthagische, die hebräische und die ägyptische, während sich die persische als einzige angrenzende Hochkultur weitgehend gegenüber Rom politisch behaupten konnte.

Bevor wir einen Blick auf die wandernden Völker des Altertums werfen, ist zu betonen, daß bereits antike Mythographen, Theologen und Kulturhistoriker einen Gedanken thematisiert haben, der für unsere Gegenwart wieder hohen Rang besitzt und die ausschließliche Sicht auf ein bestimmtes Volk und eine bestimmte Kultur relativiert. Dies ist der Gedanke von der Einheit des Menschengeschlechts und damit von dem einen Grundbestand, der sich in allen noch so entfalteten und differenzierten Kulturen vorfindet und in dem alle gründen. Diesen Gedanken formulierten kynische und stoische Philosophen als erste in abstrakter Weise; dabei haben sie an die Völkergenealogien der Mythographen und Theologen angeknüpft[15]. Diese versuchten die ihnen bekannt gewordenen Völker in ein verwandtschaftliches Verhältnis zueinander zu bringen. So führt die Völkertafel im zehnten Kapitel des Buches Genesis alle Völker auf den zweiten Stammvater der Menschheit, Noah, zurück. Das Buch Genesis ist tief von dem Gedanken der Einheit der Menschheit und damit der Völker- und Kulturenfamilie unter dem einen Schöpfergott geprägt[16]. Dieser Gedanke der Einheit der Menschheit lebte in der römischen Kaiserzeit abgewandelt wieder auf, nunmehr ganz auf Rom und seinen Weltherrschaftsanspruch bezogen. Das Wortspiel von Rom als der Urbs, in der alle Straßen des Imperium zusammenlaufen, und des angeblich von Rom beherrschten Erdkreises, des orbis terrarum, ließ die Stadt als Mutter der Völker erscheinen und gleichsam als Weltregie|rung[17]. Die römische Kultur erschien so als die Kraft, die bereits alle übrigen Kulturen aufgesogen und überformt habe.

---

[14] A.J. Toynbee, A Study of History 1/12 (London 1934/61); Ders./D.C. Somervell, Studie zur Weltgeschichte, deutsche Ausgabe (Hamburg 1949).

[15] H.C. Baldry, The Unity of Mankind in Greek Thought (Cambridge 1965); vgl. auch W. Speyer, Die Griechen und die Fremdvölker. Kulturbegegnungen und Wege zur gegenseitigen Verständigung: Eos 77 (1989) 17–29 = oben S. 231–243; Ders./I. Opelt, Barbar I: RAC Suppl. 1 (1992) 811–895, bes. 821. 825f.; A. Dihle, Die Griechen und die Fremden (München 1994).

[16] W. Speyer, Genealogie: RAC 9 (1976) 1145–1268, bes. 1207–1210.

[17] J. Vogt, Orbis Romanus = Ders., Orbis. Ausgewählte Schriften zur Geschichte des Altertums (Freiburg 1960) 151–171.

Nach dieser Vorstellung, gewiß weitgehend auch einer Wunschvorstellung, gibt es keine Wanderungen mehr. Die fremden Völker haben insgesamt heimgefunden, wie es der Epigrammdichter Martial in seinem Kaiser Titus gewidmeten ‚Buch der Schauspiele' zur Eröffnung des Flavischen Amphitheaters, des Colosseums, ausspricht: Zu den Spielen kommen die Fremden aus aller Welt: Thraker und Sarmaten, Sudanesen, Britannier, Araber, Sabäer und Kilikier, die germanischen Sugambrer und die Äthiopier. Rom erscheint in diesem Epigramm Martials als der Mittelpunkt der Welt und gleichsam als die Mutter der Völker, der regierende Kaiser als deren Vater[18]. Die Einheit wird so trotz der Verschiedenheit der Völker, Sprachen und Kulturen von Martial als bereits verwirklicht verkündet. Tatsächlich war in dieser Zeit und auch noch im folgenden zweiten Jahrhundert die Wanderungsbewegung der Nordvölker zunächst zum Stehen gekommen. So konnte sich die griechisch-römische Mischkultur der frühen Kaiserzeit festigen und die einsickernden Fremden zu Römern machen. Die Kraft dieser Hochkultur zeigte sich vor allem dort, wo Ursprungskulturen erobert wurden. Hier vermochte sich die römische Sprache und Kultur durchzusetzen, nicht so in den eroberten Hochkulturen des Ostens. Während die überwundenen Völker des Westens die lateinische Sprache annahmen, blieb der griechische Osten griechisch. Das Kennzeichen der spätrepublikanischen und der Kaiserzeit bis ins 4. Jh. n. Chr. ist die Doppelsprachigkeit der Gebildeten.

Der in der Antike geäußerte Gedanke von der Verwandtschaft der Völker und der Einheit der Menschheit setzt die Erkenntnis voraus, daß in einer Tiefenschicht alle Kulturen miteinander übereinstimmen, wie dies seit dem 19. Jahrhundert die vergleichende Kulturgeschichte erwiesen hat. Sie hat aufgrund der Mythen, Symbole und Völkergedanken einen Schatz gemeinsamer Vorstellungen in Religion, Kunst, Sitte, Recht, Gesellschaft und Staat bei allen Völkern der Erde aufgezeigt.

Bei aller zu beobachtenden Verwandtschaft der Völker und Kulturen untereinander ist aber nicht zu leugnen, daß es zwischen ihnen auch erhebliche sachliche und qualitative Unterschiede gibt. Die Kulturleistungen der einzelnen Völker sind weder gleichartig noch gleichwertig. Deshalb unterscheidet die Kulturgeschichte mit Recht zwischen Ursprungs- und Hochkulturen. Dabei muß mit der Möglichkeit gerechnet werden, daß einzelne Ursprungskulturen nicht zu der in ihnen angelegten Blüte gelangt sind, da sie infolge des kriegerischen Zusammenpralls mit einer überlegenen Hochkultur in ihrer Entfaltung gestört oder gar ausgelöscht wurden. Dies gilt wohl für die Kultur der Kelten. Im Gegensatz zu vielen erfolgreicheren Germanenstämmen vermochten sich die nach Süden | wandernden Kelten auf die Dauer weder gegenüber den Griechen noch gegenüber

---

[18] Epigr. 3; ferner vgl. Plin. nat. hist. 3,39; Rut. Nam. 1,63; Aristid. or. 26,100 f.; Themist. or. 17,213 D.

den Römern zu behaupten. Als Ferment haben sie gleichwohl am Entstehen der mittelalterlichen Kultur Europas ihren Anteil.

Seit dem 3. Jahrtausend v. Chr. bestanden im Gebiet der Länder um das Mittelmeer Hoch- und Ursprungskulturen nebeneinander. Bisweilen können wir noch den Weg schattenhaft erkennen, auf dem eine derartige Hochkultur entstanden ist. Das gilt vor allem für die archäologisch und literarisch relativ gut dokumentierte griechische und römische Kultur. Für das Werden dieser beiden Hochkulturen waren Wanderungen von Stämmen und Völkern weniger entfalteter Kulturen in die Gebiete vorgriechischer und vorrömischer Hochkulturen geradezu die Voraussetzung einmal des partiellen Untergangs der älteren Hochkultur, sodann des Werdens der beiden neuen Hochkulturen.

In der Kulturgeschichte gilt die Regel, daß es vollständigen Untergang nicht gibt. Unter Umständen kann sogar eine überwundene Kultur kulturell Sieger über den militärisch erfolgreichen Feind sein. So blieb die griechische Kultur über weite Strecken Sieger über das militärisch siegreiche Rom[19].

Während es im Verhältnis der Griechen zu den Römern aufgrund der Zeugnisse leicht zu entscheiden ist, wer der Gebende und wer der Nehmende war, ist dies für das Verhältnis der indoeuropäischen Einwanderer und der von ihnen überrannten mediterranen Hochkultur weit schwieriger anzugeben. In der Forschung wurden drei Möglichkeiten erörtert: Bald galten die indoeuropäischen Einwanderer als die wesentlichen Träger der späteren griechischen Hochkultur, bald die Angehörigen der mediterranen Hochkultur, bald die neue Mischbevölkerung[20]. Bei der Beantwortung dieser Frage spielten auch außerwissenschaftliche Vorurteile eine Rolle, die hier nicht zu erörtern sind. Soviel scheint gewiß zu sein: Die europäische Kultur ist seit ihren Anfängen eine ethnisch und kulturell gemischte Größe. Mischungen gab es nicht nur in den Anfängen, sondern sie setzen sich in verschiedenem Grade bis auf den heutigen Tag fort. Wie sich die europäischen Nationalsprachen gegenseitig befruchten und damit auch zu einem Kulturwandel beitragen, so trifft dies für die Nationalkulturen als ganze zu. Mehr aber als viele andere Faktoren dürften Wanderungen von Stämmen und Völkern, die im Altertum meist nicht ohne kriegerische Auseinandersetzung abliefen, Kulturveränderungen, ja die Bildung neuer Kulturen verursacht haben.

Zum Werden der reifen griechischen Kultur hat eine uns nur noch schattenhaft erkennbare mediterrane Urbevölkerung beigetragen, die möglicherweise ihrerseits bereits das Ergebnis von Wanderungen war[21]. Diese Urbevölkerung | war

---

[19] Hor. epist. 2,1,156f.; Ov. fast. 3,101f.

[20] A. Lesky, Gesammelte Schriften (Bern/München 1966) 380f.

[21] Zum Folgenden: G. Ipsen, Der alte Orient und die Indogermanen: Stand und Aufgabe der Sprachwissenschaft. Festschrift W. Streitberg (Heidelberg 1924) 200–237; O. Hoffmann/ A. Debrunner, Geschichte der griechischen Sprache 1 (Berlin 1953) 8–19; H. Bengtson, Griechische Geschichte. Von den Anfängen bis in die römische Kaiserzeit = Handbuch der Altertumswissenschaft 3,4 [5](München 1977) 28–35.

weder indoeuropäischer noch semitischer Herkunft. Zu ihr zählten die von griechischen Schriftstellern erwähnten Pelasger, die von Thessalien bis Kreta zu finden waren[22]. Neben ihnen sind die Leleger zu nennen, die in Mittelgriechenland,
in der Peloponnes, auf den Kykladen sowie in Kleinasien wohnten; ferner die
Karer, Kaukoner und Lykier. Auch die Etrusker dürften zu dieser Völkerfamilie
gehört haben; ihr kultureller Schwerpunkt lag in Kleinasien. Ein kulturelles Erbe
dieser Völker läßt sich noch aus der griechischen Sprache Homers und der ihm
folgenden Dichter und Schriftsteller erheben: Die Namen griechischer Gebirge,
Flüsse und Städte, selbst der Name Athens, gehen auf die uns fast ganz unbekannten Sprachen dieser Völker zurück. Aber auch die griechischen Bezeichnungen für den Herrscher, wie Basileus, der König, Tyrannos, der Tyrann, sind dieser
älteren Kultur entlehnt, und – überraschend genug – Thalatta, der Name des
Meeres. Aus dem letztgenannten Umstand schloß A. Lesky, daß die Vorfahren
der Griechen von ihrer ursprünglichen Heimat her keinen Bezug zum Meer besessen haben[23]. Die aus dem Norden einwandernden Stämme fanden eine Hochkultur vor, die auch mit ihren religiösen Vorstellungen die Sieger nicht nur beein-
druckt, sondern allmählich beeinflußt hat. Viele Namen griechischer Gottheiten
und nicht nur die Namen, sondern mit ihnen auch die dazu gehörenden religiösen
Vorstellungen entstammten dieser Mittelmeerkultur. Ferner sind die Namen von
Pflanzen und Metallen, die Ausdrücke für Gefäßformen, technische Geräte der
Schiffahrt, des Fischfangs, der Wohnkultur Gaben der älteren Kultur an die siegreichen Einwanderer. Die reife griechische Kultur, wie sie uns seit den Epen der
Ilias und Odyssee bekannt ist, ist das Ergebnis der Verschmelzung von Trägern
der alten mediterranen Kultur mit Einwanderungswellen indoeuropäischer Stämme, die während des zweiten Jahrtausends die Balkanhalbinsel überfluteten. In
der älteren Hochkultur, deren Werden noch fast ganz im Dunkel liegt, hat die
Frau einen größeren Freiraum besessen als bei den Einwanderern[24]. Ausdruck
ihrer Stellung ist unter anderem die allgemein geteilte Verehrung einer Großen
Göttin. Diese war ursprünglich wohl als doppelgeschlechtig gedacht, tendierte
aber bereits im 2. Jahrtausend mehr zu einer weiblich bestimmten höchsten Gottheit[25]. Demgegenüber verehrten die Vorfahren der Griechenstämme einen Vater-
gott, Vater Zeus, den Gott des Himmels, und besaßen eine patriarchalische Ge-
sellschaftsordnung, worauf auch die Bruderschaften, Fratrien, hindeuten. |
Bei der Landnahme auf der Balkanhalbinsel und auf den Inseln der Ägäis
durch die wohl aus der ungarischen Tiefebene aufgebrochenen, von anderen

---

[22] F. LOCHNER-HÜTTENBACH, Die Pelasger (Wien 1960).
[23] Thalatta. Der Weg der Griechen zum Meer (Wien 1947).
[24] E. KORNEMANN, Die Stellung der Frau in der vorgriechischen Mittelmeerkultur = Orient
und Antike 4 (Heidelberg 1927); K. MEULI, Nachwort zu: J.J. BACHOFEN, Gesammelte Werke
3, Das Mutterrecht (Basel 1948) 1108–1110.
[25] C. COLPE, Zur mythologischen Struktur der Adonis-, Attis- und Osiris-Überlieferungen:
lisan mithurti. Festschrift W. von Soden (Kevelaer 1969) 23–44.

Völkern, die aus dem Norden und Nordosten kamen, verdrängten Vorfahren der Griechen sind verschiedene große und kleine Schübe zu unterscheiden. Mit Sicherheit ist der letzte große Schub der Dorischen Wanderung zu datieren, und zwar in das 12. Jahrhundert v. Chr. Die Dorische Wanderung hängt mit der großen illyrischen Wanderung zusammen, deren Folgen bis nach Ägypten zu spüren waren. Die eingefallenen Dorer setzten der bereits von Vorfahren der anderen griechischen Stämme mitgebildeten mykenischen Kultur (1600–1200) ein Ende. Vor der Dorischen Wanderung liegen Wellen früherer Wanderungen indoeuropäischer Stämme, die in der 1. Hälfte des 2. Jahrtausends auf die Balkanhalbinsel eingedrungen sind. Wahrscheinlich geht auf eine frühere Wanderungswelle die Zerstörung einer großen Zahl von Siedlungen des griechischen Festlandes zurück, die auf die Zeit um 1900 v. Chr. zu datieren ist. Um 1400 v. Chr. haben Achaier von der Peloponnes aus die so feminin bestimmte und ungeschützte Kultur Kretas zerstört.

Parallel zu der in der 1. Hälfte des 2. Jahrtausends erfolgten großen Wanderungswelle der Vorfahren der Griechen vollzog sich die Einwanderung der Vorväter der Hethiter in das Innere Kleinasiens. Auch ihre Kultur ist das Ergebnis einer Verschmelzung der indoeuropäischen Herrenschicht mit den Angehörigen der älteren Hochkultur Anatoliens, wobei auch der Einfluß der benachbarten babylonischen Kultur erkennbar wird: Die Hethiter (Chatti) übernahmen die babylonische Keilschrift. Zu den wandernden Völkern gehörten im 2. Jahrtausend ferner die Vorväter der Luwier, Inder, Iranier, Illyrer, Kelten und Italiker, also auch der Römer.

Die geschichtlichen Tatsachen, wie die Eroberung der mediterranen Hochkultur durch die Angehörigen einer Ursprungskultur, die aus ihrer Heimat im Norden infolge des Druckes anderer Völker in das klimatisch mildere und lebenswertere Mittelmeergebiet aufgebrochen waren, sowie die Zerstörung der Paläste und Siedlungen sagen über die weiteren Folgen des eingetretenen Kulturwandels noch wenig aus. Zerstörung und neues Leben berührten sich aber auch hier. Gewiß wurden in der Regel die wehrfähigen Männer und die alten Menschen getötet, die Frauen und Kinder aber versklavt. Damit ist jedoch keineswegs erwiesen, daß deshalb die überrannte Kultur vollständig ausgelöscht war. Berichten doch die homerischen Sänger davon, daß die schönen Frauen der Besiegten als Sklavinnen die Bettgenossinnen der tapfersten Helden der Griechen wurden. Die Söhne und Töchter aus derartigen Verbindungen trugen aber das geistige Erbe auch ihrer Mütter weiter. So wird das kulturelle Erbe der von den Einwanderern in Besitz genommenen Kultur oft über den stilleren Weg der Frauen zu den Eroberern und ihren Nachkommen gelangt sein.

Eine auf diesem Weg erfolgte Kulturweitergabe hat während des Altertums innerhalb der neubegründeten Familien der Sieger und Besiegten immer wieder | stattgefunden. Für die Geschichte der Frauen aus den besiegten mediterranen Kulturen und für die Geschichte ihres Einflusses auf die patriarchalisch bestimmten Eroberer, seien es Griechen, Römer oder Hethiter, ist dies ein wichtiger Gesichtspunkt. In diesen Zusammenhang gehören die Sage vom Raub der Sabinerinnen ebenso wie die Nachrichten von den Hochzeiten Alexanders und seiner Makedonen mit den Töchtern und Frauen der besiegten Perser[26]. Im Gegensatz dazu stehen jene Zeugnisse aus der Welt der Kelten und Germanen, nach denen sich die Frauen der von den Römern besiegten Stämme kurz vor dem Ende der Ihren töten ließen oder sich selbst umbrachten[27]. Hier zeigt sich wohl ein charakteristischer Unterschied zwischen der Mentalität der Angehörigen einer Ursprungs und einer Hochkultur. Altertümlicher und in seinen Folgen kulturfeindlicher ist der Freitod der Frauen der besiegten ‚Barbaren‘.

Sprachwissenschaft, Archäologie, Religionsgeschichte und Geschichte können bis zu einem gewissen Grade zeigen, welche Spuren die ältere Hochkultur in der neuen griechischen hinterlassen hat. Der Prozeß der Wandlung der einen Kultur in die andere hat viele Jahrhunderte gedauert. Mit einem Aufleben älteren Kulturgutes ist auch noch in späterer Zeit zu rechnen. So setzt sich noch Aischylos in seiner Orestie mit Ansprüchen der älteren weiblich geprägten Kultur auseinander.

Die Kraft der neuen griechischen Hochkultur, deren Weg wir literarisch seit Homer, also seit dem 7. Jahrhundert, verfolgen können, zeigte sich unter anderem darin, daß sie selbst mit Hilfe des Mittels der Wanderung, das sie aber überlegt und gezielt einsetzte, sich zu verbreiten strebte (8.–6. Jh. v. Chr.)[28]. Die Griechen haben ihre Kolonisation, die oft infolge von Überbevölkerung notwendig war, im Gegensatz zu den Wanderungen ihrer Vorfahren nicht immer kriegerisch durchgeführt, da es den Kolonisten weniger um Unterwerfung von Ursprungskulturen an den Rändern des Mittelmeers ging als vielmehr um die Gründung einzelner Städte mit geringem umliegendem Gebiet. Ihr Ziel lag im Handel und im Gewinn neuen Ackerbodens, aber auch in der Erkundung der fremden Völker. So unterschieden sich die Griechen grundsätzlich von den mit ihnen konkurrierenden Phöniziern und Karthagern, die ausschließlich Händler waren. Mit Wandern und Reisen beginnt die uns zugängliche griechische Literatur: die Griechen vor Troja, die Irrfahrten der heimkehrenden Helden, die Reisen der homerischen Sänger, eines Pythagoras, Herodot, Platon und anderer Philosophen und Geschichtsschreiber[29]. Der | Wandertrieb führte die Griechen zu einer besonderen Erfahrung der Welt. Die Kenntnis fremder Kulturen und der damit mögliche

---

[26] Vgl. U. Hetzner, Andromeda und Tarpeia = Beiträge zur Klassischen Philologie 8 (Meisenheim a.Gl. 1963) 9f.

[27] Vgl. H. Grassl, Hohe Berge – Wilde Frauen. Betrachtungen zur antiken Sozialanthropologie: Grazer Beiträge 20 (1994) 195–211.

[28] Vgl. Bengtson a.O. (o. Anm. 21) 88–101.

[29] Zu einschränkend Th. Hopfner, Orient und griechische Philosophie = Der Alte Orient 4 (Leipzig 1925).

Vergleich waren wichtige Voraussetzungen für die Weckung ihres wissenschaftlichen Sinnes und ihres Verständnisses.

Blicken wir auf Rom[30], so haben auch die Römer von ihrem einen Zentrum aus, der Stadt Rom, durch Anlage von Kolonien zunächst in Italien, dann in den nördlichen und westlichen Provinzen sowie in Nordafrika ihren politischen und wirtschaftlichen Ordo, ihre Sprache und Kultur verbreitet[31]. So können wir den Satz aufstellen: Die Stärke einer Hochkultur zeigt sich nicht zuletzt in ihrer Kraft zur Koloniebildung.

Die Geschichte des Aufstiegs der Römer zu einem Weltreich besteht weitgehend aus Kapiteln der Auseinandersetzung mit Kolonien anlegenden Hochkulturen, wie denen der Griechen und Phönizier/Karthager, und mit wandernden Ursprungskulturen. Zu denken ist an die Einfälle der Kelten im 4. Jh. v. Chr., die sogar bis Rom gelangten, der Kimbern und Teutonen im 1. Jh. v. Chr. Die Expansionspolitik Caesars in Gallien brachte die Völkerbewegungen am Rhein zunächst zum Stehen. Seit dem 4. Jh. n. Chr. erfolgten die bekannten Einbrüche germanischer Stämme und Völker von Norden in das Römische Reich, das seit dem Neuen Rom, Konstantinopel, mehr und mehr in zwei Teile mit jeweils eigener Geschichte und eigener Kultur zerfiel. Zunächst gelang es den römischen Kaisern durch Tributzahlungen und Verträge, durch Anerkennung germanischer Könige und Stammesfürsten als römische Würdenträger und durch Landanweisungen auf dem Boden des Imperiums dem Druck dieser Völker halbwegs standzuhalten.

Seit dem 4. Jh. finden wir Germanen in hohen und höchsten Staatsämtern vor allem des oströmischen Reiches. Germanen dienen auch im römischen Heer. Infolge einer überlegenen Kriegstechnik, vor allem durch die Erfindung des griechischen Feuers[32], vermochte Ostrom den andrängenden Germanen, Slawen und Arabern viele Jahrhunderte zu wehren, wenn auch sein Reichsgebiet mehr und mehr schrumpfte, Ostrom zu einer Festung wurde und zu einer zweitrangigen Macht im Mittelmeergebiet herabsank. Der Überlebenskampf dieser byzantinischen Kultur, der tausend Jahre währte, ist aller Bewunderung würdig. |

Gegenüber den Wellen der nach Süden vorstoßenden Germanen konnte sich Westrom nicht lange behaupten. Hier trat in den Jahrhunderten der Agonie des Westreiches die Katholische Kirche das Erbe der lateinischen Kultur an. Wäh-

---

[30] Zum Folgenden H. BENGTSON, Grundriß der römischen Geschichte 1, Republik und Kaiserzeit bis 284 n. Chr. = Handbuch der Altertumswissenschaft 3, 5, 1 [2](München 1970); A. DEMANDT, Die Spätantike. Römische Geschichte von Diocletian bis Justinian 284–565 n. Chr. = Handbuch der Altertumswissenschaft 3,6 (München 1989).

[31] F. SCHWENN, Die Menschenopfer bei den Griechen und Römern = RGVV 15,3 (Gießen 1915) Reg.: Ver sacrum; J. HEURGON, Trois études sur le ‚Ver sacrum' = Collection Latomus 26 (Bruxelles 1957); U.W. SCHOLZ, Studien zum altitalischen und altrömischen Marskult und Marsmythos (Heidelberg 1970) 49–51.

[32] H. DIELS, Antike Technik [3](Leipzig 1924) 108–111; J. HALDON/M. BYRNE, A Possible Solution to the Problem of Greek Fire: ByzZs 70 (1977) 91–99.

rend fremde Völker nach und nach alle westlichen Provinzen eroberten, während die arianischen Vandalen sogar Nordafrika besetzten und bald dort auf den Widerstand Ostroms trafen, vermochte die Kirche Roms mit Hilfe ihrer Missionare das katholische Christentum zu den germanischen Stämmen zu tragen. Der alte römische Ordo und die Sprache des so machtvollen Imperium Romanum überlebten in der Metamorphose der römischen Kirche und beeinflußten die neuen Einwanderer aus den Ursprungskulturen. In der griechisch-römischen Spätantike, die von Kriegen infolge der Einfälle der Germanen, aber auch der Stämme Nordafrikas, von Hungersnöten, Erdbeben, Seuchen und allgemeinem wirtschaftlichem Niedergang heimgesucht wurde, stieg die Kirche Roms als eine geistige und organisatorische Macht auf, die sich als der einzige stabilisierende Faktor inmitten eines allgemeinen Niedergangs erweisen sollte. Um dies zu verstehen, müßte weiter ausgeholt werden und etwa auch auf Tendenzen der Vergeistigung hingewiesen werden, die in den von starken Gegensätzen geprägten Jahrhunderten der Kaiserzeit erkennbar werden. Zu denken ist hier an Gnosis, Neuplatonismus, die asketischen Bewegungen und die Bedeutung des heiligen Menschen bei Heiden und Christen. Der von Roms Kirche vermittelte Glaube blieb die Klammer, die Sieger und Besiegte, Germanen und Römer verband. Nach und nach wurde das arianische Christentum, das die Goten angenommen haben, zurückgedrängt. Die Kirche des hl. Petrus hat im Westen die Einheit des Glaubens gesichert. Das Christentum erscheint hier als eine dritte Kraft, welche die aufstrebenden Ursprungskulturen mit der zerfallenden römischen Hochkultur zu binden imstande war. Trotz Verfalls blieb die Stadt Rom als Sitz des Papstes der kraftvolle Mittelpunkt der sich neubildenden mittelalterlichen Kultur des Westens.

Dieser Überblick über die wandernden Völker des Altertums bliebe unvollständig, würde nicht auch der Juden gedacht. Neben Athen, Alexandrien und Rom ist Jerusalem die vierte Stadt, die für die europäische Kultur hohe Bedeutung gewonnen hat. Die Israeliten des Alten Testamentes waren zunächst ein wanderndes Volk. Wie die wandernden Griechen in Odysseus, Herakles und Dionysos ihre Identifikationsgestalten gefunden haben, so die Israeliten in Abraham, dem Stammvater der Juden, der aus Ur in Chaldäa auszog und der an ihn ergangenen Verheißung Gottes vertraute. Die Geschichte der Wanderungen der einzelnen Stämme der alten Israeliten ist hier nicht nachzuzeichnen. Wir finden die Israeliten als Fremde in Ägypten, von wo sie Mose, der einen ägyptischen Namen trägt, aber unägyptisch denkt, herausgeführt hat, wie das Buch Exodus, „Auszug", berichtet. Als Deportierte treffen wir sie später in Babylon. Seit hellenistischer Zeit leben ihre Nachfahren in größerer Anzahl außerhalb Israels und sind in kleinen und größeren Gruppen im ganzen | römischen Imperium verbreitet. Die Juden sind ein hervorragendes Beispiel des Widerstandes inmitten einer ihnen fremden kulturellen Umwelt. Zum Bild der multikulturellen Gesellschaft des Imperium Romanum haben sie ebenso beigetragen, wie die den überlieferungstreuen Römern fremden Verehrer der Kybele, der Isis und Sarapis, des

Sabazios und Mithras sowie anderer Mysterienkulte des Vorderen Orients. Trotzdem konnte sich das Frühjudentum zunächst nicht gänzlich vor den Einflüssen des hellenistischen Geistes verschließen. Es kam zu Kulturmischungen, wie in Alexandrien, wo der platonisch beeinflußte jüdische Theologe Philon lehrte. Erst die unglücklich gegen Rom verlaufenen Aufstände im Jahre 70 und 135 n. Chr. und die endgültige Trennung der Christen von den Juden, führten zu einer Reaktion und zur Entstehung des rabbinischen Judentums, das sich auf seine hebräische Vergangenheit vor allem der im Pentateuch des Mose niedergelegten Überlieferungen und Gesetze besann (Talmud). Erst seit dem 18. Jahrhundert öffneten sich die Juden wieder der ihnen fremden Umwelt, wobei die erstarkende Aufklärung und der Toleranz-, aber auch der Indifferenzgedanke des Deismus das Ihrige dazu beitrugen. Am Beispiel der Juden erkennen wir das Auf und Ab von Beharren in den eigenen Überlieferungen und das Sich-Öffnen einer ethnischen Minderheit einer Hochkultur inmitten einer andersartigen zahlenmäßig größeren Hochkultur. Das Kennzeichen eines wandernden Volkes behielten die Juden bis in dieses Jahrhundert.

Schließlich wäre noch ein Wort zu der neuen wandernden Hochkultur zu sagen, die seit dem 7. Jh. von Arabien aus ihren Siegeslauf angetreten hat und sich bis heute als große kulturelle Macht in der Welt behauptet: der Islam und die arabische Kultur. Im kulturellen Kräftespiel der mediterranen Welt, die in den letzten zwei Jahrtausenden wie von einem Zentrum auf die übrige bewohnte Erde ausgestrahlt hat, kommt dem Islam, der sich wie Christentum und Judentum auf das Alte Testament als das Wort Gottes bezieht, hohe Bedeutung zu. Im Gegensatz zu den zuvor betrachteten Kulturbegegnungen, haben Judentum, Christentum und Islam etwas Eigenständiges gemeinsam, das es in dieser Weise in der Geschichte der Völker nicht gegeben hat: Der Glaube an den einen transzendenten Schöpfergott schafft eine Kultur, die unabhängig von Volkstum, Nation und Sprache ist, die sich als eine zweite Kultur über die gewachsenen Kulturen legt. Mission, also Wanderung der Glaubensboten, zeichnet diese drei Religionen aus, die weitgehend unter diesem Blickpunkt beschrieben werden können: als jeweils wanderndes Gottesvolk übernationalen Gepräges[33]. Aufgrund ihrer Bücher, die als Heilige Schriften, als Offenbarung des Schöpfergottes gelten, sind sie dem Wandel weniger ausgesetzt als die | gewachsenen Kulturen. Voraussetzung ihrer Geltung ist der personal verantwortete Glaube, und dieser Glaube schwindet in der jüngsten Zeit im sogenannten christlichen Abendland von Jahr zu Jahr. Mit der Ausbreitung der technischen Zivilisation wird der Glaube auch

---

[33] Die Juden der griechisch-römischen Diaspora haben ihren Glauben bei den Heiden zu verbreiten versucht; vgl. die Termini ‚Proselyt‘ und ‚Gottesfürchtiger‘; dazu K.G. KUHN, Art. Proselytos: Theologisches Wörterbuch zum Neuen Testament 6 (1959) 727–745; M. SIMON, Art. Gottesfürchtiger, RAC 11 (1981) 1060–1070. – Zur Mission des Christentums A. VON HARNACK, Die Mission und Ausbreitung des Christentums in den ersten drei Jahrhunderten 1/2 ⁴(Leipzig 1924, Ndr. ebd. o.J. [um 1965]).

in der islamischen Welt zurückgehen wie er bei den Juden heute gleichfalls weithin geschwunden ist.

Für die Gegenwart ist aus der Geschichte der Wanderungen im Altertum Folgendes zu entnehmen: Wanderungen fremder Völker in das Gebiet einer Hochkultur sind nur dann möglich, wenn die Hochkultur ihren machtpolitischen Zenit überschritten hat und sich nicht mehr erfolgreich gegen die Wanderung wehren kann. Die mit Krieg verbundene Einwanderung führte zu Erschütterungen, die erst nach einer langen Zeit, oft erst nach Jahrhunderten zur Ruhe kamen und eine neue Kulturblüte ermöglichten. Aus der Verschmelzung von Eroberern und Alteingesessenen kann in starken Geburtswehen eine neue Kultur geboren werden. Eine Prognose des Inhalts und des Wertes der zukünftigen Kultur ist während der Zeit der Einwanderung und der Mischung nicht möglich. Auch wer die Vorgänger der neuen Kultur kennt, weiß noch nichts über diese selbst. Hier gilt die Analogie zum Verhältnis von Eltern und Kind. Die aus einer Mischung der Eingewanderten und der Alteingesessenen hervorgegangene Kultur erweist sich gegenüber ihren Vorgängerinnen als zunächst wieder ursprungshaft. Alle Gebiete des Lebens sind zunächst in Auflösung und Zerfall begriffen: Dies trifft auf Technik und Wirtschaft ebenso zu wie auf die Ausdrucksfähigkeit in Sprache und Kunst. So zeigen sich in den Jahrhunderten der Wanderungen des 2. Jahrtausends v. Chr. und in den besser dokumentierten Jahrhunderten der Völkerwanderungszeit vergleichbare Zustände. Aus dem Niedergang einer reich differenzierten Kultur erhebt sich eine neue Kultur mit archaischen, d.h. ursprungshaften Zügen. Jeweils berührt das Ende einer altgewordenen Hochkultur den Anfang einer sich langsam und mühsam emporringenden neuen Kultur. Die Umwandlung dauert oft viele Jahrhunderte und fordert viele Opfer, Opfer an Menschen, an Werten und an Monumenten.

Bei diesem von eingewanderten Fremdvölkern verursachten Kulturwandel scheint ein das Ganze der Wirklichkeit beherrschendes Gesetz seine Geltung zu beanspruchen: Leben kann nur auf dem Hintergrund des Todes bestehen und auch entstehen. Leben und Tod, die beiden die Gesamtwirklichkeit und damit die Natur wie die Kultur bestimmenden Prinzipien, wirken nicht vollständig voneinander getrennt, sondern aufeinander bezogen, ja ineinander verschränkt. Auf diesen Zusammenhang hat als erster Heraklit aus Ephesos hingewiesen, Goethe und Rilke haben von ihm gewußt[34]. |

---

[34] Vgl. G.S. KIRK / J.E. RAVEN / M. SCHOFIELD, Die Vorsokratischen Philosophen, deutsche Ausgabe (Stuttgart / Weimar 1994) 198–236, bes. 206–213; vgl. Goethes ‚Selige Sehnsucht‘ und Aussagen R.M. Rilkes; dazu M. HECK, Das „Offen-Geheime“. Zur Todesdarstellung im lyrischen Werk R.M. Rilkes, Diss. Bonn (1970), bes. 150–175. – Oft entstanden die christlichen Sakralbauten der Spätantike und des Frühmittelalters auf den Ruinen antiker Tempel; vgl. F.W. DEICHMANN, Art. Christianisierung II (der Monumente): RAC 2 (1954) 1228–1241, bes. 1230–1234.

Insofern muß der gegenwärtige Zerfall der europäischen Hochkultur infolge innerer und äußerer Gründe, zu denen nicht zuletzt Wanderung und Überfremdung zählen, den nachdenklichen Betrachter nicht nur in Angst und Hoffnungslosigkeit versetzen. Diese Stimmungen kennen wir gut von den gebildeten Kreisen Italiens und Galliens während der Wirren der germanischen Wanderung im späten 4. und im 5. Jh. n. Chr. Vielmehr darf sich auch die Hoffnung einstellen aufgrund des zu Anfang genannten mythischen Gedankens, daß sich Ende und Anfang berühren, es sei denn, wie angedeutet wurde, daß die gegenwärtige Krise des Geistes und der Seele einen qualitativen Sprung hervorbringt, die Mutation in ein postkulturelles und damit auch in ein posthumanes Zeitalter, in dem die Ehrfurcht vor dem Heiligen und die Scham die Erde für immer verlassen haben[35].

---

[35] Hesiod. op. 199 f. nennt Scham (Aidos) und gerechte Vergeltung (Nemesis).

13. Zur Identität des Menschen

Wenn heute die Frage nach der Identität des einzelnen Menschen inmitten einer sogenannten pluralistischen Gesellschaft gestellt wird, so ist zu überlegen, ob dieser Begriff nicht an die Stelle anderer und älterer Begriffe getreten ist, die in die gleiche Bedeutungsrichtung zielen, aber infolge fortwährenden Gebrauchs überbeansprucht wurden.

Wenn der Mensch als einziges Wesen, das wir kennen, den eigenen Tod gedanklich und bis zu einem gewissen Grade auch empfindungsmäßig vorwegzunehmen vermag, dann ist er dadurch als Grenzgänger gekennzeichnet: er verbringt sein Leben nicht in einem vollen, sondern in einem von dessen Gegenteil, dem Sterben und dem Tod, mitbestimmten Sinn. Damit ist der Mensch im Vorläufigen und Uneigentlichen angesiedelt, obwohl er vom Eigentlichen und Absoluten eine Vorstellung besitzt. Wie er erkennt, ist diese Welt, die Natur oder – jüdisch-christlich-islamisch gesprochen – die Schöpfung, aus Unbedingtem und Bedingtem gemischt, besitzt aber in dieser Mischung keinen Selbststand, sondern wird von einer Macht, die aller Kontingenz enthoben ist, getragen und umfangen. Da diese Wirklichkeit, der wir angehören und die wir unmittelbar begreifen, aus Werden und Vergehen besteht und damit der Veränderung in Raum und Zeit unterliegt, kann sie als solche nicht das Eigentliche sein oder enthalten. Insofern können alles irdische Leben und aller irdische Tod inmitten dieser Wirklichkeitswelt auch nur relative Größen sein.

Obwohl so gleichsam das Meer der Unbeständigkeit den Menschen umgibt, verfügt er doch über eine Einsicht und eine Überzeugung eines Beständigen und Ewigen, das mehr ist als das der Zeit nach immer Währende. In der Spannung von Eigen- und Selbststand und der Unbeständigkeit seiner Empfindungen und Gedanken verbringt der Mensch sein Leben. Insofern steht er in der Mitte zwischen den machtvollen Polaritäten, die diese Wirklichkeit bilden und die wir chiffreartig mit den Bezeichnungen für zahlreiche die Welt bestimmende Gegensatzpaare benennen können, angefangen von Sein und Nichtsein sowie Leben und Tod bis hin zu den widerstreitenden Empfindungen und Gefühlen, wie Liebe und Haß, Anmaßung und Demut, oder den Möglichkeiten des Geistes, Träumen und Denken, Vorstellen und Gestalten[1]. So lebt der einzelne Mensch für sich und

---

[1] W. SPEYER, Frühes Christentum im antiken Strahlungsfeld = Wissenschaftliche Untersuchungen zum Neuen Testament 50 (Tübingen 1989) Reg.: Ambivalenz; DERS., Religionsgeschichtliche Studien = Collectanea 15 (Hildesheim/New York 1995) Reg.: Ambivalenz.

erfüllt sein ganz persönli|ches Dasein. Niemals lebt er ein volles und ganzes Leben, da alles irdische Leben mit Sterben und Tod durchwirkt ist. Entsprechendes gilt für sein Leben im Geiste, im Denken. Wie er sehnsuchtsvoll nach vollem Leben strebt, so nach der ganzen Wahrheit. Alle gefundene Wahrheit aber ist mit Irrtum durchsetzt, so wie Bewußtes und Unbewußtes oder Traum und Realität einander durchdringen und bedingen. Entsprechend unvollkommen bleibt des Menschen Ringen um das Gute. Keine seiner Handlungen ist in einem vollkommenen Sinn gut. Überall schleichen sich Ichhaftigkeit und der Wille, selbst zu überleben, ein. Die Pole der Gegensätze melden sich gerade auch dann, wenn er sie meiden will. So zeigt sich der Mensch überall als das Wesen des ‚Zwischen‘, das aus eigener Kraft nicht zum Eigentlichen gelangen kann, weder zum vollen Leben, noch zur Erkenntnis der Wahrheit, noch zum Erreichen des Guten oder des Schönen oder des Heiligen. Vielfach vermag der Mensch nicht einmal annäherungsweise zu dem positiven Pol des Gegensatzpaares vorzudringen, sondern schwankt zwischen den Polen hin und her, zwischen Lieben und Hassen, Entselbsten und Verselbsten, Reden und Schweigen, Träumen und Denken, Begehren und Verzichten, Hoffen und Verzweifeln. In diesem Auf und Ab zeigt sich immer das gleiche Bild: Der Mensch auf der Suche nach dem Eigentlichen, der Mitte, dem Ziel – seiner Identität. Tatsächlich gibt es in allen seinen Denkergebnissen und Handlungen nur Grade oder Annäherungswerte der Identität. Dabei erkennen wir in der Seele eine Kraft und ein Strebevermögen, die auf das eine, gleichsam transzendente Ziel gerichtet sind, das vollkommene Wahre, Gute, Schöne und Heilige zu erreichen. Insofern können wir von einer Teleologie auch in der menschlichen Geistseele sprechen[2].

Die Suche nach Identität setzt ein Wissen von Identität voraus, wenn auch nur in undeutlicher Form, entsprechend dem Streben nach Wahrheit oder gut zu sein. Suchen können wir immer nur das, was wir bereits umrißhaft erkannt haben[3]. Die Suche nach dem Eigentlichen, dem Unbedingten oder Absoluten, dem Göttlichen gehört zum Menschen als einem Wesen, das in sich geeint, doch prinzipiell offen ist. Die Aufforderung des Delphischen Gottes ‚Erkenne dich selbst!‘ wird so zu dem ergänzenden Imperativ: | ‚Werde, der du bist!‘[4]; denn auf Identität weist die Bedeutung des Ichs, des Individuums und des Personseins hin. Daher hat auch jeder Mensch der je eigenen Formgestalt zu folgen, dem Gesetz und dem Bauplan, die ihm von der Natur, der Schöpfung, dem Schöpfer eingeschrieben, vorgegeben und verliehen sind.

---

[2] A. St. Pease, Caeli enarrant: Harvard Theological Review 34 (1941) 163–200; W. Theiler, Zur Geschichte der teleologischen Naturbetrachtung bis auf Aristoteles [2](Berlin 1965); R. Spaemann/R. Löw, Die Frage Wozu? Geschichte und Wiederentdeckung des teleologischen Denkens [3](München/Zürich 1991).

[3] Plato, Menon 80d–82a; dazu P. Friedländer, Platon 2 [3](Berlin 1964) 264; W. Bröcker, Platons Gespräche [3](Frankfurt M. 1985) 110–120.

[4] Inschrift am Apollontempel von Delphi; P. Courcelle, Connais-toi toi-même de Socrate à saint Bernard 1/2 (Paris 1974/75). – Pindar. Pyth. 2,72.

Die Wesensbeschreibung des Menschen als eines Wanderers – der homo viator-Gedanke[5] – und seiner Sprache, die niemals in sich abgeschlossen ist, als eines Discursus erweisen die prinzipielle Offenheit und Möglichkeit des Menschen, die immer neu nach Begrenzung und Verwirklichung, also nach Realität drängen, ohne sie im absoluten Sinn je erreichen zu können[6]. Auch im Menschen weist wieder seine Endlichkeit über sich auf das Absolute, Unbegrenzte, Unendliche hinaus[7]. So liegt in jeder einzelnen irdischen Realität zugleich wieder Potentialität. Daher trägt auch alles in dieser uns zugänglichen Wirklichkeit den Charakter des Vorübergehenden, des Transitorischen.

So scheint der Mensch aus dem Unendlichen zu kommen, um als bewußte Monade erneut ins Unendliche zu streben. Dabei erscheint er als das Zentrum der Fulguration, des metaphysischen Blitzes, in dem der Geist als der das Ganze Bestimmende jeweils immer wieder neu aufleuchtet[8]. Indem der Mensch so als geöffnete Monade gleichsam wie ein sich versprühender und jeweils neu aufgeladener Stern seine Bahn zieht, empfängt und erlebt er zugleich sein Aufgehobensein im Ganzen und damit auch das Empfinden der Identität; denn er erfaßt seine Übereinstimmung mit der Gesamtwirklichkeit, mit der ihm sinnenhaft und geistig zugänglichen Natur oder – jüdisch-christlich gesprochen – Schöpfung.

Der Gedanke der Einheit, ausgedrückt im Kreis, der allumfassenden Natur, aber auch in jedem einzelnen Wesen, vor allem im Menschen selbst, der diese Einheit als einziger in seinem Ich-Kern bewußt erlebt, führte zu der | die Identität vertiefenden und wohl in allen Kulturen antreffbaren Überzeugung, daß jedes Wesen und nicht zuletzt der Mensch auf das Ganze, die Gesamtwirklichkeit hingeordnet ist, die ihm begegnet, ihn umgibt und trägt. Wohl am klarsten haben die Griechen diesen Gedanken in ihren Vorstellungen der Sympathie von Allem und der Entsprechung vom Makrokosmos der Welt und Mikrokosmos des Menschen

---

[5] W. HARMS, Homo viator in bivio. Studien zur Bildlichkeit des Weges = Medium Aevum, Philol. Studien 21 (München 1970); P. SVENDSEN, Europäisches Zentralthema Homo viator: Elemente der Literatur. Festschrift E. Frenzel 2 (Stuttgart 1980) 23–34.

[6] Goethe, Faust II V. 8200–8205 von den göttlichen Kabiren:
„In Gnaden uns gegenwärtig
Doch alle noch nicht fertig.
Diese Unvergleichlichen
Wollen immer weiter,
Sehnsuchtsvolle Hungerleider
Nach dem Unerreichlichen".
Vgl. K. REINHARDT, Die klassische Walpurgisnacht: Antike und Abendland 1 (1945) 133–162, bes. 148–150 = DERS., Von Werken und Formen (Godesberg 1948) 384–389.

[7] Faust II V. 12104f. (Chorus mysticus):
„Alles Vergängliche
Ist nur ein Gleichnis".

[8] W. BEIERWALTES, Art. Fulguration: Historisches Wörterbuch der Philosophie 2 (Basel/Darmstadt 1972) 1130–1132.

ausgedrückt[9]. In der Spiegelung der Gesamtwirklichkeit im Menschen und in der Spiegelung des Menschen im Ganzen des Vorfindbaren liegt eine erste Stufe auf dem Weg zur Identität; denn nur im Dialog mit der Welt und so auch im Spiegel des Du, das aber nicht nur der Mitmensch dem Menschen ist, sondern ebenso die Wirklichkeit in ihren mannigfaltigen Erscheinungen, vermag der Einzelne sich selbst zu entdecken und zu sich zu gelangen[10].

Nach der Komplementarität von Makrokosmos und Mikrokosmos entsprechen Weltwerden und Menschwerden einander. Insofern kann auch die Kultur gegenüber der Welt oder Gesamtwirklichkeit, der Natur, nicht etwas vollständig Neues oder Anderes sein, sondern muß in ihr gründen und von ihr als dem Umgreifenden ihre Gestalt und Form empfangen. So müssen wir zu dem Schluß kommen, daß die Natur als der Inbegriff der sinnenhaften Erscheinungen, wie Himmel und Erde, Elemente, Stein, Pflanze und Tier, in allem die Lehrmeisterin der Kultur ist, also der vom Menschen geschaffenen geistigen Welt[11]. Je mehr Natur in der Kultur vorhanden ist, umso tragender und wirklicher ist sie, umso mehr vermittelt sie | der Gemeinschaft wie dem Einzelnen eine tragfähige Grundlage. Je ferner aber von der Natur die Kultur sich entfaltet, umso mehr wächst die Gefahr, daß sich die Fundamente des Einzelnen und der Gemeinschaft auflösen.

Was bestimmte Philosophen der Antike gelehrt haben, vor allem Platons Schüler und die Stoiker, ist eine begrifflich formulierte Sentenz, der die Menschen der Vor- und Frühgeschichte traumwandlerisch sicher gefolgt sind: „Gemäß der Natur, der Logos-Natur leben"[12]. Die Gesamtwirklichkeit wird vom Geist, vom göttlichen Geist durchwirkt und ist von ihm getragen; er ist der Logos oder das

---

[9] Plat. Menon 81d und Tim. 30d; vgl. SPEYER, Frühes Christentum a.O. Reg.: Sympathie-Gedanke. – H. HOMMEL, Mikrokosmos: DERS., Symbola 1 = Collectanea 5 (Hildesheim / New York 1976) 226–255; M. GATZEMEIER / H. HOLZHEY, Art. Makrokosmos / Mikrokosmos: Historisches Wörterbuch der Philosophie 5 (Basel / Darmstadt 1980) 640–649.

[10] M. SCHMAUS, Sachhafte oder personhafte Struktur der Welt?: Interpretation der Welt. Festschrift R. Guardini zum 80. Geburtstag (Würzburg 1965) 693–700.

[11] Vgl. E. NORDEN, Beiträge zur Geschichte der griechischen Philosophie: Jbb. f. Klass. Philologie Suppl. Bd. 19 (1893) 421 Anm.1: „Die richtige Beobachtung, daß die Künste durch Nachahmung der Natur erfunden seien, ist in philosophischen Kreisen früh gemacht worden: der Verfasser der unter den Werken des Hippokrates stehenden Schrift c. 11 entlehnt sie dem Heraklit (Bernays ‚Heraclitea' 22 ff. = Gesammelte Abhandlungen 1 [Berlin 1885, Ndr. Hildesheim 1971] 20 ff.), auch Aristoteles Meteor. 4,3,381b 6 sagt und Cicero leg. 1,8,26 (nach stoischer Quelle): artes vero innumerabiles repertae sunt docente natura, quam imitata ratio res ad vitam necessarias ... sollerter consecuta est." In diesem Sinne schreibt Leonardo da Vinci: „Der Geist des Malers muß dem Spiegel ähnlich werden, der, ständig wechselnd, die Farbe dessen annimmt, das vor ihm steht und sich mit ebensoviel Abbildern füllt, wie er Gegenstände vor sich hat. Du weißt also, Maler, daß du nur gut sein kannst, wenn du, als universaler Meister, alle mannigfaltigen Formen nachahmst, die die Natur hervorbringt, was dir aber nicht gelingen wird, wenn du sie nicht vorher ansiehst und in deinem Geist abbildest." (A. CHASTEL, Leonardo da Vinci. Sämtliche Gemälde und die Schriften zur Malerei [München 1990] 164).

[12] SVF 1 frg. 179; P. STEINMETZ, Die Stoa: H. FLASHAR (Hrsg.), Die hellenistische Philosophie 4,2 = F. UEBERWEG, Grundriss der Geschichte der Philosophie (Basel 1994) 525. 541f.

Pneuma, das durch alles hindurchgeht[13]. An dieser alles tragenden Kraft hat der Mensch Anteil, nicht anders als alle jene Wesen, die in der Ordnung des Seins unter ihm stehen und in denen der Logos noch nicht wie im Menschen zu sich selbst gekommen und sich seiner selbst bewußt geworden ist. Nur insofern der Mensch Anteil an diesem Geist hat, der die Gesamtwirklichkeit durchpulst, gestaltet und trägt, vermag er zu fühlen, zu erleben und zu denken. Heraklits ‚Logos' und das ‚Pneuma diekon' der Stoiker erfassen – von der jüdisch-christlichen Offenbarung aus betrachtet – noch nicht adäquat, aber doch bereits bis zu einem gewissen Grade die Wahrheit, daß der menschliche Geist nur insofern wirksam und tätig werden kann, weil ein umfassenderer höherer Geist alles mit Einschluß des Menschen durchwirkt. Der Gedanke der Weltseele ist hier eine wesentliche Erkenntnis der Griechen[14]. In dieser platonischen Vorstellung könnte man die Immanenz oder das Einwohnen des transzendenten Schöpfers in seiner Schöpfung angedeutet sehen. Nur weil und insoweit die Weltseele alles durchwirkt, können wir nach dieser Lehre erkennen. Die Weltseele ist gleichsam das alles bindende und tragende Medium, ähnlich dem Wasser für die Fische oder der Luft für alle atmenden Lebewesen.

Daraus folgt für den Menschen: Indem der Mensch anerkennt, daß er als der dem Ganzen Nachgeordnete nie die volle Autonomie, den unbedingten Selbststand besitzen kann, sondern sich stets als der Zweite in der Wirklichkeit vorfindet, erkennt er, daß er seine Identität nur gewinnen kann, wenn er | sich auf das Ganze einläßt, auf das Ganze schaut und vor ihm sich neigt, ja demütigt[15].

Die Frage nach der Identität gehört damit zu jenen Fragen, die dem Sinn oder dem göttlichen Prinzip nachspüren. Dabei geht es um die Fundamentierung, Gründung und Verankerung im Sein, verstanden als dem Absoluten, damit der Mensch sich nicht im Strom des Werdens und der grenzenlosen Veränderung verliere und schließlich ins Chaos oder gar ins Nichts versinke.

Wie der Mensch Grenzgänger im Angesicht des Unbedingten ist, das sich ihm aber nur in Polaritäten und nicht in seinem tatsächlichen Sein zeigt, also nur in den aufeinander bezogenen Gegensätzen wie Sein und Nichtsein, Leben und Tod, Gut und Böse, Schön und Häßlich, Himmel und Hölle, so kann er seinen Halt niemals in der Unentschiedenheit gleichsam auf des Messers Schneide finden. Vielmehr muß er sich entscheiden: Hier geht es aber letztlich nur um eine Entscheidung, dem Ja oder Nein zum Ganzen[16]. Gewiß folgen aus dieser größten

---

[13] Vgl. z.B. Verg. georg. 4,219–227; Aen. 6,724–727; dazu F. ADORNO, Art. mens: Enciclopedia Virgiliana 3 (Roma 1987) 483–485. Zu Act. 17,27f. E. NORDEN, Agnostos Theos. Untersuchungen zur Formengeschichte religiöser Rede ²(Leipzig 1923, Ndr. Darmstadt 1974) 19–24.

[14] Plat. Tim. 34b–37c. 41d; P.M. STEINER, Psyche bei Platon = Neue Studien zur Philosophie 3 (Göttingen 1992) 201–213.

[15] SPEYER, Studien a.O. 96–105.

[16] DERS., Das einzige Entweder-Oder. Gedanken zur Neuheit der jüdischen und christlichen Offenbarung: W.M. NEIDL / F. HARTL (Hrsg.), Person und Funktion. Gedenkschrift J. Hommes (Regensburg 1998) 55–62 = unten S. 271–279.

Entscheidung die vielen kleinen Entscheidungen, die das sittliche Leben des Tages ausmachen. Doch diese bleiben letztlich wieder alle im Zwielicht des Bedingten stecken; denn, wie bereits bemerkt, es ist dem Menschen verwehrt, vollständig gut oder vollständig böse zu sein. Daher schillern die Taten eines Menschen im Nachhinein auch oft zwischen Hell und Dunkel, je nach dem Standort des Betrachters.

Der religiöse Mensch, sofern er dies in seiner Ganzheit ist und nicht nur für die Zeit seines rituellen Handelns, ist sich seiner Verpflichtung gegenüber der Welt als der umfassenderen Sinneinheit und vor dem Mitmenschen als dem Ebenbild seiner selbst und des Ganzen bewußt. Ihn wird deshalb Ehrfurcht vor der Natur oder Schöpfung leiten[17]. Daß es reinere und weniger reine Ausprägungen des homo religiosus gibt, ist unbestritten. Hier haben Kritik und Aufklärung einzusetzen. Aufklärung ist notwendig, da der Mensch ohne klare Vernunftbegriffe immer in Gefahr steht, dem Dämonischen statt dem Göttlichen zu dienen[18]. Es gibt eben auch innerhalb der Religion einen Sündenfall, den Sündenfall des Fanatismus und der Dummheit. Eine Absage an die Vernunft und an klare Begriffe ist deshalb im | Zeitalter einer Reflexions- und Verstehenskultur gleichbedeutend mit dem Verfehlen der Identität.

Wie sich gezeigt hat, ist die Frage nach der Identität eine Variante der älteren Frage nach dem Sinn des Ganzen und des Lebens des Einzelnen. Die Sinnfrage aber ist immer zugleich die Frage nach dem Absoluten, dem Göttlichen. Wenn es in der Natur oder Schöpfung eine aufsteigende Kette von Wirklichem gibt, die im seiner selbst bewußten Menschen gipfelt[19], dann ist daraus zu schließen, daß der die Welt gestaltende Geist auch über den Menschen hinauszugehen imstande ist, zu einer weiteren und höheren Form geistigen Lebens – man denke an den Engel –, ja daß der immanent wirkende und wahrnehmbare Geist nicht bereits das Letzte sein kann, sondern seinerseits in einem absoluten und transzendenten Geist gründet. Dieser transzendente Geist umfaßt dann und durchpulst die uns sinnenhaft zugängliche Wirklichkeit und ermöglicht erst den in der Welt wirkenden Geist, weil dieser ein Teil seiner selbst ist oder von ihm geschaffen wurde.

Identität steht für Zentriertheit, für Leben aus einem Zentrum. In der sinnlich wahrnehmbaren Wirklichkeit begegnet das aus dem Zentrum Lebende vor allem im befruchteten Samen, in Stamm, Blatt, Blüte und Frucht, aber auch im Kristall, in der Perle und dem Stern. Die abstrakten Formen des Kreises und der Kugel sowie der mathematische Punkt und die Eins als Prinzip der Zahlen sind selbst

---

[17] SPEYER, Studien a.O. 125–140. 194.

[18] K. NIEDERWIMMER/J. SUDBRACK/W. SCHMIDT, Unterscheidung der Geister (Kassel 1972).

[19] W. SPEYER, Zu einem Quellenproblem bei Sidonius Apollinaris (Carmen 15,36–125): Hermes 92 (1964) 225–248, bes. 233–241 zur sogenannten Arbor Porphyriana, nicht beachtet von H.M. BAUMGARTNER, Art. Arbor Porphyriana, porphyrischer Baum: Historisches Wörterbuch der Philosophie 1 (1971) 493 f.

zentrierte Gebilde und weisen auf ein Zentrum jenseits ihrer selbst. Damit sind sie zugleich Bilder der in sich zentrierten transzendenten Gottheit und ihres Abbildes, des menschlichen Personkerns[20].

In der Kultur gehört neben dem quadratischen Grundriß der kreisförmige zu den Urformen des Bauens. Beide Formen sind nicht ohne ihre jeweilige Mitte zu denken. Auf beide hat die Natur bereits vor allem menschlichen Entwerfen und Schaffen hingewiesen: in der Höhle und im Nest der Vögel sowie nach dem Weltbild der Alten in den vier Himmelsrichtungen als den Eckpfeilern des quadratischen kosmischen Hauses[21]. So führt in der Kultur der Weg von der Urhütte zum Zentralbau der Antike, des Mittelalters und der Neuzeit[22], aber auch zum zentrierten Dorf und zur Stadt der antiken und | nachantiken Hochkulturen mit ihrem Zentrum. Dieses Zentrum ist jeweils ein heiliger Ort[23]. An ihm kann der Stadtgründer oder der Staatsgründer begraben sein[24]. Durch das Zentrum geht die Weltachse. In ihm begegnen sich Ober- und Unterwelt, Himmel und Hades/Hölle. Deshalb galten derartige zentrierte und heilige Orte oft auch als ‚Nabel' der Welt[25].

Die in der Kulturgeschichte antreffbaren Variationen der Weltachse oder Weltsäule bezeugen die Wichtigkeit, die der Gedanke der Zentriertheit für den Menschen der Hochkulturen besitzt[26]. Indem der Mensch das Außen nach seinem

---

[20] M. ELIADE, Yoga. Unsterblichkeit und Freiheit = suhrkamp taschenbuch 1127 (Frankfurt M. 1985) 228–237. 421 f.: ‚Das mandala'; DERS. Psychologie et histoire des religions. A propos du symbolisme du ‚centre': Eranos Jahrbuch 19 (1950) 247–282.

[21] Die Welt ist der Tempel Gottes: Dies war Lehre der iranischen Magier (Cic. rep. 3, 9, 14; leg. 2, 10, 26).

[22] J. GAUS, Die Urhütte. Über ein Modell in der Baukunst und ein Motiv in der bildenden Kunst: Wallraf-Richartz-Jahrbuch 33 (1971) 7–70. – M. ZEPF, Der Mensch in der Höhle und das Pantheon: Gymnasium 65 (1958) 355–382. Taf. IX–XIII; M. UNTERMANN, Der Zentralbau im Mittelalter (Darmstadt 1989).

[23] Sehr schön zeigt dies die platonische Utopie Atlantis: In der Mitte der kreisförmigen Insel, d.h. der ganzen Stadt, steht im Heiligtum Poseidons die Stele von Bergerz mit dem fluchgesicherten Staatsgesetz (Critias 119 c/e; dazu FRIEDLÄNDER a.O. 1³, 327–333 u. Taf. VIII. IX). Ferner vgl. M. ELIADE, Die Religionen und das Heilige (Salzburg 1954, Ndr. Frankfurt M. 1986) 415–437 bzw. 421–444.

[24] Die Beispiele reichen von den antiken Kolonie- und Stadtgründern sowie den christlichen Heiligen als Gründern von Gemeinden, Kirchen und Klöstern bis zu Lenin und dem jeweiligen Grab des ‚Unbekannten Soldaten'; zum Altertum T.J. CORNELL/W. SPEYER, Art. Gründer: RAC 12 (1983) 1107–1171, bes. 1139–1142. 1167 f.; W. SPEYER, Art. Heros: RAC 14 (1988) 861–877, bes. 870 f.

[25] W.H. ROSCHER, Omphalos (Berlin 1913); DERS., Der Omphalosgedanke bei verschiedenen Völkern, bes. den semitischen = Berichte über die Verhandlungen der Sächsischen Gesellschaft der Wiss., Phil.-hist. Kl. 70,2 (Leipzig 1918); H.-V. HERRMANN, Omphalos = Orbis Antiquus 103 (Münster W. 1959); ELIADE, Religionen a.O. 265–268. 562 f. bzw. 267–269; W. MÜLLER, Die heilige Stadt. Roma quadrata, himmlisches Jerusalem und die Mythe vom Weltnabel (Stuttgart 1961); DERS., Die Jupitergigantensäulen und ihre Verwandten = Beiträge zur Klass. Philologie 66 (Meisenheim a. Gl. 1975) 35 f. 70.

[26] A.B. COOK, Zeus 2,1 (Cambridge 1925, Ndr. New York 1965) 36–168: The sky-pillar; zu Omphalos und Weltsäule ebd. 166–193; MÜLLER, Jupitergigantensäulen a.O. 24–45. – Auch der Baum, der Lebens- und Weltenbaum, galt als axis mundi; ELIADE, Religionen a.O. 341–343. 568 bzw. 345 f.

Innern gestaltet, findet er sich selbst und wirkt bewußt schaffend an seiner Identität, d.h. an seiner Übereinstimmung mit dem Zentrum der Gesamtwirklichkeit, der Gottheit. Als Person ist und besitzt der Mensch bereits virtuell Identität und deshalb vermag er Gebilde zu schaffen, die auf Identität bezogen sind. Auch in diesem Fall gilt der Primat des Seins vor dem Handeln[27].

Statt von Identität können wir auch von Sinngestalt, schöner Ordnung, von Harmonie oder Kosmos sprechen. Vom Zentrum seines Personseins und der ihm verliehenen Einheit seiner selbst ausgehend schafft der Mensch in Übereinstimmung mit der geistdurchwirkten und ihn führenden, da ihm vordenkenden Natur oder Schöpfung seine Kultur. So folgt aus der Identität des Menschen und seiner Übereinstimmung mit dem Zentrum der Gesamtwirklichkeit sein Schaffen gemäß der Natur oder der Schöpfungsord|nung. Solange die Kultur Kultur ist, muß sie als eine Metamorphose der Natur erscheinen. Man vergleiche die Bildende Kunst in ihren Gestaltungen: Architektur, Ornament und Bildinhalte verweisen auf die sichtbaren oder gedanklich erschließbaren kosmischen Gestaltungen und Strukturen.

Dabei dürfen wir allerdings nicht übersehen, daß Natur und Kosmos oder die Schöpfung noch nicht an ihr Telos gelangt sind. Überall zeigen sich in dieser Gesamtwirklichkeit Störungen, d.h. Chaoselemente. Wie bereits anfänglich bemerkt, gibt es in dieser Wirklichkeit das absolut Gelichtete noch nicht. Deshalb wird die Kultur auch immer wie die Natur oder Schöpfung destruktive, chaotische und dämonische Elemente in sich tragen. Die Epochen der Hochkulturen weisen hier allerdings Mischungsverhältnisse in verschiedenen Graden auf. In ihnen zeigt sich vor allem die Unterschiedlichkeit der Epochenstile. Aber auch das Dunkle, Abseitige und selbst das Zerstörerische gehören zu dieser Gesamtwirklichkeit. Ihre Vergegenwärtigung in der Kultur, nicht zuletzt in den Bildenden Künsten verdeutlicht, daß der Mensch auch in seiner Gebrochenheit nicht aus der Identität mit dem Ganzen herausfallen kann, da er auch noch in aller gewollten Verneinung und sogar in der Aufgabe seiner selbst vom Ganzen gehalten ist, das eben auch den Aspekt der Zerstörung und des Zerstörerischen in sich birgt, ohne aber in ihm aufzugehen oder allein zu ihm hin zu tendieren[28].

Gewiß darf es nicht das Ziel des vernunftbegabten Menschen sein, sich dem Chaoselement der Welt auszuliefern. Hier kann er auch als Kultur Schaffender schuldig werden; dann verkennt er den in der Gesamtwirklichkeit angelegten Zug zur Steigerung und zur teleologisch angelegten Lichtwerdung. Ebenso falsch und schädlich wäre es, wollte der schaffende Mensch so tun, als habe die in der Apokalypse verheißene Neue Schöpfung, die neue Erde, bereits begonnen und das Paradies wäre bereits gegenwärtig[29]. Dann würde sein Schaffen Un-

---

[27] Agere sequitur esse (Thomas von Aquin).

[28] W. SPEYER, Über die Uneindeutigkeit des Barbarischen: Festschrift K. Gantar = Živa antika 45 (Skopje 1995) 359–369 = oben S. 221–230.

[29] Apc. 21,1–5; vgl. 2 Petr. 3,13: „Einen neuen Himmel und eine neue Erde … erwarten wir".

wahres, also Kitsch, hervorbringen. Falsche Idealisierung und falsche Dämonisierung führen gleichermaßen auf Abwege der Kultur und zum Verlust der Identität.

Verläßt der Mensch das Zentrum, dann verläßt er seine Wesensart und hört nicht mehr auf die ihm und seinem Sprechen vorausgehende Rede der Natur, der Schöpfungswirklichkeit. Sein Nicht-mehr-Hören, sein Ungehorsam, führt ihn von sich selbst und dem absoluten Zentrum weg, so daß er seine Identität zu nichten beginnt. Mit dem Verlust seines Wesens ist der Verlust des Prinzipiellen, des Anfangs als des Gründenden, mitgegeben. |

In Mythen und Offenbarungen ist dieser Weg des Abfalls des Menschen von sich selbst und damit vom eigentlichen Zentrum als unheilvoll beschrieben. Die Kapitel des Buches Genesis über die Ureltern und ihren Verlust des Paradieses weisen in die gleiche Richtung wie die Erzählung vom Babylonischen Turm oder der Noe-Generation. Entsprechendes lehrt der griechische Mythos von den Giganten: Aufgabe des eigenen Zentrums, das eben nur ein verliehenes und kein selbstgeschaffenes ist, bedeutet Chaos- und Fluchfolgen[30].

Je mehr der Mensch meint, er könne die Vorgegebenheit und das Vorgedachtsein seiner selbst vergessen machen – zu ihnen gehört neben der Natur und Schöpfungswirklichkeit auch bis zu einem gewissen, niemals genau angebbaren Grade die Geschichte, die Geschichte des Einzelnen und die Geschichte der Menschheit –, umso tiefer fällt er aus der Geborgenheit ins Bodenlose. Er hat dann die das Fundament gebende Kraft verloren, die ihn durch die Zeit geführt und getragen hat, durch die Zeit seines Lebens und die Zeit seiner Kultur. Das Lossagen von der Geschichte und Kultur läßt ihn nicht in die sogenannte Barbarei versinken – die Barbaren der Geschichte lebten weitgehend in zentrierten menschlichen Gemeinschaften –, sondern in einen welt- und selbstzerstörerischen Nihilismus.

Als Gegenbegriffe von Schöpfung, Natur, Kosmos, Sinn und Identität bieten sich Begriffe wie Entpersonalisierung und Vermassung, Chaos ohne Richtung auf Kosmos und das erstrebte Nichts an. Daß große Teile der heutigen Menschheit von Tag zu Tag mehr über den Verlust ihrer Identität trauern und an ihm leiden und zum großen Teil Opfer einer weltweiten Identitätskrise geworden sind, darf den nicht wundern, der sieht, wie die Herberge des Menschen von einer zentrierten Wohnstatt zu einer chaosartigen, ungerichteten Bleibe verkommt. Ausdruck für diesen Zustand sind die Mietskasernen und die nicht mehr von einer Mitte her gestalteten Chaoszonen der Vor- und Satellitenstädte[31]. Auch in diesem Fall ist wieder das Wechselspiel von Innen und Außen, von Seele und ihrem Ausdruck in der sinnenhaften Wirklichkeit deutlich. Was der Mensch in

---

[30] W. Speyer, Art. Gottesfeind: RAC 11 (1981) 996–1043; Ders., Art. Giganten: ebd. 10 (1980) 1247–1276.

[31] H. Sedlmayr, Verlust der Mitte (Salzburg 1948, Ndr. Frankfurt, Berlin 1985).

seiner Kultur schafft, ist zu einem Teil auch in Materie gebannte Schuld, unter der noch späte Generationen leiden. Die Suche nach der Identität bildet in der Geschichte keine nur aufsteigende Linie, sondern ist oftmals durch Abstürze gekennzeichnet, die ihre Spuren ablesbar in den Denkmälern der Kultur und der Zivilisation hinterlassen haben, Folgen mißbrauchter oder falsch gedeuteter Möglichkeiten der personalen Freiheit.

14. Das einzige Entweder-Oder

Gedanken zur Neuheit der jüdischen und christlichen Offenbarung

Je mehr die Religionsgeschichte und die Religionswissenschaft in die Tiefenstruktur des religiösen Erlebens des Menschen hineinleuchten, umso zwingender drängt sich die Einsicht auf, daß die Menschen der Natur- und Volksreligionen auf der Stufe der geschichtslosen Ursprungskulturen, aber auch noch lange auf der Stufe der entfalteten Hochkulturen die Gesamtwirklichkeit als ein staunenerregendes Geheimnis voller Macht erlebt und verehrt haben[1]. Diese die Menschen äußerlich und innerlich prägende Macht zeigte sich erst allmählich als eine einzige, die Gesamtwirklichkeit bestimmende, ungeheure Gewalt. Zunächst manifestierte sie sich ihnen in allen auffallenden Erscheinungen der Welt, in Erde und Himmel, den Gestirnen, den Elementen und in den meteorologischen Erscheinungen, in Pflanzen und Tieren, aber auch in besonderen Menschen.

Nach dem frühen Erleben und Denken war der Mensch überzeugt, der Gesamtwirklichkeit nicht gegenüber, sondern gleichsam in ihr zu stehen. Sie schien ihn noch fast gänzlich umschlossen zu halten. Deshalb konnte er auch nicht gefühlsmäßig oder denkend aus ihr herausfallen[2]. Auf dieser Stufe der menschlichen Bewußtseinsgeschichte herrschte so eine Symbiose vergleichbar der von Mutter und Kleinkind.

Da das Ganze der Welt gesetzmäßig bestimmt und rhythmisch geordnet ist, erfuhr der Mensch dieser Kultur- und Mentalitätsstufe diese Umarmung bald als beseligend, da Leben spendend und Leben steigernd, bald aber als vernichtend, da Leben hemmend und todbringend. So mußte sich jederzeit der Ambivalenzcharakter der geheimnisvoll mächtigen Wirklichkeit aufdrängen[3]. Deshalb gal-

---

[1] S. MATUSCHEK, Über das Staunen. Eine ideengeschichtliche Analyse = Studien zur deutschen Literatur 116 (Tübingen 1991); W. SPEYER, Religionsgeschichtliche Studien = Collectanea 15 (Hildesheim, Zürich, New York 1995) XIIIf. Reg: Geheime, das.

[2] Ein Rest dieser Auffassung zeigt sich wohl noch bei Homer; vgl. die diesbezüglichen Arbeiten von B. SNELL; dazu A. LESKY, Art. Homeros: RE Suppl. 11 (1968) 687–846, bes. 735–740; J. STALLMACH, Ate. Zur Frage des Selbst- und Weltverständnisses des frühgriechischen Menschen = Beiträge z. Klass. Philologie 18 (Meisenheim a. Gl. 1968). Kritik äußert ARBOGAST SCHMITT, Selbständigkeit und Abhängigkeit menschlichen Handelns bei Homer = Abh. d. Akad. d. Wiss.u. d. Lit. Mainz 1990, 5. – Ferner vgl. E. NEUMANN, Ursprungsgeschichte des Bewußtseins (Olten 1968, Ndr. Frankfurt, M. 1984).

[3] W. SPEYER, Frühes Christentum im antiken Strahlungsfeld = Wissenschaftliche Untersu-

ten auch in den Natur- und Volksreligionen die Gottheiten, die man als die Repräsentanten und Machtträger der einzelnen Teilbereiche der Wirklichkeit verehrte,
als Mächte, | die bald Heil und Segen, bald Unheil und Fluch bewirkten[4]. Zu-
gleich empfanden sich die Menschen in dem rhythmisch kreisenden Wechsel von
Werden und Vergehen, von Leben und Tod, Tag und Nacht, Sommer und Winter
wie in einem Hause, dem Weltenhause, das ihnen aber auch zu einer beängstigen-
den Höhle oder sogar zu einem Gefängnis werden konnte[5].

In einem derartigen Erlebnis- und Erfahrungshorizont des Eingebettetseins in
das Ganze der Wirklichkeit konnte es noch zu keiner bewußten Selbstbestimmung und Entscheidungsfreiheit kommen. Die Kulturfortschritte in diesem Jahrhunderttausende währenden Zeitalter eines sich im Kreise bewegenden und von
aufeinander bezogenen Polaritäten bestimmten Daseins forderte zunächst auch
für die menschliche Gemeinschaft eine entsprechende Ordnung, wie sie der
Mensch in der Gesamtwirklichkeit von Erde und Himmel erlebte. Auch hier ging
das Ganze dem Einzelnen voran.

Der griechische Kosmos-Gedanke hat auf den Begriff gebracht, was die Menschen in allen Ursprungs- und frühen Hochkulturen empfunden haben: Die Welt
ist wesentlich Ordnung und Schmuck[6]. Der Mensch aber gehört zu ihr, da er aus
ihr herausgewachsen ist, also Teil der Welt, Teil des göttlichen Kosmos ist[7]. Insofern vermag er auch nur innerhalb der Grenzen des Ganzen zu wirken. Deshalb
wird auch alles, was er schafft, eine Verwandtschaft mit den Ordnungen des
Ganzen haben[8]. So sind die ersten menschlichen Gemeinschaften, Familie, Sippe,
Stamm, und das, worin sie ihren Ausdruck fanden, ihre Wohnstatt, die Urhütte,

---

chungen zum Neuen Testament 50 (Tübingen 1989) Reg. Ambivalenz; Ders., Studien a.O. Reg.
Ambivalenz.

[4] Speyer, Christentum a.O. 375f.; Ders., Studien a.O. 1–8.

[5] F. Ohly, Art. Haus III (Metapher): RAC 13 (1986) 905–1063, bes. 915–940; ferner
M. Zepf, Der Mensch in der Höhle und das Pantheon: Gymnasium 65 (1958) 355–382; H. Blu-
menberg, Höhlenausgänge (Frankfurt, M. 1989).

[6] W. Kranz, Kosmos = Archiv f. Begriffsgeschichte 2,1 (Bonn 1955); J. Kerschensteiner,
Kosmos. Quellenkritische Untersuchungen zu den Vorsokratikern = Zetemata 30 (München
1962); M. Gatzemeier/H. Holzhey, Art. Makrokosmos/Mikrokosmos: Historisches Wörterbuch der Philosophie 5 (Basel, Darmstadt 1980) 640–649.

[7] É. Des Places, Syngeneia. La parenté de l'homme avec dieu d'Homère à la patristique
(Paris 1964); H. Herter, Kleine Schriften (München 1975) 249–258: ‚Allverwandtschaft bei
Platon'.

[8] Der griechische Begriff der Nachahmung, Mimesis, erfaßt diese in allen gewachsenen
Religionen vorfindbare Überzeugung. H. Koller, Die Mimesis in der Antike. Nachahmung,
Darstellung, Ausdruck (Bern 1954) = Diss. Bernenses Ser. I, Fasc. 5; J. Dalfen, Polis und
Poiesis. Die Auseinandersetzung mit der Dichtung bei Platon und seinen Zeitgenossen (München 1974) = Humanistische Bibliothek 1,17,334 Reg. s.v. mimesis; M. Kardaun, Der Mime-
sisbegriff in der griechischen Antike. Neubetrachtung eines umstrittenen Begriffes als Ansatz
zu einer neuen Interpretation der platonischen Kunstauffassung = Verhandel. d. Kon. Ned.
Akad. van Wetensch., Afd. Letterkunde, N.R. 153 (Amsterdam, New York, Oxford, Tokyo
1993).

das Zelt, das feste Haus und die Siedlung, schließlich die Stadt, Abbilder des einen umgreifenden Erde-Himmelshauses[9]. Tatsächlich sind die Kulturleistungen insgesamt als verwandelte Nachbildungen von Erscheinungen und Gegebenheiten in | der Gesamtwirklichkeit zu deuten und zu verstehen[10]. Diese Gesamtwirklichkeit empfanden die Griechen als etwas Organisches und nannten sie deshalb Physis[11]. Die kultisch-politisch geeinten antiken Stadtstaaten, die Poleis, sollten auf menschliche Weise nachsprechen, was die göttlich durchwirkte Physis vorgesprochen hatte. Die Erfahrung menschlicher Freiheit, wie sie der moderne Mensch kennt, schlief deshalb noch in einem knospenhaften Zustand[12].

Für die Menschen der antiken Kulturen mit Einschluß der älteren vorderorientalischen Kulturen konnte es deshalb auch noch zu keinem Ja oder Nein der inneren Entscheidung gegenüber dem Weltganzen kommen. So waren weder der Atheismus noch die Verneinung des Gesamtsinnes des Ganzen von Welt und Mensch, der Nihilismus, eine Möglichkeit antiken Denkens und Verhaltens[13]. Auch die sogenannten Atheisten des Altertums standen nicht außerhalb des Kosmos-Erlebens und des Kosmos-Verständnisses ihrer Mitbürger[14]. Solange der Gedanke des göttlichen Kosmos lebendig war, und dieser Gedanke durchwirkt alle Ursprungs- und Hochkulturen der Erde mit Ausnahme der Israeliten und ihrer Erben, der Christen und Muslime, konnte der Mensch nicht dazu kommen, sich radikal gegen das Ganze der ihn umgreifenden Wirklichkeit zu stellen und auszusprechen; denn die von allen erlebte Heiligkeit der Welt und damit ihr Gefügtsein aus sinnvoller Ordnung, ihr Angelegtsein auf Leben und Lebenssteigerung schlossen den betrachtenden Menschen in seinem Erleben und Denken mit ein. Da in allem ursprünglich Lebendigen, also auch in den Ursprungskulturen das Leben unbefragt nach Leben strebt, konnte es hier auch noch nicht zu einer Verneinung des Ganzen kommen. Im Ursprung wird das Leben trotz aller Bedrohung und aller Schatten bejaht und damit auch der Sinn des Ganzen und so auch das Göttliche, das für dieses frühe Erleben mit dem Weltganzen eine Einheit

---

[9] J. GAUS, Die Urhütte. Über ein Modell in der Baukunst und ein Motiv in der bildenden Kunst: Wallraf-Richartz Jahrbuch 33 (1971) 7–70. – Zur stoischen Auffassung der Welt als einer Stadt A. ST. PEASE in seiner Ausgabe von Cicero, De natura deorum 1 (Cambridge, Mass. 1955, Ndr. Darmstadt 1968) 529–531 zu 1,121; W. MÜLLER, Die heilige Stadt. Roma quadrata, himmlisches Jerusalem und die Mythe vom Weltnabel (Stuttgart 1961).

[10] Zu der für die Kulturentfaltung grundlegenden Bereitung des Feuers und der Getreidenahrung als Akt der Nachahmung eines natürlichen Vorgangs SPEYER, Studien a.O. 69f. 193.

[11] Von φύειν, wachsen; vgl. lat. natura, von nasci, geboren werden. Die antike Weltdeutung beruht auf einem organologischen Erleben. In der Neuzeit ist J.W. von Goethe ein bedeutsamer Vertreter dieser Weltsicht.

[12] S. o. Anm. 2.

[13] C. STRUBE, Art. Nihilismus: TRE 24 (1994) 524–535.

[14] M. WINIARCZYK, Methodisches zum antiken Atheismus: Rheinisches Museum N.F. 133 (1990) 1–15; DERS., Antike Bezeichnungen der Gottlosigkeit und des Atheismus: ebd. 135 (1992) 216–225; DERS., Bibliographie zum antiken Atheismus, 17. Jahrhundert – 1990 (Bonn 1994).

274 14. Das einzige Entweder-Oder [57/58]

bildete, denn, wie noch Thales von Milet (um 600 v. Chr.) wußte und es bereits verallgemeinernd auszusagen verstand: „Alles [also die Welt] ist voller Götter"[15], d.h. die Gesamtwirklichkeit besteht aus Erscheinungen, die die Menschen zugleich als sinnenhaft und als göttlich aufgefaßt haben. Damit haben wir die frühen Kulturen insgesamt als bejahende oder positive Zeitalter zu erkennen, ohne daß ihnen dieses Ja zur Welt reflexiv bewußt ge|worden wäre. Selbst den Tod und die Katastrophen von außen und von innen nahmen die Menschen hin, da sie auf dieser Bewußtseinsstufe davon überzeugt waren, daß das Leben und die Gesamtwirklichkeit gut sind.

Diese unausgesprochene Überzeugung bestimmte auch dann noch die antike Kultur, als diese sich zu einer Reflexionskultur gewandelt hatte, also seit dem 7. Jahrhundert v. Chr. Wenn auch die jonischen und unteritalischen Philosophen mehr und mehr aus den bildhaften Vorstellungen des älteren Mythos zu den unanschaulichen, abstrakten Begriffen des reflektierenden und diskursiven Denkens erwacht sind und so den Unterschied zwischen dem Denkenden und dem Gedachten, zwischen Ich und Welt immer deutlicher erkannt haben, so hielten sie trotzdem an der Überzeugung fest, daß der Mensch an das Ganze der Welt rückgebunden sei. Auch nach der den Hellenismus und die heidnische Kaiserzeit weithin beherrschenden Philosophie der Platoniker und Stoiker mit Einschluß der Neupythagoreer ist der Mensch in den Kosmos eingebettet[16]. Nach der Auffassung dieser Philosophen gewinnt der Mensch sein Heil nur, wenn er mit dem Gesetz der Welt übereinstimmt. Deshalb stellte der Stoiker Zenon die Zielforderung oder Telosformel von τὸ ὁμολογουμένως ζῆν bzw. τὸ ὁμολογουμένως τῇ φύσει ζῆν auf, wobei er Logos und Physis, wahres Sein, Denken und Handeln als miteinander verwandt und aufeinander bezogen verstanden hat[17].

Ein sogenanntes radikales Denken, wie es in zunehmendem Maße neuzeitliche Denker seit der Renaissance aussprechen, konnte es deshalb in allen kosmisch-polytheistisch geprägten Kulturen noch nicht geben. Ein derartiges Denken konnte erst entstehen, als infolge der jüdischen und christlichen Offenbarung, wie sie im Alten und im Neuen Testament grundgelegt und überliefert ist, die ursprüngliche Verbundenheit von Gottheit, Welt und Mensch aufgebrochen und der Mensch auf eine neue Stufe seiner Freiheit entlassen worden ist.

Bei allem Respekt vor der Annahme einer Uroffenbarung, die allen Menschen zu allen Zeiten zuteil geworden sein soll, wie sie christliche Theologen seit Paulus und Justinus Martyr (2. Jh.) voraussetzen, sind andererseits auch das Einmalige und Spezifische einer sich kontinuierlich entfaltenden Offenbarung seit der

---

[15] Bei Aristot. anim. 1,5,411a7f. = VS 11 A 22.

[16] S.o. Anm. 7.

[17] SVF 1 frg. 179; P. STEINMETZ, Die Stoa: H. FLASHAR (Hrsg.), Die hellenistische Philosophie 4,2 = F. UEBERWEG, Grundriß der Geschichte der Philosophie (Basel 1994) 525f. 541f.

Berufung Abrahams durch den einen Schöpfergott zu betonen[18]. In der Berufung Abrahams zum Stammvater des Volkes, aus dem der Messias hervorgehen sollte, erfolgte ein Einbruch aus der Transzendenz in die bis dahin erkennbare Religionsgeschichte der Völker[19]. Von diesem neuen Anfang aus zeigte sich eine gewandelte Lage im Verhältnis des Menschen zur Welt: Der eine weltunabhängige Schöpfergott und die Schöpfung, deren Teil auch der Mensch ist, traten auseinander, um in der erst jetzt möglich gewordenen Entscheidung des einzelnen Menschen, seiner personal verantworteten Entscheidung zum Glauben oder zum Unglauben, wieder neu zueinander zu finden. Der Gott Abrahams, der Gott des Alten Bundes, | ist jetzt nicht mehr eine weltimmanente Gottheit, sondern steht der Welt als seiner Schöpfung souverän, d.h. gänzlich unabhängig, gegenüber. Zugleich aber ist dadurch die Welt grundsätzlich entgöttert und entdämonisiert, da sie als Geschöpf des einen Gottes ausgewiesen ist. Das Gleiche trifft auf den Menschen zu. Glaubten die Menschen des Altertums an die Möglichkeit der ‚göttlichen Menschen‘, zu denen vor allem die Gottkönige zählten, so ist auf dem Hintergrund der Offenbarung der religiöse Ausnahmemensch nur noch als Heiliger möglich, d.h. als ein Mensch, der weiß, daß er seine religiöse Kraft, verstanden als Wunderkraft und Krafttat, Dynamis oder Virtus, sowie als religiös-sittliche Tat, nur als Geschenk, Gabe und Gnade des einen Schöpfergottes besitzt[20]. Infolge der Offenbarung des transzendenten Gottes ist der Mensch aus dem zuvor als göttlich erlebten Kosmos herausgetreten. Er steht nunmehr der Welt und ihrem Schöpfer gegenüber und ist so in eine bis dahin ungeahnte Freiheits- und Verantwortungsdimension entlassen: er muß sich für oder gegen die ihm zuteil gewordene Lichtung des neuen Verhältnisses Gott und Schöpfung entscheiden. Spricht er dazu sein Nein, so muß er die Folgen tragen. Die Geschichte seines Verhaltens ist weithin identisch mit der Geschichte der Juden, Christen und Mohammedaner bis zur heutigen Weltlage. Diese haben aber jene Menschen verursacht, die aus dem Christentum gekommen sind.

Wie die Geistesgeschichte zeigt, trennen sich seit der Offenbarung an Abraham Mensch und Welt ähnlich wie der göttliche Schöpfer und sein Werk, die Schöpfung. Nachdem seit der Renaissance der Mensch sich zunehmend von seinem Schöpfer abkehrt und ganz auf sich besinnt und auf sich zu stellen versucht, hat er zugleich den Schöpferberuf mehr und mehr für sich beansprucht. Er will zunehmend sein eigener Herr und Meister sein und zuletzt selbst den göttlichen Schöpfer spielen. Die verheerenden Folgen für die gesamte Menschheit und Gottes Werk, die Erde, zeigen sich bereits allenthalben. Damit hat der nachchrist-

[18] Rom. 1,18–21; zu Justinus J.H. Waszink, Opuscula selecta (Leiden 1979) 317–327. – Zu Abraham Gen. 11,27–25,11, bes. 12,1–4.

[19] W. Speyer, Art. Genealogie: RAC 9 (1976) 1145–1268, bes. 1201f.

[20] Ders., Der kirchliche Heilige als religiöses Leitbild in der Kirchengeschichte: W. Kerber (Hrsg.), Personenkult – Heiligenverehrung = Fragen einer neuen Weltkultur 14 (München 1997) 57–120 = oben S. 151–180.

liche Mensch, der für den heutigen Zustand seiner selbst und der Erde verant-
wortlich ist, bereits das entscheidende Nein gesprochen, und zwar in Freiheit.

Unter der radikalen Forderung der Entscheidung stehen seit Abraham alle, die
von der Offenbarung Gottes im Alten Testament gehört haben. Insofern ist Abraham der Vater aller Glaubenden[21] und insofern gibt es auch erst seit Abraham den
Kampf zwischen Glauben und Unglauben. Ein derartiger Glaube und ein derartiger Unglaube waren zuvor etwas Unvorstellbares. Von Abraham an zeigte sich
eine Grundsätzlichkeit, eine Radikalität, die früher unbekannt war: Eine Vermittlung zwischen diesem Glauben und seiner Verneinung, dem Unglauben, ist sachlich unmöglich. Deshalb ist es auch irreführend, weil anachronistisch, vom
‚Glauben der Hellenen‘ zu sprechen[22]; denn bei den Griechen ist ein Glaube
gemeint und eine Gestimmtheit angesprochen, in die sie hineingeboren waren,
ohne den Glauben später individuell bejahen zu müssen. Der Glaube Abrahams
und seiner leiblichen | und geistigen Nachkommen aber beruht auf einer immer
von neuem in Freiheit zu vollziehenden persönlichen Entscheidung. Diese Entscheidung befindet nach dem Willen der göttlichen Offenbarung über das Heil
und das Unheil des jeweils von dieser Offenbarung angesprochenen Menschen.

Damit ist zugleich ein Ernst in die Geschichte eingezogen, wie er zuvor unbekannt war. Gegen ihn opponierten in der Renaissance viele und beriefen sich auf
die angeblich so heitere, unbeschwerte und sinnenfrohe Religion der Griechen[23].
Zugleich aber war mit dem neuen Ernst der Offenbarung auch die Verheißung
einer Glückseligkeit verbunden, wie sie dem im ewigen Kreis der Wiederkehr
des Gleichen befangenen Denken der Völker des Altertums unbekannt bleiben
mußte.

Die die Zukunft der Menschheit bestimmende Geschichte seit Abraham ist
eine Geschichte zwischen Glauben und Unglauben, zunächst in dem noch eingeschränkten geographischen Raum des jüdischen Volkes als der leiblichen Nachkommen Abrahams, seit Jesus Christus, dem Gottmenschen[24], aber allmählich
im Laufe der folgenden Jahrhunderte im Raum der gesamten bewohnten Erde.

Jesus aus Nazareth stand gemäß seiner menschlichen Natur selbst exemplarisch unter dem radikalen Anspruch des Entweder-Oder, des Ja oder Nein zu

---

[21] Rom. 4,1–25, bes. 16.

[22] Vgl. das gleichnamige Werk von U. von Wilamowitz-Moellendorff 1/2 (Leipzig
1931/32, Ndr. Darmstadt 1955).

[23] In Wirklichkeit ist die Religion der Griechen von einem tiefen Pessimismus geprägt;
M. Pohlenz zu Cic. Tusc. 1,114 (Stuttgart 1957, Ndr. Amsterdam 1965) 125; H. Fränkel,
ΕΦΗΜΕΡΟΣ als Kennwort für die menschliche Natur: Ders., Wege und Formen frühgriechischen Denkens ³(München 1968) 23–39; R. Braun, Kohelet und die frühhellenistische Popular-
philosophie = Zeitschrift f. alttestamentliche Wissenschaft, Beih. 130 (Berlin, New York 1973)
14–31.

[24] A. Grillmeier, Art. Gottmensch III (Patristik): RAC 12 (1983) 312–366; Ders., Jesus
der Christus im Glauben der Kirche 1. Von der Apostolischen Zeit bis zum Konzil von Chalcedon (451) (Freiburg 1979).

Gott. Als Mensch war Jesus Christus wie jeder andere versuchbar und in gewisser Weise auch fehlbar. Zweimal in seinem Leben und zwar vor den bewußt getroffenen größten Lebensentscheidungen begegnete Jesus dieser Grundfrage: Wem sollte er dienen, Gott oder sich selbst? Nach seiner Taufe durch Johannes den Täufer, der Stunde, die ihn seine Aufgabe erkennen ließ, als der Gesandte Gottes aufzutreten, zog Jesus sich in die Einsamkeit der Wüste zurück. Hier trat Satan, der zugleich Chiffre für die Ichhaftigkeit und die Eigenmächtigkeit des Menschen ist, an ihn heran und stellte die drei bekannten großen Versuchungen vor ihn hin[25]. Jesus überwand sie, indem er Gott und nicht sich selbst die Ehre gab. Wie der Evangelist Lukas bemerkt, wich daraufhin Satan von ihm, doch nicht für immer[26]. Er wartete auf eine neue Gelegenheit. Diese trat ein, als Jesus sah, daß er Leiden und Tod auf sich nehmen müsse, um das Erlösungswerk zu vollenden. In der Stunde des Ölbergs, seiner zweiten entscheidenden Bewährung, wiederholte Satan seinen Angriff[27]. Doch Jesus widerstand auch dieser neuen Versuchung, Leiden und Tod zu entkommen, und entschied sich für den Auftrag seines göttlichen Vaters. In bei|den Versuchungsszenen ging es um das Segen oder Fluch auslösende entscheidende Ja oder Nein des Menschen gegenüber dem Anspruch Gottes. Jesus wählte die eigene Ohnmacht, um so der Macht Gottes zu dienen und sie leuchten zu lassen. Er wußte, daß der Mensch immer in Gefahr steht, sich selbst an die Stelle Gottes zu setzen. Im Namen der erlösungsbedürftigen Menschen vollzog er die Verschiebung der Gewichte: er wählte den Schöpfer und Herrn der Geschichte und nicht den Menschen und die Welt. Damit erteilte Jesus auch eine deutliche Absage an alle Magie[28] und die ihr folgende selbstherrliche Technik.

Wie das Evangelium von Jesus aus Nazareth als dem Christus verkündet, geht der Weg der von Gott gewollten Erlösung und damit des Heils für alle Menschen über den ‚Gesandten' und ‚Sohn' des Schöpfergottes, der sich in ihm als Erlösergott offenbart. Im Ja oder Nein zu ihm, wobei die trennende Schärfe zwischen den beiden Haltungen durch nichts aufgehoben werden kann, vollzieht sich zugleich das Gericht über den Einzelnen und sein Tun. Von diesem Entweder-Oder zu Jesus als der Offenbarung des Schöpfergottes und seinen Folgen sprechen nicht wenige Texte des Neuen Testaments[29].

---

[25] Mt. 4,1–11; Lc. 4,1–13; vgl. Mc. 1,12f.; vgl. u.a. S. EITREM/A. FRIDRICHSEN, Die Versuchung Christi: Norsk Teologisk Tidsskrift 25 (1924) 3–37 und die neuere Literatur bei W. SPEYER, Art. Gottesfeind: RAC 11 (1981) 996–1043, bes. 1030f.

[26] Lc. 4,13.

[27] Lc. 22,39–46 par.

[28] Dies haben alte und neue Kritiker Jesu verkannt; vgl. auch D.E. AUNE, Art. Jesus II (im Zauber): RAC 17 (1995) 821–837; K. HOHEISEL, Art. Jesus III (außerchristlich): ebd. 837–878, bes. 841.

[29] Z.B. Lc. 2,34f.; Mt. 21,42–44 par.; Joh. 9,39; 1 Cor. 1,23f.; 2 Cor. 2,15f.; ferner vgl. die Gleichnisse von den klugen und törichten Jungfrauen (Mt. 25,1–13) oder vom Weltgericht (Mt. 25,31–46).

Zu diesem entscheidenden Entweder-Oder bieten das Y-Pythagoricum und die Mythe von Herakles am Scheidewege nur gewisse Präludien[30]. Näher an das hier Gemeinte führt die frühjüdische Zwei-Wege-Lehre heran, deren Spuren in der frühen Kirche beträchtlich sind[31].

In der durch die Offenbarung des Alten und des Neuen Testaments geschaffenen neuen Lage der Menschheitsgeschichte geht es um die einzige radikale Entscheidung in dieser Welt, um das Ja oder Nein jedes einzelnen Menschen zu seinem Schöpfer- und Erlösergott und zu dessen Schöpfungsordnung. Belehrt über seine Geschöpflichkeit und seine Erlösungsbedürftigkeit ist der Mensch aufgerufen, sich dem Anruf der Transzendenz zu stellen; denn seinem Schöpfer verdankt er Dasein und Erlösung in Jesus Christus.

In allen zwischenmenschlichen und innerweltlichen Verhältnissen geht es strenggenommen niemals um ein Entweder-Oder; denn die geschöpfliche Welt tritt dem Menschen niemals als eine oder die absolute Größe gegenüber. Vielmehr sind alle Ordnungen und Werte in ihr mit ihrem Gegenteil gemischt. Jeweils folgt einem Licht ein Schatten. Auf der Erde gibt es das Leben nicht in Absolutheit; | denn das von uns erfahrene Leben ist der Krankheit und schließlich dem Tod unterworfen, da es begrenzt ist. Hier gibt es kein vollkommenes Heil, denn allem irdischen Segen ist auch Unsegen beigesellt. Weder Armut ist bedingungslos zu meiden, noch Reichtum unbedingt zu erstreben, und Krankheit, vor der der Mensch so gerne fliehen möchte, vermag ihn oft weiterzubringen als die gesunden Tage. Vollkommenheit und Absolutheit eignen nur dem transzendenten Schöpfer. Deshalb haben gegenüber der einen und einzigen Entscheidung, dem Ja oder Nein zum Schöpfer, die gewiß nicht folgenlos für alles weitere Handeln des Menschen sein wird, alle übrigen Entscheidungen nur vorläufige Bedeutung. Sie sind so vorläufig wie die Erscheinungen der Welt, die eben in sich nicht göttlich, sondern von Gott geschaffen sind. Das Eigentliche und das für den Menschen wahrhaft Entscheidende kann sich deshalb auch nur im Angesichte Gottes ereignen, also in dem Ja oder Nein, zu dem der Mensch in der Begegnung mit dem weltunabhängigen Schöpfergott aufgerufen ist.

Erst der Mensch dieser neuen Bewußtseins- und Freiheitsstufe, die seit Abraham erkennbar ist, vermochte damit aber auch aus dem Weltganzen zu fallen, da dieses seitdem als Schöpfung ausgewiesen ist, also nicht mehr mit dem gött-

---

[30] Zum Y-Pythagoricum F. Cumont, Recherches sur le symbolisme funéraire des Romains = Bibliothèque Archéologique et Historique 35 (Paris 1942, Ndr. ebd. 1966) 422–431. 509f. Taf. XLIII 3) und erschöpfend aus der Schule von F. Ohly: W. Harms, Homo viator in bivio = Medium Aevum. Philologische Studien 21 (München 1970) 29–221 und Reg.: littera Pythagorae.

[31] Didache 1,1–6; 5,1f.; Ps.-Barnab. epist. 18–20; Pastor Hermae mandat. 6,1f.; vgl. J. Alpers, Hercules in bivio, Diss. Göttingen (1912) 60–76: ‚De duabus viis apud Iudaeos et Christianos'; K. Niederwimmer, Die Didache = Kommentar zu den Apostolischen Vätern 1²(Göttingen 1993) 48–64. 83–88.

lichen Seinsgrund der Natur- und Volksreligionen identisch ist. Insofern müssen Atheismus und Nihilismus als Leugnungen des Schöpfergottes die notwendigen Folgen einer offenbarungsfeindichen gegen- und nachjüdischen sowie gegen- und nachchristlichen Epoche sein.

Die in diesem Jahrhundert so beängstigend angewachsene Gefährdung der Menschheit und der irdischen Umwelt infolge der Erschütterung des Seinsvertrauens, verbunden mit der Absage an den tragenden Grund, der die Vielheit des Lebens auf diesem Planeten ermöglicht, konnte erst entstehen, als der Mensch aus dem Kosmosvertrauen und Kosmosverständnis in die neue Welt des Judentums und Christentums eingetreten war und sich auch hier nicht mehr beheimatet fühlte. Dies geschah mit großer Folgewirkung zu Ende des Mittelalters und führte zur Geburt der Neuzeit. Der Mensch dieser neuen nachreligiösen und nachchristlichen Epoche ist jener Mensch, der sich zunehmend auf sich selbst und seine Rationalität verläßt und diese allein als Schlüssel zur Deutung des Ganzen zuläßt. Die Vernunft aber stößt bald an die Grenzen ihrer selbst und muß an einer Lösung des Rätsels der Sphinx, das die Gesamtwirklichkeit für das immanente Verständnis bildet, verzweifeln. Insofern muß am Ende des Unglaubens die Hoffnungslosigkeit stehen, am Ende des Glaubens aber die Hoffnung. Diese dem Offenbarungsglauben verpflichtete Hoffnung erwartet aber das allein Entscheidende nicht vom Tun des immer im Zwielicht seines Denkens und Handelns verharrenden Menschen, sondern vom Wirken Gottes. Nur wenn der Mensch seinem Hochmut, seiner Hybris und Superbia, absagt[32] und sich auf seine Kindesliebe gegenüber dem göttlichen Vater, der zugleich Mutter, Bruder und Schwester ist, besinnt, kann er den verderblichen Kreis überschreiten, in den ihn sein Gigantismus gebannt hat. Die Liebe nämlich, die Liebe des Schöpfers allein bewegt die Sonne und die anderen Sterne, wie Dante seine Divina Commedia ausklingen läßt[33].

---

[32] J. Procopé, Art. Hochmut: RAC 15 (1991) 795–858.
[33] Paradiso 33, 145: „L'amor che muove il sole e l'altre stelle".

Nachträge

3. Dekadenzempfinden und Sehnsucht
nach den für machtvoll gehaltenen Anfängen

Zum Thema vgl. A. O. LOVEJOY / G. BOAS, Primitivism and Related Ideas in Antiquity (Baltimore 1935, Ndr. New York 1973) bes. 23–53: ,The Theory and Legend of Progressive Degradation'.

Zu S. 71 Anm. 5: H. BRAUNERT, Utopia. Antworten griechischen Denkens auf die Herausforderung durch soziale Verhältnisse, Rektoratsrede Kiel 1968/69 (Kiel 1969); J. FERGUSON, Utopias of the Classical World (London 1975).

Zu S. 73 Anm. 13: K. HELDMANN, Antike Theorien über Entwicklung und Verfall der Redekunst = Zetemata 77 (München 1982) 60–97: ,Grundformen antiken Verfalls- und Entwicklungsdenkens und die Entstehung der Klagen über den Verfall der Beredsamkeit'.

Zu S. 75 Anm. 19: Vgl. Ephor.: FgrHist 70 F 42; Nicol. Dam.: FgrHist 90 F 104; C. UNGEFEHR-KORTUS, Art. Galaktophagoi: Der Neue Pauly 4 (1998) 740.

Zu S. 76: M.-O. GOULET-CAZÉ / R. GOULET (Hrsg.), Le cynisme ancien et ses prolongements. Actes du Colloque International du CNRS, Paris 22–25 juillet 1991 (Paris 1993). Zum ,edlen Wilden' LOVEJOY/BOAS a. O. 287–367.

Zu S. 76 Anm. 25: C. UNGEFEHR-KORTUS, Anacharsis, der Typus des edlen, weisen Barbaren = Europäische Hochschulschriften R. 15, Bd. 69 (Frankfurt M., Berlin u. a. 1996).

4. Der Dichter in der Einsamkeit

Für die Neuzeit bezeugt Ignatius von Loyola (1491–1556) die große theologische Inspiration in der Einsamkeit der Natur: Bericht des Pilgers, übersetzt und kommentiert von P. KNAUER (Leipzig 1996) 54f.: 3,30 „Fünftens: Einmal ging er aus seiner Andacht zu einer Kirche, die etwas mehr als eine Meile von Manresa lag – ich glaube, sie heißt St. Paul –, und der Weg geht den Fluß entlang. Und während er so in seinen Andachten ging, setzte er sich ein wenig mit dem Gesicht zum Fluß, der in der Tiefe ging. Und als er so dasaß, begannen sich ihm die Augen des Verstandes zu öffnen. Und nicht, daß er irgendeine Vision gesehen hätte, sondern er verstand und erkannte viele Dinge, ebensosehr von geistlichen Dingen wie von Dingen des Glaubens und der Wissenschaft. Und dies mit einer so großen Erleuchtung, daß ihm alle Dinge neu erschienen. Und es lassen sich nicht die Einzelheiten erläutern, die er damals verstand, obwohl es viele waren; sondern er empfing eine große Klarheit im Verstand, so daß ihm in der ganzen Folge seines Lebens bis über zweiundsechzig Jahre hinaus scheint: Wenn er alle Hilfen zusammenzähle, wie er sie von Gott erhalten habe, und alle Dinge, die er erkannt habe, selbst wenn er sie alle in eines zusammenbringe, habe er nicht so viel erlangt wie mit jenem Mal allein".

Zu S. 99 Anm. 55: J. BURCKHARDT a.O. verweist auf J.G. KEYSSLER, Neueste Reisen durch Deutschland, Böhmen, Ungarn, die Schweiz, Italien und Lothringen 2^2 (Hannover 1751) 1016 (68. Brief am Ende).

5. Toleranz und Intoleranz in der Alten Kirche

Zu S. 112f.: Die Intoleranz der Römer gegenüber fremden, vor allem aus dem Osten kommenden Religionen spricht auch aus folgenden, von Cicero mitgeteilten, römischen Gesetzesbestimmungen: leg. 2,8,19: Separatim nemo habessit deos neve novos neve advenas nisi publice adscitos … 2,9,21: Nocturna mulierum sacrificia ne sunto praeter olla quae pro populo rite fient. Neve quem initianto nisi ut adsolet Cereri Graeco sacro. – Die Tradition soll den einzigen Maßstab abgeben: ebd. 2,8,19: Ritus familiae patrumque servanto; 2,9,22: Ex patriis ritibus optuma colunto.

6. Das christliche Ideal der geschlechtlichen Askese in seinen negativen Folgen für den Bestand des Imperium Romanum

Zum Thema: J. MARTIN/B. QUINT (Hrsg.), Christentum und antike Gesellschaft = Wege der Forschung 649 (Darmstadt 1990) Reg.: Askese, Ehelosigkeit, Enkratiten, Enthaltsamkeit, Mönch.

Zu S. 131f.: Die Flucht von Sklaven zu Mönchen und Klöstern kam im 4. Jahrhundert in Kleinasien öfter vor und führte zu gesellschaftlicher Erschütterung (Basil. reg. fus. 11 [PG 31,948 A]).

Zu S. 132 Anm. 46: Zur Verwandtschaft des christlichen Mönchs mit dem indischen Gymnosophisten B. BERG, Dandamis, An Early Christian Portrait of Indian Asceticism: Classica et Mediaevalia 31 (1970) 269–305; A. DIHLE, Art. Indien: RAC 18 (1998) 1–56, bes. 54f.

Zu S. 134f.: B. FEICHTINGER, Apostolae apostolorum. Frauenaskese als Befreiung und Zwang bei Hieronymus = Studien zur klassischen Philologie 94 (Frankfurt, M., Berlin u.a. 1995).

Zu S. 135 Anm. 60: S. G. JENAL, Italia ascetica atque monastica. Das Asketenund Mönchtum in Italien von den Anfängen bis zur Zeit der Langobarden (ca. 150/250–604) = Monographien zur Geschichte des Mittelalters 39, 1/2 (Stuttgart 1995); E. PACK, Art. Italia I (landesgeschichtlich): RAC 18 (1998) 1049–1202, bes. 1186–1193.

Zu S. 136 Anm. 70: A. Zumkeller, Das Mönchtum des hl. Augustinus = Cassiciacum 11 (Würzburg 1950) 104–109.

Zu S. 143 Anm. 108: Außer den Genannten priesen Zeno, Bischof von Verona, und Paulinus, Bischof von Nola, Enthaltsamkeit und Jungfräulichkeit (tract. 2,7 [CCL 22, 171–175]; carm. 25 [CSEL 30, 238–245]). Im übrigen vgl. Indices patrologiae: Index patristico theologicus c. 158: de castitate virginum vel de virginitate: PL 218, 1244.

Zu S. 143: Zu Priszillian vgl. auch B. Vollmann, Art. Priscillianus nr. 5: RE Suppl. 14 (1974) 485–559, bes. 520–523. 549f.

Zu S. 144–146: Wie Callinic. vit. Hyp. 11,1 (SC 177, 110) mitteilt, war Konstantinopel von zahlreichen Klöstern umgeben, jeweils mit rund 150 Mönchen bewohnt. – Der gegen 570 geschriebene ‚Brief der Archimandriten der Arabia an die orthodoxen Bischöfe‘ zählt 137 Namen von Klöstern der Severianer auf (CSCO 103/Syr. 52, 145–156). – Um 600 berichtet der lykische Abbas Nikolaos von einem lykischen Nonnenkloster mit 40 Insassen (Joh. Mosch. prat. 135 [PG 87, 3, 2997 D]); zum lykischen Mönchtum G. Anrich, Der hl. Nikolaos in der griechischen Kirche. Texte und Untersuchungen 2 (Leipzig 1917) 228f.

Zu S. 149: Zur antiken Naturwissenschaft und ihrem Verebben in der Spätantike L. Russo, La rivoluzione dimenticata. Il pensiero scientifico greco e la scienza moderna (Milano 1996).

Zu S. 149 Anm. 151: W. Speyer / I. Opelt, Art. Barbar: RAC Suppl. 1 Lief. 5/6 (1992) 811–895, bes. 863.

7. Der kirchliche Heilige als religiöses Leitbild in der Kirchengeschichte

Zu S. 154 Anm. 14: R. Kany, Art. Jünger: RAC 19 (1998) 258–340, bes. 286–337.

Zu S. 155 Anm. 22: D. Krueger, Symeon the holy fool = The Transformation of the Classical Heritage 25 (Berkeley, Los Angeles, London 1996).

Zu S. 159 Anm. 42: A.M. Schwemer, Studien zu den frühjüdischen Prophetenlegenden *Vitae Prophetarum* = Texte und Studien zum Antiken Judentum 49/50 (Tübingen 1995/96).

Zu S. 162, Anm. 61: Kany a.O.

Zu S. 169 Anm. 110: D.E. Aune, Prophecy in Early Christianity and the Ancient Mediterranean World (Grand Rapids 1983).

Zu S. 175 Anm. 162: s.o. zu S. 155.

Zu S. 177 Anm. 173: J. Bernhart, Heilige und Tiere [2](München 1959).

8. Der Bibeldichter Dracontius als Exeget des Sechstagewerkes Gottes

Zu S. 184 Anm. 9: C. P. E. SPRINGER, The Gospel as Epic in Late Antiquity, the Paschale Carmen of Sedulins (Leiden 1988); Rezension dieses Werkes: CH. RATKOWITSCH: JbAC 32 (1989) 197–203.

Zu S. 205 Anm. 114: V. BUCHHEIT, Tierfriede in der Antike: Würzburger Jahrbücher für die Altertumswissenschaft NF 12 (1986) 143–167; DERS., Tierfriede bei Hieronymus und seinen Vorgängern: Jahrb. f. Ant. u. Christ. 33 (1990) 21–35.

10. Über die Uneindeutigkeit des Barbarischen

Zu S. 221 Anm. 3: L. L. HAMMERICH, Horrenda primordia: Germanisch-Romanische Monatsschrift 33 (1951/52) 228–233.

Zu S. 226 Anm. 16: C. UNGEFEHR-KORTUS, Anacharsis, der Typus des edlen, weisen Barbaren = Europäische Hochschulschriften R. 15, Bd. 69 (Frankfurt, M., Berlin u. a. 1996).

Zu S. 229 Anm. 23: A. BURGEN / P. MCLAUGHLIN / J. MITTELSTRASS (Hrsg.), The Idea of Progress (Berlin/New York 1997).

11. Die Griechen und die Fremdvölker

Infolge der großen politischen und wirtschaftlichen Wandlungen der letzten Jahre – Fortfall des ‚Eisernen Vorhangs‘, Aufbruch zur Globalisierung – gehört das Thema des Fremden und der Fremdheit zu den gegenwärtig zentralen europäischen und außereuropäischen Problemfeldern. Dabei geht der Blick sowohl in die Vergangenheit als auch in die Zukunft. Geschichtswissenschaft, Soziologie, Politikwissenschaft, Völkerpsychologie und nicht zuletzt Theologie versuchen auf die Herausforderung des Wegfalls vieler Grenzen zu antworten. Nicht zuletzt aus diesem Grunde ist dieser Aufsatz, der 1987 als Vortrag konzipiert war, in die vorliegende Sammlung mitaufgenommen. – Fremdheit ist ein allgemein menschlicher Wesenszug; er gehört zu den aufeinander bezogenen gegensätzlichen Aspekten des Menschen; so bedingen einander Eigenes und Fremdes, Heimat und Fremde; jeder nimmt teil an beidem. Insofern gehört dieser Aspekt auch zum Christen; vgl. Epist. ad Diogn. 5,5; E. FASCHER, Art. Fremder: RAC 8 (1972) 306–347; M. PUZICHA, Christus peregrinus. Die Fremdenaufnahme (Mt. 25,35) als Werk der privaten Wohltätigkeit im Urteil der Alten Kirche = Münsterische Beiträge zur Theologie 47 (Münster 1979); R. FELDMEIER, Die Christen als Fremde. Die Metapher der Fremde in der antiken Welt, im Urchristentum und im 1. Petrusbrief = Wissenschaftliche Untersuchungen zum Neuen Testament 64 (Tübingen 1992).

Zu S. 231: G. WALSER, Hellas und Iran, Studien zu den griechisch-persischen Beziehungen vor Alexander (Darmstadt 1984).

Zu S. 237 Anm. 17: s. o. S. 75 und Nachträge.

Zu S. 238 Anm. 19: H. M. WERHAHN, Art. Hyperboreer: RAC 16 (1994) 967–986.

Zu S. 239: A. BURGEN / P. MCLAUGHLIN / J. MITTELSTRASS (Hrsg.), The Idea of Progress (Berlin / New York 1997).

Zu S. 240 Anm. 29: = RAC Suppl. 1, Lief. 5/6 (1992) 811–895.

Zu S. 241 Anm. 31 = Ders., Frühes Christentum im antiken Strahlungsfeld (Tübingen 1989) 70–85. 494 f.

Zu S. 241 Anm. 32: ferner vgl. H. DÖRRIE, Platons Reisen zu fernen Völkern: Romanitas et Christianitas, Festschrift J. H. Waszink (Leiden 1973) 99–118.

Zu S. 242 Anm. 34: C. UNGEFEHR-KORTUS, Anacharsis, der Typus des edlen, weisen Barbaren = Europäische Hochschulschriften R. 15, Bd. 69 (Frankfurt, M., Berlin u. a. 1996).

12. Kulturwandel und Wanderungen in Europa

Zu S. 246 Anm. 3: A. O. LOVEJOY / G. BOAS, Primitivism and Related Ideas in Antiquity (Baltimore 1935, Ndr. New York 1973) Reg.: ‚Cycles‘; H. CANCIK, Antik – Modern. Beiträge zur römischen und deutschen Kulturgeschichte (Stuttgart, Weimar 1998) 25–54: ‚Die Rechtfertigung Gottes durch den ‚Fortschritt der Zeiten‘. Zur Differenz jüdisch-christlicher und hellenisch-römischer Zeit- und Geschichtsvorstellungen‘.

Zu S. 249: Zum Verhältnis Natur-Kultur Democrit: VS 68 B33 und o. S. 264.

Zu S. 250: M. SCHOFIELD, The Stoic Idea of the City (Cambridge, New York 1991) 57–92; J. MOLES, Le cosmopolitisme cynique: M.-O. GOULET-CAZÉ / R. GOULET (Hrsg.), Le cynisme ancien et ses prolongements. Actes du Colloque International du CNRS, Paris 22–25 juillet 1991 (Paris 1993) 259–280.

Zu S. 253: E. A. S. BUTTERWORTH, Some Traces of the Pre-Olympian World in Greek Literature and Myth (Berlin 1966).

Zu S. 255 Anm. 26: vgl. Curt. Ruf. 8, 4,25–29; Epit. rer. gest. Alex. M. 30 (S. 9 THOMAS): Alexander spricht anläßlich des Gastmahls bei Choriones, auf dem er Rhoxane trifft: multos reges ex captivis procreasse filios.

Zu S. 255 Anm. 29: Zu Solon aus Athen und seinen Reisen W. ALY, Art. Solon nr. 1: RE 3 A, 1 (1927) 946–978, bes. 950; K. HÖNN, Solon (Wien 1948) Reg.: ‚Reisen‘. Ferner vgl. H. DÖRRIE, Platons Reisen zu fernen Völkern: Romanitas et Christianitas, Festschrift J. H. Waszink (Leiden 1973) 99–118.

13. Zur Identität des Menschen

Vgl. O. MARQUARD / K. STIERLE, Identität = Poetik und Hermeneutik 8 (München 1979).

Zu S. 261: M. SCHELER, Philosophische Weltanschauung (Bern 1954) 5–15, bes. 6 f.

Zu S. 264 Anm. 9: ADOLF MEYER, Wesen und Geschichte der Theorie von Mikro-
und Makrokosmos, Diss. Bern (1900).

Zu S. 264 Anm. 11: s.o. zu S. 249. Zum Aufkommen des Naturbegriffs E.
SCHMALZRIEDT, Περὶ φύσεως. Zur Frühgeschichte der Buchtitel (München
1970); dazu C. W. MÜLLER: Gnomon 50 (1978) 628–638. Zur Wortgeschichte
von Kultur W. PERPEET, Art. Kultur: Historisches Wörterbuch der Philosophie
4 (Darmstadt 1976) 1309–1324, bes. 1309 f.

Zu S. 267 Anm. 21: Clemens Alexandrinus strom. 5,76,2 (GCS Clem. Alex.
2,377) schreibt Platon ein Wissen von der Welt als Gottes Tempel zu; vgl. F.
OHLY, Art. Haus III (Metapher): RAC 13 (1986) 905–1063, bes. 933–937: ‚Die
Welt als Tempel‘.

14. Das einzige Entweder-Oder

Zu S. 272 f.: Stadt und Welt gehören zusammen und spiegeln einander: Plat. Tim.
17a–27d, bes. 27a–b; vgl. M. SCHOFIELD, The Stoic Idea of the City (Cambridge, New York 1991); W. SPEYER, Die Stadt als Inbegriff der menschlichen
Kultur in Realität und Symbolik: J. STYKA (Hrsg.), Classica Cracoviensia 4
(Kraków 1999).

Zu S. 276 Anm. 23: Vgl. E. VON LASAULX, De mortis dominatu in veteres: DERS.,
Studien des classischen Alterthums (Regensburg 1854) 459–494; ferner Ilias
6, 146; 17, 446 f.; 24,525 f.; Odyss. 11, 488–491; Certam. Hom. et Hes. 78 f.
(228 ALLEN); Pind. Pyth. 8,95; Bacchyl. epin. 5,160 f.; Theogn. 425–428; Eurip.
frg. 285 N[3]; Aristot. Eudem. frg. 44 ROSE; F. JACOBY im Kommentar zu Theo-
pomp.: FGrHist 115 F 74–75; Posidipp.: Anth. Pal. 9, 359; Cic. Tusc. 1, 113–
115; Sen. ad Marc. 22,3; Epigr. Bob. 25: ‚Nihil in vita expedire‘; ferner I. C.
OPSTELTEN, Sophocles and Greek Pessimism (Amsterdam 1952).

Bibliographische Nachweise

1. Töten als Ritus des Lebens. Zum Sinn des Opfers
   (Neusatz).

2. Fluchmächte und Dämonen. Zur Vorgeschichte des Teufels in der Antike
   mit Ausblicken auf das Christentum
   Zeitschrift für Ganzheitsforschung N.F. 41 (Wien, Gesellschaft für Ganzheitsforschung 1997) 171–189.

3. Dekadenzempfinden und Sehnsucht nach den für machtvoll gehaltenen
   Anfängen: Zu einem romantischen Charakterzug der Antike
   Zeitschrift für Ganzheitsforschung N.F. 40 (Wien, Gesellschaft für Ganzheits-
   forschung 1996) 171–191.

4. Der Dichter in der Einsamkeit. Zu einer abendländischen Denkvorstellung
   J. STYKA (Hrsg.), Studies of Greek and Roman Antiquity = Classica Cracoviensia 3
   (Kraków 1997) 129–143.

5. Toleranz und Intoleranz in der Alten Kirche
   I. BROER / R. SCHLÜTER (Hrsg.), Christentum und Toleranz (Darmstadt, Wissenschaftliche Buchgesellschaft 1996) 83–106.

6. Das christliche Ideal der geschlechtlichen Askese in seinen negativen
   Folgen für den Bestand des Imperium Romanum
   M. WACHT (Hrsg.), Panchaia. Festschrift K. Thraede = Jahrbuch für Antike und
   Christentum, Ergänzungsband 22 (Münster, W., Aschendorff 1995) 208–227.

7. Der kirchliche Heilige als religiöses Leitbild in der Kirchengeschichte
   W. KERBER (Hrsg.), Personenkult und Heiligenverehrung = Fragen einer neuen
   Weltkultur 14 (München, Kindt 1997) 57–120.

8. Der Bibeldichter Dracontius als Exeget des Sechstagewerkes Gottes
   G. SCHÖLLGEN / C. SCHOLTEN (Hrsg.), Stimuli. Exegese und ihre Hermeneutik in
   Antike und Christentum. Festschrift E. Dassmann = Jahrbuch für Antike und
   Christentum 23 (Münster, W., Aschendorff 1996) 464–484.

9. Die Vorzeichen im Bibelgedicht des Dracontius
   H. CANCIK / H. LICHTENBERGER / P. SCHÄFER (Hrsg.), Geschichte-Tradition-Refle-
   xion. Festschrift M. Hengel 2 (Tübingen, Mohr [Paul Siebeck] 1996) 141–153.

10. Über die Uneindeutigkeit des Barbarischen
    Festschrift K. Gantar = Živa Antika / Antiquité vivante 45 (Skopje 1995) 359–369.

11. Die Griechen und die Fremdvölker. Kulturbegegnungen und Wege zur gegenseitigen Verständigung
    Eos 77 (1989) 17–29.

12. Kulturwandel und Wanderungen in Europa
    G. E. TICHY/H. MATIS/F. SCHEUCH (Hrsg.), Wege zur Ganzheit. Festschrift J.H. Pichler: (Berlin, Duncker & Humblot 1996) 245–260.

13. Zur Identität des Menschen
    R. BÄUMER/J.-H. BENIRSCHKE/T. GUZ (Hrsg.), Im Ringen um die Wahrheit. Festschrift A. von Stockhausen (Weilheim-Bierbronnen, Gustav-Siewerth-Akademie 1997) 273–282.

14. Das einzige Entweder-Oder. Gedanken zur Neuheit der jüdischen und christlichen Offenbarung
    W.M. NEIDL/F. HARTL (Hrsg.), Person und Funktion. Gedenkschrift J. Hommes (Regensburg, Friedrich Pustet 1998) 55–62.

Stellenregister

Altes Testament

Neues Testament

1 Petr.

1,5	153 Anm. 10
1,16	165 Anm. 74
2,5	166 Anm. 80
2,9	165 Anm. 75; 166 Anm. 80,83
2,12–20	115 Anm. 35

2 Petr.

3,2	159 Anm. 39f.
3,13	268 Anm. 29

1 Joh.

2,15–17	126 Anm. 14
2,16	172 Anm. 134

Apc.

1,6	166 Anm. 80
4,8	153 Anm. 10
5,10	166 Anm. 80
11,3–12	168 Anm. 104
13,13	149 Anm. 151
14,4f.	127 Anm. 14; 172 Anm. 134
15,4 Vulg.	187 Anm. 24
20,6	166 Anm. 80
21,1–5	268 Anm. 29
21,2	48 Anm. 136
21,4f.	48 Anm. 136
22,11	157 Anm. 30

Personen- und Sachregister

Hesperiden, Töchter des Atlas 238
Hethiter 65, 254
Hexerei 68, 107
Hieronymus, Kirchenlehrer 131, 134, 136f.,
 143, 145, 177
Hilarius, christlicher Dichter 189, 195, 202
Himmel 53, 57f., 192, 194
Himmelsstimme 100
Hippemolgen, sagenhaftes Volk 75, 237f.
Hippokrates aus Kos, griechischer Arzt 34
Hirt 90 Anm. 6
Hochmut 279
Hochschätzung des/der Alten 79, 111, 181
Höhle 92, 99f., 272
Hölle 31, 67
Hofdichter 96
Hoffnung 8, 82, 165
Holz 40, 47 Anm. 135
Homer 8, 12, 61–65, 72 Anm. 8, 75, 99,
 222, 231, 239, 243, 253, 255
homo viator 263
Honoratus, Bischof von Arles 135f.
Horaz, römischer Dichter 80f., 97, 100
Horsiesi, Schüler des Pachomios und
 Mönch 134, 142 Anm. 105
hostis 234
Hymnus 183
Hyperboreer, mythisches Volk 75 Anm. 20,
 238

Ia, Heilige 42
Iberer 139
Iberien (Georgien) 138
Identität 261–270
Ignatius, Bischof von Antiochien,
 Märtyrer 171
Ilias, Epos 64, 72, 234, 236–238
Immanenz 256
Imperium Romanum 111, 125–149, 246f.,
 257
Inder / Indien 12, 75, 231, 239
Innerlichkeit 186 Anm. 18
Insel 136
Inspiration 170 Anm. 112
Interpretatio Graeca 122, 236, 243
Interpretatio Romana 122
Intoleranz 103–123
Intoleranz, aggressive 117f.
Io, Heroin 231
Ionier 236
Iran 66
Irland 136, 176
Isaak, Patriarch 110

Isis, ägyptische Göttin 40, 44 Anm. 126,
 112, 257
Islam 106, 148, 258
Israel 3, 5, 127, 157, 166
Israel, Neues 109, 159, 163, 166
Israeliten 237, 273
Italien 105
Italiker 65

Jäger und Sammler 38f.
Jahn, Otto, Archäologe, Philologe und
 Musikwissenschaftler 15
Jahreszeiten 197f.
Jakob, Bischof von Nisibis 171
Jakob, Sohn Isaaks 110
Jerusalem 12, 139, 257
Jesus Christus 2, 4–9, 45–48, 64, 91, 108–
 110, 112 Anm. 20, 118, 120–122, 126–
 128, 130, 138, 151, 153f., 157, 162–167,
 172, 213, 276–278
Joachim, Vater Marias 161
Johannes Chrysostomos, Patriarch von Kon-
 stantinopel, Kirchenlehrer 142
Johannes der Täufer 6, 127, 130, 161f., 277
Johannes aus Ephesos, Kirchen-
 geschichtsschreiber 177
Johannes, Verfasser der Apokalypse 48,
 163, 173
Jonas, Heiliger 44
Joseph, Nährvater Jesu 164
Josua, Nachfolger des Mose 161
Judas Barsabas, Prophet 168
Juden 5, 108, 114, 121f., 127, 228, 231–
 234, 241, 257, 259, 275
Judenchristen 177
Judentum 3, 4, 106, 258, 279
Jünger Jesu 162, 164f.
Julian, römischer Kaiser 2 Anm. 7
Jung, Carl Gustav, schweizerischer Psycho-
 loge und Philosoph 229
Jungfrau 37, 40
Jungfräulichkeit 127 Anm. 14, 134, 139,
 142f., 172
Jupiter, römischer Gott 64, 78, 186
Justinus Martyr, Apologet 110, 274
Juvenal, römischer Satiriker 96
Juvencus, spanischer Priester und christ-
 licher Epiker 185

Kadmos, Heros 231
Kain, Sohn Adams 37
Kallimachos aus Kyrene, alexandrinischer
 Dichter 98 Anm. 44, 101
Kannibalismus 32

Wissenschaftliche Untersuchungen zum Neuen Testament

Alphabetische Übersicht der ersten und zweiten Reihe

Anderson, Paul N.: The Christology of the Fourth Gospel. 1996. *Band II/78.*

Appold, Mark L.: The Oneness Motif in the Fourth Gospel. 1976. *Band II/1.*

Arnold, Clinton E.: The Colossian Syncretism. 1995. *Band II/77.*

Avemarie, Friedrich und *Hermann Lichtenberger* (Hrsg.): Bund und Tora. 1996. *Band 92.*

Bachmann, Michael: Sünder oder Übertreter. 1992. *Band 59.*

Baker, William R.: Personal Speech-Ethics in the Epistle of James. 1995. *Band II/68.*

Balla, Peter: Challenges to New Testament Theology. 1997. *Band II/95.*

Bammel, Ernst: Judaica. Band I 1986. *Band 37* – Band II 1997. *Band 91.*

Bash, Anthony: Ambassadors for Christ. 1997. *Band II/92.*

Bauernfeind, Otto: Kommentar und Studien zur Apostelgeschichte. 1980. *Band 22.*

Bayer, Hans Friedrich: Jesus' Predictions of Vindication and Resurrection. 1986. *Band II/20.*

Bell, Richard H.: Provoked to Jealousy. 1994. *Band II/63.*

– No One Seeks for God. 1998. *Band 106.*

Bergman, Jan: siehe *Kieffer, René*

Betz, Otto: Jesus, der Messias Israels. 1987. *Band 42.*

– Jesus, der Herr der Kirche. 1990. *Band 52.*

Beyschlag, Karlmann: Simon Magus und die christliche Gnosis. 1974. *Band 16.*

Bittner, Wolfgang J.: Jesu Zeichen im Johannesevangelium. 1987. *Band II/26.*

Bjerkelund, Carl J.: Tauta Egeneto. 1987. *Band 40.*

Blackburn, Barry Lee: Theios Aner and the Markan Miracle Traditions. 1991. *Band II/40.*

Bock, Darrell L.: Blasphemy and Exaltation in Judaism and the Final Examination of Jesus. 1998. *Band II/106.*

Bockmuehl, Markus N.A.: Revelation and Mystery in Ancient Judaism and Pauline Christianity. 1990. *Band II/36.*

Böhlig, Alexander: Gnosis und Synkretismus. Teil 1 1989. *Band 47* –Teil 2 1989. *Band 48.*

Böttrich, Christfried: Weltweisheit – Menschheitsethik – Urkult. 1992. *Band II/50.*

Bolyki, János: Jesu Tischgemeinschaften. 1997. *Band II/96.*

Büchli, Jörg: Der Poimandres – ein paganisiertes Evangelium. 1987. *Band II/27.*

Bühner, Jan A.: Der Gesandte und sein Weg im 4. Evangelium. 1977. *Band II/2.*

Burchard, Christoph: Untersuchungen zu Joseph und Aseneth. 1965. *Band 8.*

– Studien zur Theologie, Sprache und Umwelt des Neuen Testaments. Hrsg. von D. Sänger. 1998. *Band 107.*

Cancik, Hubert (Hrsg.): Markus-Philologie. 1984. *Band 33.*

Capes, David B.: Old Testament Yaweh Texts in Paul's Christology. 1992. *Band II/47.*

Caragounis, Chrys C.: The Son of Man. 1986. *Band 38.*

– siehe *Fridrichsen, Anton.*

Carleton Paget, James: The Epistle of Barnabas. 1994. *Band II/64.*

Ciampa, Roy E.: The Presence and Function of Scripture in Galatians 1 and 2. 1998. *Band II/102.*

Crump, David: Jesus the Intercessor. 1992. *Band II/49.*

Deines, Roland: Jüdische Steingefäße und pharisäische Frömmigkeit. 1993. *Band II/52.*

– Die Pharisäer. 1997. *Band 101.*

Dietzfelbinger, Christian: Der Abschied des Kommenden. 1997. *Band 95.*

Dobbeler, Axel von: Glaube als Teilhabe. 1987. *Band II/22.*

Du Toit, David S.: Theios Anthropos. 1997. *Band II/91*

Dunn, James D.G. (Hrsg.): Jews and Christians. 1992. *Band 66.*

– Paul and the Mosaic Law. 1996. *Band 89.*

Ebertz, Michael N.: Das Charisma des Gekreuzigten. 1987. *Band 45.*

Eckstein, Hans-Joachim: Der Begriff Syneidesis bei Paulus. 1983. *Band II/10.*
– Verheißung und Gesetz. 1996. *Band 86.*
Ego, Beate: Im Himmel wie auf Erden. 1989. *Band II/34.*
Eisen, Ute E.: siehe *Paulsen, Henning.*
Ellis, E. Earle: Prophecy and Hermeneutic in Early Christianity. 1978. *Band 18.*
– The Old Testament in Early Christianity. 1991. *Band 54.*
Ennulat, Andreas: Die ‚Minor Agreements'. 1994. *Band II/62.*
Ensor, Peter W.: Jesus and His ‚Works'. 1996. *Band II/85.*
Eskola, Timo: Theodicy and Predestination in Pauline Soteriology. 1998. *Band II/100.*
Feldmeier, Reinhard: Die Krisis des Gottessohnes. 1987. *Band II/21.*
– Die Christen als Fremde. 1992. *Band 64.*
Feldmeier, Reinhard und *Ulrich Heckel* (Hrsg.): Die Heiden. 1994. *Band 70.*
Fletcher-Louis, Crispin H.T.: Luke-Acts: Angels, Christology and Soteriology. 1997. *Band II/94.*
Förster, Niclas: Marcus Magus. 1999. *Band 114.*
Forbes, Christopher Brian: Prophecy and Inspired Speech in Early Christianity and its Hellenistic Environment. 1995. *Band II/75.*
Fornberg, Tord: siehe *Fridrichsen, Anton.*
Fossum, Jarl E.: The Name of God and the Angel of the Lord. 1985. *Band 36.*
Frenschkowski, Marco: Offenbarung und Epiphanie. Band 1 1995. *Band II/79* – Band 2 1997. *Band II/80.*
Frey, Jörg: Eugen Drewermann und die biblische Exegese. 1995. *Band II/71.*
– Die johanneische Eschatologie. Band I. 1997. *Band 96.* – Band II. 1998. *Band 110.*
Fridrichsen, Anton: Exegetical Writings. Hrsg. von C.C. Caragounis und T. Fornberg. 1994. *Band 76.*
Garlington, Don B.: ‚The Obedience of Faith'. 1991. *Band II/38.*
– Faith, Obedience, and Perseverance. 1994. *Band 79.*
Garnet, Paul: Salvation and Atonement in the Qumran Scrolls. 1977. *Band II/3.*
Gese, Michael: Das Vermächtnis des Apostels. 1997. *Band II/99.*
Gräßer, Erich: Der Alte Bund im Neuen. 1985. *Band 35.*
Green, Joel B.: The Death of Jesus. 1988. *Band II/33.*
Gundry Volf, Judith M.: Paul and Perseverance. 1990. *Band II/37.*
Hafemann, Scott J.: Suffering and the Spirit. 1986. *Band II/19.*
– Paul, Moses, and the History of Israel. 1995. *Band 81.*
Hartman, Lars: Text-Centered New Testament Studies. Hrsg. von D. Hellholm. 1997. *Band 102.*
Heckel, Theo K.: Der Innere Mensch. 1993. *Band II/53.*
Heckel, Ulrich: Kraft in Schwachheit. 1993. *Band II/56.*
– siehe *Feldmeier, Reinhard.*
– siehe *Hengel, Martin.*
Heiligenthal, Roman: Werke als Zeichen. 1983. *Band II/9.*
Hellholm, D.: siehe *Hartman, Lars.*
Hemer, Colin J.: The Book of Acts in the Setting of Hellenistic History. 1989. *Band 49.*
Hengel, Martin: Judentum und Hellenismus. 1969, [3]1988. *Band 10.*
– Die johanneische Frage. 1993. *Band 67.*
– Judaica et Hellenistica. Band 1. 1996. *Band 90.* – Band 2. 1999. *Band 109.*
Hengel, Martin und *Ulrich Heckel* (Hrsg.): Paulus und das antike Judentum. 1991. *Band 58.*
Hengel, Martin und *Hermut Löhr* (Hrsg.): Schriftauslegung im antiken Judentum und im Urchristentum. 1994. *Band 73.*
Hengel, Martin und *Anna Maria Schwemer:* Paulus zwischen Damaskus und Antiochien. 1998. *Band 108.*
Hengel, Martin und *Anna Maria Schwemer* (Hrsg.): Königsherrschaft Gottes und himmlischer Kult. 1991. *Band 55.*
– Die Septuaginta. 1994. *Band 72.*
Herrenbrück, Fritz: Jesus und die Zöllner. 1990. *Band II/41.*

Herzer, Jens: Paulus oder Petrus? 1998. *Band 103.*

Hoegen-Rohls, Christina: Der nachösterliche Johannes. 1996. *Band II/84.*

Hofius, Otfried: Katapausis. 1970. *Band 11.*

– Der Vorhang vor dem Thron Gottes. 1972. *Band 14.*

– Der Christushymnus Philipper 2,6–11. 1976, ²1991. *Band 17.*

– Paulusstudien. 1989, ²1994. *Band 51.*

Hofius, Otfried und *Hans-Christian Kammler:* Johannesstudien. 1996. *Band 88.*

Holtz, Traugott: Geschichte und Theologie des Urchristentums. 1991. *Band 57.*

Hommel, Hildebrecht: Sebasmata. Band 1 1983. *Band 31* – Band 2 1984. *Band 32.*

Hvalvik, Reidar: The Struggle for Scripture and Covenant. 1996. *Band II/82.*

Kähler, Christoph: Jesu Gleichnisse als Poesie und Therapie. 1995. *Band 78.*

Kammler, Hans-Christian: siehe *Hofius, Otfried.*

Kamlah, Ehrhard: Die Form der katalogischen Paränese im Neuen Testament. 1964. *Band 7.*

Kieffer, René und *Jan Bergman (Hrsg.):* La Main de Dieu / Die Hand Gottes. 1997. *Band 94.*

Kim, Seyoon: The Origin of Paul's Gospel. 1981, ²1984. *Band II/4.*

– „The ‚Son of Man‘“ as the Son of God. 1983. *Band 30.*

Kleinknecht, Karl Th.: Der leidende Gerechtfertigte. 1984, ²1988. *Band II/13.*

Klinghardt, Matthias: Gesetz und Volk Gottes. 1988. *Band II/32.*

Köhler, Wolf-Dietrich: Rezeption des Matthäusevangeliums in der Zeit vor Irenäus. 1987. *Band II/24.*

Korn, Manfred: Die Geschichte Jesu in veränderter Zeit. 1993. *Band II/51.*

Koskenniemi, Erkki: Apollonios von Tyana in der neutestamentlichen Exegese. 1994. *Band II/61.*

Kraus, Wolfgang: Das Volk Gottes. 1996. *Band 85.*

– siehe *Walter, Nikolaus.*

Kuhn, Karl G.: Achtzehngebet und Vaterunser und der Reim. 1950. *Band 1.*

Laansma, Jon: I Will Give You Rest. 1997. *Band II/98.*

Lampe, Peter: Die stadtrömischen Christen in den ersten beiden Jahrhunderten. 1987, ²1989. *Band II/18.*

Landmesser, Christof: Wahrheit als Grundbegriff neutestamentlicher Wissenschaft. 1999. *Band 113.*

Lau, Andrew: Manifest in Flesh. 1996. *Band II/86.*

Lichtenberger, Hermann: siehe *Avemarie, Friedrich.*

Lieu, Samuel N.C.: Manichaeism in the Later Roman Empire and Medieval China. ²1992. *Band 63.*

Loader, William R.G.: Jesus' Attitude Towards the Law. 1997. *Band II/97.*

Löhr, Gebhard: Verherrlichung Gottes durch Philosophie. 1997. *Band 97.*

Löhr, Hermut: siehe *Hengel, Martin.*

Löhr, Winrich Alfried: Basilides und seine Schule. 1995. *Band 83.*

Luomanen, Petri: Entering the Kingdom of Heaven. 1998. *Band II/101.*

Maier, Gerhard: Mensch und freier Wille. 1971. *Band 12.*

– Die Johannesoffenbarung und die Kirche. 1981. *Band 25.*

Markschies, Christoph: Valentinus Gnosticus? 1992. *Band 65.*

Marshall, Peter: Enmity in Corinth: Social Conventions in Paul's Relations with the Corinthians. 1987. *Band II/23.*

McDonough, Sean M.: YHWH at Patmos: Rev. 1:4 in its Hellenistic and Early Jewish Setting. 1999. *Band II/107.*

Meade, David G.: Pseudonymity and Canon. 1986. *Band 39.*

Meadors, Edward P.: Jesus the Messianic Herald of Salvation. 1995. *Band II/72.*

Meißner, Stefan: Die Heimholung des Ketzers. 1996. *Band II/87.*

Mell, Ulrich: Die „anderen“ Winzer. 1994. *Band 77.*

Mengel, Berthold: Studien zum Philipperbrief. 1982. *Band II/8.*

Merkel, Helmut: Die Widersprüche zwischen den Evangelien. 1971. *Band 13.*

Merklein, Helmut: Studien zu Jesus und Paulus. Band 1 1987. *Band 43.* – Band 2 1998. *Band 105.*

Metzler, Karin: Der griechische Begriff des Verzeihens. 1991. *Band II/44.*

Metzner, Rainer: Die Rezeption des Matthäusevangeliums im 1. Petrusbrief. 1995. *Band II/74.*

Mittmann-Richert, Ulrike: Magnifikat und Benediktus. *1996. Band II/90.*

Mußner, Franz: Jesus von Nazareth im Umfeld Israels und der Urkirche. Hrsg. von M. Theobald. 1998. *Band 111.*

Niebuhr, Karl-Wilhelm: Gesetz und Paränese. 1987. *Band II/28.*

– Heidenapostel aus Israel. 1992. *Band 62.*

Nissen, Andreas: Gott und der Nächste im antiken Judentum. 1974. *Band 15.*

Noormann, Rolf: Irenäus als Paulusinterpret. 1994. *Band II/66.*

Obermann, Andreas: Die christologische Erfüllung der Schrift im Johannesevangelium. 1996. *Band II/83.*

Okure, Teresa: The Johannine Approach to Mission. 1988. *Band II/31.*

Paulsen, Henning: Studien zur Literatur und Geschichte des frühen Christentums. Hrsg. von Ute E. Eisen. 1997. *Band 99.*

Park, Eung Chun: The Mission Discourse in Matthew's Interpretation. 1995. *Band II/81.*

Philonenko, Marc (Hrsg.): Le Trône de Dieu. 1993. *Band 69.*

Pilhofer, Peter: Presbyteron Kreitton. 1990. *Band II/39.*

– Philippi. Band 1 1995. *Band 87.*

Pöhlmann, Wolfgang: Der Verlorene Sohn und das Haus. 1993. *Band 68.*

Pokorn_, Petr und *Josef B. Soucek:* Bibelauslegung als Theologie. 1997. *Band 100.*

Porter, Stanley E.: The Paul of Acts. 1999. *Band 115.*

Prieur, Alexander: Die Verkündigung der Gottesherrschaft. 1996. *Band II/89.*

Probst, Hermann: Paulus und der Brief. 1991. *Band II/45.*

Räisänen, Heikki: Paul and the Law. 1983, [2]1987. *Band 29.*

Rehkopf, Friedrich: Die lukanische Sonderquelle. 1959. *Band 5.*

Rein, Matthias: Die Heilung des Blindgeborenen (Joh 9). 1995. *Band II/73.*

Reinmuth, Eckart: Pseudo-Philo und Lukas. 1994. *Band 74.*

Reiser, Marius: Syntax und Stil des Markusevangeliums. 1984. *Band II/11.*

Richards, E. Randolph: The Secretary in the Letters of Paul. 1991. *Band II/42.*

Riesner, Rainer: Jesus als Lehrer. 1981, [3]1988. *Band II/7.*

– Die Frühzeit des Apostels Paulus. 1994. *Band 71.*

Rissi, Mathias: Die Theologie des Hebräerbriefs. 1987. *Band 41.*

Röhser, Günter: Metaphorik und Personifikation der Sünde. 1987. *Band II/25.*

Rose, Christian: Die Wolke der Zeugen. 1994. *Band II/60.*

Rüger, Hans Peter: Die Weisheitsschrift aus der Kairoer Geniza. 1991. *Band 53.*

Sänger, Dieter: Antikes Judentum und die Mysterien. 1980. *Band II/5.*

– Die Verkündigung des Gekreuzigten und Israel. 1994. *Band 75.*

– siehe *Burchard, Chr.*

Salzmann, Jorg Christian: Lehren und Ermahnen. 1994. *Band II/59.*

Sandnes, Karl Olav: Paul – One of the Prophets? 1991. *Band II/43.*

Sato, Migaku: Q und Prophetie. 1988. *Band II/29.*

Schaper, Joachim: Eschatology in the Greek Psalter. 1995. *Band II/76.*

Schimanowski, Gottfried: Weisheit und Messias. 1985. *Band II/17.*

Schlichting, Günter: Ein jüdisches Leben Jesu. 1982. *Band 24.*

Schnabel, Eckhard J.: Law and Wisdom from Ben Sira to Paul. 1985. *Band II/16.*

Schutter, William L.: Hermeneutic and Composition in I Peter. 1989. *Band II/30.*

Schwartz, Daniel R.: Studies in the Jewish Background of Christianity. 1992. *Band 60.*

Schwemer, Anna Maria: siehe *Hengel, Martin*

Scott, James M.: Adoption as Sons of God. 1992. *Band II/48.*

– Paul and the Nations. 1995. *Band 84.*

Siegert, Folker: Drei hellenistisch-jüdische Predigten. Teil I 1980. *Band 20* – Teil II 1992. *Band 61.*

– Nag-Hammadi-Register. 1982. *Band 26.*

– Argumentation bei Paulus. 1985. *Band 34.*

– Philon von Alexandrien. 1988. *Band 46.*

Simon, Marcel: Le christianisme antique et son contexte religieux I/II. 1981. *Band 23.*

Snodgrass, Klyne: The Parable of the Wicked Tenants. 1983. *Band 27.*

Söding, Thomas: Das Wort vom Kreuz. 1997. *Band 93.*

– siehe *Thüsing, Wilhelm.*

Sommer, Urs: Die Passionsgeschichte des Markusevangeliums. 1993. *Band II/58.*

Soucek, Josef B.: siehe *Pokorn_, Petr.*

Spangenberg, Volker: Herrlichkeit des Neuen Bundes. 1993. *Band II/55.*

Speyer, Wolfgang: Frühes Christentum im antiken Strahlungsfeld. Band I: 1989. *Band 50.* – Band II: 1999. *Band 116.*

Stadelmann, Helge: Ben Sira als Schriftgelehrter. 1980. *Band II/6.*

Stettler, Hanna: Die Christologie der Pastoralbriefe. 1998. *Band II/105.*

Strobel, August: Die Stunde der Wahrheit. 1980. *Band 21.*

Stroumsa, Guy G.: Barbarian Philosophy. 1999. *Band 112.*

Stuckenbruck, Loren T.: Angel Veneration and Christology. 1995. *Band II/70.*

Stuhlmacher, Peter (Hrsg.): Das Evangelium und die Evangelien. 1983. *Band 28.*

Sung, Chong-Hyon: Vergebung der Sünden. 1993. *Band II/57.*

Tajra, Harry W.: The Trial of St. Paul. 1989. *Band II/35.*

– The Martyrdom of St.Paul. 1994. *Band II/67.*

Theißen, Gerd: Studien zur Soziologie des Urchristentums. 1979, ³1989. *Band 19.*

Theobald, Michael: siehe *Mußner, Franz.*

Thornton, Claus-Jürgen: Der Zeuge des Zeugen. 1991. *Band 56.*

Thüsing, Wilhelm: Studien zur neutestamentlichen Theologie. Hrsg. von Thomas Söding. 1995. *Band 82.*

Treloar, Geoffrey R.: Lightfoot the Historian. 1998. *Band II/103.*

Tsuji, Manabu: Glaube zwischen Vollkommenheit und Verweltlichung. 1997. *Band II/93.*

Twelftree, Graham H.: Jesus the Exorcist. 1993. *Band II/54.*

Visotzky, Burton L.: Fathers of the World. 1995. *Band 80.*

Wagener, Ulrike: Die Ordnung des „Hauses Gottes". 1994. *Band II/65.*

Walter, Nikolaus: Praeparatio Evangelica. Hrsg. von Wolfgang Kraus und Florian Wilk. 1997. *Band 98.*

Wander, Bernd: Gottesfürchtige und Sympathisanten. 1998. *Band 104.*

Watts, Rikki: Isaiah's New Exodus and Mark. 1997. *Band II/88.*

Wedderburn, A.J.M.: Baptism and Resurrection. 1987. *Band 44.*

Wegner, Uwe: Der Hauptmann von Kafarnaum. 1985. *Band II/14.*

Welck, Christian: Erzählte ‚Zeichen'. 1994. *Band II/69.*

Wilk, Florian: siehe *Walter, Nikolaus.*

Wilson, Walter T.: Love without Pretense. 1991. *Band II/46.*

Zimmermann, Alfred E.: Die urchristlichen Lehrer. 1984, ²1988. *Band II/12.*

Zimmermann, Johannes: Messianische Texte aus Qumran. 1998. *Band II/104.*

Einen Gesamtkatalog erhalten Sie gern vom
Mohr Siebeck Verlag, Postfach 2040, D-72010 Tübingen.
Neueste Informationen im Internet unter http://www.mohr.de